柳北文史第十九辑

中国战时农都史话

ZHONGGUO ZHANSHI NONGDU SHIHUA

中国人民政治协商会议柳州市柳北区委员会
柳 州 市 农 业 科 学 研 究 所 编
来 宾 市 档 案 馆

当代中国出版社
Contemporary China Publishing House
2021 年 · 北京

图书在版编目(CIP)数据

中国战时农都史话 / 中国人民政治协商会议柳州市柳北区委员会，柳州市农业科学研究所，来宾市档案馆编 . — 北京：当代中国出版社，2021.7

ISBN 978-7-5154-1102-6

Ⅰ . ①中… Ⅱ . ①中… ②柳… ③来… Ⅲ . ①柳州—地方史 Ⅳ . ① K296.73

中国版本图书馆 CIP 数据核字（2020）第 266061 号

出 版 人　曹宏举
责任编辑　姜楷杰
责任校对　康　莹
印刷监制　刘艳平
封面设计　北京中联擎天文化
出版发行　当代中国出版社
地　　址　北京市地安门西大街旌勇里 8 号
网　　址　http：//www.ddzg.net　邮箱：ddzgcbs@sina.com
邮政编码　100009
编 辑 部　（010）66572264　66572154　66572132　66572180
市 场 部　（010）66572281　66572161　66572157　83221785
印　　刷　廊坊市祥丰印刷有限公司
开　　本　787 毫米 ×1092 毫米　1/16
印　　张　22.25 印张　400 千字
版　　次　2021 年 7 月第 1 版
印　　次　2021 年 7 月第 1 次印刷
定　　价　98.00 元

本书编委会

今日之中国战时农都博物馆已成为柳州市的一张名片。（刘丽虹　摄）

今日农都俯瞰。（刘丽虹　摄）

1928 年羊角山下的广西实业院所在地——今天的广西龙潭医院。其中的黄色小楼为当年广西实业院的实验室，现为桂南会战检讨会旧址。（刘丽虹　摄）

建于 1928 年的广西实业院研究室，现被列为全国文物保护单位。（刘丽虹　摄）

现存的 1940 年农都时期广西大学农学院研究室旧址全貌俯瞰，现为柳州历史保护建筑。（刘丽虹　摄）

抗战胜利后，1945 年战后救济署在“广西高农”废墟上新建了几栋教学用房，马保之于 2003 年捐款进行修缮。图为至 2021 年经过多次修缮仍在使用的教室。（刘丽虹　摄）

1994年4月8日，原农业部部长何康（前排右四）偕夫人郁隽民（前排右五）在广西农业厅副厅长郑恒授（前排左三）、柳州地委副书记杨政中（前排右三）、柳州市政府秘书长徐伟崇（前排左一）等陪同下到广西大学农学院旧址——柳州市农科所寻旧。（柳州市农科所提供）

1997年，马保之（左九）参观广西林校时与陪同人员合影留念。（选自《马保之百年》）

1997年，90岁高龄的马保之（左四）任广西工学院客座教授时与院长黄秉鍊（左三）等工学院职员合影。（选自《马保之百年》）

马保之晚年在广西的高等院校讲学。（选自《马保之百年》）

2000 年 4 月 10 日，马保之（右四）和学生刘锡光博士（后排左）从美国回来参加柳州畜牧兽医学校校庆活动，并种树建立博士林。（选自《马保之百年》）

2003 年，马保之（前左一）在原广西农事试验场员工、时任广西政协副主席莫虚光（前左二）的陪同下访问 1944 年避难地三江良口乡。当年，马保之即居住在良口莫虚光家，莫虚光父亲时为良口乡乡长。（选自《马保之百年》）

马保之（前中）及台湾农业专家与时任广西农业科学院副院长白先进（后右）合影。（选自《马保之百年》）

2012年4月1日，何康（左三）在柳州市领导的陪同下回到沙塘寻旧时为农都题词“育我沙塘”。（董明　摄）

2012年4月1日，何康（前）偕妻子缪隽民（二排右一）来到当年就读的广西农学院旧址故地重游。（董明　摄）

在2016年11月举行的第十二届桂台经贸文化合作论坛、第四届桂台农业发展与技术交流研讨会上，广西农业科学院院长白先进（左）与柳州市农科所所长周颀（右）一道将《中国战时农都》一书赠台湾原农委会主委孙明贤先生。（周颀提供）

1980年，何康在华盛顿与老师见面。右三为何康，右四为毕业论文指导老师张信诚，右一为驻美大使柴泽民。（何迪提供）

1985年1月6日，马保之第一次返回大陆，何康（中）与老师马保之（右）在北京会面。（何迪提供）

1991年11月，何康（左）、李崇道（右）分别从北京、台北赴香港，在老师马保之陪同下会面，由此拉开了大陆、台湾、香港三地农业交流的序幕。何康夫人缪希霞同行，时儿媳（何迪夫人）王苗在港工作，全程陪同并摄影。（王苗　摄）

马保之回国后，农都师生相聚。前排左起：马保之、佚名、邱式邦、段醒男；后排左起：何康、郁隽民、佚名、佚名。（选自《马保之百年》）

1997 年 9 月，马保之 90 岁生日时，农都时期的广西农学院学生何康（左）、郁隽民（右）与马保之合影。（选自《马保之百年》）

马保之（前排中）回广西农学院时与沙塘时期的“西农”教授邱式邦（前排右三）及学生何康（前排左三）、郁隽民（前排左一）、段醒男（前排右二）等合影。（选自《马保之百年》）

上图为马保之（前排中）在广西高等院校从教时与学生们在一起。学生何树悠在后排右四。下图为 2019 年 1 月，马保之学生何树悠博士（左三）及摄制组成员到访农都，准备拍部电影将马保之与农都搬上银幕。（何树悠提供）

2005 年 4 月，马保之女儿马左龄（右二）来沙塘柳州畜牧兽医校访问。（柳州畜牧兽医学校提供）

2005 年 10 月，马保之女儿马葆龄（左三）回柳州畜牧兽医校寻旧。（柳州畜牧兽医学校提供）

2008 年 7 月 25 日，参加广西大学“重走西大搬迁路”社会实践活动的师生在沙塘农都广西农学院旧址合影。（广西大学 2010 级毕业生农书荣　摄）

/ 后人寻旧 /

2014 年，伍廷飏儿子伍宣炎（右）、孙子伍贵明参观中国战时农都博物馆时在伍廷飏像前留影。（中国战时农都博物馆提供）

著名的植物病理学家和农业教育家黄亮子女回沙塘在中国战时农都博物馆内留影。左起：四子黄秉新、三子黄秉铭、大子黄秉健、柳州市农科所专家兰生葵、二子黄秉錬、小女黄爱平、大女黄爱美。（兰生葵提供）

农都部分后人来柳州寻旧后在中国战时农都博物馆前合影。（兰生葵提供）

2021 年 4 月 9 日，农都后人何康儿子儿媳何迪、王苗来柳寻访中国战时农都时在农都博物馆何康展屏前留影。（刘丽虹　摄）

2021 年 4 月 9 日，农都后人何康儿子儿媳何迪、王苗来柳寻访农都时柳州农业科学研究中心向其赠送农都相关史料。（刘丽虹　摄）

2021 年 4 月 9 日，农都后人何康儿子儿媳何迪、王苗来柳寻访农都与柳北区政协、柳州农业科学研究中心部分同志合影。（刘丽虹　摄）

2017 年 3 月 1 日，柳州市委副书记、市长吴炜（左二）一行到沙塘镇柳州市农科所中国战时农都博物馆进行了专题视察。（柳州市农科所提供）

2019 年 7 月 2 日上午，柳州市政协主席陈鸿宁（右一）参观中国战时农都博物馆。（柳北区政协提供）

2019 年 6 月 24 日，柳北区政协机关党支部、来宾市档案馆支部的党员们在农都开展主题党日活动。（刘丽虹　摄）

2019 年 6 月 24 日，柳北区政协机关党支部与来宾市档案馆、柳州市农科所的党员们一起参观中国战时农都博物馆。（刘丽虹　摄）

2019 年 6 月 24 日，《中国战时农都史话》编委会合影。前排左起：罗敏杰、廖如林、杨宁、周颀、李朝、兰焕才、覃守贵、陈元彪、刘丽虹；后排左起：郭灿岳、任芸、韦丽华、胡容华、覃炳勤、覃凯旋、陈启耀、覃耀冠、李壬申、陈克晓、李湘。（柳北区政协提供）

2019 年 6 月 24 日，《中国战时农都史话》编委们在柳州市农科所进行编撰交流。（柳北区政协提供）

目 录

第四章　农都劫

第五章　农都脉

第六章　农都缘

序

中国战时农都，多么响亮的一个名字。

每一个能冠以国字号的名称，都有其深刻的历史背景。以农立国的农本思想，源远流长，始终根植于中国丰厚的历史土壤，其代表人物远有管仲、晁错，近有章士钊、梁漱溟。凡上下两千余年，不舍昼夜。在特定的历史时期，仿佛一个映射，这种思想集中浓缩到了20世纪上半叶的广西柳州沙塘，一个曾名不见经传的地方。中国战时农都，始于新桂系的“农业兴桂”，兴于全国抗战的“实业救国”，继于新中国社会主义现代化建设。直到今天，前后历时九十余年，其曾培育的农业人才，取得的农科成果，开继的农科事业，仍在发挥着持续的重要影响。

农都之所以成为农都，离不开当时胸怀梦想从无到有执着坚持的伍廷飏、杨士钊、邓植仪、陈大宁、廖斗光、马保之等一批创建者、领军人；不应忘记，其间坚持农事科研、抗战增粮的知名学者，如邱式邦、张肇骞、张信诚、彭绍光、孙仲逸、汪振儒、黄瑞纶、张国材、程世抚、周明牂、柳支英、陆大京等；还有因外敌入侵而迁移后方的广西大学农学院、中央农业试验所广西工作站、西江水土保持试验区等一批农科、教育机构带来的人才荟萃。沙塘，因此从一个移民垦殖性质的农村建设试办区成为一个抗战时期中国农业科研中心。在这里，农科专家们不仅开展农业科研，还传播学识、培育人才，同时更造就了一种勤学实干、艰苦奋斗、报效祖国的“农都精神”。正是这种精神，支撑着农都人走过艰苦岁月，走过战火硝烟，取得卓著成果。

战后，涅槃的农都迎来重生，坚持在战时农都科研一线的专家星散到各地农科机构，继续发挥其重要作用，并在新中国成立后枝繁叶茂地成为农业科研领域的主力军。

我有幸成为在农都求学的一员，与台湾地区农促会原主委李崇道、原香港渔农处副处长黄成达一起在战时农都学习。对农都我满怀思念与眷恋，曾在不同场合的讲话中提到战时农都，还多次旧地重游。

当今中国发展日新月异，工业的发展早已超越了农业的发展，但农业对于一个国家的重要性是不会改变的，农业现代化依然任重道远。秉承农都精神，献身农业，服务人民，我想也是农都人，以及农都精神衣钵继承者的共同心愿。抚今追昔，我更觉这段历史应在中国现代史册上恰如其分地占有一席之地，其精神主旨应当更好地传承发扬。

年代的久远，可能模糊了视线，特殊的印记，更显其弥足珍贵。也曾有许多人不懈地去探索农都的发展史，但多是断断续续、零零星星地见诸报刊。然而，农都有发展源头，有灵魂人物，有农科专家，有农业教育，有现世延续……这些都太需要一本系统、全面、真实反映这段历史的专著，以拭去历史的尘沙，让它在历史长河中熠熠闪光。

欣有政协柳州市柳北区委员会、柳州市农科所、来宾市档案馆在做此事，让我作为战时农都历史本身的一部分和时代的见证者，有机会在《中国战时农都史话》即将出版之际，把这本书推介给大家。《中国战时农都史话》史料翔实，写作文风朴实，以纪实散文的形式，力求用故事情节将读者带回这段历史。这本书在忠于史实的基础上去追求可读性，同时还兼顾了史料的保存价值。每一章节，除了纪实描写，还有历史图片、档案等史料作为附件，以求起到收集资料、保存历史的作用。《中国战时农都史话》没有小说的虚构，没有诗歌的抒情，只是用平实的语言，探寻农都的源头，追忆农都的发展，仰望农都的成就，品味农都的余韵，其有穿过硝烟的墨香，还有岁月静好的期待……

愿农都青史播清名，农都精神永流传，正所谓：不忘其始、不辱其名、不愧其魂，功垂青史，继往开来。

2019 年 9 月 28 日

（注：何康为广西大学农学院沙塘办学时期学生，原农业部部长。）

第一章

农都源

《柳州20世纪大事记》中有这样一段记载："1926年9月，在大龙潭原省立第四区林场旧址成立柳江农林试验场。"虽然这是短短的一句话，但我们透过时光显微镜可看到一段超级浓缩的历史——中国沙塘·战时农都。而柳江农林试验场的成立正是这段历史的源头。

每一段历史的发生都有其特定的历史背景，这段历史起源于1925年新桂系统一广西执政以后自给自足的政策——"复兴中国·建设广西"。

以李宗仁为首的新桂系区别于旧系陆荣廷的根本，在于旧桂系绿林起家只想打得江山好汉享，新桂系却想建立一个自给自足可与蒋介石中央集权抗衡的强大广西。立足点的不同，决定了他们统治广西的发展策略不同，新桂系除了在柳州发展工业外，还发展农业，柳江农林试验场就是广西新桂系策略的一种体现。

大龙潭现在是4A级景区，风景秀丽，四时皆宜，但在20世纪20年代中期，它却是一个远离城区近十里，虫害涝灾时有发生的一个原生态地。其出口靠近公路的地方为柳石路的五里亭，是人们迎送叙别的地方。就是这样一个有山有水的荒野之地，一经开发，便成为当时广西的农业科研中心，从而大大提高了新桂系强化自身供给的能力。

打捞一艘古代的沉舟，人们总希望能获取那些年代久远的宝贝，打捞一段渐行渐远的历史也是如此。带着打捞历史沉舟珠宝的心理，我们多次漫步在龙潭公园里，兜圈在羊角山下，想找到与柳江农林试验场相关的蛛丝马迹，比如柳州第一座自来水塔，比如柳州市第一个农业气象观测站，比如广西实业院旧址……今天，大龙潭里仍留有当年柳江农林试验场员工开出的堤湖，供游人清波荡漾。

随着来宾市档案馆对民国档案整理、解密和加大利用，战时农都档案里积淀的历史，逐渐像被打捞上来沉舟里的宝贝，走进我们的视野。

当年柳江农林试验场所在地——今天的龙潭公园（刘丽虹　摄）

现存的广西实业院研究室——桂南会战检讨会旧址（刘丽虹　摄）

一、“七品芝麻官”们的提议

1926年7月1日，柳江各属行政会议在当时的马平县也就是今天的柳州召开了。这个会除了柳庆清乡总办、国民革命军第五旅旅长伍廷飏主持会议外，没有其他广西的政要大员出席，参会的是柳庆地区管辖范围的马平、罗城、河池、象县、雒容、融县、天河、迁江、柳城、来宾、宜山等十多个县的“七品芝麻官”——县知事（相当于县长）及团务总局长（相当于县军事一把手）等。这是新桂系统一广西后，柳庆地方当局第一次比较全面、系统认真研究整治、建设本地区的卓有成效的会议，结束了柳庆地区多年来只有破坏没有建设的历史，拉开了全面治疗战争创伤的序幕。会议的宗旨是“各尽其力，大干一场”，“为民众谋利，为桑梓造福”。

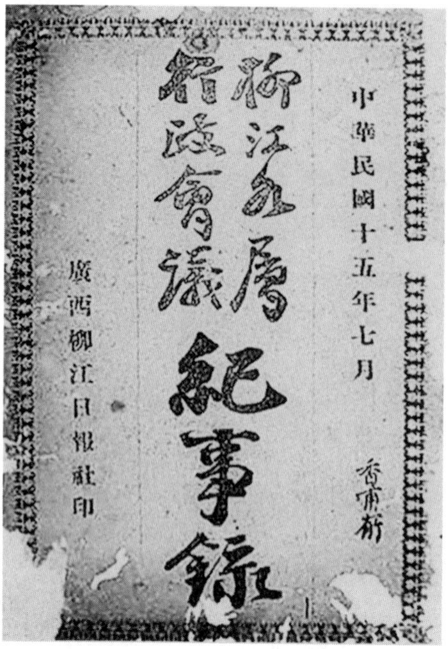

1926年7月召开的柳江各属行政会议纪事录，记录了《筹拟柳江农业案》《筹备柳江农林试验场案》等各种议案。

这会一开就是11天。其间“七品芝麻官”们议定了一系列“为民办实事”的议案。会议除了通过《筹拟柳江农业案》外，还决定用三个月时间肃清柳庆全境蔡鸿生、覃幸霖、覃炳妹、谢晚等四股土匪，此举是为即将开始的建设营造一个安定的良好环境；设立柳江日报社，社址拟在罗池路广西银行柳州兑换处内；筹办柳江图书馆，未建成前暂以北门内之二圣庙为图书馆；修筑象县石龙经马平—宜山—思恩直达黔边大河坡、柳州经柳城—长安至三江、柳州通桂林、柳州通迁江来宾四大公路干道。同时，还决定架设五条电话干线、开辟公共体育场、全面修葺柳侯公园、筹办柳江公医院等。

在这11天里，县官和“现管”的柳庆公路局、柳江农林试验场筹备处等，议定了一件在广西甚至中国历史上留痕的事——开办柳江农林试验场。同时，柳江各属行政会议还将柳江农林试验场定址柳州，现在的大龙潭羊角山一带。

别小看了开办柳江农林试验场这个决议，尽管是由雒容县知事龙明誉、象县知事柏年两个“七品芝麻官”提议，柳江农林试验场筹备处杨士钊附议的，却是广西近代农业科技的肇始、战时农都的起源，并且担负着广西农业科学实验、在柳庆地区推广良种良法、育种栽培、育苗造林的重任。

柳江农林试验场的重任也许在今天看来是小儿科了，但对当时处于传统农业阶段，战乱刚刚结束、百废待兴的广西而言，能完成上述重任并不是一件易事。

广西地处亚热带，气候温和，雨量充沛，是出产粮食的好地方。稻谷、玉米和其他杂粮一直以来在广西的农业生产中占据主要地位。

据《广西通史·农业志》记载，民国建立前，广西总人口 896 万，耕地面积约 970 万亩。明清时期，广西粮食曾东运广东供民用，西调云南作军粮。新桂系统一广西前，全省年产稻谷约 4600 万担，平均亩产 160 斤，人均有粮食 400 斤至 500 斤。

以上面的数据推算，平均一个人每天一斤多米，刚刚够填饱肚子，何况生活用品都要用粮换取，如果有战事征军粮，或者天灾人祸歉收，广西人的日子就难过了。新桂系为了确保统治上的稳定，认为让老百姓吃饱饭是当务之急。所以，引进现代化农业、扩大农业生产在当时来看就是重中之重了。

新桂系除了推进广西的军事、经济、文化教育建设，还以筹办农业科研机构招揽人才。毕业于国立北京农业大学的广西人杨士钊就在这样的背景下，接受广西省政府的邀请回到了广西，并着手筹备柳江农林试验场。

柳江农林试验场 1926 年 7 月通过筹备成立到同年 9 月宣告成立、杨士钊被任命为场长，短短的两个月时间可谓“多少事从来急”。其实，在 1926 年的初夏，伍廷飏就已经和杨士钊到大龙潭羊角山一带看过了。那时，应伍廷飏之邀刚从北京来到柳州的杨士钊，戴着眼镜、穿着长衫，一介书生模样。他们沿着伍廷飏手下士兵在荒地里开出的路察看，杨士钊并没有特别注意伍廷飏一路的客气话，而是仔细看着羊角山下的荒地，只见一条泥沟有水从上游方向流过来，沟水滋润的土地肥沃，他认为这就是适合农林试验的好地方。

看到杨士钊中意羊角山这地方，伍廷飏告诉他这里叫大龙潭，再次恳请杨士钊回广西柳江开办教育、推广良种、发展农科。

面对伍廷飏的邀请，杨士钊提出，广西战乱刚息，百废待兴，从什么地方筹集一大笔钱来发展教育和农业、筹办农事科研还是个问题。伍廷飏当即表示，杨士钊只要搞好粮食育良种和普及推广、林业育苗和造林，将把柳州各属的屠牛捐收入的 30% 用作开办经费。有了伍廷飏的科研经费保证，杨士钊欣然同意筹备柳江农林试验场并出任场长。

杨士钊选择这个地方做农林试验场，除了羊角山大龙潭一带山林水域共有近五万亩、有山有水有地外，还看到交通上近柳石公路，到城中约五公里路，水运到鸡喇码头也是三公里左右，而且还有在建设的轻轨铁路到城里。

杨士钊不是一个花架子的农大毕业生。在筹办柳江农林试验场之初，他拿着镰刀锄头带领员工砍草锄地，开路搭棚，购书添设备，在简陋的茅舍里开始初步的农业试验研究。

柳江农林试验场里的主要耕作地区，大多集中在现在的龙潭公园、龙潭医院、羊角山牛奶场以及现在大桥园艺场莲花大队、鸡子山下这一大片土地范围内。当时这一带根本没有房屋，全是荒野。在现在的响水和大桥园艺场高望山、南瓜山以及大龙潭后山的山坳里和新坡坳一带，都曾多次发生过老虎伤害牛羊和叼走猪狗之事，甚至有土匪不时来侵犯。

为了保护农试场的安全，新桂系嫡系部队第七军新编第四师派出了武装士兵进驻场里，并协助开垦建设。

当时，大龙潭有十多亩水洼地，潭里流出来的自然水弯弯曲曲地从水洼地流过。面对这些草不长、水不好的洼地，杨士钊拍脑袋一想，种不了东西就干脆围成湖，接通大龙潭，湖水旱时浇地、平时养鱼，一举两得。于是，才有了今天的大龙潭湖。

1927 年 10 月，湖堤砌好一半，就在杨士钊准备撸起袖子大展宏图的时候，

上二图为昔日的广西实业院（选自《广西一览》），下图为今天的龙潭医院（刘丽虹　摄），当年广西实业院留下的小楼依稀可见。

收到成立一年的柳江农林试验场归并至广西实业院的消息，他选择了辞职。但这不是英雄末路，因为四年后，杨士钊再次出任柳江农林试验场的场长。

从后来广西农林试验场留下的平面图看，场部位于现在的龙潭医院内，当时建有不少小洋房，场部办公室位于现龙潭医院笔架山下。我们多次走访了龙潭医院，试图找到当年柳江农林试验场的办公小洋房，以印证平面图上所示。

龙潭医院内有一栋很典型的小洋楼，这栋现为黄色外墙的两层西式小楼，就是 2017 年 4 月开放的桂南会战检讨会旧址陈列馆。从陈列馆的介绍中，我们不难了解到，1940 年 2 月 22 日至 25 日，桂南会战期间，蒋介石召集上百名高级将领在此召开军事会议，检讨桂南会战的成败得失和经验教训。会场时为一个高级农业学校教室。从时间上，我们不难推断出，这栋小楼就是当年柳江农林试验场之后广西实业院建设的办公楼之一，根据档案史料记载，其也是柳江农林试验场的后世——广西农事试验场旧址。

1950 年 4 月，龙潭医院内洋房为中国人民解放军中南军区第二兵站医院，1951 年划归龙潭医院。医院内除了桂南会战检讨会旧址是很典型的小洋楼外，还有不少红顶小洋楼。

龙潭医院内的这些洋楼与当年的柳江农林试验场有什么关系呢？我们还了解到，在这些当年柳江农场员工所说的“办公小洋房”建成前后，还有一段广西实业院和广西农务局与柳江农林试验场相关的历史。

二、建设厅厅长的梦想

柳江农林试验场成立一年后，这个没有人烟的地方已经开出了水田旱地 3757 亩，另外还开辟有很多道路、建筑了房屋及配备了农业科研设施。柳江农林试验场做得好好的，为什么要归并至广西实业院呢？这个与力主者伍廷飏有很大关系。

广西陆军速成学校第一期炮兵科毕业的伍廷飏，虽然不是名门望族出身，却能在军阀混战、时势造英雄的年代十年一跳，33 岁已经在李宗仁为军长的国民革命军第七军任少将旅长。

新桂系主政广西后，1927 年 7 月，伍廷飏就任广西建设厅厅长，踏上了他的“守江山”之途。

伍廷飏在主政柳庆地区时就有过建设一个广西农林试验中心的想法，要建设这个中心得把广西不少类似的农林机构合并到一起。以前他的权力无法做到这一步，但做了广西建设厅厅长后，他有这个能力协调各方面建立健全这样一个机构了。

伍廷飏为少将旅长、柳庆清乡总办时，就在做着振兴柳州农业的打算，所以在柳江农林试验场成立案通过之前，他就看上了自己广西陆军小学堂的同学、藤县人苏汝淦。苏汝淦毕业于上海震旦大学，获得法国南锡大学农学院农科博士学位，历任巴黎高级师范学校生物遗传系助教、生物学教授，是当时一位有名望的生物学专家。苏汝淦接到邀请后回了两封信给伍廷飏，均以身体不适、行动不便为由，婉言推辞。开始伍廷飏以为自己人微言轻，请不动大科学家。从来宾市档案馆的苏汝淦任职文件中得知，苏汝淦之所以不能到柳州，是因为时任广西省民政长黄绍竑已打算聘请他在梧州筹备广西实业研究院。1926 年 2 月 5 日，黄绍竑委任苏汝淦为广西实业院筹备处主任，筹建完毕，苏汝淦名正言顺地成为研究院第一任院长。伍廷飏无奈，只好另行筹办柳江农林试验场。在做了广西建设厅厅长后，伍廷飏就动了把广西实业研究院迁到柳州的想法，因为该院的人才、设施都是广西一流的，其还有着把苏汝淦请到柳州的“私心”。

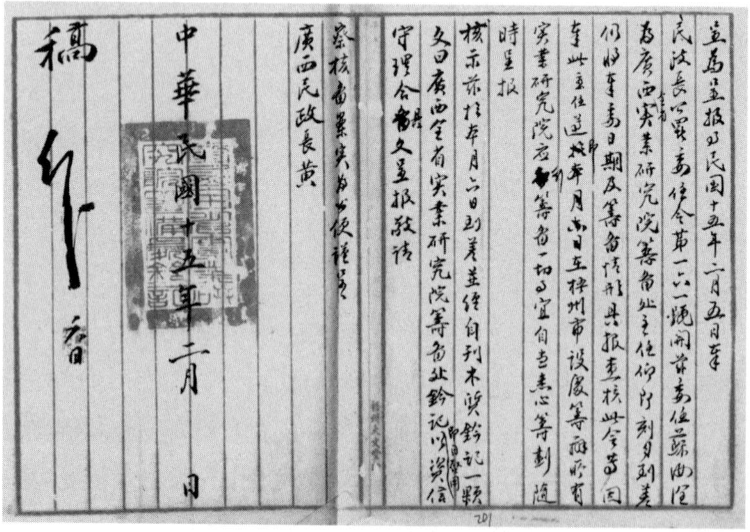
呈為呈報事民國十五年二月五日奉
民政長公署委任令第一六一號開派委任蘇汝淦
為廣西實業研究院籌備處主任仰即刻日到差
仍將到差日期及籌備情形具報查核此令等因
奉此汝淦遵於本月　日至梧州市設處籌備所有
實業研究院應辦籌備一切事宜自當悉心籌劃隨
時呈報
核示茲於本月六日到差並經自刊木質鈐記一顆
文曰廣西全省實業研究院籌備處鈐記以資信
守理合備文呈報敬請
鑒核備案實為公便謹呈
廣西民政長黃
中華民國十五年二月　日

1926 年 2 月，广西民政长黄绍竑签署了广西实业研究院筹备处主任苏汝淦委任书。（来宾市档案馆 098-002-0033-010-029）

经伍廷飏提议，广西省政府常务会议同意把广西实业研究院改为广西实业院，从梧州迁到柳州，同时接收柳江农林试验场、柳庆矿务调查处、柳石造林事务所、柳庆造林事务所，并将南宁农林试验场及南宁、龙州、百色等地的省立林场划归广西实业院管辖。这样，广西实业院统筹兼顾地发展农、林、工、矿，其重点是农、林、牲畜产品良种和经营大规模农林畜牧作业，逐渐成为广西农林试验的中心。至此，农都的“水源”越来越丰盛。

可惜苏汝淦并没能随院到柳州而是仍留在梧州，因为 1928 年 4 月广西省财政厅令广西银行拨款 16 万元桂币，委托苏汝淦在梧州筹办广西纸烟厂。此后，苏汝淦又应聘到广西大学做教授，并在大学里开展了“利用广西环境发展广西农林业”的研究。伍廷飏想请苏汝淦到柳江的如意算盘再次落空。

1927 年 10 月，广西实业院正式成立，伍廷飏以月薪 500 元大洋礼聘邓植仪任院长兼农务部主任，院址就在柳江农林试验场的地盘。

广西实业院院长邓植仪（选自《广西一览》）

邓植仪何许人？他是美国威斯康新大学农科硕士，做过广东农林试验场场长，要文凭有文凭，要实践有实践。广东农林试验场停办后，正在找出路的邓植仪看到相关的广西宣传：“桂省自民国十四年以后，军民财政统一，训政开始，政府承总理遗训，实行革命建设，开发实业，增加生产，以裕民生，意至美也。”恰好这时广揽人才的伍廷飏找到他，请其来广西做发展农业的领军人物，他欣然应允并很快来柳赴任。通过邓植仪，广西省政府又重金从广东聘来一大批专业人才。

喝过洋墨水、做过实业的邓植仪人脉不是一般的广，看他搭起的院科研队伍和给广西引荐的专家就知道，对于急需农科人才的广西已经是“足金级”人物了。当时广西实业院各专业的主要技术力量，相当于我们现在高级工程师之类的技术人员技正共有 7 人，其中一级 1 人、三级 3 人、四级 3 人。这些高级人才，留学美国的有 5 人，留学日本的有 2 人，他们的平均工资都超过 200 元桂币。

机构人员及科研项目的增加，让原来柳江农林试验场所建的房屋及购置的设备仪器等，已远远不适应广西实业院的发展规模。邓植仪的报告一打到省建设厅，伍廷飏大笔一挥，广西省建设厅的款及时到位，让广西实业院大兴土木，加快建筑校舍、试验场所，购置仪器设备等。

1927 年 10 月，原位于南宁西乡塘的广西省农林试验场改名为南宁农林试验场，也一并归广西实业院，时为一级技士的廖斗光任场长。

从 1927 年 10 月至次年 6 月，广西省建设厅拨给广西实业院开办费、经费 22.88 万元桂币。据 1934 年广西统计局对城市工人工资的调查，工人每月所得平均最高工资不及 5 元、最低只有 2 元，与之相比，广西实业院所得的开办费及技术人员工资已经很高了。

这些经费，用于建筑的最多 8 万元。实业院的陈列所、化验室，在柳州开投标因无人过问，即赴南宁开投，还是没有人敢投标。伍廷飏最后拍板到广东

1928年，邓植仪请广东工匠建设了广西实业院图书馆和陈列室。（选自《广西一览》）

去招建筑能匠承建。时逢天旱柳江水浅，货船只从广州上到梧州，大宗的建筑材料及试验用的机器设备，只能在梧州卸货再经陆路运到柳州，耗钱费时不少。

我们现在再查看广西实业院留下的图片档案资料，其办公楼在柳州当时算得上豪华了，可见广西当局当年为了发展农业是下了血本的。

此时的广西实业院可谓实力雄厚，有资金有人才，要做出成绩也是顺理成章。

1953年到龙潭医院工作的李阿姨，曾住在桂南会战检讨会旧址，当时是医院的女职工单身宿舍。在李阿姨记忆里，小楼灰顶白墙木地板，楼顶上的天台是姑娘们晾衣服的地方。而穿越时空回到广西实业院的年代，百年小楼记录的不仅是沧桑还有功绩。

1928年建成的广西实业院研究室，后来桂柳会战检讨会在这里召开。

1928 年，广西实业院的农学家们，在这栋小洋楼里从事农科研究，他们在远离闹市区、人烟稀少的地方——羊角山培育出了高产的谷物、适合广西生长的桑麻、优良的禽畜，还进行新地开垦、科学种田、天气测候……

1928 年，广西实业院设在大龙潭内的广西第一个二等气象测候所。（中国战时农都博物馆提供）

农业是靠天吃饭的行业，把握气候变化，更利于农作物的生长发育。于是在广西实业院成立两个月后，邓植仪要求广西实业院气象组开始观测气候工作，这也标志着柳州首个气象观测点的诞生。广西实业院在笔架山东南建立了广西第一个二等气象测候所，对当地的气温、气压、湿度、降水量、光照等进行观测。由于其气候观测是用于农业试验，所观测项目、观测时间不固定，观测也不连续。

1928 年起，广西实业院已开始了科技档案资料积累和利用工作，柳州气象观测站还设立了气象资料室。这也是我们今天能有那么多的资料了解中国战时农都当时情况的一个原因。

说到柳州的气象资料利用，这里还有一个与之相关的题外插曲。

日本商人森岳阳（森清太郎）在广东生活了近 30 年，于 1912 年在广州开设森岳阳堂药业。森岳阳在 1931 年 9 月来柳时写的《广西游记》中，就引用了广西实业院 1928 年的气象报告，并从报告中推出柳州 11 个月的雨水总量等详情。在日军发动侵华战争前夕，森岳阳作为日本驻华总领事馆的随行人员到柳，他细致地观察了柳州的气候，后来被印证，其所获资料为日本在广西的军事行动提供了参考。森岳阳的《广西游记》还附有民国《柳州新市街设计图》，有史料记载，当得知柳州将作为广西省新中心时，森岳阳“因而对柳州之市政建设，特别注意”（黄绍竑语）。

我们不妨了解一下森岳阳到柳州的情况。

《中国近代药学史》记载，日军侵占广州后，日本制药厂商凭借日军势力，很快就在广州建立了几家制药厂，并垄断了华南区域的制药业和医药市场，而森岳阳的药店及时地充当了马前卒的角色，率先复业。日本人饭岛典子在其著作中提到，1927年日本外务省情报部在编写《中国民族史》时，森岳阳还提供了资料。森岳阳在1931年不但到了广西的柳州等十几个地方，还到了韶州、乐同站，从湿江到连江口到英德站，乐昌、郴州、衡阳城、长沙、汉口、九江、庐山、南昌、南京、上海、厦门、汕头等地，后著有《华南是怎么样的地方》，介绍华南环游旅行之所见，还附游览图1张和46幅照片。

另据《广西通志·外事志》记载，日本特别在其发动侵华战争前夕，常以访问考察为名，派员到广西刺探中国政治、经济和军事情报。

看来，森岳阳1931年的广西之行不简单。

广西实业院未成立时，与大龙潭之水相通的大部分已经筑湖，供浇灌和游览用。广西实业院接手柳江农林试验场后继续将未筑的完成，扩大了龙潭、再建了围堤，从而形成了我们今天看到的龙潭堤湖，同时修建了环湖路，这些路就是今天龙潭公园环湖路的雏形。

据广西实业院1927年度工作报告，农科人员将柳江农林试验场开辟的3300多亩土地中的1200亩列为旱稻、水稻、甘蔗、红薯、花生、小麦、黄麻等适合

1931年9月，日本商人森岳阳所拍的柳江农林试验场（上图）和柳州新市区。（选自《柳州20世纪图录》）

广西种植的农作物的试验田，这些试验田后来成为羊角山公社肥沃的农田；又用500亩作为畜牧养殖场，这个畜牧场至今还在，就是现羊角山牛奶场的前身。

我们现在的自来水有水厂供给，可在实业院时期，员工们虽然不到30人，但喝水得肩挑，为了节约时间集中精力搞科研，聪明的农学家们运用“水往低处流”的原理，搞了一座高塔，用水泵将龙潭水抽上高塔的水箱，再用水管接到办公室和宿舍。这个水塔成为柳州的第一座自来水塔。

广西实业院建设的柳州最早的自来水塔。（选自《广西一览》）

广西实业院的自来水引领了柳州自来水的新潮。广西航校1934年4月成立时，柳州尚无自来水设备，航校学生本来已对柳州的条件不满，于是从乐群社迁入机场后，即以待遇差为由闹事。当局只好于当年6月在机场营区打井抽水上高塔安装自来水，12月竣工交付使用。自此，柳州开始出现自来水这一新事物。柳州各界对此甚感兴趣，纷纷酝酿建造。1935年春，位于鸡喇的广西酒精厂首先建成自来水厂，供本厂员工使用。

不靠天是否也可以种东西？这在当时是一般人根本不敢想的，可广西实业院的农学家们却在1928年建起了长20米、宽8米的温室，这是广西的首座玻璃房结构温室，无论是刮风还是下雨，都可以在这里进行农科试验。广西实业院的专家们在里面培育出不少的农作物优良品种。

仅靠农科人员试验，没有基层的农科人员进行推广，试验和培育出再多的农作物优良品种也是专家们孤芳自赏。于是，邓植仪想到了开办农林技术养成班。

1928年7月，伍廷飏批复了广西实业院院长邓植仪上报的《广西实业院第一期农林技术员养成班简章》。简章说明，第一期学习班从1928年7月开始，共招60名各农林机关中下级技术人员、办理各县农林事业技术人员、指导改良农民生活之技术人员。各县选送的考生必须是18岁至30岁的农家子弟，身体品行俱佳，初中及同等学力，同时在1928年6月到广西实业院参加入学考试，考试合格方能入学；参加农林技术员养成班学习的学员均要填写入学志愿书，学员在志愿书中要保证遵守院内的一切规章制度，如有违反或者中途退学等，

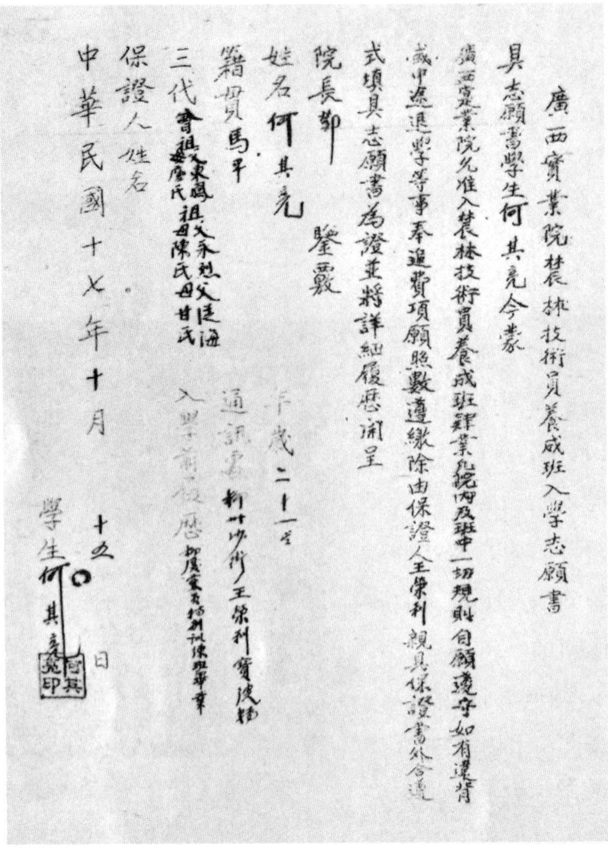
廣西實業院農林技術員養成班入學志願書
具志願書學生何其亮今蒙
廣西實業院允准入農林技術員養成班肄業凡院內及班中一切規則自願遵守如有違背
滅中途退學等事奉追費項願照數遵繳除由保證人王榮利親具保證書外合遵
式填具志願書為證並將詳細履歷開呈
院長鄧 鑒覈
姓名何其亮 年歲二十一歲
籍貫馬平 通訊處柳州沙街王榮利寶號轉
三代 曾祖父東陽 祖父永魁 父廷海 曾祖母廖氏 祖母陳氏 母甘氏
入學前履歷
保證人姓名
中華民國十七年十月十五日
學生何其亮

1928年10月，广西实业院开办农林技术员养成班。图为一位养成班学生的入学志愿书。（选自《柳州20世纪图录》）

学院可追缴学费等费用，并具有保证人；修业学习时间为两年。

与此同时，广西实业院里突然多了几十个在试验田、苗圃、玻璃房走动的人，教室里也传出上课的声音。原来农林技术员养成班在实业院里开班了，学员们是来自广西省内从事农业工作的人员，这60名学员通过学习和实习，进一步掌握测量、土地改良、畜牧、园艺、造林、农场管理等方面的知识，并在实业院的各部进行实习。但不是说进了农林养成班就能顺利毕业可以有一份好工作，同年11月，院长邓植仪就开除了一名选送保证书作假的学生，在开除前曾给过其三次补办真实选送保证书的机会。

这些从各农林机关挑选出来的学员毕业后，都能办理各县农林事业，指导农民科学种田。有些优秀者毕业后还由省建设厅派往各县办理农林事业。可以说，广西实业院此举为广西培养了一批农林事业人才。

1929年的元旦，羊角山迎来了有史以来人最多的一刻，广西全省建设会议在广西实业院召开。这个会的级别如何，看看与会人员就见分晓：中央一级的有中央政治会议广州分会的代表，贵州省政府也派了代表参加，专家方面有著名的地质学家及矿学家丁文江、李四光，还有农业经济、工程等方面的专家，连新加坡、吉隆坡等地的华侨实业团体也派人参加，还有广西各部门的长官、要人、专家、学者，共93人参加了会议。广西重视实业创办，在柳州取得不菲成绩的消息也由此向国内扩散。

广西自清末创办农业科研事业时，已开始注意科技人才的引进和培训。但

1929 年 1 月，广西省第一次全省建设会议在广西实业院（大龙潭）召开，图为与会人员合影。（中国战时农都博物馆提供）

由于基础薄弱、经费短缺，付诸实施的不多。广西实业院的成立，代表着广西省科研人才队伍的初步形成。

广西实业院地处偏僻的柳州大龙潭，出行得走路到鱼峰山，交通诸多不便；买菜、购物只能到河南桥头谷埠街一带，生活艰苦。即使这样，仍有一批热心于广西农业科研事业的科技人员在这里辛勤工作，形成了有多个学科的广西农业科研队伍和基地，为以后农都的形成打下了基础。

这，也许是伍廷飏在广西任建设厅厅长任上的“农业梦”。

三、政科合一的尝试

科研的结果如果没有得到推广实施，转变成社会生产力或者物质，那么科研的目的是什么呢？做着“农业梦”的伍廷飏一直在思考这个问题。因为，广西农科机构科研成果在实施的过程中，无人理睬的事太多了。这里面既有社会落后人们对科学认识不够的原因，也有行政推行不力的原因，有些农试科研成果，到下面推广，却没有人理。也许，农科机构行政和科研合一，这种状况或许会改观。

1929 年 2 月，广西省政府终于进行了政科合一的改革，广西实业院改组为广西农务局，局长由省建设厅厅长伍廷飏兼任，农务局机关设在大龙潭的原广西实业院内。农务局除了统管全省农林事业的行政职能，还有科研推广的职能，这意味着以后广西的农科推广由行政命令推行。

1929年2月，设在大龙潭内的广西农务局机关。（选自《广西一览》）

伍廷飏组阁时，不但聘任邓植仪、邹秉文为副局长，还请回了杨士钊任农务局场务股股长。

广西农务局成立的第一件事是建设马厂宿舍，以加快牧马厂的建设。因为伍廷飏知道，马匹在平时可作农耕和运输工具，战时可作战马参加战斗。谁知哪天打仗，哪天无战事？

怕什么就来什么，广西你想搞建设？没那么容易。蒋介石和桂系因为裁军问题一言不合就开打了。蒋介石指责桂系威胁中央，1929年3月26日下令讨伐，蒋桂战争爆发，身兼军政数职的伍廷飏只得放下政务，操戈迎战。

蒋桂之战中，蒋介石亲率三个军指向武汉，暗地里收买桂系将领阵前倒戈，很快把桂系在湖南湖北的三个主力军搞垮了。同时，也以收买离间法，使桂系在冀东的四个军反水，几天工夫，桂系大败，第四集团军解体。搞得李宗仁大叹，桂军不是被打仗摧毁的而是被老蒋的钱搞垮的。

桂系大败，影响了广西农务局的正常运转，不少人提出辞职。1929年3月5日，副局长邓植仪也发出函告电促一直“辞职”的杨士钊来局主持场务股。伍廷飏在前线闻知消息，心急如焚，于5月27日发来电报让大家安心工作。

电令在职人员照常奉公不得擅离职守由快邮代电：

广西农务局正、副局长览。查本厅暨所属各机关负全省建设责任，各种工作最为重要。近来时局虽稍受军事影响，然当局早已统筹兼顾，措置裕如，各机关职员自宜持以镇静，尽心供职，毋事惊慌。如果工作有必须暂停之时，或职员有万不获已离职之事，均应报请核示，待命而行。断不能各自怀疑，乘间逃避，任私人之自由置公家于不顾。除分行外，合亟电仰该局在职人员一体遵照，务须照常奉公，毋得擅离职守。倘有不明大体，违背功令，定当严予究惩。各宜自重，免受处分为要。

6 月 20 日，伍廷飏又以广西建设厅名义发来训令。

令广西农务局：

查近来时局不靖，事故纷繁，本厅所属在柳各机关对于建设事业均关重要。若不另派专员驻柳考查整理，则各机关放弃职责，相率效尤，建设前途何堪设想？兹委派韩祝光为本厅驻柳特派员，将本厅所属在柳各机关职员任务及内容种种状况认真稽核考查，毋任散漫。所有应行事项，均由该特派员酌量办理，仍将遵办情形随时报告。

广西农务局有伍廷飏鼓气，坚持了下去，到 1929 年 6 月，累计还发放了荒地五万亩以上。

此时，李宗仁通电下野，与白崇禧先后逃往香港，后潜回广西，以图再起，蒋桂战争结束。桂系退回广西后，处于退无可退的境地，李宗仁和白崇禧面对广西的统治，再也没有向外扩张、与蒋介石争天下的力量了。

同年 6 月底，桂军退出柳州，广西农务局也随着散了。伍廷飏做了三年多的“农业梦”，被一场军阀间的战争搅碎。此后，广西农务局名存实亡，试验田荒了，楼宇空无一人，玻璃实验室支离破碎，实验器材荡然无存。邓植仪知道自己无力扭转乾坤，于是回广东中山大学做教授去了。

战争的记忆是痛苦的，而消除痛苦的最好办法就是恢复正常社会秩序。蒋桂战争之后的几年内，广西当局几度想重组农事科研机构，却总是不尽如人意。民不安，国不稳，伍廷飏知道自己的“农业梦”得从头来，垦荒让民有饭吃胜于农事科研。

1931 年 8 月 24 日，广西农务局改组为柳江林垦区及柳江农林试验场。柳江农林试验场辛辛苦苦几年又回到了起点。

四、历经战乱的发展

1931 年 9 月 12 日，森岳阳随日本驻华总领事到柳参观了蒋桂战后由广西农务局改组的柳江农林试验场，其在《广西游记》中写道：“（柳江农林试验场）这个场比较大，有四千二百八十八余亩，在这里有漂亮的化学试验所、图书馆……图书馆虽然是个宏大的建筑，但内容却相当贫弱，据实业院成立一年后的报告，这个很大的建筑物仅有藏书一千一百九十三册。”

在广西实业院、广西农务局时期“辞职”隐退的杨士钊，不甘英雄末路，伍廷飏复兴“柳州农试”哨子一吹，他又挺身出来复职柳江农林试验场场长兼技正。

1931 年 10 月 18 日，柳江农林试验场场部办公室云集了柳州警备司令部、柳州县党务指委会及柳庆所属各县县长及本场职员，共同见证了杨士钊宣誓就任柳江农林试验场场长一职的仪式。

复职的杨士钊，时年 38 岁，过去在大龙潭、羊角山这块热土上创业艰辛的日子，又映在眼前这些熟悉的面孔上。杨士钊知道，自己虽然正当壮年，但“值民生凋敝，农学失修，试验场探求倍形艰苦”，如今要挑起“复兴”广西农林科研试验的重担，唯有“匡勷诲导，端赖群贤”。

重新恢复的柳江农林试验场，经历蒋桂战争之乱及年久失修，办公室、图书馆、储藏室、工人宿舍、牛舍、鸡场、肥料室、炮楼、凉亭等建筑物以及大龙潭沿湖堤坝桥梁、雷塘庙，还有试验用的仪器、设备等都残破不堪，可谓满目疮痍。

1932 年 2 月 22 日，柳江农林试验场向广西省建设厅打报告，要求下拨经费，对上述建筑、设施进行维修，共计 2960 元桂币大洋。并表示，经费一旦到位，全场职员就投入修复房屋、湖堤、器物的工作，尽快创造试验研究的环境。

同年 7 月，柳江农林试验场复场不到一年，便分别开展了农艺、林务、园艺、蚕桑及病虫害等试验研究，进行了畜牧、兽医、农业化学、农业经济、农业工程及推广等方面的研究改良。此时 28 岁的岑楼以技佐的身份入职柳江农林试验场，主要负责气象测候工作，他后来成为广西知名的气象学专家。

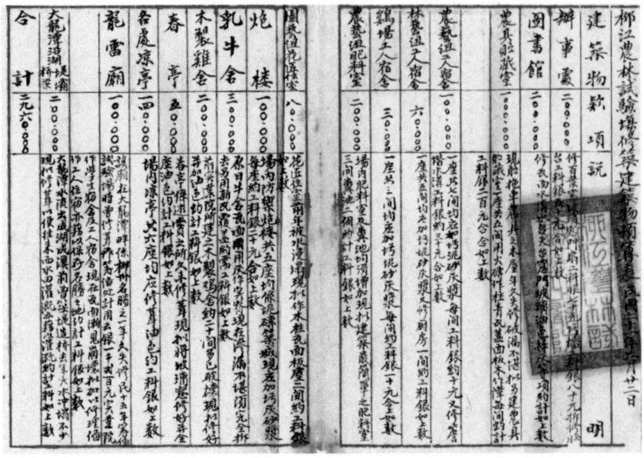

1932 年 2 月 22 日，柳江农林试验场向广西省建设厅呈交的修筑建筑物预算表。（来宾市档案馆 098-003-0032-019-033）

与此同时，记者杜重远在走访了广西农林试验场之后，在《生活》周刊上发文除了称柳州“此地水清山秀”外，还对广西农林试验场作了描述：“厂（场）基四千亩，规模宏大，设备完全，有图书馆、有化学室，有标本陈列所，购备美国之播种机刈草机及收获机等等。厂中拟办森林、农艺、园艺、牲畜、兽医、病虫害及化验各事。民国十八年（1929）时职员数近百人，常年经费八十余万元。”

在杨士钊带杜重远参观了场里之后，杜重远称赞道：“这里有养蜂园，有牧鸡场，有牛舍，有马厩，有广大之苗圃，有繁茂之森林，五谷杂苗遍植各地，奇花异草布满庭园，中间复配凉亭茅舍，竹篱花径，实隐居之妙地。”

广西农林试验场之行后不到三年，1935 年 5 月 4 日，杜重远所办的《新生》周刊第 2 卷第 15 期刊登了一篇署名“易水”的文章《闲话皇帝》，该文泛论古今中外的皇帝，其中也提及当时的日本天皇，说他是一位生物学家，因世袭的关系不得不做皇帝。“一切的事，虽也奉天皇的名义而行，其实早做不得主。”《闲话皇帝》刊出的第二天，上海的日文报纸以头条新闻报道《新生》周刊“侮辱天皇”，日本浪人随即在虹口一带举行反华示威游行，打砸商店，事态日渐扩大，租界当局被迫宣布临时戒严。恰在此时，国民政府颁布“敦睦邦交令”，规定“凡以文字因画或讲演为抗日宣传者，均处以妨害邦交罪。”日本驻沪总领事石射猪太郎闯进上海市政府，向市长吴铁城递交照会，提出严重抗议，并提出禁止《新生》发行，严办该刊负责人及该文作者和审查人员。中宣会及上海市政府只得向日方书面道歉，上海当局下令封闭《新生》，并判处杜重远一年零二个月的徒刑。有诗评其事：“堪叹弱国无外交，卑躬屈膝滥折腰。闲话本为平常事，何损夷魁一毫毛？”

同样是看柳州的农林试验，一位是拥有炽热情怀的爱国者，一位是窥视他国的侵略者，这也是杜重远与森岳阳文章不同之根本。

到 1932 年 7 月，复办后的柳江农林试验场每年经费有两万多桂币，进行了水田、旱地农作物种植分区试验，在五十多亩试验地里收获优良玉米种近七百穗；造林、育苗及林务保护利用方面的试验也在正常开展；对柳江一带缺乏的果品进行了栽培试验；畜牧方面对猪、马、牛、羊、鸡进行了选育改良试验；蔬菜及花木也在选取当中。复办的一年时间，大部分农事试验都走上了正轨。

正当广西农林试验的元气逐渐恢复时，广西省决定柳江农林试验场扩大组织，增加业务，改名为广西农林试验场，使之与广西农林的试验中心定位相匹配，杨士钊仍然是场长。

改名背后深层次的原因是李宗仁、白崇禧退回广西后，励精图治，发展教

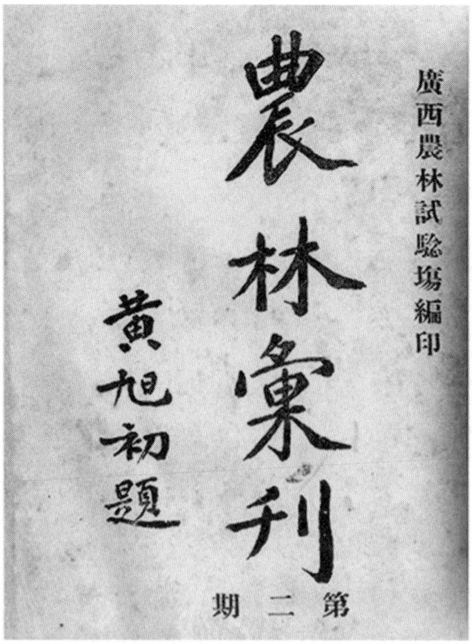

黄旭初题名的《农林汇刊》。（中国战时农都博物馆提供）

育、工业、矿业等事业。那段时间，广西省行政清廉，上行下效，后面几年证明，广西此时已为中国少有的模范省。1938 年，桂系在两个月内全副装备了 4 个军 48 个团，开赴淞沪会战，时日媒称：“广西地形险峻，军队彪悍，将领能战，秉大广西主义精神。谁想把它蹂躏，都是徒然空想。”然后就是李宗仁、白崇禧指挥的第六十军血战台儿庄，李宗仁任第五战区司令长官。

在此背景下，广西农林试验场迈开了快速发展的步伐。

1933 年广西农林试验场的职员名单上有在职员工 49 人，大部分为技术人员，除了场长外，其中技正 1 人、一级技士 2 人、四级技士 4 人、一到九级技术员 24 人，其余为辅助人员。可见当时农林试验场的技术力量之雄厚。

据《广西农业志》的记载，广西在抗战前粮食作物的栽培面积占全部耕地的 94%，粮食的产值占全省产值的 93%。因此，广西作为农业大省，在战时征军粮数额巨大，种子的改良和推广就显得尤为重要。

1934 年，广西农林试验场在水稻、玉米、棉花、大麦、小麦等不断培育出优良品种后向农民大力推广。除了改良粮食品种外，试验场还对农家土猪进行改良，采用国外的良种猪与本地猪进行杂交的方法，获得优良品种并进行推广，以增加猪肉供给和农民收入。

出于农学家研究成果推广的需要，试验场编辑出版了广西最早的农林试验研究铅印年报，也是我们现在研究广西现代农业科研史的珍贵资料。

同时，试验场还编印了《农林汇刊》，其时任广西省主席黄旭初鉴于此刊物对广西农业发展的重要作用，亲笔为其题名。

五、农政一统的坚持

1934 年春，广西省政府设经济委员会，裁撤建设厅，将原建设厅所管的农业业务归至经济委员会下的农务局管理。农务局内分三科，而农作物推广归于第一科，该科以作物改良与增殖为主要业务工作。省农事试验场为全省农业试验中心，全省分为六个农业试验区，各建综合试验场一个（简称“区场”），区场以下各县设置县农场，由原县苗圃扩充而成。这些农场的经费开始由其所在各县分担，后改由省库支付。

在广西农林行政统一的前提下，广西农林试验场改名为柳州农场，杨士钊仍为场长。与此同时，广西省为促进旱地农作物推广、增加粮食产量颁布了一系列政纲性文件。这些法令法规的内容虽然不是专门用于旱地农作物的生产，但是都从不同方面对旱地农作物的改良与扩种产生了影响。如 1934 年颁布的《广西扶植自耕农实验办法》《广西省取缔非必要作物、扩大粮食作物栽培面积办法》，都明确规定农户不许任意减少粮食作物的栽培面积。而研究和推广高产的旱地农作物，则成为当时农业建设的重要内容。

柳州农场根据广西省旱地农作物推广的精神，特别重视玉米及麦子、花生等旱地农作物的良种试验，研究人员分别从播种期、穴株数等方面进行试验。

农场用 100 多亩地进行玉米杂交试验，然后将优良品种分发到柳州、桂林、宜山的部分地区进行比较试验种植。结果发现，柳州比标准品种增收 60% 以上，桂林超过 54%，宜山接近 40%。这表明柳州农场取得的农事科研成果，对广西粮食的增产有很大的促进作用。试想一下，以增产最低的 40% 算，意味着以往征 10 担军粮，现在可以征 14 担，就算维持原来的征 10 担，百姓也多了 4 担自己保底而存粮于民以备荒时。

民国时期，中国有两个模范省，北方是山西省，南方是广西省。那么，为什么广西省能成为全国仅有的两个模范省之一呢？新桂系主政广西的李宗仁、白崇禧、黄旭初等人，励精图治，在短短几年间，让一个贫穷落后的边陲省份一跃而成为中外众口交誉的模范省，引起了国内外人士的广泛注意并获得中肯评述。美国《纽约时报》记者亚奔特和皮林汉专门撰写《中国的模范省——广西》一文，对广西高度赞许；美国传教

中國的模範省——廣西

美国《纽约时报》远东特约记者亚奔特和皮林汉于 1936 年合著《中国的命运》中有文章《中国的模范省——广西》。图为《珠江日报》1937 年 5 月 19 日转载该文。

士艾迪博士的盛赞文章中写道："中国各省之中，只有广西一省可称为近乎模范省。凡爱国而具有国家眼光的中国人，必然感觉广西是他们的光荣"；国联远东调查团团长李顿还下过这样的结论："假如中国有两省像广西这样，日本就不敢侵略满洲了。"由于模范省为抗战准备了物质、武装和组织条件，桂系军、政界加入了抗日民族统一战线并积极抗日，全省投入兵力按人口比例全国最高，征募士兵及劳工全国最多，抗战光复全国最早，全省 1200 多万各族军民，抗战时期伤亡就达 100 多万，是名副其实的抗战模范省。而这与广西农业高度发展、自给自足是分不开的。

六、龙潭农试的终极

从 1931 年蒋桂战争结束到 1937 年淞沪抗战的几年时间里，广西的农业得到了休养生息，柳州农场也得到了扩大，广西省将原来广西酒精厂的鸡喇农场并入柳州农场，此时全场面积达到 7600 多亩，为全区最大的农场。1935 年 2 月，杨士钊被调到鹿寨江口林场任场长，再次离开他创办并复办及后来多次更名的柳江农场。

1935 年 7 月 25 日，扩大后的柳州农场改名广西农事试验场，成为全省中心试验场之一，场长是原鹿寨县江口林场场长廖斗光。廖斗光时年 36 岁，桂平人，1922 年就读于北京大学，毕业后赴日本考察留学。同时，广西省还将广西农林技术人员培训班、广西土壤调查所也附设于广西农事试验场内。培训班主任由场长廖斗光兼任，教导处主任由技正邹则荣兼任，各科教员由广西农事试验场职员兼任，教室就是后来桂南会战检讨会的旧址、当时的场部办公室腾出来的一楼。培训班在广西农事试验场搬迁到沙塘后仍然继续开班培训。

（一）不速之客第八军

在杨士钊调走后、柳州农场更名广西农事试验场之前，柳州农场范围内发生了一件让员工杨国安印象很深的事。

1935 年 5 月，柳州农场突然来了一支人数不详的部队，由园艺组的主任宋本荣安排到农场的图书馆居住。图书馆是座两层的小楼，部队来后即在门口挂上"国民革命军第五路军第八军军部"的牌子。这支部队的装备很差，只有少量步枪，士兵们背的大多是木棍枪和大板刀，其中一些"刀"是木制的。早上他们就用这种木棍枪和大板刀操练。连在军部门前站岗执勤的兵，背的也是大板刀。听说当时军长李品仙也来了，但农场普通员工没有见到，也可能即便遇到了也不认识。

第八军军部在柳州农场驻扎不到一个月就走了，何故而来、因何而去，外人不得而知。

查阅相关史料，国民革命军第五路军即抗战前夕组建的新桂系部队，由国民革命军第四集团军改编而成。1937 年 2 月 23 日，国民政府军事委员会发文特派李宗仁、白崇禧为第五路军正、副司令，李品仙为参谋长。4 月 1 日，李宗仁、白崇禧以及各将领就任第五路军各职，国民政府特派军政部参谋总长程潜赴桂监督。

以此推算，1935 年第五路军并未成立。所以，到柳州农场驻扎的到底是哪一个“第八军”，还有待人们进一步挖掘史料。

（二）土壤调查始龙潭

广西土壤调查所是与广西农事试验场平级的单位，为何却被并入广西农事试验场呢？

民国以前，广西尚无系统研究土壤的工作机构。1927 年广西实业院成立后，院长邓植仪在实业院组织进行了土壤肥料研究，这大概与其有土壤研究的背景有关。广西土壤调查所由我国著名土壤学家蓝梦九于 1931 年在南宁市筹备，1932 年 2 月开始对邕宁县进行土壤调查，同年 6 月调查工作结束后，筹备组利用柳州农场的图书馆和陈列室场地开展工作，这是广西最早成立的土壤研究机构。1935 年 2 月，广西农业专门委员会广西土壤调查所在柳州成立，所址就在柳州农场内，故柳州农场扩大为广西农事试验场后，该所划入广西农事试验场，这似乎是很自然的事。

广西土壤调查所所长蓝梦九（1901—1953）（选自《广西一览》）

广西土壤调查所由蓝梦九任所长，刘茂青任技正，全所职员共 12 人，计划用五年的时间完成全省九个县的土壤调查工作。大约同一时期，中央实业部地质调查所所长翁文灏派李连捷等人来广西，对苍梧、龙州、武鸣、南宁、宜山、三江口、柳州、荔浦、平乐、贺县、桂林等地进行了简单的土壤调查，后又对邕宁县和柳江县的土壤作详查。

1926 年，蓝梦九以优异的成绩毕业于北京农业大学。毕业后，他先去日本帝国大学学习农业化学三年。从日本回国后，先后在北京大学农学院、重庆大学农学院、南通农学院、四川大学农学院任教授，讲授土壤、肥料等课。1931 年至 1937 年，在广西困苦的年代，筹建了广西省农业专门委员会土壤调查所，担任所长并亲自参加调查工作，为广西的土壤调查研究开辟了先路。

1935 年 7 月，蓝梦九组织力量对柳州 7182 平方里的土壤进行调查，至 12 月结束。实际野外调查时间 54 天，观察剖面 112 个，采土样 33 组，写出《广西柳州县土壤调查报告书》(以下简称“报告书”) 和编制 1：10 万的土壤图。报告书简述了柳州县的气候、地质、交通、农业等概况，论及土壤性质与成土条件的关系，依成土物质来源、地形关系和剖面状况、各系之中因其表土质地不同进一步划分，分别论述各自的理化性状、生产性能和利用改良意见。报告书与李连捷的《广西柳州县土壤概要》属同一调查范围，虽都以土系为基层分类单元，但分类系统和原则却不尽相同。

蓝梦九的报告书将柳州的土壤分为云浮系、良庆系、三都系、柳江系、官铺塘系、高崇系、茶山系、头陂系、龙屯系、龙村系、卜洞系等 11 个系。

云浮系土壤由石灰岩风化发育而成。分布于里高、六道、久怀、水源、洛满、双桥、弄竹、流山等圩及县城东南一带，分壤土、黏土两个土类。总面积约 3326 平方里，占全县面积的 46.31%。

良庆系土壤多由石灰岩及杂有少量页岩风化而成。分布于县最南部官铺塘西面的古麻塘、谢村一带，只有黏土一个土类。面积约 48 平方里，占全县面积的 0.67%。

三都系土壤由石灰岩风化而成，包括县水田的大部分，其较大面积最初发现于三都圩，故名。分黏壤土、黏土两个土类。面积约 1032 平方里，约占全县面积的 14.37%。

柳江系土壤由柳江的冲积物质发育而成，故名柳江系。分壤土、黏土两个土类。地势低平，多为田地或倾斜的河岸坡地。分布于柳江沿岸，面积约 54 平方里，占全县面积的 0.75%。

官铺塘系土壤由石灰岩风化物混杂而成。地势多平坦，间有土丘，分布于穿山圩南边之官铺塘与北边之马鹿塘、新兴村及里雍圩东边西河村、基田村一带。只有黏壤土一个土类。面积约 592 平方里，占全县面积的 8.24%。

高崇系土壤由页岩风化发育而成。因在高崇村一带占面积最广，故名。地形呈缓状的崇岭，分布于白沙圩、高崇、黄西、红赖、三差、羊额、云社、中麻、苦练及田头村等处，分黏壤土及黏土两个土类。总面积约 534 平方里，占全县面积的 7.44%。

茶山系土壤由页岩及石灰岩风化发育而成。因首先发现于茶山村，故名。地多崇山峻岭，分布于该县东部茶山、田头、龙浪等村及马鹿塘北、油榨村东一带山地。只有黏土一个土类，面积约 266 平方里，占全县面积的 3.7%。

头陂系土壤由砂岩及少量页岩风化发育而成。地势为崇山峻岭，连绵不断，分布于该县西部头陂村一带。山体倾斜度大，土壤受雨水侵蚀，母岩常裸露于外，共分壤土、黏壤土和黏土三个土类。面积约 762 平方里，占全县面积的 10.61%。

龙屯系土壤来源为古冲积物质，地质学者称为红土层，地势平坦。分布于县城西北边及由县城对河至龙屯村，暂以龙屯村命名。共分壤土、黏壤土和黏土三个土类。面积约 56 平方里，占全县面积的 0.78%。

龙村系土壤主要由页岩及少量石灰岩风化发育而成。地势多为崇山峻岭，极少平地。山的下层多为石灰岩，而上层多为页岩。分布于该县的东北角龙村一带，三面为柳江所环绕，故以龙村系命名。山岭常受雨水过度冲刷，土层多被侵蚀，常露出下层母质。只有黏土一个土类。面积约 74 平方里，占全县面积 1.03%。

卜洞系土壤由石灰岩风化发育成。地势高峻，多为石山，或半属石山或半成土岭的荒山，倾斜度颇大，分布于卜洞、刺鸾、岭尧、和村及红赖、基田等村西边一带山地。因首先发现于卜洞村，故名。只有黏壤土一个土类。面积约 438 平方里，占全县面积的 6.1%。

广西最初的土壤调查，为当时的乡、村及农、林、牧场等农业生产进行生产规划和制订改土培肥措施提供了重要根据。从广西土壤调查所的调查报告可看出，柳州也是“八山一水一分田”的广西丘陵地形地貌，适合种植的土壤有一半左右。

1935 年，广西土壤调查所人员在野外进行土壤调查。（中国战时农都博物馆提供）

广西土壤调查所从1935年成立到1936年7月搬到沙塘，先后完成了对邕宁、柳州、桂林、广西农村建设试办区的土壤调查，分别写成土壤调查报告，绘制土壤图，提出了不同地区不同土壤的改良方法。抗日战争期间，广西土壤调查研究工作由柳州农业试验场的黄瑞纶博士主持，但因战争影响，时断时续。

1941年至1944年，蓝梦九离开广西担任西北技术专科学校教授；1944年秋，赴英国剑桥大学研究土壤胶质化学，同期到欧美各国考察农业三年；1947年春从美国回国，担任国民党农林部专门委员，并兼任中央大学农学院教授；1949年夏，拒绝了国民党当局送的去台湾的飞机票。新中国成立初，因西北农学院（今西北农业大学）土壤农化系土壤肥料课无教授开课，蓝梦九离开条件优越的南京，前往地处偏僻的陕西武功，担任西北农学院教授。1953年4月19日，他在带领学生赴天津芦台、汉沽外出实习的返校途中，因劳累过度，突发脑出血，逝世于西安市。

（三）农试多年见成效

1935年，在职员杨国安的印象里，广西农事试验场种植已结果的沙田柚果树8个区共3000多株，温州柑果树4个区1200多株，桃子树2个区800多株。除此之外，枇杷、李子、梨等各种杂果树1000多株，还有芒果300多株、板栗3000多株，均逐渐长成结果。

另有耕地800多亩，其中水稻田30多亩，水稻田全都在今龙潭公园风雨桥上下一带。场内还饲养有数量不等的猪、鸡、鸭、鹅、奶牛、山羊、塘鱼、兔子和蜜蜂等用于试验。另养有日常使用的几匹马和数十头耕牛。这时试验场还搞了一个小型气象站，有各种小型的气象观测设备。

这是试验场的鼎盛时期，共有员工400多人，另有10名带枪的场警。其中科技人员和管理职员80多人，这些人大多是大学生和留学生，他们在一起时常用英语交谈。职员们还有职称，职称由下至上分别为技工、助理技术员、技术员、技佐、技士、技正（也称技师）六个等级。试验场此时的技术力量堪称雄厚，专家岑楼是30个人组成的林科组主任；农科组最大，有工人200多人，由农艺专家梁逸飞技正担任主任，主要负责粮食、棉花、烟草、黄麻、蔬菜、瓜果方面的科研试验；病虫害专家陈金壁任病虫害组主任，植保专家刘调化也在该组；宋本荣为园艺组主任，同时兼任场部办公室主任；农艺组主任由毕业于南京金陵大学农学院的徐天锡担任。

翻阅广西农事试验场当年留下来的档案，病虫害组的陈金壁、刘调化他们都毕业于民国时期的名牌大学，陈毕业于国立中山大学农学院，刘毕业于广东中山大学植保系。他们为何屈就在广西农事试验场呢？

1933 年，广西建设厅在南宁、梧州、柳州分设昆虫研究室，由陈金壁、黎国焘、刘调化分别负责各地研究室的工作：陈金壁主持南宁昆虫研究室，主要研究甘蔗绵蚜虫；黎国焘主持梧州昆虫研究室，主要研究三化螟；刘调化主持柳州昆虫研究室，主要研究稻苞虫。同年 9 月至 11 月，陈金壁与刘调化、黎国焘等人，对广西 28 个县的昆虫进行调查，这是广西近代昆虫史上最早的也是规模最大的一次调查，从生态学的角度对害虫问题作出一定的论述。这次调查的作物对象有水稻、玉米、红薯、花生、芝麻、甘蔗、棉、烟及果蔬林木等数十种，记录害虫 68 种，之后撰写《昆虫调查报告书》。这份报告书分上下册，共 334 页，发表后几十年在科研和生产中常为人们参考、引用，是植保工作重要的历史文献。此后，陈金壁与刘调化、黎国焘拟定《本省昆虫工作计划草案》，对当时广西昆虫工作的重要性，从生态学角度作论述，是广西植保工作最早的生态系统观念和对生物防治重要性的强调，对于病虫害防治具有指导作用，并贯穿于整个抗战时期至 1949 年的调查和科学研究。1935 年 2 月，三处昆虫研究室并入柳州的广西农事试验场，组成病虫害组。陈金壁、黎国焘、刘调化三人任技士，陈金壁兼病虫害组主任，时年三人分别 28 岁、29 岁、30 岁。可以说，他们的事业高峰期是在广西农事试验场度过的。

（四）李秀文游羊角山

从杨国安的口述中，我们不难看到从柳江农林试验场到广西农事试验场，不管经历了战乱，还是人祸，大龙潭、羊角山这个原来的不毛之地，终于变成像李宗仁原配夫人李秀文到农试场所看到的："在这连垣数十亩地的果树中，相隔不远即有一二间竹篱茅舍，以及三两头牛羊，相映成趣。""一大片一大片果树林中，有沙田柚、新会橙、温州蜜柑等，都已果实累累，只是还未成熟。此外，还有桃、李、梨等各种果树，可惜果事已了。走进了果林，就是葡萄地，那一排排像篱笆一样的葡萄架，已挂满沉甸甸的熟透了的葡萄，正有人用剪子采收。这一串串晶莹清澈、青翠欲滴的葡萄，在广州不说吃不上，见也少见。在香港我也只吃过三数次。"这些后来都记载在李秀文所著《我与李宗仁》"羊角山之游"一节中。书中还对广西农事试验场的建筑作了描绘："在一片绿树掩映中，有两幢西式楼房。一幢是宿舍，一幢是办公楼。门前种的白兰树，香气袭人，左右各有专工修剪的冬青绿篱。还有几处苗圃，虽不大，但其中花繁似锦，芬芳馥郁，蜂蝶成群。特别是花圃中的凤眼草，珍贵罕见。还有那绛红色的铁树，虽说难得开花，但别具风格。”

李秀文何故会到柳州到羊角山游览呢?

1937年10月，李秀文与侄儿嘉球的未婚妻等小辈乘车从广州回桂林，路经柳州下榻乐群社。那时嘉球在柳州羊角山广西农事试验场工作，知家人一行到此，忙赶来相见，并邀李秀文到羊角山参观，说是那儿风景很好，加之有四时鲜果，到此一游，大可以赏心悦目。于是就有了“羊角山之游”。

李秀文回忆中的“一栋是宿舍，一栋是办公楼”，办公楼即是现在桂南会战检讨会旧址。想不到，这栋西式洋房竟然还能历经蒋桂战争、日军轰炸保留到现在，成为广西农林试验的见证。那栋宿舍李秀文在文中叙述道：“进入宿舍大楼，一派宁静，大概是上工时候吧，静悄悄的。入到嘉球住房，只见窗外树影婆娑，清风徐来，我已来不及细看，便落在一张藤椅上，休息一会，酣然入梦了。”

（五）农试场迁沙塘

1935年8月11日，柳江涨洪水，洪水从与柳江河相通的大龙潭里冒出，连续一个多星期不退。当时广西农事试验场种在大龙潭小河下游一带的水稻、烟草、棉花等作物全部被水淹死。计农作物被淹约500亩，损失量1300担，币值4000元；果树、果苗、花木被淹死3100株，币值1300元；蔬菜及间作物被淹没150亩，币值1500元；冲坏马路90井，币值150元。损失共计币值6950元。

李秀文1937年看到的场景是广西农事试验场园艺组留在大龙潭原址上，经过两年努力所恢复的情况，也是龙潭农事科研的“回光返照”。

据当时场里员工杨国安的回忆，大水退后，省里曾派人下来查看。不久，就宣布把广西农事试验场迁往沙塘，大部分工作人员也随之而去。然而羊角山依然挂着“广西农事试验场”的牌子，留下来继续经营的，主要是宋本荣领导的园艺组原班人马，也有其他组的一些工作人员。

这次迁场，大龙潭原址名义上依然是广西农事试验场，实际上只能算作该场的一个分部。

这场洪灾使广西农事试验场大伤元气。1935年冬，试验场奉令从羊角山迁至沙塘。不久，场长廖斗光即被调往广西农村建设试办区的垦区实验农场（后改名石碑坪农场）任场长。园艺组至1942年向由杨士钊做经理的广西贸易公司下属的龙潭农场作了移交，方迁至沙塘。

（六）建空军烈士陵园

柳州农事试验场园艺组杨国安留守大龙潭期间，还发生过几件大事。

1935 年的冬天，一天天气很冷，几辆军用卡车直接向今羊角山干休所的山坡上开去。车上下来许多工兵，他们用铁丝网和水泥柱围起了十几亩地的地方成一个半月形状，该地方原来有几座牺牲的空军飞行员坟墓。从此，军用卡车三天两头地开来，运来了很多水泥、青砖等建筑材料，还请了不少民工在这里施工。经过三十多天的忙碌，一座空军烈士陵园建好了。

1935 年冬天，大龙潭附近新建了空军烈士陵园。图为立于陵园内的纪念碑。（柳州日报社、柳州电视台“共享光荣”采访小组提供）

进入烈士陵园的大门，能看到里面有一个水泥做的祭台，后面修了一条路直通坡顶。路的两旁，像梯田似的一层层向两边一字形排列。陵园内建有三十多座坟墓，全是用水泥青砖建成的。祭台前立有石碑，刻着牺牲人员的姓名、军衔和职务。土坡的最高处，用水泥做了一座似塔又不是塔的建筑物，宽约 3 米，高约 2 米。正中用水泥做了一个圆形的柱子，有两米多高。柱子顶端做了一架用铁制成的飞机模型，那是架双翼式飞机，机身长约 1.5 米，两边张开的机翼也有 1.5 米。墓地还竖有好几块一米多高的石碑，上面分别刻有蒋介石、李宗仁、白崇禧、黄旭初等人的题词。其中李宗仁的题词为“云霄万古”，白崇禧的题词是“浩气长存”。空军烈士墓前的石碑有大有小，可能是按职级大小来安排的。其中有一块石碑特别高，是一位苏联教官的。

（七）黄绍竑“度假”农试场

空军烈士陵园建好后的两年，即 1937 年“七七”事变后不久，留守的园艺组意外迎来了黄绍竑到羊角山“度假”。

今龙潭医院病房的位置，是广西农事试验场在羊角山时期养鸡场的平房，外面用铁丝网围起来防鸡外逃，在场里是较为清净的一处所在。养鸡场在总场迁往沙塘之后，就没有再养鸡，房子一直空着。一天，宋本荣通知杨国安和一个叫杨国盛的工友把鸡场彻底打扫干净，还叫来场里的木工把门窗修理好，叫电工来安装了电灯。之后宋本荣指挥往里面摆放了桌椅和床架，并临时装上了一部电话机。

一切弄好以后，大约过了一个星期，这里住进了一个神秘的人物。他年纪四五十岁，个子不高，身体微胖，没有留胡子，身穿一套黑色中山装。随行的还有一个年轻女子，带了厨师来为自己做饭，还带了两名像是秘书又像是保镖的人，在这里住了大约 20 天。他很少与外人接触，在这里住的时间内，只有少数几个人来访。他每天都由那位年轻女子陪伴着到外面树林里去散步，或是到草坪上晒太阳，他住的地方不让外人知道。后来，杨国安从转接电话和寄给该神秘来客的信封上的名字得知其是黄绍竑，后又证实了那年轻女子是其三姨太。

1937 年 7 月抗日战争全面爆发后，一天黄绍竑突然接到参谋总长程潜的电报，要他立刻到南京去，原来蒋介石要任命他为军委第一部长，主管作战计划与作战命令。黄绍竑受命后在短期内便完成机构组建，并拟出了初期对日作战的计划送蒋介石。黄绍竑到羊角山“度假”从时间上看有可能与此有关。

（八）“避难场所”之保护

今天当我们走近大龙潭风景区，不难看到一路都有“避难场所”的箭头指向大龙潭公园的标志牌。说起大龙潭为“避难场所”，来宾档案馆的档案里还有一段与广西农事试验场相关的记载。

1941 年，仍留守在羊角山的园艺组工作人员怎么也没想到，从 1939 年起不断有军事、交通等机构进入羊角山驻扎，前后有 18 处之多，有的还乱砍伐农场树木。此时，驻扎在羊角山的部队乱砍滥伐和强摘试验果实、破坏设备的现象越来越严重，园艺组即将此情况报告了在沙塘的总部。

时任广西省政府农业管理处处长陈大宁、广西农事试验场场长马保之很重视此事，即向第四战区司令部长官张发奎和柳州警备司令部、柳州区防空指挥部去函。函中说，羊角山农场是广西农事试验场的分场，而广西农事试验场是抗战以来全国农事机关，因战事的影响，科研设备越来越少，而羊角山的设备是该场数十年惨淡经营余留下来的希望，如影响到战时的农事科研和军粮生产，则不是小事了。同时，那么多的军事机构迁入羊角山，则会成为日军的军事目标，引发日机轰炸，从而破坏广西农事试验场的设施设备，影响战时农事科研。

此后，陈大宁和马保之又向桂林行营军事委员会白崇禧打报告说明情况，并强调羊角山是天然的防空避难场所，如迁入大量的军事机构并破坏的话，必定引起日军注意和轰炸。请其下令禁止其他的军事机构再行迁入。

柳州区防空指挥部收到第四战区司令部转发的广西农事试验场报告，回函同意广西农事试验场的意见。在回函中强调，羊角山是战时柳州市民防空避难场所，禁止其他军事机构单位再迁入羊角山广西农事试验场的基地。

1941 年 5 月，第四战区长官司令部回电马保之，已令柳州警备司令部予以查禁迁入的军事机构，并对羊角山实行战时农事科研机构和“避难场所”保护。

正是当年广西农事试验场对于“避难场所”的保护和坚持，今天我们才能徜徉在这郁郁葱葱的大龙潭风景区。

（九）白崇禧到羊角山

1940 年初的一个星期天早上，突然有十多辆军用吉普车开进大龙潭广西农事试验场园艺组驻地。众车停下之后，不知从哪辆车上下来一个身上背着三支手枪，身后背了两个手榴弹的大个子兵，陪着一个穿呢军装的人走进了会议室。穿呢军装的这个人向杨国安招招手，杨国安感觉这是位大人物，急忙按照平时招待上级来人的礼仪，给来人送去了一杯茶。来人用手示意杨国安把茶放在桌上，然后从上衣口袋里掏出一张名片，说要找宋主任。

杨国安拿起名片一看，上面写着“中国国民革命军第五路军副司令白崇禧”几个字。“白崇禧”三字是手书的。“白崇禧”这个名字，是杨国安他们当时在口头上经常谈论、在报纸上经常看到的，却从未想过他会到大龙潭园艺组来。

杨国安拿着名片急忙去找宋本荣。此时宋本荣还没起床，杨国安用力拍门才把他叫醒。杨国安当即把名片给宋本荣一看，只见他以极快的速度换了一件衣服，端起桌上的冷茶水漱了口，用毛巾擦了一下眼睛就往会议室赶。到了会议室前，卫兵只许宋本荣一人进去。杨国安随后倒了两杯茶，放茶盘上想送进去，被门外的卫兵挡住，卫兵把茶接过后送进会议室。

白崇禧和宋本荣在里面谈了大约半个小时。在他们谈话期间，一辆吉普车上坐了几个穿军装的人，开起车子到园艺组羊角山边、公路和果园边巡视了一圈。这辆车子回来后，一个没有戴军衔标志，不知是什么级别的军人从车上下来走进会议室。不久，白崇禧和这个人出来了，只见外面全副武装的士兵，立即把十几部吉普车团团围了起来，挡住了送客的宋本荣等人的视线，根本看不见白崇禧上的是哪一部车。

白崇禧这次来见宋本荣谈了些什么，虽然没有史料记载，但从这之后的 2 月 22 日，桂南会战检讨会便在羊角山下的广西农事试验场办公室召开，似可推断白崇禧此行应是为此事来打前站的。

1940 年 2 月 21 日，蒋介石从重庆飞抵桂林，当晚乘火车到柳州主持桂南会战检讨会。

据《中国旅游景区景点大辞典》介绍，桂南会战检讨会旧址位于柳州市羊角山路龙潭医院内。建成于 1926 年，时为柳江农林试验场办公楼和住宅区建筑群，新中国成立后其他建筑物被拆除，仅留现存建筑。现旧址坐北朝南，总用地面积 643.6 平方米，建筑面积 399.5 平方米。桂南会战检讨会召开时为广西农事试验场羊角山分场办公室，今保存完好。1940 年 2 月 22 日至 25 日，桂南会战检讨会召开，会议总结了桂南会战成败得失和经验教训以及 1939 年冬季反攻的战果和存在的问题。首次来柳的蒋介石下榻于此，一百多名国民党高级将领参加了此次会议。由于桂南会战的失利给中国正面战场造成了新的困难，故在桂南会战检讨会上，蒋介石将桂南会战总指挥白崇禧和中央督战大员陈诚给予降薪留职处分，将第三十八集团军总司令徐庭瑶上将以下八个将官撤职查办。另取消叶肇、徐庭瑶两个集团军番号；桂林行营不再指挥各部队，按战斗序列归第四战区指挥；第四战区司令部由韶关迁移到柳州。2 月 22 日下午 2 时 15 分左右，会场突遭日军飞机轰炸。后经统计，此次突袭日军共出动轰炸机 50 多架、投下了 100 多枚炸弹。蒋介石匆忙到对面的一个天然山洞暂避。此山洞目前保存完好。

曾是羊角山村民的黄崇尤、黄崇善等是这一事件的目击者，他们回忆当时看到山上有人用反光镜给日机打信号，日机来了之后在羊角山附近炸出很多弹坑。当时附近的猫公山上驻有国民党军队，他们用机关枪对空向敌机扫射，一架敌机被击中，坠毁在山的西面山腰中。事后很多群众都跑去看，有人惊叫起来："啊！原来这架敌机的机翼是用帆布做的！"

（十）杨士钊重返故地

1942 年，广西农事试验场园艺组也搬迁到了沙塘。此后羊角山的物产全部移交给广西贸易公司下属的龙潭农场。原来园艺组留下的农田、果树没有变，房屋也没有变，只不过管理这里的人变了，换成了柳江农林试验场的创始人杨士钊。年近六十的杨士钊这次重返故地不是做场长而是广西贸易公司的经理。

说到广西农事试验场园艺组搬迁到沙塘场部，其中还有一个小插曲。

马保之 1938 年主政广西农事试验场时，园艺组还留在大龙潭的羊角山，园艺组的园艺果园场，引进和种植了很多优良水果品种，如柚子、柑子等。在果园场的后面，有一个很深的山洞，日本侵略者的飞机来轰炸时，大家都往洞里躲。后来，一些军队也利用山洞存放军用物资，军队不断有人进来，时有破坏果园的事情发生。园艺组向沙塘场部汇报情况后，马保之就对柳州驻军司令张发奎讲，请你的军队进入和通过果园时不要踏坏果树。张发奎说："你这个书呆子，哪有大兵进果园不吃水果的。我给下个命令：军队不准进入果园。"1942年，广西省建设厅厅长要搞一个"广西贸易公司"，下设龙潭农场，此后羊角山的物产全部移交给龙潭农场。广西农事试验场园艺组只好也搬迁到沙塘。龙潭农场要走园艺组辛苦经营了多年的果园场，马保之当然不愿意，因为在沙塘的场部没有设立园艺的科研项目，所有的园艺试验全部在龙潭进行。可后来还是顶不住省里的压力，只得让出果园。无奈之下，马保之只好叫工人将每种果树挖两株运到沙塘再种植，以利后面的试验。可是此事被广西建设厅厅长得知，便不分青红皂白给马保之两次记大过处分，而在当时处分三次就要被开除，可以说是很严厉的警告了。但给马保之的处分并没直接告诉其本人，只是内部通报，搞得他一肚子的气。马保之部下认为其做得对，于是大家组织了一顿晚餐安慰他。

到了1944年春，日军入侵柳州的风声越来越紧，于是杨士钊让十几个员工带领部分员工、家属，把场里所有库存的稻谷、花生、烟叶等全部打包运往鹿寨江口。忙活了十几天，要运输的东西基本都运完了，带不走的几十头良种牛和猪，卖的卖、杀的杀，来不及卖杀的也被人偷了。后来杨士钊率其他人到了江口，龙潭农场成了一个空壳。

1945年6月5日，广西贸易公司龙潭农场被日军焚毁财产损失达404993.91元（法币）。柳州光复时，杨士钊估计龙潭农场难以恢复，加上自己年近花甲，也无力收拾自己当年创始的农场残局，遂回了老家。临近柳州解放，龙潭农场由迁往沙塘的广西农事试验场接管。

于是，龙潭农业科研事业走完了兴于广西新政、续于蒋桂战乱、终于外敌入侵的过程，完成了自己的历史使命。

（十一）大龙潭毁于兵痞

大龙潭农业科研的成果在1949年彻底葬送在一群国民党兵痞的手上。据《柳州市志·大事记》记载：（1949年）3月中旬至4月下旬，驻军肆意砍伐龙潭农场林木，劝阻无效，该场被迫进行武装自卫。另据《鱼峰文史》第11辑所载梁辛《一场自发保护公产的武装斗争》文章，我们可以看到龙潭农场最后毁灭的历史缩影。

1948年冬，中国人民解放军相继取得了辽沈、淮海战役的重大胜利。为挽回败势，南京政府制定了一个大量扩充部队的方案。仅1949年1月，即有华中

“剿匪”总司令部第一纵队的第一、六、十等三个团奉命在柳州成立，并就近在柳江县招募志愿兵。为了维持庞大的军饷，中央银行夜以继日赶印早已失去信用、一文不值的金圆券。大面额钞票成群出笼，更加速了货币的贬值，继而全国爆发了普遍性的通货膨胀。以 1949 年 3 月 19 日的柳州为例，上午每担自来水零售价为 30 元金圆券，下午每担即涨至 70 元金圆券（折合国币 2.1 亿元），在涨价风的波及下，柳州人亦朝不保夕、人人自危。

1949 年 3 月上旬，每天均有国民党部队士兵少则一二百，多则三四百人，涌入刚由广西农事试验场接管原属广西贸易公司的龙潭农场营造林段内，他们不听员工劝阻，肆意砍伐树林。

未及半月，羊角山至大龙潭一带，自 1928 年开始培植、属广西第一次引进的台湾相思、洋槐、缅甸合欢、法国合欢、日本扁柏、花柏、美国珞柏、美国大叶枝、灰桉、赤桉、砂糖桉、马那桉、白树油核以及桃花心桉等大片林木及行道树，即被砍去一半以上。经广西农事试验场摸底，参与哄伐的部队计有第五十六军、华中“剿匪”总司令部第一纵队、广西供应局、广西省保安司令部等下属驻柳单位。据砍树者声称：“每天领到的菜金买油盐都不够，脚骨又不能当柴烧了煮饭，不用这办法，难道要我们吃生米？”

龙潭农场无法，只好于 3 月 21 日如实将情况向沙塘的广西农事试验场场部报告。同时恳请：迅即布告禁止砍伐行为；函请第二区保安司令部派武装士兵来场驻扎后负责保护，以维护公产。

3 月 23 日，广西农事试验场向广西省第二（柳州）区行政督察专员兼保安司令公署发去公函，如实将情况反映并转达上述两点要求。一周后，二区署公函复农试场：“所请派兵驻守龙潭农场保护林木一事，经以保参珠字第 147 号代电饬由柳江县政府派兵一班前往驻守。”但一连几天均未见有兵前来农场驻守，广西农事试验场只好于 4 月 5 日以“试字第 319 号”函咨柳江县政府“希查照办理见复”，柳江县政府见函才于 4 月 10 日派自卫队一班进驻龙潭农场。

在各方公文往返的同时，事态进一步恶化，驻柳部队不仅每天照常来龙潭农场砍伐，并且还以分成的办法庇护附近民众进场砍伐，更有甚者，有的竟公然拆取农场屋舍与所存木料作为薪柴出卖。

县自卫队一个班进场后，因力量有限，只能阻止民众砍伐，对军队则无法制止，至 4 月 13 日，农场的营造林已被砍去近 90%。对此，全场上下心急如焚，因为再发展下去，不用多久就要危及职工赖以养家糊口的果树林了。第二天，农试场向二区署和广西省政府发出“寒代电”，力陈形势的严重性，恳请区署和省府“迅赐制止乱砍龙潭农场林木办法，以维生计”。不知是区署和省府拿不出有效办法，还是怕制止砍伐会激起兵变，“寒代电”发出十天后，区署和省府并未作出任何反应。4 月 25 日，入场砍伐林木的人数达到了最高峰，除 200 余名士兵，另有 300 余名由部队庇护的民众，总数有 600 余人。经一天“扫荡”，龙潭农场剩余的零星用材林全部被砍伐尽，部分刀斧开始伸向果树。农场负责人陈大鲲面对此情势，终于放弃了“依靠政府保护公产民生”的打算，于当夜召集全场员工和耕丁开会研究对策。会上，群情激愤，一致主张“武装起来，保护公产”，员工纷纷表示，不惜流血，实行武力抵抗。会后，大家立即行动，当夜将出入农场的马路挖断，派出 60 名耕户壮丁分头据险把守。夜 12 时，龙潭农场的负责人陈大鲲用电话将会议结果向沙塘广西农事试验场作了报告。场部立即将情况转报二区署，请求“迅派员赴龙潭农场弹压制止双方冲突，并禁止砍伐”。与此同时，拟就急电一份，请二区署代为拍发给省府。（此电后来被区署退回，后改用密码才帮忙拍发。而农场未奉领密码本，只好改用代电于 28 日寄出。）同日，农场耕户杨栋华等亦给省府拍电报，反映耕户们的呼声和要求。

26 日早上 8 时余，首批五十余名士兵及百余名民众，扛着砍伐工具刚进农场东边地界，立即遭到守卫在附近山上的耕丁鸣枪警告：“如再继续前进，就坚决予以击杀！”结果，这些人不敢拿自己性命开玩笑，全部退走了。

当天下午和第二天，守卫在农场其他地界的耕丁以同样方式，先后制止了四五伙意欲进场砍伐的军民。第三天，砍伐人流终于被堵住了。于是农场决定，自 29 日起改为每班轮派四名干练耕丁担任警戒，其余则不再披挂上阵，照常进行生产，有情况再集中应付。

在此期间，有关部门并未采取丝毫防止事态进一步恶化的有效措施，广西省政府只在 4 月 27 日给五十六军军部、省保安司令部和第二区署发了一纸空文，要求“协同保护该林木”，“查禁制止乱砍滥伐”。五十六军及省保安司令部对此以“不肖之徒实非本部士兵”来辩解，将责任推得一干二净。而二区署干脆将责任往下推，于当天给柳江县政府发了“保参珠字第 191 号”代电，要县府“迅即派员制止冲突，以防事态扩大”。柳江县府则以“力量和威望均不足以制止不肖军人所为”为由，表示“实难从命”。经反复扯皮、推诿，省府主席黄旭初才不得不于 5 月 6 日给区专员罗浩忠打电话，指定由其负责与驻柳各军事首长商定有效取缔办法，布告严厉禁止乱砍滥伐。此时，乱砍滥伐之风早已由龙潭农场自行以武力予以制止了，根本用不着罗专员再费神。最后，省府于 5 月 18 日给有关单位发出“巧建五字第 3608 号”代电，算是作为对这件事的了结。其中除一再为自身掩饰和开脱外，对龙潭农场后期的做法则持否定态度，指出："保护林木果树应采和平方法为原则"，"决不可动用武力"。至此，龙潭农场已经不能自保，再也没有任何农业科研的能力了。

1949 年 11 月柳州解放，龙潭农场自行解散，垦民们开垦的土地归原租用者所用。1950 年中国人民解放军中南军区第二兵站用原羊角山下荒芜的龙潭农场场部开办医院，1951 年划归龙潭医院。此后，大龙潭一带属市郊东风人民公社辖。1959 年初，柳州市将大龙潭地区的水田、土地、牧场、农具、房屋以及人员全部划归柳州市园林管理处管理，成立柳州市园林管理处羊角山苗圃，耕种者全部被接纳为柳州市园林管理处职工，在农都源头开始打造我们今天看到的龙潭公园。

农都源头从兴盛到流向沙塘，演绎了中国战时农都短暂的生命历程，也影响了大龙潭之地农业科研的命运。

附 表

表 1–1　广西农事试验场大龙潭时期沿革表

时　间	名　称	主管人
1926 年 7 月至 1927 年 10 月	柳江农林试验场	场长杨士钊
1927 年 10 月至 1929 年 1 月	广西实业院	院长邓植仪
1929 年 2 月至 1931 年 8 月	广西农务局	局长伍廷飏 副局长邓植仪、邹秉文
1931 年 8 月至 1932 年 7 月	柳江农林试验场	场长杨士钊
1932 年 7 月至 1934 年春	广西农林试验场	场长杨士钊
1934 年 2 月至 1935 年 7 月	柳州农场	场长杨士钊
1935 年 7 月至 1935 年 10 月	广西农事试验场	场长廖斗光
1935 年 10 月至 1942 年	广西农事试验场分部	园艺组主任宋本荣
1942 年至 1945 年	龙潭农场	场长杨士钊
1945 年至 1949 年	广西农事试验场分部	负责人陈大鲲

表 1–2　广西农事试验场大龙潭时期重大事件表

时　间	事　件	事件主要内容
1926 年 7 月 11 日	柳江各属行政会议召开。	决定创办柳江农林试验场，由杨士钊筹备。
1926 年 9 月	柳江农林试验场 成立。	场址设柳州羊角山，杨士钊为首任场长。为柳州最早创建的农业科学研究机构。
1927 年 11 月	广西实业院成立。	广西实业院由柳江农林试验场与广西实业研究院及柳石、柳庆造林事务所和柳庆矿务调查处合并组成。对广西全省农林、工矿等实体作项目调查、试验、培育、推广及技术人员培训等。院长邓植仪。
1927 年 12 月	广西第一个二等气象测候站建立。	气象测候站由广西实业院建立，地点在笔架山东南面 400 米处。
1927 年	广西率先使用农业机械进行农耕。	广西实业院开始用美国机械犁田、播种、中耕、施肥、收割。
1928 年春	广西第一间玻璃温室建成。	该玻璃温室由广西实业院建在大龙潭内。玻璃温室属于温室大棚的一种，适合于多种地区和各种气候条件下栽培试验使用。
1928 年春	广西始制血清。	当时兽疫流行，广西实业院针对疫情建立牛瘟血清制造所。

续表

时　间	事　件	事件主要内容
1928年6月30日	首期农林技术人员养成班举办。	广西实业院为26个县60名农运工作员提供了学习培训。教师由实业院员工担任。
1928年6月	广西首先使用孵化器。	广西实业院用向美国订购的孵卵机进行禽蛋孵化。
1928年	广西首次从国外引进良种树。	广西实业院从缅甸、日本、美国、法国等国及台湾地区引进110种良树种，育苗造林278.45万余株。
1929年1月1日	广西全省第一次建设会议在广西实业院召开。	参加会议的有著名科学家李四光、丁文江等。会期10天。其间，与会代表参观了广西实业院。
1929年2月20日	广西实业院改组为广西农务局。	伍廷飏兼任局长，副局长邓植仪、邹秉文。局机关设原广西实业院内，主持全省农林事宜。同年5月，因蒋桂战争停止工作。
1929年春	广西农务局管辖柳江林垦区。	柳庆垦荒局改称柳江林垦区归广西农务局管辖。同年夏，因蒋桂战争停办。
1931年8月24日	广西农务局改组为柳江林垦区和柳江农林试验场。	柳江林垦区和柳江农林试验场隶属广西省建设厅。韦可德任柳江林垦区区长，杨士钊任柳江农林试验场场长。柳江林垦区专事林业垦殖，柳江农林试验场专事农林科学试验。
1931年9月	日本作者、商人森岳阳随日本驻华总领事到柳江参观。	日本人一行参观战后由广西农务局改组的柳江农林试验场。
1932年春	柳江农林试验场改名为广西农林试验场。	广西农林试验场内设农艺、森林、园艺、畜牧兽医、化验、病虫害组，辖桂平、南宁水稻两个试验分场和贵县糖蔗试验分场、南宁棉业试验分场、南宁育麻苗圃。场长杨士钊。
1932年7月	广西土壤调查所成立。	所址位于广西农林试验场内，主要进行全省土壤调查，为改进农林事业提供依据。
1932年7月	记者杜重远走访农试场。	杜重远走访广西农林试验场后在《生活》周刊发表了赞誉农试场的报道。
1932年9月	《农林试验研究》创刊。	该刊物由广西农林试验场出版，为广西最早的铅印年报。
1933年9月至11月	广西开展昆虫调查。	广西农林试验场科技人员刘调化、黎国焘、陈金壁等人，对广西28个县昆虫进行调查，这是广西近代昆虫史上最早也是规模最大的一次调查。

续表

时　间	事　件	事件主要内容
1933年	广西建成首座储水塔。	广西农林试验场在羊角山大龙潭畔筑储水塔，置水管分贯各处。开柳州有自来水之先河。
1934年春	广西农林试验场更名为柳州农场。	柳州农场场长为杨士钊。
1934年	广西农林试验场编印《农林汇刊》。	广西省主席黄旭初鉴于广西农林试验场对广西农业发展的作用，为其题刊名。
1935年冬	空军烈士陵园建成。	空军烈士陵园在今羊角山干休所位置，园中有“桂系三巨头”李宗仁、白崇禧、黄旭初为烈士陵园的题字。
1935年7月	柳州农场更名为广西农事试验场。	柳州农场扩大，将原隶属于广西酒精厂的鸡喇农场并入，改称广西农事试验场，为全省中心试验场之一，广西农林技术人员养成所及广西土壤调查所，均附设于内，场长廖斗光。
1935年8月	广西农事试验场遭遇洪水。	一场持续五天的大水淹没羊角山，损失币值6950元。洪灾使农试场元气大伤。
1935年冬	广西农事试验场搬迁至沙塘。	羊角山只留下园艺组，由组主任宋本荣管理。
1937年8月	黄绍竑到羊角山“度假”。	“七七”事变后不久，黄绍竑在广西农事试验场住了20多天。
1937年10月	李秀文游羊角山。	李秀文乘车从广州回桂林，路经柳州下榻乐群社。因侄子嘉球在柳州羊角山广西农事试验场园艺组工作，李秀文游了羊角山，并留下相关文章。
1942年	羊角山移交龙潭农场。	农试场园艺组也搬迁到了沙塘，此后羊角山的物产全部移交给广西贸易公司龙潭农场。公司总经理为杨士钊。
1940年2月22日	桂南会战检讨会在羊角山龙潭农场召开。	1940年2月21日，蒋介石从重庆飞抵桂林，当晚乘火车到柳州主持了于次日举行的桂南会战检讨会。
1945年	龙潭农场移交广西农事试验场。	龙潭农场移交后更名为广西农事试验场分部，负责人陈大鲲。
1949年3月上旬	龙潭农场树木毁于兵痞。	这段时间，每天均有国民党部队士兵少则一二百人，多则三四百人，涌入刚由广西农事试验场接管原属广西贸易公司的龙潭农场营造林段内，肆意砍伐树林。农试场分场员工奋起保护公产。

表 1–3　广西农事试验场大龙潭时期农事科研表

时　间	科研项目	科研成果、内容
1928 年	玉蜀黍杂交育种	广西的玉米种穗易上虫，而与美国黄白玉米杂交后没有出现上虫现象。故美国玉米在广西种植，有无限希望。
	农务试验	分别进行地力试验、品种试验、栽培法试验、轮作试验及品种观察、纯系选择、品种交配，种植各种白菜、洋椒等花卉蔬菜。
	林务试验	林务部进行了发芽力、浸种、播种量、草木生长力、肥料用量、覆土深浅、灌溉回数、播种期、移植疏密、移植期等试验。
1931 年	林务造林、育苗、保护、利用研究	造林分标本林、经济林、试验林、竹林五种，择地栽种，以研究看成效；育苗分本地、外来树种的养育，以供造林用；保护分人为与动物及病虫害等的防范、驱除及治疗方法；利用分木材利用及林产制造两种，分别研究用途。
	园艺研究	园艺分果树、蔬菜及花木三种，柳江区果品缺乏，侧重果树的栽培、试验，其余两种，经推广种类后培植。
	玉米良种选育	科技人员以当地农家品种为材料，采用穗行法进行玉米良种选育，面积 50 余亩，获优良种穗 683 穗。
	畜牧研究	分马、牛、羊、猪、鸡五类，就原来的设备，分别选种养育改良，逐渐推广。
	其他研究	蚕桑、畜医、农业化学、农业经济、农业工作及推广等，分别调查研究改良，促进农业的发展。
1932 年	水稻试验	进行晚糙水稻育种及大油粘小油粘穗行育种试验，晚糙水稻品种比较试验，晚糙水稻品种观察试验。
	玉米试验（玉蜀黍）	进行了晚穗玉蜀黍播种时期试验，玉蜀黍每穴株数及施肥法。
	小麦试验	进行了大麦、小麦育种试验，小麦肥料试验、播种试验等。
	园艺试验	分别进行观察沙田柚肥料试验、柑橙品种观察试验及桃、梨、苹果、葡萄、荔枝、芒果、柠檬等引种试验，各种蔬菜肥料试验。
	家禽试验	继续观察沥汉、芦花、柳白、柳黑、竹丝等纯系家禽育种试验和杂交试验；北平鸭、玉林鸭驯化试验；种鸡产卵量调查及鸡卵特性调查试验；沥汉鸡与本地鸡已经试行级进繁殖试验。

续表

时　间	科研项目	科研成果、内容
1932 年	其他试验	进行了棉花株行距离及肥料、花生石灰施量及播发混合试验，甘薯育种穴行试验，竹蔗育种株行试验，中棉品种、美棉品种、烟草立枯病防除法、早糙水稻品种比较试验，烟草轮栽试验等试验共 30 余种。
	林业试验	正常进行了松、杉、香椿、合欢、苦楝、乌柏等 20 余种林木的播种时期试验，松、大叶桉等移植时期试验，松、灰桉、大叶桉等植树期、植树法试验，大叶桉播种基肥试验、施肥试验，桂平松的移植期和植树期试验。
1933 年	病虫害防治试验	病虫害组组织科技人员外出全省各地，调查害虫的种类及其为害的情形，向农民指导病虫害的防治工作。制有病虫害标本等数百种。积极研究各种主要作物及林木病虫害的防治与制造标本外，观察玉米食心虫、乌桕条纹尺蠖、香瓜实蝇、茄瓜实蝇等害虫的生长过程。配制石油乳剂喷杀柑橘之害虫，黄糖砒霜合剂诱杀菜圃实蝇等害虫。
	水稻插秧疏密距离试验	试验结果：不论早晚稻在柳州当地环境下，均以旱地育秧、拔秧、移植为佳，每亩地多产 20 余斤。
1934 年	大麦小麦纯种系试验	大麦、小麦的育种采用纯系分离育种法，穗行试验业已经过，已进至二杆行试验，同时继续做好单穗再行穗行试验。
	玉蜀黍（玉米）育种试验	施行组合改良法为主，先从柳州玉蜀黍入手，继续进行分系自交试验，结果选得较优的有 30 多个品系，外来品优的引种试验，亦同时进行。
	引进国外牧草	引进美、英、日、菲、苏等国牧草 30 多种，改良本地草本。
1935 年	落花生育种试验	以纯系分离为原则，当年已开始选得单株，并引进外来品种多种繁殖驯化，于 1935 年春季进行穴行育种试验。在育种进程中，注重其产量、含油量及病虫害的抵抗力。
1935 年	烟草育种试验	以纯系分离及引种为主，观察各品种是否有抵抗立枯病的可能，以获得优良质量产的品种。征得品种颇多，拟选择优良单本，于 1935 年开始育种。
	高粱育种试验	以纯系分离自交为主。穗行试验已经结束，选得两百系，下年进入二杆行试验选择。

续表

时　间	科研项目	科研成果、内容
1935 年	棉花育种试验	以纯系分离引种杂交为主，期待获得品质优良、产额丰富而又能抗病的品种或品系。其优良单本，已选出八千余种进行再试验。杂交育种工作注意提高质量及抵抗浮尘子的能力。已进行品种比较试验，以期育种工作未完成前，先获一种较佳的品种。
	水稻育种试验	仍用纯系分离法，早糙包芽早，晚糙大油粘、小油粘、香粳等，已进行穗行试验，各选得系统两百左右，下年春即可进入二杆行试验。
	蔬菜试验	主要进行菜豆品种观察试验。通过征集所得的品种有南京种和柳州白荚黑子种、青荚棕子种、白荚棕子种四种菜豆，比较有特性，试验结果以柳州白荚黑子种产量最大。
	畜牧试验	进行了家禽的产卵能力调查、天然孵卵法试验、本地鸭填肥试验等。其中在天然孵卵法试验中，试验结果以芦花鸡成绩最佳。还对动植物的病虫进行了划分种类工作。
	病虫害防治研究	择广西最重要最普遍而为害最烈的病虫，如稻之热病、叶枯病、螟虫、卷叶虫、浮尘子，麦之锈病、黑穗病、白微病，烟草之立枯病、烟螟虫、蚜虫，棉花之地蚕、叶跳虫、卷叶虫、苗萎病，玉蜀黍之螟虫，柑橘类之棉花介壳虫、绣画虫，及疮痂病、焦尾病，及其他主要病虫先作分区研究。

历史图片

1928年，广西实业院全体职员合影。（选自《广西一览》）

1928年，广西实业院已开始使用抽水机。（选自《广西一览》）

1928 年的广西实业院农场（选自《广西一览》）

1928 年的广西实业院工人宿舍（选自《广西一览》）

1928 年建成的广西实业院办公楼（选自《广西一览》）

1928 年建成的广西实业院花地（选自《广西一览》）

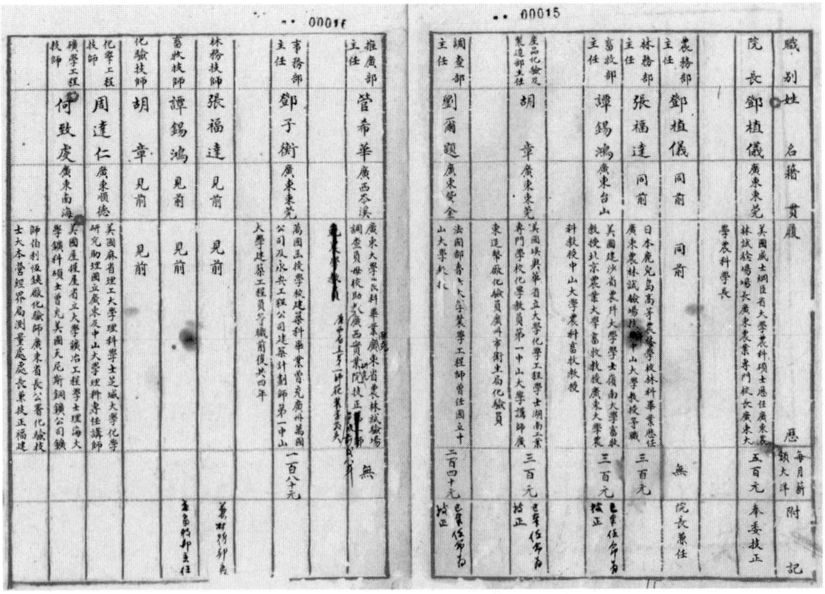

1928 年广西实业院部分职员名单。（来宾市档案馆 098-006-0001-003-011）

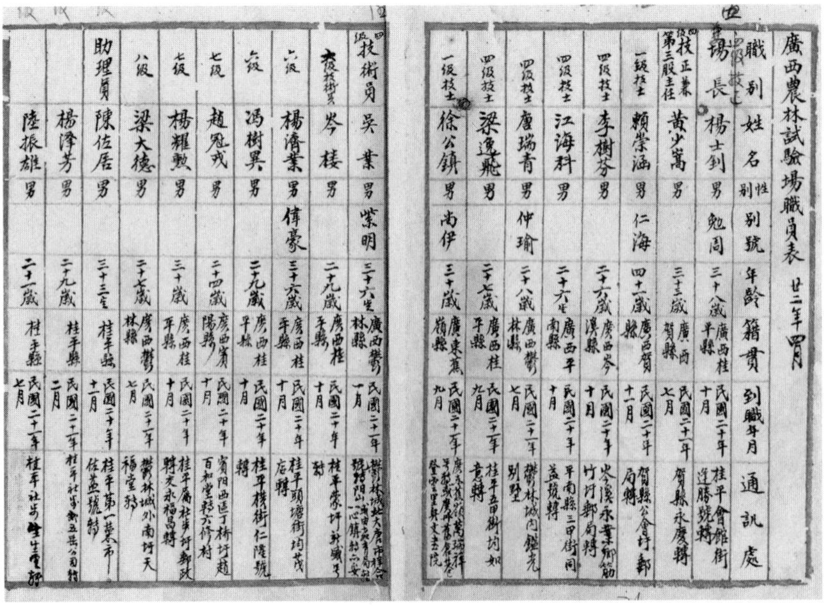

1933 年广西农林试验场部分职员名单。（来宾市档案馆 098-007-0007-012-021）

1928年广西实业院使用的农具（选自《广西一览》）

1928年广西实业院使用的耙地机（选自《广西一览》）

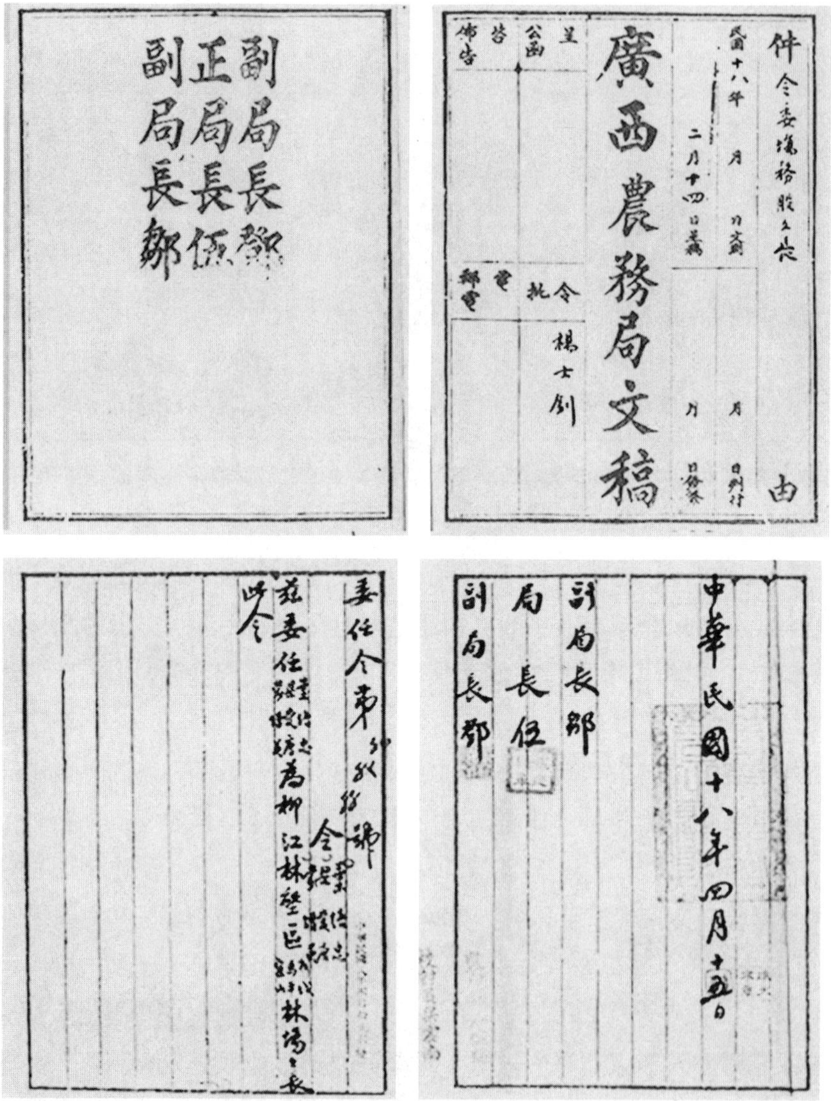

1929 年 4 月 15 日，广西农务局局长、副局长任命书。（来宾市档案馆 098-006-0038-025-051、098-006-0038-074）

柳州农场标本陈列室内陈列有800多种动植物及种子标本，多以玻璃瓶储藏。（选自《广西一览》）

1931年广西农林试验场全体人员合影。（选自《柳州20世纪图录》）

1932 年 7 月，广西土壤调查所成立，蓝梦九（前右三）任所长。图为土壤调查所全体人员合影。(选自《广西一览》)

1932 年 7 月，广西土壤调查所土壤化验室一角，研究人员在做实验。(选自《广西一览》)

1934 年柳州农场的牛舍（选自《广西一览》）

1934 年柳州农场的鹅舍（选自《广西一览》）

1934 年柳州农场的猪舍（选自《广西一览》）

1934 年柳州农场种植的俄国豌豆绿肥（选自《柳州 20 世纪图录》）

1934 年柳州农场农艺组的试验地（选自《广西一览》）

1934 年柳州农场的职员宿舍（选自《广西一览》）

柳州农场牲畜改良研究用的小鸡孵化器（选自《广西一览》）

20 世纪 30 年代，柳州农场职工种植桉树林。（选自《广西一览》）

1934 年柳州农场改良的饲鸡器（选自《广西一览》）

1934 年柳州农场的播种机（选自《广西一览》）

1934 年柳州农场办公室（选自《广西一览》）

1934 年远眺羊角山下的柳州农场（选自《广西一览》）

1934 年柳州农场的育苗箱（选自《广西一览》）

1934 年柳州农场化验室主要仪器有显微镜、解剖镜、切片机、显微镜照相机、谷粒检定器、人工孵卵器等，此外还有兽医化验等应用药品。（选自《广西一览》）

柳州农场花卉组的花园（选自《广西一览》）

1934年柳州农场内的餐秀亭（选自《广西一览》）

1934 年的柳州农场全景。图为 1928 年建成的广西实业院办公楼等建筑，右边楼为研究室即后来的桂南会战检讨会旧址。（选自《广西一览》）

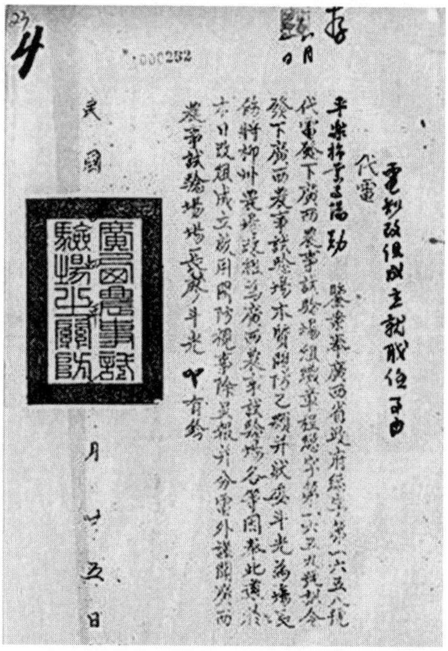

代電

廣西農事試驗場場長關防

民國　　月　十五日

1935 年关于告知将柳州农场改组为广西农事试验场并任命廖斗光为场长的代电（来宾市档案馆 098-006-0019-023-030）

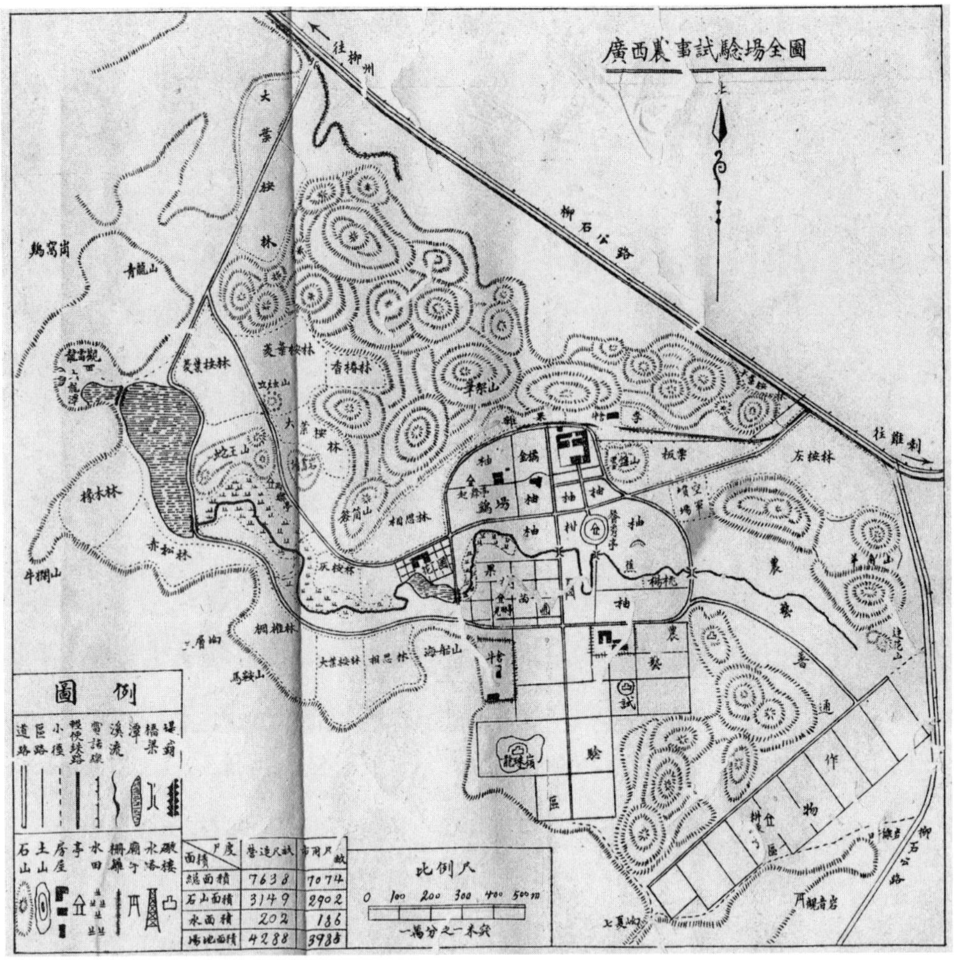

1935 年广西农事试验场羊角山时期全图（来宾市档案馆 098-016-0034-002-027）

1940 年 2 月 22 日，蒋介石在此主持桂南会战检讨会。（选自《柳州 20 世纪图录》）

1940 年 2 月 22 日，蒋介石（前右二）主持桂南会战检讨会后在广西实业院检查武器装备。（选自《柳州 20 世纪图录》）

第二章

农都魂

20 世纪 40 年代广西大学农学院的女生宿舍和教授小楼（段醒男提供）

2013 年的广西农事试验场旧址（刘丽虹　摄）

2017 年教学楼改建后的中国战时农都博物馆（刘丽虹　摄）

广西大学农学院 20 世纪 40 年代的学生段醒男至今仍然保留着一张当年农学院在沙塘时教学楼的照片，这座教学楼曾做过广西大学农学院教授和女生宿舍。以此照片在今沙塘农科所位置按图索骥，不难在一个柏树掩映处找到它。这栋楼经过近 80 年的岁月，如今成了一座历史博物馆。浏览博物馆里的照片和实物，中国战时农都由远及近、由表及里地展示在参观者面前。

在农都博物馆抽身全览，我们可看到，中国战时农都，从创始到发扬、光大，伍廷飏、陈大宁、马保之作为灵魂人物，主导了农都的发展方向。

伍廷飏的“农业梦”，一是创建一个广西农业实验中心，二是建立一个可示范借鉴的新农村。其倡导成立的广西农业实验中心从在大龙潭建立到流向沙塘，而沙塘广西农村建设试办区为农事试验提供了实验基地，也为广西农事试验场成为中国战时农都提供了坚实的基础。

在伍廷飏升职离柳之后，陈大宁作为伍廷飏的继任者，前后主持柳庆垦荒局、广西水利垦殖试办区、广西农村建设试办区和广西农事试验场工作，他使广西农村建设试办区和广西农事试验场实现优势互补并发展为广西农业科研实验中心。

抗战烽火起，1938 年全国农业科研中心迁往了作为后方、中国闻名的广西农事试验场所在地——柳州沙塘。马保之身兼数职，率当时中国农业科研精英栖身偏僻的沙塘，进行着战时的中国农业科研，一举让沙塘成为中国战时农都。

一、农都奠基者伍廷

伍廷飏（1893—1950），字展空，容县黎村镇温泉村人，清光绪十九年（1893）十月二十一日生。宣统二年（1910）入广西陆军小学堂习武。次年参加广西学生军北伐敢死队，后在林虎、李宗仁部任连长、营长、支队统领。1923 年投奔黄绍竑，任广西讨贼联军团长，次年 7 月任广西定桂讨贼联军第二纵队司令。1925 年 7 月，率部进驻柳州，兼任柳庆清乡总办。1926 年春，任国民革命军第七军第五旅旅长。是年夏，第七军参加北伐，留守部队编为第十五军，任第一师师长。1927 年 6 月，伍廷飏出任广西省建设厅厅长，主持全省交通、市政等方面的建设。据《柳州市志》记载，伍廷飏与省政府主席黄绍竑曾共同筹划迁建省府于柳州的计划（后因故未果）。

伍廷飏遗像（刘丽虹 翻拍）

伍廷飏处事稳健务实，善于协调，待人谦和，上司下属均信服。在主政柳州期间，他对柳州的各领域建设做出了重要的贡献。1925 年 9 月，伍廷飏兼任柳庆公路总局总办，着手柳州的公路建设。当年 11 月 14 日，柳州至石龙公路开工建设，他亲自为柳州历史上的第一条公路建设挥锄破土。此后，柳州至三江（修抵当时的融县长安镇）、河池、迁江、桂林四大干线公路相继开工，沿路亦开始架设长途电话干线。1926 年 7 月，伍廷飏主持召开柳庆各属行政会议，通过了柳州建设的各项法案，市政、实业、文化教育等一系列建设项目由此全面展开。在他的主持下，修筑了鱼峰路、培新路、庆云路等市内街道，设立柳江公医院，开办市内电话，建造柳州图书馆，开设柳州平民工厂，创办《柳州日报》并亲自兼社长。他曾提出“勘定今日民生，第一求自存，非从农业做起不可”的主张，并身体力行。同年 9 月，伍廷飏创办了柳江农林试验场，并于次年 3 月出任柳庆垦荒局局长，主持发放荒地供移民垦殖。1929 年 2 月，他又兼任广西农务局局长。1932 年 3 月，伍廷飏在蒋桂战争和平解决后，出任广西垦殖水利试办区（后改为广西农村建设试办区）主任，其间引入国内外农业管理经营经验，从容县、北流、岑溪等县移民到沙塘、无忧、石碑坪三个垦区，通过提供土地、农业贷款和生产工具等方式，进行农业开发，并由此建立了农业建设及农村改造的新模式。《中国工程师学会广西考察报告》称伍廷飏为“不愧为农村建设者之领袖”。在伍廷飏的主持下，柳州还先后开办了公营广西机械厂、广西酒精厂等企业，为柳州成为广西的工业中心打下了基础。在对待革命活动方面，伍廷飏也较为开明。他出任国民党柳庆党务整理处（1926 年 12 月成立）主任期间，允许陈岳秀、张胆、熊秀民等共产党员在柳州积极参与开办夜校，推动柳州的工人、农民运动。1927 年“四一二”反革命政变后，国共关系破裂，许多共产党员被逮捕和血腥屠杀。伍廷飏时任柳庆“清党”委员会主任，采取的方式是将中共柳州支部书记陈岳秀等共产党员“礼送”回原籍。

1934 年 12 月，黄绍竑出任浙江省政府主席之后，任命伍廷飏为浙江省建设厅厅长。任内，伍廷飏在浙江主持修筑公路近千公里，其他建设也大有进展。1936 年 12 月，伍廷飏调任湖北省建设厅厅长。1937 年 12 月，黄绍竑调任浙江省政府主席，伍廷飏随着再度出任省建设厅厅长。时值抗战艰难，伍廷飏为浙江省建设做了大量工作。1946 年 4 月，黄绍竑调职南京，伍廷飏弃政归农，回到他亲手经营起来的柳州沙塘农垦区定居，参加农事活动。1948 年 4 月，伍廷飏当选为广西农林事业方面的国民大会代表，赴南京出席代表大会。1950 年 3 月 18 日伍廷飏病逝于沙塘，终年 58 岁，亲属遵从其生前遗愿葬于沙塘垦村。

时至今日，每逢清明时节，老垦民及其后代还自发到伍廷飏的墓前凭吊，缅怀其创建垦区的功绩。

（一）农业“双管”

1925 年 7 月，以李宗仁、黄绍竑、白崇禧为首的新桂系统一了广西，结束了多年的战乱，同时新桂系也面临镇乱、建设的双重重任。镇乱方面，新桂系在各行政区域成立清乡总办公署，委任各路军队原统帅者为清乡总办，以肃清旧桂系残余；建设方面，余乱将息、百废待兴，而经济建设特别农业生产的恢复，更是以利民生。

柳（州）、庆（远）下辖马平、来宾、迁江、柳城、罗城、南丹、河池、宜山、天河、象县、融县、雒容、三江、忻城、思恩 15 个县。1925 年 8 月，伍廷飏被任命为柳庆清乡总办公署总办，成为柳庆地区军政合一的最高长官。于是，伍廷飏和他率领的部队在梧州稍事休息之后，随即进驻柳庆清乡总办所在地马平县。9 月，黄绍竑出任广西民政长，该职务相当于今天的省长，主持全省的行政事务。他提出柳州一带"筑路通车"是首要，因为柳庆在广西腹地，交通连桂各地。这样，伍廷飏首先要在柳州修路，再是剿匪，然后发展农业。

在发展农业方面，伍廷飏走的是两条路：一是建立一个广西的农业研究试验中心，引进新的品种与本地农作物杂交提高粮食产量；二是垦荒增地让耕者有其田，并借此建立一个农业示范区，除了让农事科研有个实验基地，也让试验区的成功经验利于推广。

1926 年 7 月 1 日，伍廷飏主持召开柳江各属行政会议，决定在大龙潭创办柳江农林试验场。会议决议案定了之后，筹建处杨士钊召集所属农业科学家立马干了起来。

伍廷飏知道，要进行垦荒必须要开展一系列的荒地调查。于是，在他的建议下，广西省政府在 1927 年 3 月成立本省较早的农林机构——柳庆垦荒局。垦荒局就设在沙塘，该局一组建就开始进行荒地调查和垦荒管理，拟开垦沙塘一带的荒地，伍廷飏出任垦荒局局长。

1927 年 3 月，伍廷飏向广西省建设厅呈报当月职务经过情形文。文中提到，经过对柳庆地区的柳城、宜山、融县、思恩、河池、来宾、榴江、忻城、马平、罗城、象县、雒容、南丹等 13 个县荒地调查，摸清了可开垦的土地。其中沙塘一带荒地最多，有荒田 2 万多亩、荒地 45 万多亩，而沙塘除了土著居民外，极少外人，每平方公里才有 26 人。

调查结果显示，试办区大部分面积为荒山及未经垦殖之荒地，人口稀少。原来的土著多为壮族人。自清末以来，历次天灾人祸之变乱，广西东南人口稠密之区，与广东的恩平、岭南一带及福建各地均有垦民来此间聚集，故人口来源复杂。除土著外，还有来自广西省东南部之平南、岑溪，藤县、容县、桂平、武宣的移民，每一地方之来人，多集聚在一个地方，自成村落。本地土著和外来客为了生存而产生的冲突日渐增多。各村均有外来人居住，特别是以客家人最多，壮族人已渐形减少，将来更有减少的趋向，何况沙塘离城既远，区域又辽阔，匪患袭击的防御能力极其薄弱，每经一回兵灾匪患，就有一次人口减少变动。

尽管在柳庆垦荒局时已经对垦区的荒地、土壤、农林、农民等作了调查，但为了适应新农村的建设，试办区成立时对各区域农村经济状况、地方治安及民族概况进行调查，历时两个月，调查范围，东至洛埠，西至柳城，南至柳州，北至沙埔。调查内容有人口、教育、交通、治安、道德，还涉及村民分配、余钱用途、亏空情况、牲畜、借贷情形、借贷用途、借款处所及借主等12 大项。

1927 年 6 月，伍廷飏升任广西建设厅厅长，陈大宁继任。陈大宁接手后，继续开展荒地调查。

根据荒地调查的结果，伍廷飏与陈大宁制定了从人多地少的容县、北流、岑溪移民沙塘垦荒的政策。可是，二人还没来得及实施移垦规划，一场蒋桂战争就把一个好端端的农业开垦计划打回了原地。

（二）筹迁省会

伍廷飏要实现“农业梦”，实际上也有一个前提，即黄绍竑想将省会迁至柳州。所以，得说一下他协助黄绍竑筹迁省会的事。

1926 年 6 月，以李宗仁、白崇禧、黄绍竑为首的新桂系组建广西省政府，依据民国政府的《建国方略》，开始在政治、军事、经济和文化等方面进行建设实践，但在确立省会城市的问题上存在分歧。

回看新桂系统一广西前的历史，广西省会一直是在南宁和桂林间南移北迁，特别是在旧桂系时期，省桂省邕的省会之争，如闹剧般反复登场。

南宁在唐代已经成为广西的治所，宋代到清代广西的治所均设在桂林，广西简称为“桂”也与此有关。1912 年广西宣布“独立”，地方手握军权的实力人物把持大权，手上有兵的提督陆荣廷控制了广西而成为广西都督。因陆是南宁武鸣人，当然想在自己家门口对全省发布施令，就以南方边境不宁为借口，要求当时的中华民国临时大总统袁世凯同意把省会由桂林迁往南宁。但省桂和省邕的两派议员分庭抗礼，结果两派议员在桂林、南宁各设了一个所谓的省会——议会，广西一时形成了两个议会并存的滑稽局面。

陆荣廷常驻南宁，又怕得罪省桂派议员，于是提出一个折中的办法：“以南宁为行省，都督居之，议院及铨叙、法制两局先行建设。桂为旧地，六司暂驻，以维市面而安人心”，并电陈袁世凯和国务院参议院。国务院最后批准了陆荣廷的办法。尔后不出一年，出于其他社会压力，六司亦陆续迁至南宁，争议数年的省会问题才最终画上了句号。

1915 年，陆荣廷升任两广巡阅使，离开广西，张鸣岐继任广西巡按使。张本来反对省府迁邕，此时又活动将省会搬回桂林。桂林以外的十四府议员强烈反对，于是又在南宁成立了广西维持省邕联合会。最后，省邕派取得了胜利，袁世凯公布定南宁为广西省会。

全面抗战爆发之前，出于战争安全考虑，广西当局在 1936 年底再次将省会搬回桂林，这是后话了。

旧桂系省会设在南宁，到新桂系统执政广西时，掌握军权的李宗仁是桂林人，他与白崇禧主张将省会迁往桂林，而很大一部分人却认为新桂系刚刚执政，不宜太过破费迁省会。省政府主席黄绍竑是容县人，却想把省会迁往柳州。新桂系内形成三种不同的设立省会意见。

黄绍竑知道柳州地处广西中心，军事上可进可退，历代为兵家所瞩目。从地理上看，柳州资源丰富，土地肥沃，加上商业发达，兴办各项实业的潜在条件均多具备，只要有得力的人进行建设，完全可以将柳州建成广西的政治、经济、文化中心。然而，尽管黄绍竑很想实施自己的迁省会策略，但也不想和谁翻脸，于是打起了太极。

在广西建设厅厅长任上的伍廷飏，与黄绍竑形成默契，他坐镇柳州大抓各项建设，将省内各种工作重心逐渐向柳州转移，为的是待条件成熟时将省会迁柳。伍廷飏主政柳州的四年，是柳州城建、工业、农业等高速发展的时期，在一定程度上也为黄绍竑实现迁省会的想法打下了基础。

公路建设方面，伍廷飏以柳州为中心，修筑辐射公路，具体有北横、南横、中纵、西纵、东纵五线以及田南至滇边之特别线。同时，还大力兴办实业，1927 年，由省建设厅直接在柳州创办的工厂就有广西酒精厂、柳州机械厂、士敏土厂、电力厂、造纸厂、制砖厂、平民工厂等。此外，还先后在柳州设立了柳江农林试验场、柳庆垦荒局、广西实业院、广西第四职业学校、广西交通专门学校以及筹备广西师范大学（1929 年 5 月因蒋桂战争爆发而搁浅）等。通讯方面，亦以柳州为中心，架设不少联通广西各地的电话线，为了加强与外省联系，还建成发报通话两用，可与太原、南京、上海、广州等地通报的大型无线长波电台一座。

黄绍竑得知柳州各项建设进展顺利，非常高兴。1927 年 11 月上旬，他专程到柳巡视，当面夸奖了伍廷飏。同时要求他，尽快选定省政府办公地址并付诸实施，对外则以修建广西物产展览会馆为名，实际施工需按省政府和各厅局需要设计。1929 年双十节展览会过后，会场现成的房屋即作为省府的办公处所。

1927 年 11 月 15 日，广西物产展览会筹备处正式在柳州成立，由伍廷飏兼任主任，邓植仪任副主任。

《柳州市志》记载：省府在大龙岭（今柳州东站）兴建物产展览会场有关建筑，开辟马路，为省会迁柳做准备。次年春，“武汉事变”（这是蒋桂战争的导火索）牵动广西政局，计划落空。

如今生活在大龙岭一带柳州东站和云头岭的居民，已经很少有人知道自己生活的这片工地曾是黄绍竑、伍廷飏规划中的广西省府办公楼。据史料记载，广西物产展览会筹备处通过多次勘察，最后选定地势开阔平坦的大龙岭为会址，并拟订了详细的施工计划报到省里。1928 年 3 月，广西省政府正式批准物产展览会筹备处呈报之计划，同意工程总预算为 80 万元毫币，年末又追加了 34 万元。

有钱了，伍廷飏便可以加速未来省府办公楼的建设。1928 年 4 月初，物产展览会筹备处通过柳州市政筹备处开始征用云头岭至大龙岭以及牛圩坪、毛家园一带土地。全部工程确定为会场及房屋，整个会场为椭圆形。会场内共建房屋九座，当中一座为三层的大洋楼，用钢筋士敏土建筑（计划作为省政府办公大楼），预算需款 30 万元毫币；其余八座为两层建筑，均匀分布于椭圆形四周，八座楼房中的两座，完全仿中国古代宫殿式建筑，红墙绿瓦，庄重肃穆（计划用作省图书馆及博物馆），剩下六座为西洋式建筑（计划作为各厅局办公用）。这八座房屋建筑预算需款 24 万元毫币。此外，在东路尽头的立鱼峰附近，建一座可容 500 人住宿的新式旅馆（计划以部分作省府职员住所），预算需款 10 万元毫币；在会场之东南辟一面积为 30 余亩的公园，内设可容 5 万人的露天演讲场、2 座音乐亭及 1 座传音台。

场内修大小纵横马路约五公里，两旁种植树木，安装电灯。路东从会场起，路中过云头岭，直至鱼峰山，再折北走，与柳江新码头相接，南路连接柳庆公路。同时，在柳江南岸建一座新式码头——振柳码头，配以起重机，并铺设轻便铁道直至会场，轨道两旁为汽车路和人行道。为缩短水路运输里程，同时在

今柳州城站路东站大龙岭及云头岭一带为当时广西物产展览会馆旧址。1929 年 3 月爆发的蒋桂战争将正在兴建的会馆夷为平地。（刘丽虹　摄）

鸡喇修码头一座，并铺设轻便铁道与振柳码头轻便铁道接轨。另在会场西面之竹鹅溪建木桥一座。而广西实业院的小洋楼、办公室及柳庆垦荒局等办公楼也是在这个时期一起建成。

这个工程，当时耗资近百万元毫币，以现在物价折算，接近上亿元。看来黄绍竑为了筹迁省会到柳州是下了血本。

为了使迁省会工程不被持异议者攻击，让省内外人士加深对柳州地位的认识，并争取他们的支持，伍廷飏于1928年5月上旬起草了一份《广西省政府筹办广西物产展览会宣言》，交筹备处印制两千份向省内外分发。该宣言在详细阐明开办广西物产展览会的必要性和迫切性的同时，明确指出柳州已成为广西的“交通枢纽”“实业中心”和“开发本省富源的根据地”。

1928年5月中旬，挖土、平地、筑路、修码头、造趸船拖船等第一期工程开始动工，除振柳码头包给“李云记”承建外，其余工程均由筹备处自行组织筹建。为使工程尽快完成，伍廷飏坚持每天亲临现场指挥。不久，困难接踵而至，先是在马路线内的云头岭19间民房铺户和大南门码头对河左边的20余间民房铺户不愿意搬迁，虽经市政筹备处勒令限期迁至划定地点，但住户仍不从。以云头岭团绅刘耀武为首的户主数十人联名到省民政厅请愿，要求筹备处修改施工计划。经民政厅驳回后，他们又在拆迁费上讨价还价，致使工期一拖再拖。其次是材料供应不上，除向香港订购的材料（如钢轨、士敏土等）不能按时运到外，就连修马路明渠用的火砖也得不到保证。因当时马平县民间无砖可供，新办的制砖厂又未建成投产，工程只能靠拆河北的东门城墙取材，然而边拆边被偷，马平县公署三令五申严禁窃取也无济于事。即使拆城墙材料也不够，又拆了五显庙等几座寺庙仍然不够工程所需，伍廷飏因此限令公安局强行封雇民船20艘到象县运砖以解燃眉之急。

当时柳州马平县长期雨水不调，五个月未降过一滴水，造成早稻失收，晚稻插不下，杂粮亦枯殆尽，饥民遍地。从农村来的民工普遍思归，工地上每天出现大量不辞而别者，工程进度大受影响。尽管如此，伍廷飏还是想方设法，一方面提高工钱，安抚尚未离去的民工，一方面调军队来支援。到8月，立鱼峰至大龙岭以及鱼峰山之路基已修竣，轻便铁道亦铺设了部分，鸡喇到柳州的轻便铁道路基亦筑至龙泉山附近。

1928年9月8日，黄绍竑率视察团抵柳。对广西物产展览会工程进度表示满意，并指出会场及房屋等主体工程可以和辅助工程同时进行。于是，展览会筹备处分别派人赴上海、广州，办理招商承建展览会工程事宜。10月初，筹备处聘请北京总商会会长、上海总商会会长、上海中华国货维持会会长、广州总

20世纪20年代伍廷飏主政时期修好的鸡喇到柳州轻便铁道，当时酒精厂用来运送原料。（选自《广西一览》）

商会会长以及各大学校长为广西物产展览会名誉顾问，于是月底分别发出聘书及展览会章程简章。

柳州河北片区在1928年10月25日发生空前大火灾，时任柳州党政军最高官员的伍廷飏，被省府委为柳州火灾善后办事处主任，其在处理这场浩劫善后时，被弄得筋疲力尽，焦头烂额。按当时人力、物力和财力，不少人认为，展览会工程看来是进行不下去了。然而，事实却不似这些人所想，工程不仅没停，施工速度反而加快了。原因是伍廷飏以受灾为由，向省外发函电，请求给予支援。12月上旬，香港禅臣洋行赠送的半英里长铁轨和五部铁泥车（在轻便铁道上靠人力推行可向两边倾倒的铁皮车）以及贵州省赠送的一批枕木先后运到。筹备处当即增开夜工，加紧铺设尚未完工的铁道。到12月中下旬，东大路（今文笔路）及鱼峰路全部修竣。会场内大小马路全面动工，其中环场马路的路基已筑好；椭圆形四周的八座楼房的地脚已全部完成，其中三座已准备砌墙；竹鹅溪上的桥墩已建好；振柳码头之人行路面洋灰（水泥）亦铺妥。

1929年元旦，广西第一次全省建设会议在柳州羊角山的广西实业院召开。会议期间，伍廷飏邀请广西各部门长官、要人、名流、专家、学者等与会代表，两广政治分会、贵州省政府、中国工程学会、吉隆坡华侨实业团、南洋华侨实业团、吉隆坡广西会馆代表等名誉会员，共七十余人参观展览会工程，大家纷纷以“卓有远见”“有胆有识”“计划宏伟”“进度惊人”“广西之幸”等语来称赞。

正当黄绍竑、伍廷飏力争按计划想在1929年10月完成展览会全部工程时，形势却急转直下。1929年5月，由蒋介石一手策划的“武汉事件”牵动了广西政局。在湖南、广东积极准备出兵夹击广西的情况下，全省人心浮动，新桂系高层领导的精力全部转移到应付这突如其来的复杂局势上，伍廷飏也率兵上阵，展览会工程被迫停止。尔后，黄绍竑、白崇禧率师下广东作战，接着湘军进军广西，新桂系首脑亡命出走，原计划做省府建设的相应房屋和设施全部被战火摧毁。

新桂系回到广西后，另有一套主张，黄绍竑苦心策划的省会迁柳计划至此寿终正寝。

（三）短暂被任命为广西省主席

1932 年，伍廷飏在沙塘建立农村建设示范区之前，还有着一段曲折的故事。

沙塘的不少垦民都知道伍廷飏做过广西的省主席，而他的孙子伍贵明却说，大家都是听说，没有任何任命文件能证明爷爷当过省主席。我们查阅相关史料后发现，伍廷飏任广西省主席并非空穴来风。

虽然查阅《广西通史》《广西地情书》等，均无伍廷飏任广西省主席之职的记载，但一些非广西本地史料却有着相关的记录。

刘国铭主编的《中国国民党百年人物全书》上册有着这样的记载：

“伍廷飏（1893—1950），字展空，广西容县人。毕业于广西武备学堂。早年加入桂军。曾任国民革命军第七军第五旅旅长，第十五军第六师、第一师、第四十四师师长。1927 年 8 月任广西省政府委员兼建设厅厅长。1929 年 3 月 7 日任中国国民党广西省党部执行委员，5 月 4 日任广西省政府主席。”

周家珍编著的《20 世纪中华人物名字号辞典》“伍廷飏”条目载：

“曾任广西省政府主席，中国国民党广西省党部执行委员，浙江省政府委员、省政府建设厅厅长等职。”

张宪文、方庆秋等主编《中华民国史大辞典》“伍廷飏”条目载：

“曾任国民革命军第十五军第一师师长、广西省政府委员兼建设厅厅长。1929 年 5 月任广西省政府主席。”

然而细究这些史料所载，伍廷飏任省主席的时间为 1929 年 5 月 4 日至 6 月 12 日的 38 天，正是蒋桂战争柳州之战白热化的阶段，伍廷飏怎么可能在这段时间凌驾于新桂系首领李宗仁及广西省主席黄绍竑之上呢？

蒋桂战争时期的伍廷飏（中国战时农都博物馆提供）

在北伐战争中，李宗仁任司令的第四集团

军，通过北伐战争得到扩充。北伐结束后，蒋介石采取逐个削弱的办法决定先打桂系，因为广西军人的势力从两广经武汉以迄燕蓟，兵力分散，易于各个击破。1929 年初，蒋介石在湖南培植亲信，挖李宗仁所辖集团军的墙脚，想夺取桂系控制的湖南地盘，桂系发觉蒋的图谋后，立即向湖南增派军队，双方矛盾尖锐化。

1929 年 3 月 26、27 日，蒋介石以国民政府主席的名义下令讨伐桂系，决定将李宗仁、李济深、白崇禧等三人撤职查办，并亲率三个军指向武汉，暗地里收买桂系将领阵前倒戈。并通过国民党第三次全国代表大会第十四次会议决定永远开除李宗仁、李济深、白崇禧党籍。3 月 30 日，蒋介石下总攻令，派嫡系刘峙等率军分三路直逼武汉。才二十多天，桂系主力被蒋介石威逼利诱全部瓦解。

随后，蒋介石决定由湘、粤、滇三路进攻广西，并“限 5 月 15 日前占领柳州”。蒋桂战争由此进入白热化阶段。5 月 4 日，国民政府免去黄绍竑广西省主席及广西各部队编遣特派员职务，同时任命伍廷飏为广西省主席，取代黄绍竑。5 月 5 日，李宗仁在梧州通电组织“护党救国军”讨蒋，由白崇禧、黄绍竑率军分两路进攻广州，伍廷飏也随部开始讨蒋。6 月 24 日，粤军占领南宁，白崇禧、黄绍竑败逃越南，李宗仁通电下野，与白崇禧先后逃往香港再潜回广西，以图再起。至此，蒋桂战争结束。

从蒋桂战争中蒋介石瓦解桂系的手段看，既然桂系没有选举伍廷飏为广西省主席，很有可能是蒋介石为了让桂系内部分裂，而任命驻守桂中腹地的伍廷飏为广西省主席。蒋此举若是成功，伍廷飏作为省主席必得奉命镇压好友黄绍竑。桂系打桂系是蒋介石在蒋桂战争中上演的一出好戏。

据广西《地情书·民国大事记》记载，1929 年 3 月 26 日，国民政府任命时任广西省省长黄绍竑为广西部队编遣特派员。到 5 月 4 日，却下令解除黄绍竑广西省政府委员兼主席、广西各部队编遣特派员职务。究其原因，1929 年 4 月广西当局向南京国民政府提出四点意见：一是立即恢复李济深的自由；二是撤销对李宗仁、白崇禧、李济深的查办案；三是给李宗仁、白崇禧出洋考察名义及旅费；四是广西部队的编遣，由黄绍竑全权处理。对此，国民政府不予理睬，还有了“免职黄绍竑广西省省长、广西部队编遣特派员，任命伍廷飏为广西省主席”的荒唐事。

在黄绍竑被解除职务的第二天，5 月 5 日，李宗仁、黄绍竑、白崇禧等通电列举蒋介石独裁篡党祸国五大罪行，决定组织“护党讨贼军”进行讨伐。

5 月 4 日被南京国民政府任命为广西省主席的伍廷飏，5 月 5 日却与黄绍竑一起“讨蒋”，可见他和黄绍竑一样并未领蒋介石的情。5 月 7 日，蒋介石以何键为讨逆军第四路总指挥，陈济棠为讨逆军第八路总指挥，从湖南、广东同时出兵，夹击广西。当时，伍廷飏在柳州防线任总指挥抗击蒋军，蒋介石用省主席官职收买他，而他不像其他桂系军官那么容易被收买，继续反蒋保桂，不肯就职，抗争到底，于 6 月 12 日被蒋介石免职。

广西《地情书·民国大事记》有记载，在伍廷飏被免职的第二天即 6 月 13 日，国民政府任命俞作柏为广西省政府主席，李明瑞为广西各部队编遣特派员。6 月 17 日，国民党中央监察委员会决议开除黄绍竑、黄旭初、胡宗铎等 14 人党籍。6 月 24 日，粤军占领南宁，黄绍竑、白崇禧将部队交由吕焕炎、梁朝玑统领，出走香港。伍廷飏在 1929 年 6 月 24 日与黄绍竑一起出走香港，以图东山再起。可见，伍廷飏被任命为广西省主席的 38 天，是反蒋的 38 天，是徒有虚名的 38 天。

1929 年 7 月 1 日，国民政府任命李明瑞、杨腾辉、曾如柏、梁世昌、梁史、卢奕农、李权亨、雷沛鸿、郑介民、范石生为广西省政府委员。原省政府委员黄绍竑、李宗仁、白崇禧、粟威、伍廷飏、黄蓟、朱朝森被免职。

1931 年 1 月 13 日，国民政府任命伍廷飏为调解桂局特派代表，向张发奎、李宗仁、白崇禧传达中央意见，要求桂方限期通电服从中央，和平解决桂局，否则将以武力解决。1 月 25 日，黄绍竑偕伍廷飏等从香港抵达南京，向蒋介石报告解决桂局经过及桂省近况，表示广西省“拥护中央，一致‘清共’”。

广西问题和平解决之后，伍廷飏脱离了军政界。他想到自己在蒋桂战争前的“农业梦”，于是到日本考察农村建设，回来后又到东北、河北、内蒙古、山西等地实地了解了农民生存状况和乡村建设情况，深感中国的农村建设与日本差距太大。在回到广西后，伍廷飏向时任广西省主席的黄绍竑建议，省政府给一笔资金让他在广西柳州沙塘创建一个乌托邦式的农村建设试办区，解决广西农民、农村、农业问题，让新桂系广西政权巩固有一个农业经济发展、促进民生的基础。伍廷飏的建议得到了广西执政者的支持，为柳州沙塘成为中国战时农都奠定了基础。

（四）创建新村

1933 年新桂系当政的广西省政府发动人口稠密地的农民到无人居住地进行垦荒，柳州现在的沙塘镇成了试办区，曾征战、驻军柳州一带任广西省建设厅厅长的伍廷飏任试办区主任。为了让垦荒的农民居有其所，试办区通过借贷、拨款、自建等形式，修建了垦村、无忧、新中、新南、新东、福立等城堡式建

2007 年 9 月，柳州市政协文史顾问与老垦民梁阿婆（右一）了解当年移民情况。（刘丽虹　摄）

筑供垦民居住，垦村是其中最有代表性的。在这段移民垦殖历史七十多年之后，我们走访了当年的垦民。

昔日的垦村城堡旁，立起了一栋栋的砖混小楼。我们刚走到村口，便看到第一代垦民苏文庆的老伴梁阿婆，赤着脚拿着一个捞网正向村外走去。知道我们的来意后，阿婆用白话说起了她成为垦民家属的过程。

“那年我 24 岁，还在‘跑日本’（指为了躲避日本侵略军而离乡背井）。当时已经 30 多岁的苏文庆到梧州把我接到垦村成亲。如今，六个孩子中最小的孩子跟我们一起住在这里，住的还是当年城堡的老屋子。”

“莫看这房子老，天冷的时候暖，天热时就凉。”90 岁的苏文庆虽不怎么走得动了，但思维清晰，他坐在老屋的门槛上，用夹杂着白话的柳州话，夸赞着他住了七十多年的老屋，说起当年怎样成为垦民也头头是道。

1933 年，广西农村建设试办区在苏文庆的老家岑溪县张贴布告，招募农民到柳州沙塘垦荒。家中地少人多的苏文庆被布告中的优惠条件所吸引，抱着垦荒能拥有土地的梦想报名，后与一百五十多人来到了现在居住的地方。

这个布告是什么内容，让那么多的容县人背井离乡来到当时被认为“无风沙三尺，一雨变成塘”的

、對於富貧一帶食鹽、任憑商人自由販運，毋任操縱、以維民生云、

北容岑墾民家眷
赴柳從事春耕
墾殖水利區派員照料

柳州八日訊：墾殖水利試辦區主任伍展空氏、因該區辦理北容岑三縣移民墾殖事宜、第一期工作、已告完竣、照將各縣墾民眷屬接移來區、從事春耕、已派遣代表封鼎五等分別回縣接眷，本月內可陸續抵柳、已誌前報、現三縣墾民眷屬、行將抵柳、伍主任爲便利墾民行程起見、特派林儕材駐大安、盧進章駐石龍、分別照料一切、辦理船車轉運各事、現容縣第二批墾民家眷男女老幼共一百七十餘人、四日已有一部份抵柳轉沙塘、前日則轉往無憂村、尚有九十餘人、昨日亦由石龍抵柳、其餘北流岑溪各批墾民家眷、日內亦可陸續抵步轉往沙塘云、

1934 年，广西《民国日报》报道北流、岑溪、容县移民柳州。（选自《中国战时农都纪实》）

沙塘？这与广西执政者调整策略有很大关系，也与执行者伍廷飏有着莫大的关联。

在经历了蒋桂战争之后，1931 年广西省政府重新组建，与新桂系刚统治广西时有别，此时着重开始战后自我修复式的建设。1932 年以第四集团军总司令部名义，提出“三自三寓”政策。“三自”即自卫、自治、自给；“三寓”即寓兵于团（民团）、寓将于学、寓征于募。依据这一政令，广西全面进行政治、经济、军事、文化等方面的整顿和建设。1934 年，在“三自三寓”政令的基础上，省政府颁布了《广西建设纲领》，标榜以孙中山“三民主义”为指导思想，具体规定了各项建设的方针。该纲领提出“建设广西、复兴中国”的口号，在军事、经济、农业、文化教育等方面采取一系列措施，从而强化自身经济实力，确保军事上的实力和统治上的稳定。

在广西省政府调整策略之后，伍廷飏即在当时荒芜的沙塘建立农村建设试办区。试办区需要大量的垦民来拓荒，于是，伍廷飏再拾蒋桂战争前的移垦计划，正式向三县公告移民。

伍廷飏无官一身轻，能实施蒋桂战争前自己制订的农村建设试办区计划在他看来是一种奢侈，因为他看到战前已经建设得颇具成效的柳州几被战争摧毁。

伍廷飏原在柳庆垦荒局做的移民垦殖计划，拟在桂东南人口稠密的平南、岑溪、容县、桂平等县招募 500 户精壮农民到此开垦荒地，但农村建设试办区成立后重新估算了粮食需求，要从人多地少的地方移民 1500 人才可以正常开展这里的垦荒工作。

容县、北流、岑溪三县历来人多地少，据《广西通志·土地志》记载，以容县计，全县 32 万人耕地只有 24 万亩，人均不足一亩地；北流和岑溪耕地面积分别是 49 万亩和 24 万亩。

上述三县作为农业县，在“无地可种”的情况下，不得不向外寻求发展。三县人口密度大不算还遇上连年天灾兵祸，加上海外华侨失业回县的人数达十余万，以致人满为患，不仅生活更加困难，且社会治安也成问题。省政府担心各县饥民为势所迫，铤而走险，如不设法救济，解决人口过剩问题，日久酿成大祸不好收拾。此外，开荒垦殖扩大耕地面积，增加粮食，于民、于军队、于政府不无好处。

1933 年 5 月中旬，广西农村建设试办区在容县、北流、岑溪三个县城的街头，贴出了省政府招垦民到柳州沙塘垦荒的布告。当地不少人看了布告后即到民团局去报名。

依照预定计划，容县、岑溪、北流三县合计暂移 500 户，每县仅占 170 户，报名日期截至5月底。试办区前往三县征招，主要挑选那些体格健壮、品行端正的无业农民来沙塘。几天的时间报名就超过800户，经过精心挑选，三县共有500户农民获批准移民，成为落户柳州的垦民。

梁汉英的父亲梁秀椿当时在岑溪看到布告，想想家里兄弟姐妹多地少，自己还有妻小，能到有地开垦的地方还有条活路。他没有和家里商量，就到民团局报了名，得知自己被录取，他决定先去沙塘看看，日子好了再接家人过去，然后背了个藤筐，装了几件换洗衣服，头也不回地走了。

经过一番长途跋涉，梁秀椿和本县的垦民们到了沙塘现在垦村的地方，然而眼前情景让他后悔了，岑溪再穷也没有像沙塘那样荒凉，这里没有树的荒山野岭一处接一处，芭芒草风吹草低见野狼，人被草刷着，就会留下一道道伤痕。暂住的地方蛇鼠横行，一到晚上，蚊虫的叮咬让人有打针一般的痛感。

不过，广西农村建设试办区的政策，还是让他留了下来。因为，试办区发给垦民们每人每月十块钱桂币的生活费。梁秀椿算了一下，四块钱自己用，六块钱可以寄回去养家。耕牛、犁耙、种子、肥料，由试办区垫借供给，凡是公用的东西，全由政府出资，凡是垦民私人用的，作为借款，分年摊还。只要勤勤恳恳地开荒种地，过几年地种熟种肥了，钱还完了，这块地就是自己的了。对于垦民在地里种出来的东西，试办区明确规定，收获的农产品，三成归公家，七成归垦民。听说有七成归自己，垦民们自然十分高兴，感到来沙塘垦荒还是大有奔头的。

垦民在“有地可图”的情况下大部分决定安居下来，但是由于筹办时间仓促，需建房屋太多，材料一时供应不足。因此，有的垦民暂时住不进房子，大家便一起动手修建房屋。我们现在看到垦村留下的房屋，基本都是那个时候建的。

《柳州地区志·农业志》记载，试办区1932年就有广西省建设厅购进的五台美国产拖拉机，用这些被垦民称为不吃草只喝油的“火牛”开荒犁地，把一望无际的沟壑推翻填平，把荆棘草莵拔掉，掀开未开垦过的厚土，然后由垦民在自己分得的地块上，用锄头、钉耙整理耕种新开辟的土地。

1934年6月，中华职业教育社农学团国内农村考察团到沙塘参观广西农村建设试办区，目睹了无忧垦区用“井田”式开荒造田的景象。“井田”，即在无忧垦区把全区可耕地划为若干大区，每一大区面积为一方里（即540亩），周围划四条大区路，路旁栽植风景树。每一大区又划为九个中区，每一中区60亩，又划有中路，可通行牛车运输。当时已筑成的大区，纵的有四方半，横的有六方。每区以天、地、玄、黄、宇、宙等命名。在山坡远望，非常壮观。考察团在《西南旅行杂写》一书中写道：这使人回想到周朝的井田制度，和现在比较，当地垦民每家所种一个中区的土地，确实幸福不浅。

开荒地划45亩为一区，按人口多少分给垦工耕种。在沙塘垦村落户后，垦民梁秀椿就分得荒地近百亩，另有十多亩荒田，两头耕牛。大田有试办区的拖拉机帮犁，小田可用耕牛慢慢来。有田地有耕牛，垦民们感到确实比在老家好。

广西省当局从民国初年起，大力发展垦荒事业，鼓励民众垦荒，耕地面积从清末的1003.43万亩增加到1933年的2989万亩，增加近2倍，人均耕地由清光绪十三年（1887）的1.20亩增加到1933年的2.32亩。然而尽管这样，广西还是比全国人均耕地少0.8亩。

至1935年，广西农村建设试办区在沙塘共开垦耕地2500亩，其余各村水田900余亩；石碑坪垦区开垦耕地5200余亩、水田130亩；无忧垦区开垦耕地7000亩、水田1000亩，为三个垦区之冠。全垦区拥有可种植的耕地14700多亩。

伍廷飏看到移垦计划实施进展顺利很是高兴，但他知道要让垦民能安心垦荒，必定得让他们有家的感觉，因此让垦民接眷属来垦区势在必行。在他的建议下，广西省政府下令容县、北流、岑溪县全力做好垦民眷属的迁徙工作。垦民眷属途经各县，当地县府亦应协助做好接济、转运等工作，以保证顺利移民。

1934年新春，各垦区新建房屋即将完成，春耕生产即将到来，试办区指令各垦区推举垦民代表返回原籍，把眷属接来垦区从事春耕生产。

梁秀椿见垦区下令可以回家接眷属十分高兴，那年他的儿子梁汉英才两岁多，他回家用箩筐把儿子挑到了沙塘。

来自容县、北流、岑溪的2500多移民眷属，挑着箩筐藤荚，顶着日晒雨淋，拖儿带女，离乡背井，先是舟车劳顿，后是从石龙徒步辗转，一路忍饥受寒，千里奔波，好不容易到了沙塘，安顿下来，这才开始移居他乡的新生活。

《广西农村建设试办区概况》记载，从1934年3月12日起，北流县垦民眷属分六批先后到达石碑坪，总计114户1149人，而由县政府列册名单者仅有1085人。眷属到试办区后，石碑坪垦区划发耕地，每小户给30亩，共计发出5820亩；分发耕牛，无论双户单户，各给一头，计发出114头。因牛数不足，尚有单户未领到耕牛。到沙塘的150户垦民来自岑溪县，安置在无忧的200户垦民来自容县。

办理这次移民，共用去七万多元桂币。至此，试办区的移民垦殖设想初步变为现实，同时为此后广西省调剂人口密度、扩大耕地面积、建设新农村积累了成功和失败的经验。

军人出身的伍廷飏创立了农业建设和农村改造的一种模式，他亲作表率，致力建设的风范，给人们留下了深刻印象。有一位新闻记者在游记中写道：“到沙塘还没有面晤他之前，我看见一个农夫在豆菽浓绿之田亩间，热心地除草工作着，时间还不到清晨八点钟，哪知这位农夫就是广西省政府委员兼该试办区主任伍先生。回忆起这位可敬可佩的农夫形象，在我的头脑中永远不能消灭。”

1944 年，黄绍竑、黄旭初、伍廷飏等一行来柳州视察。在向广西大学农学院的师生讲演时，黄绍竑说：“现在假使我是附近的老百姓，来评价今日在座的人，我一定首先拥护伍厅长，唯有他是最成功的一个。因为沿公路几十里的大树，几百万株林木，几万亩农田的水利，都是他十几年前垦辟种植经营的成就呀。但是在当时，政府说他用钱多而不见速效，老百姓说他霸占牧地，垄断水源，弄得他几乎无处容身，而苦求摆脱。现在呢，绿树成荫，沃野阡陌，这个地方不但成为很好的农业区，而且成为一个幽静的文化区。这不是他伟大的成就吗？”

（五）驱疫办学

伍廷飏搭建了新农村的框架，从三县移民，让垦民有地耕有房住，并且家属也安排好。但令他没有想到的是，医疗、教育等问题接踵而来，困扰着垦民。农民贫穷很大程度是因为没有文化，没有文化让他们在贫穷和疾病面前有些不知所措。

到沙塘的垦民不会打井取水，往往就地到附近水塘盛水食用，结果在垦民中引起了大面积的腹泻，加上蚊虫的叮咬又引起了疟疾，导致一些垦民的死亡。与此同时，猪、牛瘟疫也在试办区出现。垦民认为沙塘是一个不吉利的地方，才引发了这种瘟疫，打退堂鼓返乡的人不少。

面对垦民对疾病和牲畜瘟疫无知的现状，伍廷飏知道唯有科学才能让垦民信服。他向省政府打报告，要求派出医疗和兽医防疫人员对患者进行治疗，对牲畜进行防疫处理。没用多少时间，垦民疾病和猪、牛瘟疫都得到了很好的控制，垦区秩序恢复正常。

疾病可以用药医治，可没有文化只有开办教育。当时，随着垦民的增加和他们的孩子的逐渐长大，沙塘远离城区没有学校，垦民文化扫盲、孩子的教育等问题集中凸显出来。于是，伍廷飏决定开办农民文化扫盲班和学校。

1933 年 6 月，时任岭南大学文理科学院教授关锡斌应伍廷飏聘请到沙塘小学担任教育筹备处委员、教育设计员，主持试办区的教育工作。关锡斌早年在美国研究教育，归国后在岭南大学附近曾举办乡村小学民众教育馆，对办乡村教育经验丰富。

关锡斌上任后不久就拟定了《沙塘学校计划大纲》，大纲明确了学校的办学宗旨是："满足沙塘就近农村学童及民众之需要，增进农村文化；辅导学童身心发展，训练整齐、简洁之活泼生活；注意实物教育，及民众需要之教育，增加日常生活技能和常识。"达到"促成新农村建设，用经济新环境，增进民众生活知识技能，养成自助助人之新民"的目的。

试办区开办乡村教育后，伍廷飏从有限的经费中挤出钱来修建学校，为了筹钱，他还经常跑南宁找省政府拨给教育经费。试办区拨出五百亩地，交给学校农场，归学校师生经营耕种，农场收入作为老师的生活费用。

有试办区大力支持，关锡斌非常有信心。他写信给朋友，请他们代为介绍有志青年到沙塘来共同办学。他招聘的条件是：能吃苦耐劳，能忍受乡间寂寞、教学条件差的生活，肯自己动手做工，一日间至少能徒步走 40 里路，寒热均可坚持者；能用教、学、做合一方法，与学生共同生活；要思想清晰，不求急进，不甘后退；愿加入者，须有破釜沉舟之心，至少在试办区服务三年。

试办区规定，凡是教育同仁应聘来沙塘的路费由试办区负担。从上海来的每人大洋 100 元，带家眷的 200 元；从华北地区来的每人大洋 150 元，带家眷的 300 元；从广东来的每人大洋 50 元，带家眷的 100 元。

此外，试办区还开办了农民扫盲班，乡村建设人员训练班、工学班、养成班，农民扫盲是免费的，纸张笔墨费可从收入中扣除。

1934 年，教育家唐现之曾在沙塘开办农村服务人员训练班，学生 40 人，三年结业。另农人班一个，招收青年垦民 30 人，在学一年，教学注重实际工作，以期养成垦民新村的中坚分子，为推进新村事业做准备。农林技术人员训练班学生结业后，均分配到广西各县工作。开办民众夜校鼓励垦民们工余补习，夜校开办为期三个月的财会簿记班。在沙塘小学满员之后，为了方便就近的适龄儿童接受教育，又开办了石垌农村小学。

教育家唐现之（1897—1975）
（选自《广西师专校史》）

试办区举办、改革乡村教育成效显著，引起国内教育界的关注。厦门集美学校、北京大学、中山大学、上海光华大学、清华大学、广西大学、岭南大学、贵州教育实业考察团等学校的部分教授、专家、学者纷纷在 1934 年的春季到沙塘参观考察。

（六）知人任用

1934 年 6 月，伍廷飏在接待中华职业教育社农学团国内农村调查团时说：“几年前我还是个军人，对农事、对教育简直是门外汉，其后感于农村破产之严重和中华民族前途的危急，由苦闷中促醒我研究农村问题的兴趣……”

行伍出身的伍廷飏知道，由兴趣到实现自己的“农业梦”，建设新农村、改造旧农村得有人助其一臂之力。除了亲力亲为外，还得一个好汉三个帮——任用一批有农业管理经验、懂得农事科研的人才。

1926 年 6 月创建柳江农林试验场的杨士钊、1927 年 3 月任柳庆垦荒局局长的陈大宁、1927 年任广西实业院院长的邓植仪、1935 年 7 月任广西农事试验场场长的廖斗光等人都是伍廷飏实现“农业梦”的圆梦人。

杨士钊是伍廷飏“农业梦”的第一个圆梦人。应伍廷飏之邀请，1926 年杨仕钊从北京来柳州做了一年的拓荒者，把柳江农林试验场搞得有模有样，却因广西省政府的农科合一让位给能者。而杨士钊偏偏独爱龙潭羊角山这块地方，从 1931 年他回来复办柳江农林试验场，再到成立广西农林试验场、柳州农场后离开去鹿寨江口林场，最后做龙潭农场场长，直至抗战结束，三任三离的杨士钊才彻底离开农都的发源地——大龙潭，到其他地方任教。杨士钊当年全身心地投入到农林生产和科研事业，认真经营管理，他曾经从美国、英国、菲律宾、苏联、日本等国引进二十多种优良牧草，在羊角山的农场进行试种，改良本地牧草，以图促进广西畜牧业的发展，为后来广西农事试验场迁至沙塘奠定了基础。

伍廷飏心仪的第二个圆梦人是苏汝淦，可惜苏汝淦另有高就，于是他又找到了邓植仪。伍廷飏“农业梦”中的农科合一终于通过邓植仪实施了。邓植仪早年在美国攻读土壤学硕士，回国后在中央一级的农事试验机构工作。1927 年，在伍廷飏的力主下，梧州的广西实业院迁到柳州羊角山，与柳江农林试验场合并为新的广西实业院，伍廷飏高薪聘请邓植仪出任院长。广西实业院专门从事农林科研和实验，并管辖南宁农林试验场及南宁、龙州、百色等地的省立林场。1929 年，广西省政府将广西实业院改组为广西农务局，伍廷飏兼任局长，他聘任邓植仪为副局长。邓植仪在柳州任职期间，不负众望，与同仁共同领导、组织所属的农艺、园艺、林垦、畜牧兽医、蚕桑、农业工程、农业化学、农业经济、农业推广、病虫害等部门，开展农林科研和试验，不断取得成果，使柳州逐渐形成广西农林试验的中心，也为后来沙塘战时农都的形成夯实了基础。

1935 年，廖斗光任广西农事试验场场长。（廖斗光后人提供）

广西农事试验场在羊角山时期，伍廷飏还有一个圆梦人是廖斗光。1935 年，廖斗光任广西农事试验场场长，与三离三任依然倾心在龙潭开展农事科研的杨士钊和带领一帮团队来广西实业院的邓植仪不同，他更特立独行，只身空降到龙潭做场长。然而，当我们了解廖斗光的过去，才知道 1901 年出生于桂平县理端乡木莺傍村的他在 1922 年考上北京农业大学，毕业后赴日本考察留学。1927 年 10 月，原设在南宁西乡塘的广西省农林试验场改名南宁农林试验场归并广西实业院，时为一级技士的廖斗光任场长。1929 年，廖斗光任邕宁县建设局局长，1932 年 1 月 14 日，广西省政府同意廖斗光因病辞去邕宁县建设局局长一职。同年 7 月，广西师专（校址桂林）校长罗尔棻聘请廖斗光为该校老师。1934 年，廖斗光任鹿寨县江口林场场长。1935 年 6 月 22 日，广西省政府任命廖斗光为广西农事试验场场长。遗憾的是，他才上任几个月，当年 8 月，广西农事试验场就被一场洪水淹没。

据廖斗光后人回忆，广西农事试验场在羊角山被水淹后，廖斗光组织职员搬迁场里东西到安全的地方，并向广西省汇报情况。鉴于羊角山继续开展农事科研恢复时间比较长，而且地势低洼，难免再度被水淹，广西省政府决定将广西农事试验场场部搬迁到沙塘，利用农村建设试办区的一个农场继续开展农科研究。但在迁场的过程中，因要动用一部分垦民的地，广西农事试验场与垦民发生了冲突。

为了缓和广西农事试验场与垦民的矛盾，据《广西通志·农业》记载，广西省政府于 1935 年 12 月安排廖斗光以副团长身份，与欧仰羲为团长的广西农业参观团赴日本考察农村行政、农村经济和农业科技。从日本考察回来后，廖斗光被调往农村建设试办区实验农场（1945 年改名石碑坪农场）任场长，1936 年 2 月，农村建设试办区主任陈大宁接任广西农事试验场场长。

尽管从此廖斗光离开了伍廷飏“农业梦”的圆梦范围，但仍从事与农业有关的事业。抗战胜利后，廖斗光开始走从教之路，1946 年秋任西江学院（校址南宁津头村）农科主任。在学术理论上，廖斗光在 1928 年 7 月编写了《广西耕力之危机》提示广西农耕之短板；1936 年，与陈时臬合作编写《农业概论》一书；1942 年，与陈时臬合作编写《农林建设概要》一书，由广西省政府印刷出版。理论与实践皆有的廖斗光虽然在广西农事试验场的时间不长，但他在这块中国农都的发源地倾心努力过，使广西农事试验场在羊角山历史上规模最大。

二、农都继任者陈大宁

伍廷飏“农业梦”中最重要的圆梦人是其后来的继任者陈大宁，也是伍廷飏农业“双管齐下”思想的忠实执行人。

陈大宁，广西容县六王乡潭泥村人。据相关资料记载，1924 年，陈大宁毕业于国立北京农业大学，1929 年进入日本早稻田大学农业部学习。他组织开展良种、肥效、水利、气象、耕种等项试验和研究，并搜集省内外各种优良稻种进行试验，择优介绍给各县推广种植。从国外引进了油枷利树、相思树、柠檬桉等树种。1931 年前后，广西境内猪、牛等畜禽普遍发生瘟疫，损失严重。陈大宁在南宁开设兽医训练班，招收学员训练一年后派往各县，负责防治畜禽病及繁殖工作。此外，他还在南宁建立农业机械厂，研制打谷机、收割机、犁耙、喷雾器等机具；大力推广种植油桐、八角等经济作物。1936 年，陈大宁任广西省政府农业管理处处长。1937 年冬，他在管理处内增设农村经济科，同农业银行配合，兴办农作事业，以低息贷款支持扶助发展农业生产，制订农田水利计划大纲。

农林专家陈大宁（1896—1950）（选自《广西一览》）

1946 年内战爆发后，陈大宁迁到广西宜山怀远自己开设的时利兴垦殖场深居简出。1950 年 2 月 25 日，其在宜山垦殖场自家农庄遭土匪杀害。

（一）农业科班

伍廷飏“农业梦”的实施者均是科班出身，陈大宁就读的国立北京农业大学，即现在中国农业大学的前身。

北京农业大学是我国现代农业高等教育的起源地，其历史源自 1905 年成立的京师大学堂农科大学。1922 年，章士钊为国立北京农业专门学校校长后，向当时的北洋政府发起了改建为“农业大学”的请求。1923 年 3 月，学校改组告成，正式改为国立北京农业大学，同时批准了《农业大学组织大纲》。大纲规定：“本大学以改进农业及农民生活培养各种农业专门人才，期与农民通力合作，蔚成农村立国为宗旨。”

陈大宁的青少年时期，中国正处于时代更替、社会变革的大动荡年代，民族灾难深重。他看到农民自耕不能自食、自织不能自衣，缺乏科学文化知识，农村经济濒临破产的痛楚，并对此感到忧虑，从而萌生了农业救国的思想，坚定地选择了爱农、学农、兴农之路。秉着“有土斯有财”的朴素理想，陈大宁毕生与“农业兴桂”同行。

（二）计划之初

陈大宁与伍廷飏是容县老乡，当时在桂系高层中，黄绍竑、黄旭初、夏威、何柱国、马晓军、韦云淞、夏国璋、盘珠祁等都是容县人。据不完全统计，容县民国时期有将军 79 位、校级军官数百位。

如果说邓植仪、廖斗光是伍廷飏农业科研梦的圆梦人，那么陈大宁就是伍廷飏新农村建设的筑梦者。伍廷飏的新农村建设梦计划分两步走：一是三县移民沙塘垦荒；二是耕者有其田、垦者有其居。这两件事都是在陈大宁任上协助伍廷飏实施的。

蒋桂战争前，只要你有钱买树种并雇人种下，就可以在柳城一带领荒地，做地主或者农场主，这是伍廷飏为了开垦沙塘到柳城一带的荒地制定的政策。陈大宁上任后就制定了如《柳庆垦荒局发放荒地细则》《柳庆垦荒局委托各县县长办理垦务规则》《人民请领荒地手续》《柳庆垦荒局倡办公有林规则》《柳庆垦荒局收容垦民暂行章程》《柳庆垦荒局办理第一、第二、第三模范农村计划书》等一系列规章制度和计划。例如，3 个模范农村计划用地荒地近 6000 亩，坡地近 6 万亩，配垦民 140 户左右等。后两份计划书对招垦办法、垦民来柳、经费支出、还款办法、垦地划分等都做出了明确的规定。然而，计划不如变化快，陈大宁的计划还没有落实，蒋桂战争就无情地让这些计划无疾而终。

（三）农科之路

伍廷飏在试办区的四年，在原柳庆垦荒局的基础上完成了对沙塘垦区的概况调查，建立了流通金融、集中农产的垦民经济组织。在无忧、古丹、石碑坪等地建设了垦区的灌溉水库，还增添了榨油、榨糖、碾米等农产品加工设施；完善了教育机构，建立了小学，开办农民成人班；图书室、公店、邮政代办所、理发室、饭堂等一应俱全，将试办区建设得犹如世外桃源。

在伍廷飏已经搭好的新农村建设框架上，陈大宁继任的首要任务就是开展农事科研。

广西农业的落后很大程度在于选育良种、栽培方法、防治病虫、施肥功效等方面都没有科学的指导。在做垦区调查时，一半以上的农民是农佣工，还有30% 是租户，自耕自田者才占 14%。故佣工只出力干活，租种的看天吃饭，只有自有田的才精耕细种。陈大宁了解到这一点，就利用试办区的新农村推广科学种田，特别是 1935 年 8 月广西农事试验场搬迁到沙塘以后，就更有条件开展农事科研。

试验场首先开展了良种、肥效、水利、气象、耕种等项目的试验研究。特别是为了推广优良品种，陈大宁让农科人员搜罗省内各类较为优良的稻种，经反复试验后，得出优良品种，再分到各县推广种植。经过数年发展，均在不同程度上获得增产，这在当时不失为一项迅速有效提高粮食产量的措施。在林业方面，陈大宁主持从国外引进了油枷利树、相思树、柠檬桉等容易成林的优良新树种，大力推广种植。今天我们见到广西各地葱茏成林的油枷利树、相思树、柠檬桉，大部分是在那一时期种植的。

广西过去很多地方缺乏水利设施，水贵如油，农民更是有田无水望天哭。每逢雨量短少的季节，即成赤地千里，农作物大面积受旱枯萎，严重者颗粒无收。沙塘、无忧、石碑坪等地在垦殖水利试办区时期修建了一些水库，缓解了农民种田靠天吃饭的问题。1938 年 2 月，陈大宁总结沙塘兴修水利的经验，制订了《举办农田水利计划大纲》，先在沙塘附近的地区试行，然后拦河筑坝、开渠修水库、引水灌田，效果颇好，解决了历年来干旱地的水利问题，使旱涸贫瘠之土地变为良田。尔后，这个水利大纲被推广到广西各地实施，收到一定成效。

20 世纪 30 年代，广西猪、牛发生瘟疫非常普遍，每年死亡的猪、牛难以数计，农民遭受的损失非常严重。1933 年，试办区就发生了大面积的牛瘟。陈大宁为农林局局长时，在南宁开设兽医训练班，培训兽医人员防治猪、牛瘟疫。训练班招收初中生学习一年，费用全由官费开支，毕业后派至各县任建设科任技佐，负责防治家畜瘟疫及家畜繁殖事宜。陈大宁调任试办区以后，还在试办区里扩大对兽医人员的培训，这一措施对沙塘、柳城一带猪、牛正在发生的瘟疫起到了控制作用。

广西农事全靠人力及畜力，农业产量很低，农民终年劳作还吃不饱肚子。陈大宁鉴于农具落后，决心逐步将农具改进，以提高农业生产力。于是，他在南宁设立了一家农业机械工厂，聘请外地机械技师来厂指导，研制打谷机、收割机、犁耙机、喷雾器等农机具。可惜因资金不足，设备有限，技术不精，产品也不多，难以推广，成效不大。

油桐是 20 世纪 20 年代以后广西著名的土产之一。桐油可作油漆、涂料、人造革以及漆布、印刷等的原料，为欧美各国工业必需品。八角为经济价值很高的植物，其籽是温经、行气、祛风、消肿、止痛，及医治蛇毒具有很好疗效的药品；其叶、皮均可作为食品香料，尤其是八角油，名贵且畅销，是具有出口创汇能力的地方特产。陈大宁为增加创汇和农民收益，曾在广西农事试验场试验选种，然后采取种种措施，大力推广种植油桐及八角。数年之间，广西各地均出现油桐山、八角林，农民收益因此得到提高。

（四）简居宜山

1942 年 6 月至 1945 年 12 月，陈大宁任广西省政府农业管理处处长。抗战胜利后内战烽火起，陈大宁知道自己一时无法再为农业尽心，于是到宜山自己的农场深居简出，静待时局的变化。

1932 年至 1939 年，马平县的乡绅和商户分别集股向政府请领荒山，办了林场、林业公司、农庄、垦殖场、民营林场 32 个和个人林场 5 个，前后共领到荒山 4.7 万亩。林场或林业公司的经营方式为：设置管理人员，雇用固定工人负责造林、护林；除设置管理人员、雇用少数工人外，另招数户或十多户农民到场（庄）居住，给予住房和耕地，这些耕地农户可以自种自收，而农户则负责造林、护林。这两种经营方式，实行了十多年，双方均有效益。各林场种植的林木有马尾松、杉树、桐树、茶树、樟树、桉树等，多以马尾松为主，杉树次之，油桐最少。各林场以林为主，还以短养长，利用林中空地种植木薯、红薯、芋头、豆类、花生等。伍廷飏的弟弟伍廷琛分别于 1937 年、1938 年领荒地约 4000 亩开办农场，即后来的庆远林场平胸分场。

1928 年，陈大宁与伍廷飏、伍廷琛还在怀远五里桥附近的福安村筹办了一个三兴农庄，他们从老家容县雇了一些年轻人从事垦殖工作。1938 年开始造林，后因一人退出，农庄易名为二兴农庄。1938 年，陈大宁向省政府再请领荒地 400 亩，在怀远北斗村的重门附近又创办了一个时利兴垦殖场，以种植松树为主，兼种杉树、油茶、油桐和少量沙田柚，另还种些水稻及其他小杂粮。场里充分利用地块，布局得当，显得错落有致。抗战胜利后，陈大宁在垦殖场的西重门村兴建泥墙房屋，举家迁入，致力于农林技术实践。陈大宁除自己搞科研外，对地方农事亦颇关心。1946 年 3 月，宜山县的县长肖抱愚召开全县党政军民代表会议，讨论建设宜山六年计划。陈大宁应邀出席并就恢复农业生产发表演讲，他认为：必须建设现代国家乃能立足于现代世界，如不迎头赶上，将会被大时代所淘汰；希望建设计划要根据实际情况，并与预算相衔接，认真而坚决地贯彻下去。那时治安状况不佳，陈大宁平时深居简出，凡有陌生人来，仅在楼上答话，甚少交往。

1950年2月26日下午，有三个不明身份的人借口要买木材窜到陈家，趁陈大宁不备之时（他妻子上街未回）将其杀害，并劫走步枪三支、驳壳枪一支及少许细软物件。当时在路上曾有工人看见这些人扛着枪出来，但以为是向陈家借枪的，故未予过问，后来据悉，这些匪徒是由拉浪方面的匪首蓝文举派来的。陈大宁家的工人陈德才老人回忆说，陈大宁是在弯腰淘米时被匪徒杀害的，后来由其家人收殓葬于五里桥附近。二兴农庄和利时兴垦殖场林木在新中国成立后，先归属于宜山县人民政府建设科管辖，后归林业科。庆远林场下放给县里后，五里桥一带的老林场属庆远林场的一个分场，专门育苗造林，今为林场一个护林站。又据陈大宁的家人回忆，在陈大宁被害后的数天，家中曾接到李济琛将军写给陈大宁的信，邀他参加新中国的农林建设事业，遗憾的是，他突遭变故而未能继续施展其才干。

三、农都光大者马保之

马保之，生于1907年11月13日，广西桂林人，农学家、农业教育家。1929年毕业于南京金陵大学农学院（1952年并入南京大学），毕业后留学美国康奈尔大学，1933年获博士学位，再往英国剑桥大学学习一年，1934年学成归国。1937年全面抗战爆发后到广西，任中央农业试验所技正、广西省政府农业管理处农务组技正兼组长。后任广西农事试验场场长兼中央农业实验所广西工作站主任、广西省立高级农业职业学校校长、农林部西南区农业推广繁殖站主任、广西大学农学院教授、沙塘垦区主任、广西农林技术推广人员培训班主任、广西粮食增产督导团副总督、沙塘小学校长等职。抗战胜利后任广西省政府委员、农林部农业司司长兼任联合国中国善后救济分署农业机械管理处处长。

农学家、农业教授家马保之（1907—2004）（选自《马保之百年》）

1949年，马保之到台湾，历任“中国农村复兴委员会植物生产组组长”、台湾大学农学院院长、“台湾驻越南（西贡）作物改良团团长”。1961 年受聘于联合国粮农组织，并受聘任利比里亚国立大学农林学院方案执行主持人，兼任利比里亚国立大学农林学院院长，被称为“利比里亚农业之父”。1975 年回台湾，受聘任台湾食品工业发展研究所所长。1978 年被推选兼任亚洲蔬菜研究发展中心理事会主席。1996 年 7 月退休。2004 年 1 月 29 日，在云南省昆明市病逝，享年 97 岁。马保之在世之时，多次回沙塘探访他当年奋斗过的地方。

（一）结缘农业

广西农事试验场科研体系从 1926 年在羊角山建立到 1946 年结束，这 20 年时间里最辉煌的时期是从 1937 年开始，马保之设法让当时中国许多著名的农业科学家云集在贫困的沙塘从事农业科研，以增产粮食、支援抗战为目标。能做到这一切是因为马保之也是位农业专家，他的这些努力使战时农都成为当时全国的农事科研中心。马保之的父亲是位教育家，但不知何种缘故，马保之却选择了从事农业科研。马保之虽然出生于城市，在城市里长大读书，但他用的话说，却是位农人。他喜欢农业，研究农业，致力于农业，并且一生与农有缘。马保之在回忆父亲马君武时，解释了他成为农人、结缘农业的过程。

马保之中学毕业，其父亲就想知道他以后想学什么。马保之不假思索地回复说要学农科。马君武有点意外，因为家族中学农科的人不多，就想知道儿子为什么有这样的想法。马保之的回复很朴素，他说因为农业亲近自然，可以通过科学生产更多的粮食，让那些吃不饱饭的人有饭吃。

马君武听儿子这么解释，不禁喜上眉梢。在马君武看来，农、工、理、医是学以致用的学科，他一向主张读书要求实用，儿子想学的农科是此时中国迫切需要的。这也是马君武办学的一贯主张，他将文学、艺术只看作是陶冶性格和素质的精神食粮，认为它们并不能达到救国和强国的目的。

尔后，马保之同时考上了东南大学和金陵大学，但种种原因马君武要儿子去了金陵大学。

东南大学位于南京，是中国最早建立的高等学府之一，素有“学府圣地”和“东南学府第一流”之美誉。东南大学前身是创建于 1902 年的三江师范学堂。1921 年由近代著名教育家郭秉文先生倡导，以南京高等师范学校为基础正式建立国立东南大学，成为当时国内仅有的两所国立综合性大学之一，素有“北大以文史哲著称，东大以科学名世”之美誉。当时东南大学农学院教授阵容强大，很不容易考上。没料到江苏齐整元、浙江卢水祥两个军阀之间爆发了“齐卢之战”，东南大学因经费支绌而暂时停办，也不知道什么时候能复办。

金陵大学，是诞生于清光绪十四年（1888）的美国基督教会在南京创办的教会大学，同美国康奈尔大学为姊妹大学，被当时社会评价为“中国最好的教会大学”，享有“江东之雄”“钟山之英”之美誉。

为何马君武要儿子放弃有名的东南大学不读，而选择一所教会学校呢？除了因战事暂停办学外，其实是有深层次的考虑的。

1928年，金陵大学首先向教育部注册并获批准，在美国加利福尼亚大学对华所办大学编类中，金陵大学是中国教会大学中唯一的A类，持有金陵大学学位的毕业生有资格直接进入美国大学的研究生院学习。而且最关键的是，金陵大学有农学院，能满足马保之做“农人”的愿望，这也是马君武让儿子选择金陵大学的原因。何况还能直接到美国攻读研究生，免了再考研的麻烦。

1934年9月，马保之毕业后到南京国民政府实业部办的中央农业实验所工作。1932年成立的中央农业实验所，由国民政府实业部副部长、1914年获美国农科硕士学位的棉业专家穆藕初任主任，设植物生产、动物生产、农业经济三科，主管全国农业技术改进。所址占地面积2400余亩，规模宏大，试验设备完善。马保之到当时全国最高的农业科研机构工作的经历，为他日后擎起中国战时农都的大旗奠定了基础。

马保之到中央农业实验所是为在该所工作的英国人韦适当助手兼翻译。为了工作方便，马保之又请了金陵大学毕业的范福仁当助手，俩人当年就翻译出版了《田间试验技术之原理及实施》。这期间，马保之借工作之便，与实验所各部门的人都有了交往，有的还成了好朋友。

韦适在中国只工作了一年就回了英国，马保之接替了他的工作，同时还在

1932年2月，康奈尔大学植物科学馆前，中华作物改良学会发起人合影。左起：马保之、程世抚、金善宝、冯泽芳、卢守耕、管家骥。（选自《马保之百年》）

金陵大学时的导师沈宗翰先生手下工作。沈宗翰当时兼任南京中央农业实验所总技师，后转任由中央农业实验所兼办的全国稻麦改进所麦作系主任，马保之遂随沈先生转到麦作系工作。

1935 年在中央农业实验所工作的马保之（选自《马保之百年》）

马保之到麦作系后大刀阔斧地工作，充分展现了他渊博的知识和管理才能，还搞了许多革新和试验。马保之做小麦叶黄锈病育种试验时，他将锈病里的几十种生理小种，逐一编上号码，进行系统排列、随机排列抽样、排列，还对品种抗病的情况进行测定。第一步先做区域试验，弄清一个地方的品种，哪个地方的品种抗病力强，再将其混合起来人工接种，放到温室里培养。马保之做试验时，坚持亲手下田播种，亲手做试验记录，完全掌握第一手资料。

做试验需要有耐心、恒心，工作环境也很艰苦，但马保之完全忽视了这些，而是经常感到忙不过来，于是就到金陵大学三年级挑选了一名助手来帮忙。他选三年级学生的目的是，该生还有一年才毕业，来后可以在工作中考察，如果合适，毕业后就可以留用了。

除了要集中精力做好田间试验外，中央农业实验所的副所长还要马保之管理图书馆。马保之很喜欢这个差事，因为他爱看书，这样更有条件多看书，何乐而不为呢？一面看书、一面整理书，再一面做购书的计划。做什么事情都应早计划，这是马保之从金陵大学起就养成的习惯，明天要干什么事，连打球、唱歌、排戏、跑步都要在前一天晚上计划好，这个习惯他一直坚持着。兼管图书馆后，马保之每天晚上都要将计划购买的书名、价格记录在卡片上，够一百美元就放在一起。当时财政由中央兼管，会计年度是每年的 6 月底，所以用钱计划必须在 5 月份之前提出，再用钱得第二个会计年度申请。那时中央农业实验所管财务的是钱天鹤副所长。马保之向钱天鹤汇报图书馆要买进一万美元的书，钱天鹤说：“在去年会计年度结束前买八千美元的书。”并要求他尽快拿出书单，又问：“什么时候可以给？”马保之答：“明天就可以。”钱天鹤非常怀疑，八千美元的书单他能一夜拿出来？结果马保之第二天真将书单名录和每本书的价格送到他手上，让他非常佩服。购买仪器、设备也一样，马保之不仅将要购买的物品、型号一一列上，还列出三家公司的价格，供决策者参考。马保之说：

“申请钱是有窍门的，我的窍门就是早有准备，乘机而入。”

马保之工作出色，对人热情，很得上司的喜欢和同事的佩服。

做小麦的抗病虫害试验，要在南方、北方不同的地域进行，才能得到全面综合性的结论，因此马保之常常出差。一次正准备上北方做试验，所长通知他说：“冯玉祥大将军要来咱们所，技正都要迎候他，你先别出差了，等冯将军走了再去。”27 岁就是技正的马保之听了非常着急，说：“我是技术人员，不拍马屁。”气得所长大人拍案而起，说他不懂政治与经费的关系，只知道埋头做研究工作。马保之明白所长需要技术专家在场帮忙说话，以期得到正常的科研经费。但他觉得，做试验是有季节性的，耽误了时间试验记录就做不出来，试验做不出来以后争取经费也会有难度。通过沈宗翰先生从中疏通，所长不得不同意马保之按原定时间去北方出差。

1937 年全面抗日战争爆发以后，中央农业实验所及一些农业技术推广机关和农学院相继迁居西南、西北各地，继续进行水稻品种改良工作，以期增产保证抗战用粮。中央农业实验所在此后的七八年时间内，各个部门的一个重要工作就是从事农业技术推广。马保之在危难之时，出任中央农业实验所广西工作站主任，其间做了大量的农业技术科研和推广工作，让广西省的粮食增产 20% 以上，提高了战时军粮的供给，大大地支援了抗战前线。

（二）情系广西

如果说马保之结缘农业是兴趣，那么他情系广西除了是广西人外，还有就是使命。马保之虽然是桂林人，但在广西的时间并不多，其父亲除了要求马保之能服务家乡外，还希望他尽量找一个广西姑娘做老婆。

1935 年，马保之由中央实业部以农业专家的身份派到广西考察农业，当时曾建议广西大学农学院从梧州迁移到柳州沙塘，因为沙塘有非常适合农学院的教学经验和试验环境，并且已设有广西农事试验场。马保之认为教育、研究、推广应该三位一体集中在一处，美国州立农学院都是采取这种体系。时任校长马君武是他的父亲，表面对他提的建议不好反对，但心中并不赞成，只好口头敷衍着。马君武认为广西大学作为一所学校分散在几个地方，在管理、教学、人力等方面都不合理。当然，这也为后面广西大学农学院迁到沙塘埋下了伏笔。

1937 年全面抗日战争爆发，烽火四起，华东、华北、华南等地区成为当时的主战场，战争给经济造成了严重的破坏，广西逐渐成为抗日的大后方。由于战争，众多农学专家云集广西农事试验场，继续着农事科研。

1938 年的一天，广西农事试验场沙塘办公室的门口挂出了一个牌子，上面的文字是“中央农业实验所广西工作站”。这个小庙突然来了个大神，好多人都难以置信，一个中央农业科研机构怎么会屈尊于这偏僻之地？

这年，战火在上海燃起，南京告急，所有中央机构均往西部地区撤退，整个广西都是沦陷区疏散地，柳州、桂林更是科研企业和文化单位的重要疏散城市。

当时，迁移到沙塘的有中央农业实验所广西工作站、农林部广西省推广繁殖站，以及国立广西大学农学院，各单位均配备有机器、仪器以及关于农业方面的书籍，而农学院则有专门的农业人才。这几大机构相互配合，相互合作，在战火中持续不断地进行科学研究。

恰值烽火连天、国难当头之时，在沙塘最操劳最奔波的当数马保之了，他身兼广西农事试验场场长、中央农业实验所广西站站长、广西大学农学院教授、广西省立高级农业职业学校、广西粮食增产督导团副总督导、农业推广技术人员培训班班主任、沙塘小学校长、沙塘垦区主任八个职务，在沙塘撑起了一片天地。

在马保之的主导下，在迁移至沙塘的几大机构的配合下，农都在农艺、病虫害、农业化学、森林、防治兽疫等方面的农事改良工作取得了许多成绩，如培育了一批高产的优良品种，选育了一批优良树种，病虫害防治成果显著等。沙塘的农事改良工作取得较大的成就，得到了当地农民的认可，继而得到了广泛推广。再加上政府继续推进改良试验工作，广西的农事改良试验迅速发展，进入了短暂的繁荣时期，从而成为抗战时期全国农业科研实验的中心。

马保之结缘广西，除了工作外，还有一段缘——姻缘。

1936 年，马君武由于他对广西大学的办学主张未能获得采纳，故辞去职务回到上海。当时马保之在南京工作，宁沪之间交通很方便，每有假期他都能回到上海家中，和双亲团聚。

马保之的仕途算是顺通，不到 30 岁就是中央农业实验所的技正，可婚姻大事却迟迟未能解决。父亲希望儿子能娶一位广西籍姑娘，但在宁沪一带一直物色不到适合的。马保之则坚持自己的原则，不接受他人介绍，认为在婚姻问题上绝对不能迁就。为此事，马保之与父亲时常发生争吵。按当地习俗，男人年届 30 岁仍没结婚，实属不多。

抗日战争初期，马保之在沙塘工作，父亲马君武在桂林家中休养。他是国民党参政会参政员，每次去重庆出席参政会，路过柳州时都到沙塘看看儿子，每次见到儿子他都催促儿子早日成婚之事。有一次被逼急了，马保之说：“结婚是我一生中最大的事，太太一定要选合适的。”他还向父亲郑重承诺：“一定在爸爸60岁生日前结婚，结婚所用的钱也由我自己负担。”

一诺既出，可马保之心中仍然没有数。天下总有许多巧合之事，难怪很多人都说婚姻是一种缘分。一天，马保之在桂林与友人一起饮茶，忽然间看到了昔日在南京金陵大学农学院时见过的蓝乾碧小姐。说起那个梳着长辫子、扎着蝴蝶结的蓝乾碧小姐，马保之印象非常深刻。

蓝乾碧生于武汉，6岁以前在武昌度过，后随母亲的同学到过湖南，又随母亲的另一位同学到过上海。后来她母亲的同学调到南京，蓝乾碧又跟着到了南京，在南京从中学一直到金陵女子大学体育系毕业，待了长长的15年。

蓝乾碧的母亲是一位基督徒，十分喜欢唱赞美诗，生就的好嗓子。而这个会唱歌的基因也遗传给了蓝乾碧。蓝乾碧上中学时，因歌唱得好而出名。那时，南京的四所教会学校在每年圣诞节都要联合举办演唱活动，每次都由蓝乾碧扮演六名天使中带头的那一个：手里捧着蜡烛，一边走一边唱。蓝乾碧不仅歌唱得好，人也长得漂亮，有“歌后”的绰号。那时马保之也是合唱团成员，他们见过一次面，但没有说过话。

马保之第二次见到蓝乾碧已是十年后的事了。那是1937年，马保之随中央农业实验所由南京迁移到武汉，一天他在东湖之滨意外见到了蓝乾碧。这一回，马保之与蓝乾碧说了话，马保之抢先说：“我认识您，歌后小姐，您很出名。”到这时，马保之才知道蓝乾碧是当地人，她的哥哥蓝乾德在东湖之畔开有一间奶牛场。

马保之与蓝乾碧在桂林再一次相见，实为天作之美。原来蓝乾碧在南京时，得到两位老师的指导学习声乐，其中一位美国老师认为她很有发展前途，就为她申请了去美国深造的奖学金。1937年卢沟桥事变爆发，蓝乾碧母亲说打仗了不宜远行，就没有走成，随后同家人搬往重庆，蓝乾碧和同学一起参加了国际联盟的医疗服务队，并担任了总务主任。这次是她随服务队去南宁，在桂林逗留的。

那时，马君武已辞去广西大学校长之职，住在桂林，从事桂剧改革工作，同时任广西戏剧改进会会长。马保之带蓝乾碧去见父亲，说蓝乾碧歌唱得很好，想请父亲帮忙给她办一场演唱会。马君武同意了，他找到时任广西省主席黄旭初和教育厅厅长邱昌渭，在他俩的支持下，演唱会十分成功。邱昌渭还想留蓝乾碧在桂林教书，但蓝乾碧只在桂林住了一个月就要前往南宁，而马保之也要去柳州沙塘。两人经过一个月的相处，如今要分开，彼此都有一种难舍难分的感觉。马保之到柳州后经常有机会到中越边境的龙州县去，路过南宁时必定会去看望蓝乾碧。

一次，马保之的牙痛得很厉害，可当时的柳州竟然连一个牙科医生都没有，他只得联系蓝乾碧到南宁就医。此时的南宁并不安宁，日军飞机天天都狂轰滥炸，医院门诊只能晚上开门。蓝乾碧与当时的广西家畜保育所所长寿标的太太非常要好，白天不能看病，寿太太便租了一只小木船，拴在邕江边的树底下，四个人白天在小船上打桥牌、吃饭，晚上蓝乾碧陪马保之去医院看病，一来二往两人开始产生感情。马保之的牙病治好了，也常常请蓝乾碧到柳州来玩，两人感情再度升华。昆仑关一役，日本侵略军遭到重创，已经失去了进攻南宁的锐气，因此国际联盟医疗服务队在南宁解散。蓝乾碧只身到重庆见过父母后，随即赴贵阳女青年会担任干事。蓝乾碧在女青年会干得十分出色，该会还要拨一笔奖金，送她去美国深造一年。

马保之闻讯心急火燎，坐了两天车从柳州赶到贵阳，一见到蓝乾碧就说："你已经答应与我结婚，现在怎么能走呢？"蓝乾碧早已相中了马保之，此时她答应不走了。

1939 年广西大学改为国立，马君武出任国立广西大学第一任校长，蓝乾碧答应与马保之结婚之时，马君武正好路过贵阳，准备去重庆参加参政会。当马保之把要结婚的消息告诉他后，马君武欣喜万分，当即决定在 8 月 7 日他生日这天举行婚礼，还说："我不去开参政会了，立即回桂林为你们筹办喜事。"并叮咛儿子，"往贵阳打电话很难，你把未来丈人、丈母娘的名字搞准确，回去要准备发喜帖。婚礼要办得体面，但是你得自己预备好钱，我只会给新媳妇一百元当见面礼。"

婚礼原定在桂林的乐群社，不料在婚礼前三天，日机突然来轰炸，乐群社被炸毁。婚礼不能推迟，桂林没有一次能摆下 40 桌酒席的饭店，于是马保之决定在正阳路的太白酒家摆 10 桌，其他 30 桌沿正阳路一带摆放。谁也没有料到，留学德、奥八年的弟弟马卫之竟然辗转从欧洲回国，恰于婚礼前一个多小时回到家里。当时马君武的欣慰之情简直难以言表，寿礼、婚礼席间宾客称都称赞这是"三喜临门"。

这一天新郎、新娘可辛苦了，天气热，还要一桌一桌去敬酒，俩人的衣服都被汗水湿透了。

马保之的证婚人是当时在桂林良丰担任中央研究院地质研究所所长的李四光。马保之结婚前一天李四光恰好请马君武一家吃饭，马保之恭请李四光做证婚人，李四光欣然同意。怕李四光事多忘记，马保之一再提醒他参加婚礼时别忘记带图章，可就是贵人多忘事，第二天李四光来参加婚礼时还真的忘了带图章。所以李四光为福证之用的印章是后来补盖的。

1939 年 8 月 7 日，马保之结婚时在桂林家中与父亲及来宾合影，李四光（二排右二）为证婚人。（选自《农学家马保之》）

1943 年抗战时期，马保之一家三口在沙塘，左图为在沙塘出生的一岁女儿，右图背景房屋为原伍廷飏公馆，现已被拆除。（选自《农学家马保之》）

婚礼上，马君武除将一百元当作见面礼送给儿媳之外，还自撰并手书了一副很有教育意义的楹联——“诚实为做人初基，勤俭乃立家根本”送给新婚夫妇。马保之一直都很珍视这份礼物，其后因战乱楹联不慎散失，马保之对此一直念念难忘。去台湾后，马保之请父亲的老友、一代书法大师于右任先生重书，悬于家中，视为座右铭。

婚后，夫妻俩住在柳州沙塘原伍廷飏的公馆里，蓝乾碧在柳州高农和沙塘小学任教，由于她教学水平高，关心爱护学生，深受学生爱戴。但她对一些柳籍老师和学生们的柳州话口音有点头疼，因为他们会把蓝乾碧读成“烂铅笔”，这让她想起上学时同学们曾戏称她是“蓝铅笔”而生气的事。每逢这时，马保之都劝夫人一笑了之，没必要认真，因为大家都不是故意的。

1942 年，马保之的第一个孩子在沙塘出生了，是个女儿，马家欣喜万分。马保之祖父单传，马君武单传，到马保之这代是兄弟二人，现在终于有个女孩了。只可惜马君武此时已经逝世，看不到孙女了。1943 年蓝乾碧又生了一个儿子，这更让马家喜上加喜，儿女双全组成“好”字。

（三）掌门农都

全面抗战爆发后，随着东南、华南、华中等地区相继沦陷，中国农业较为发达的鱼米之乡都被日军侵占，在农业方面损失极为惨重，仅东南地区，1937 年至 1938 年间，稻、麦、玉米等主要粮食种植面积损失达 30% 以上。与此同时，由于沿海地区沦陷，对外贸易严重受阻，粮食进口几乎断绝。严峻的局势迫使国民政府不得不把经营的重点逐渐转向经济相对落后的广西、四川、云南、贵州等地区，将其作为战时衣食所出的根据地，以维持这一时期数额巨大的军民粮食供应。根据《抗战建国纲领》提出的以农立国、以工建国原则，国民政府强调要把全力发展农业经济，奖励合作、调剂粮食，并开垦荒地、疏通水利作为中心工作，谋农村经济之维持，进而谋生产力的发展。1939 年 11 月召开的国民党五届五中全会，具体拟订了战时发展农业的政策，对大后方农业生产的开发建设作了全面规划，从而为广西农业经济的振兴提供了契机。马保之作为中央农业科研机构在广西的代表人，很清楚中央的意图。

马保之掌门农都时，推动教育、科研、推广合一，培养了不少农科人员。有了农科人员才有农业科研，科研成果得到推广才能应用，这也是沙塘广西农事试验场成为中国战时农都的根本。

早期马保之考察了广西农事试验场，认为如果广西大学农学院和广西农事试验场合在一起，就能达到最好的建教合一。广西大学农学院迁移沙塘之后，证实了他早期的建议是正确的。尔后，马保之又开办了广西高级农业职校，为基层培养了很多农业科学推广人员。

马保之在沙塘不仅严格抓科研工作，还大力抓职工生活。他认为，虽然国难当头，但也要搞好生活，因为只有充分发挥每个人的积极性才能更好地工作。《邱式邦院士从业七十周年纪念册》中就有这方面的记载。

邱式邦院士在该纪念册中回忆，在马保之的倡导下，沙塘成立了歌咏队。在春秋假日，组织大家到水塘去游泳、划船、打球、做游戏，大家都很高兴。那时已成立了鸡鸣会（寓意鸡鸣即起，奋发救国之意，鼓励大家开展学术讨论，增强学术气氛），但是没有一个合适的场地既可供大家开展学术活动又能举办文娱活动。马保之决定建立一个娱乐室，要邱式邦帮忙考虑此事。邱式邦按马保之提出的设想，绘制了拟购置家具和设备的图纸，带着图纸到柳州城里找了一家做家具的铺子，详细说明了制作的要求、交货日期，并付了定金。两个星期后，一位进城回来的同事报信说家具店老板跑了。

这可把邱式邦惊出一身冷汗，赶紧骑上自行车进城，跑遍全城终于找到了老板。原来老板并没有跑掉，只是这批订货数量多，以前的铺面太小，施展不开，就搬到一处大一些的铺面。半个月后，家具全部交货。很快沙塘就有了一个设施齐整的场所可以开展活动了。不久后，试验场办起了晚茶会，每个周末分别由一个职员家庭负责准备一些简单的饮料和食品，参加者凭票购买。职员们在娱乐室里摆开小桌子、小椅子，大家促膝谈心。通过晚茶会的活动，增加了同事间的相互了解，促进了友谊，加强了合作，推动了工作。试验场还开过一次化妆娱乐会，要求参加者必须化妆。所有人扮演成不同的、有趣的角色，表演了精彩的节目，使得这次化妆娱乐会取得圆满成功。

虽处烽火连天的岁月，但马保之在沙塘期间，尽力为科学家们辟得一方净土，使他们能安心从事教育和农业研究、推广工作，可谓劳苦功高。他和同事们共同努力，为抗战增加粮食，推动广西农业的进步贡献了不小的力量。因此，抗战时期广西的农业科研开发既有广西当局的主动性因素，也有抵御外敌入侵的被迫性因素，两者互相影响，共同推动着广西农业经济的发展。至2003年，马保之前后六次重返沙塘。每一次回到沙塘，他都要看看当年的学校，看看广西农事试验场旧址。对这个抗战时期坚守了近八年的农都，古稀之年的马保之仍然一往情深。

/附表/

表 2-1　伍廷飏生平大事记

时　间	事　件
光绪十九年（1893）农历十月二十一日	出生于广西容县黎村镇温泉乡。
约 1910 年至 1912 年	广西陆军速成学校第一期炮兵科学习，与以后的桂系主要人物黄绍竑、白崇禧、张任民等为同学。这为其一生追随黄绍竑奠定了基础。
1916 年 6 月	任林虎为总司令的护国联军第六军机关枪连上尉连长。
1923 年	任黄绍竑属下的广西讨贼联军团长。
1924 年 7 月	任广西定桂讨贼联军第二纵队司令。
1925 年 8 月	任柳庆清乡总办公署总办，成为柳州、庆远地区所辖 15 个县军政合一的最高长官。
1925 年 9 月	兼任柳庆公路总局总办，着手柳州的公路建设。
1926 年 3 月	所部编入由李宗仁任军长的国民革命军第七军，任第五旅（辖两团）少将旅长。
1926 年夏	第七军参加北伐，留守部队编为第十五军，任第一师师长。
1926 年 7 月 1 日至 11 日	主持召开柳江各属行政会议，通过了柳州建设的各项法案。提出“勘定今日民生，第一求自存，非从农业做起不可”的主张，并身体力行。
1926 年 9 月	创办柳江农林试验场。
1927 年 3 月	柳庆垦荒局成立，任柳庆垦荒局局长，主持发放官荒供移民垦殖。
1927 年 6 月至 7 月	兼任广西省政府委员、建设厅厅长；升任第七军第四师中将师长。
1929 年 2 月	兼任广西农务局局长。
1929 年 3 月	任中国国民党广西省党部执行委员。
1929 年 5 月至 9 月	蒋桂战争爆发，随部反蒋；5 月 4 日兼任广西省政府主席；6 月 12 日被免去省主席之职；6 月 24 日兵败与黄绍竑一起避居香港，同时周旋于蒋桂之间，促成蒋桂战争后的广西和平。
1931 年 1 月至 7 月	1 月 13 日，被国民政府任命为调解桂局特派代表，2 月参与善后广西蒋桂战争后事，7 月离职。
1932 年 3 月	任广西垦殖水利试办区主任。
1932 年 11 月	前往日本考察农村建设事业。
1933 年 3 月	任广西省政府委员。
1934 年 7 月	广西经济委员会成立后，任广西垦殖水利试办区所改的广西经济委员会农村建设试办区主任。
1936 年 12 月	黄绍竑任浙江省政府主席之后，伍廷飏任省政府委员兼建设厅厅长。
1937 年 1 月	黄绍竑任湖北省政府主席之后，伍廷飏任省政府委员兼建设厅厅长。
1937 年 11 月	黄绍竑再次任浙江省政府主席之后，伍廷飏任政府委员兼建设厅厅长。抗战胜利后被解职。

续表

时 间	事 件
1946 年 6 月	被聘任为广西省政府顾问。
1947 年 11 月	当选农林界别国民大会代表。
1950 年 3 月 18 日	在广西柳州病逝，享年 58 岁，家属遵从其遗愿葬于柳州沙塘垦村。

表 2-2 陈大宁生平大事记

时 间	事 件
1899 年	出生于广西容县六王乡谭泥村。
1924 年	毕业于国立北京农业大学。
1926 年	任广西建设厅第二科科长。
1927 年 3 月	任柳庆垦荒局副局长，伍廷飏任广西建设厅厅长后接任局长。
1929 年 9 月	蒋桂战争爆发后，赴日本北海道帝国大学农学部留学，从事林政研究。回国后曾任绥远实业厅农业试验场场长。
1929 年	任广西农务局林垦部主任兼总务股股长。
1930 年	任南宁实验场场长。
1931 年	任浙江农林局森林组主任。
1932 年	任广西大学林场主任。
1934 年	任广西经济委员会农林局局长。
1935 年 6 月	任广西省政府农林局局长。
1936 年 2 月至 1937 年 9 月	任广西农村建设试办区主任，广西农事试验场迁往柳州沙塘广西农村建设试办区，任试办区主任兼农试场副场长。
1938 年 2 月	任广西省政府农业管理处副处长兼任广西农事试验场场长。
1941 年	编写《农村建设实施要领讲义》，由广西省地方行政干部训练委员会出版。
1942 年 6 月至 1945 年 12 月	任广西省政府农业管理处处长。
1947 年	抗战胜利后内战开始时，迁到广西宜山怀远自己开设的时利兴垦殖场深居简出。
1950 年 2 月 25 日	在宜山垦殖场自家农庄被土匪杀害。

表 2-3 马保之生平大事记

时 间	事 件
1907 年 11 月 13 日	生于广西桂林，其父为著名政治活动家、教育家马君武。
1929 年	毕业于南京金陵大学农学院（1952 年并入南京大学）。
1933 年	毕业后留学美国康奈尔大学，获博士学位后赴英国剑桥大学研究一年，1934 年学成归国。
1935 年	任南京中央农业实验所技正。
1938 年	任中央农业实验所广西工作站主任、广西农事试验场场长、沙塘垦区主任、广西粮食增产督导团副总督、广西农林技术推广人员训练班班主任等职。

续表

时　间	事　件
1940 年 4 月	创办广西柳州高级农业职业学校并任校长。
1942 年 6 月	任农林部西南区农业推广繁殖站主任、广西大学农学院教授。
1945 年	任农林部农业司司长，兼任联合国中国善后救济分署农业机械管理处处长。
1949 年	任“台湾中国农村复兴委员会植物生产组组长”。
1954 年	任台湾大学农学院院长。
1960 年	任“台湾驻越南（西贡）作物改良团团长”。
1961 年	受聘任利比里亚国立大学农林学院方案执行主持人（兼任利比里亚国立大学农林学院院长），长达 14 年，两次获得总统授勋，被称为“利比里亚农业之父”。
1975 年	回台湾，被聘任为台湾食品工业发展研究所所长。
1978 年	被推选兼任亚洲蔬菜研究发展中心理事会理事主席。
1991 年 4 月	回沙塘看望广西农事试验场旧址（时为柳州地区农科所）和广西柳州高级农业职业学校（时为广西柳州畜牧兽医学校），至 2003 年，前后六次重返沙塘。
1996 年 7 月	退休定居广西桂林市。
2000 年 4 月	广西柳州畜牧兽医学校欢庆六十华诞，与其第一届学生刘锡光博士在校园里联手栽种苍松翠柏，营造一片“博士林”，希望学校能培育出更多的博士。
2004 年 1 月 29 日	在云南昆明逝世，享年 97 岁。

表 2-4　柳庆垦荒局大事记

时　间	事　件
1927 年 3 月	广西建设厅设立柳庆垦荒局，局长伍廷飏，主要调查荒地情况。
1927 年 6 月	广西省主席黄绍竑批复伍廷飏柳庆垦荒局开办费 3000 元，并指令拨散沈鸿英等田产用于垦务报告。
	伍廷飏任广西省政府委员兼建设厅厅长，陈大宁任柳庆垦荒局局长。
1928 年 3 月	荒地调查完毕，马平县实有可垦殖的官荒 13917.9 公顷。
	柳庆垦荒局沙塘林场开始招收实习生，实习期两年。
1928 年 4 月 26 日	广西省建设厅厅长伍廷飏批复柳庆垦荒局呈报的《柳庆垦荒局收容垦民暂行章程》。
1928 年 4 月 27 日	广西省建设厅厅长伍廷飏批复柳庆垦荒局呈报的《设立模范农村办事处一所》《筹划开办罗城模范农村》报告，准予备案，费用核销。
1928 年 8 月	《广西建设月刊》发布《柳庆垦荒局办理第一、第二、第三模范农村计划书》《柳庆垦荒局办理模范农村规则》《柳庆垦荒局办理马厂牧场计划书》《柳庆垦荒局 1927 年度职务经过报告书》《柳庆垦荒局沙塘林场 1927 年度工作报告书》《柳庆垦荒局暨附属各场所 1928 年 7 月职务经过报告书》等报告和计划。

续表

时　间	事　件
1928 年 11 月	《广西建设月刊》发布《柳庆垦荒局 1928 年度进行计划书》《柳庆垦荒局组织简章》《柳庆垦荒局垦荒章程》《柳庆垦荒局荒地调查章程》《柳庆垦荒局发放荒地细则》《柳庆垦荒局委托各县县长办理垦务规则》《人民请领荒地手续》《柳庆垦荒局收容垦民暂行章程》《柳庆垦荒局办理模范农村规程》《柳庆垦荒局倡办公有林规则》《柳庆垦荒局 1928 年 10 月份职务经过报告书》等。
1928 年 12 月	《广西建设月刊》发布《柳州造林事务所 1928 年 7 至 10 月份职务经过报告书》。
1929 年 1 月	《广西建设月刊》发布《柳庆垦荒局策垦期间进行计划书》。
1929 年 3 月	《广西建设月刊》发布《柳庆垦荒局 1928 年 11 月份职务经过报告书》《柳庆垦荒局 1928 年 12 月份职务经过报告书》《柳庆垦荒局 1929 年 2 月份职务经过报告书》。
1929 年 5 月	蒋桂战争爆发，柳庆垦荒局一切事务被迫暂停。

表 2–5　广西垦殖水利试办区、广西农村建设试办区大事记

时　间	事　件
1932 年 3 月	广西垦殖水利试办区成立，伍廷飏任主任。试办区用原柳庆垦荒局旧址为总办事处，开办垦殖农场、招收垦民开荒。试办区的成立旨在建设新农村、改造旧农村。
1932 年 6 月	广东省农艺专家丁颖、土壤专家刘茂青及畜牧专家刘荣基、杜树林四人到垦殖水利试办区考察，给试办区提出种植的合理化建议。
1932 年	广西建设厅购进五台美国产拖拉机投放到试办区使用。同时，国民革命军第七军还给试办区发放枪支以抵御土匪和防野兽。
1932 年	广西垦殖水利试办区制定了《处理荒地规则》《放款暂行规定》《垦民借还款办法》《荒山荒地事务所组织章程》《乡村经济组织事务所纲要》等系列规章制度，为试办区有序垦荒、扶助农民起到了积极作用。
1933 年 3 月	成立不到一年的广西垦殖水利试办区作为担保人，开始为银行代理农民提供低息贷款，以度过农荒时期。
1933 年 10 月	办簿记员讲习班一期，为垦区培养会计人员。该班于 1934 年 1 月结束学习。
1933 年 11 月	开始建设沙塘古丹第一水、郭村第二和第三水塘，计划 1934 年 3 月建成。该水塘为广西第一个农田水利工程，满足了沙塘大片旱地的灌溉需要，为增收粮食提供了保证。
1934 年 1 月	杨柳水塘开始建设，于同年 3 月完工。
1934 年 1 月起	先后有国内的 30 多个军政、金融、学术等界别的考察团到沙塘试办区考察、参观、讲学。全国各地记者纷纷向外界报道广西农村建设试办区的建设成效。

续表

时 间	事 件
1934年3月	垦殖水利试办区垦民中痢疾和疟疾暴发，在无医无药的情况下，有500多名垦民返回原籍。后试办区打井改进饮用水条件，驱虫灭害，讲究卫生，发病率和死亡率下降，垦民陆续返回垦区。
1934年春	在垦区开办小学安置垦民学龄儿童学学习。先在沙塘开办日校、夜校各一班。
	试办区沙塘机关职员130多人，在永安村一带植树造林。
1934年4月	沙塘无忧第一水塘筑成。
1934年6月	农村建设试办区发布《广西农村建设试办区计划》，本计划包含《经济组织计划》《村政计划》《乡村经济组织事务所计划》《油糖厂生产建设计划》《筹设私有林计划》等。
1934年7月	广西经济委员会成立，广西垦殖水利试办区改名为广西经济委员会农村建设试办区，伍廷飏任主任。
1935年1月	广西土壤调查所对试办区土壤进行调查。调查结果表明，垦区一带比较适合种植甘蔗。试办区又从广东省请专家来指导甘蔗种植。
1935年7月	中国工程师学会广西考察团考察广西农村建设试办区，称赞伍廷飏为“农村建设之领袖”，“沙塘为未来本省新农村的温床”。
1935年8月	开办农村服务人员训练班，学生40人，学制3年。另面向垦区青年垦民招收农村技术人员训练班学员30人，学制1年。这些学员结业后，被分配到广西省各县农林机构工作。
1935年冬	广西农事试验场从大龙潭迁往沙塘，利用试办区的农场继续开展农事科研。
1935年	全试办区共有可种植收获的耕地14700多亩。
	试办区在沙塘、无忧、石碑坪垦区开设公店，方便垦民买卖物品。
1935年至1936年	沙塘小学创建，伍廷飏自兼小学校长，学校先后从外地引进5位老师。同时借小学开办垦民扫盲夜校，每个垦区设一个班，15岁至50岁不识字的垦民免费入学，教员由垦区员工担任。
1936年1月	伍廷飏任广西建设厅厅长。同年2月，陈大宁接任试办区主任。
1936年12月	石碑坪垦区水利工程动工，并于1937年6月建成并投入使用。
1938年7月	广西省政府以垦区垦民可自力更生为由，撤销广西农村建设试办区，原试办区职员并入广西农事试验场。除沙塘垦区外，其他垦区划归柳城。

/ 历史图片 /

广西农村建设试办区的榨糖机（选自中国工程师学会广西考察团报告团报告）

广西农村建设试办区石碑坪垦区办事处（选自《广西一览》）

20 世纪 30 年代设在沙塘的柳庆垦荒局（选自《广西一览》）

20 世纪 30 年代设在沙塘的柳庆垦荒局沙塘林场苗圃房（选自《广西一览》）

20 世纪 30 年代设在沙塘的广西农村建设试办区办公楼（选自《广西一览》）

20 世纪 30 年代沙塘广西农村建设试办区之无忧垦区（选自《柳州 20 世纪图录》）

20 世纪 30 年代广西农村建设试办区沙塘垦区蓄水塘，现为君武森林公园一沙塘。(选自《柳州 20 世纪图录》)

20 世纪 30 年代的沙塘广西农村建设试办区职员宿舍（选自《柳州 20 世纪图录》）

1934 年 3 月 12 日，第四集团军参谋长张任民（前左）、第七军副军长梁朝玑陪同贵州省代表张蕴良（前右）来广西垦殖水利试办区参观。（选自《柳州 20 世纪图录》）

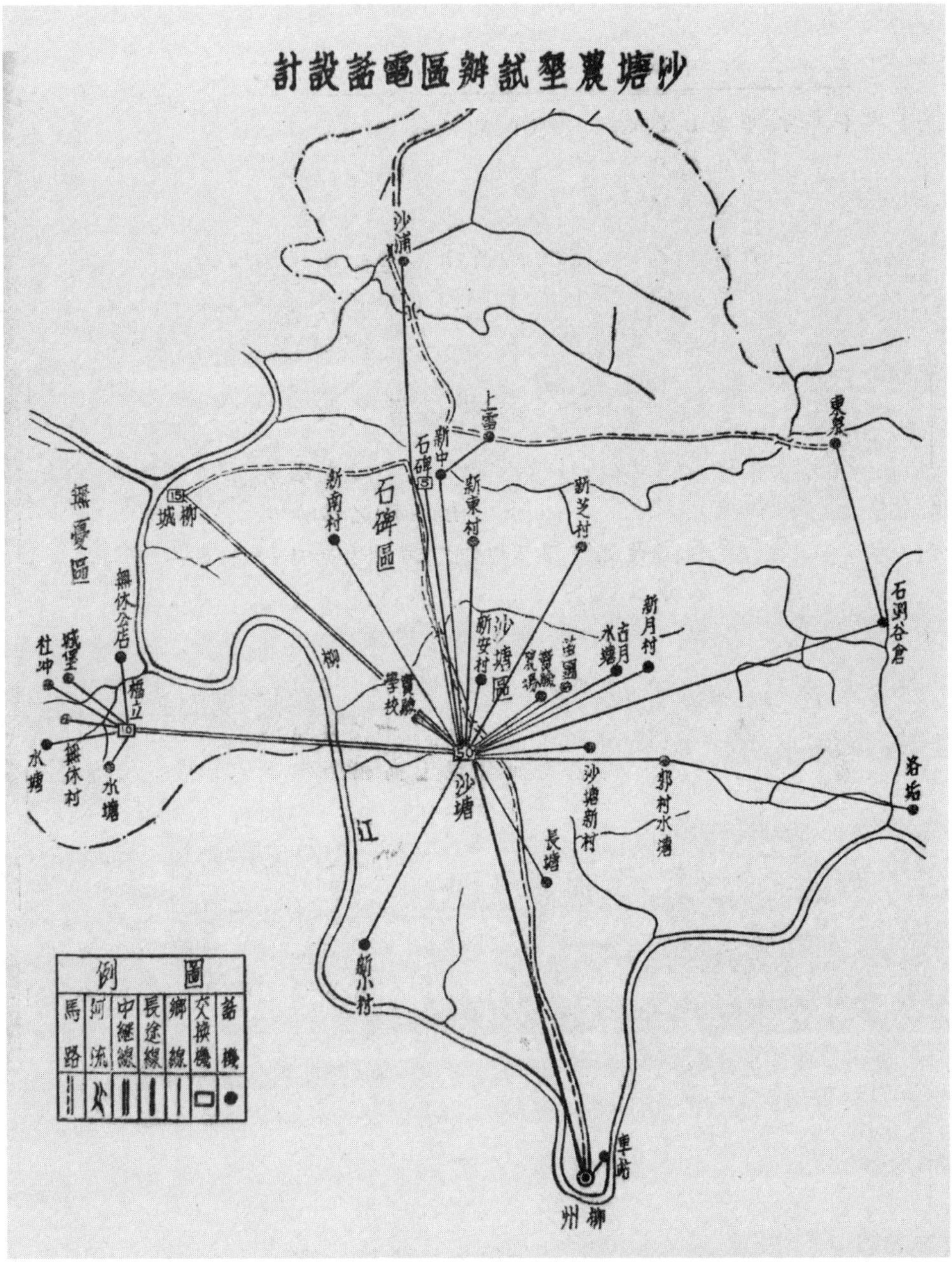

20 世纪 30 年代，沙塘广西农村建设试办区为通电话而作线路设计图。（选自《柳州历史地图集》）

1935 年，沙塘广西农村建设试办区无忧垦区城堡全景。（选自《柳州 20 世纪图录》）

1935 年广西垦殖水利试办区沙塘垦区的蓄水塘（选自《柳州 20 世纪图录》）

农村建设试办区酒精厂（选自中国工程师学会广西考察团报告）

农村建设试办区酒精厂精馏机（选自中国工程师学会广西考察团报告）

20 世纪 30 年代建设的广西农村建设试办区垦村瞭望楼（沈培光　摄）

2007 年 9 月，老垦民苏文庆和老伴仍在当年的垦村旧屋居住。（刘丽虹　摄）

2007 年时的垦村旧屋（刘丽虹　摄）

2016 年时的新南垦村旧屋（刘丽虹　摄）

第三章

农都旗

抗战时期，柳州沙塘凭什么能吸引那么多中国农业科研精英而成为中国的农都？这一切并不是无缘无故的。

从伍廷飏决定将沙塘建设成广西新农村的示范前，就与相关专家考察了这里的气候、土壤、地形、地貌等自然环境以及农作物种类、生长过程，最终认为这里十分适合发展农业。可见选择沙塘并不是偶然的。1934 年，广西农村建设试办区已名声大振，当时全国的农事科研机构几乎都到沙塘考察过。

1935 年冬，广西省政府把原设在羊角山的广西农事试验场迁至沙塘，形成与广西农村建设试办区在农业科研和新乡村建设方面双翼齐飞的局面，构筑了广西最大且实力雄厚的农业科研实验中心基地，其强强组合的农业试验基础设施、科研设备、试验农场、山林土地等，以及吸纳的一批科技人才队伍，为中国战时农都的形成奠定了坚实的物质基础。广西农事试验场的专家与后来转移到沙塘的农业专家携手共进，实现了资源与人才的优势互补。

1937 年夏，国民政府根据往年产销量预计，全国一年大约缺少 3000 万担小麦。为了避免发生麦荒，当年 8 月，国民政府军事委员会制定了《战时小麦、杂粮紧急措施纲要提案》。这个提案提出，小麦主产地豫、鲁、陕的小麦种植面积占冬季作物种植总面积的 70% 至 80%，扩充余地较小，但可以减少棉田面积改种小麦、杂粮。而苏、皖、鄂、浙、赣等省冬小麦种植面积有很大的扩充余地。因此，要求这五省减少菜豆的种植，增加麦田面积 3000 万亩。

作为抗战模范省，广西省抓住这个难得的机会，为前来服务广西建设的农业科学精英提供了优厚条件，使他们安心从事科研工作，振兴广西农业，为抗战胜利贡献力量。同时，省政府为了让农事机构更集中，以广西农村建设试办区的垦民能自力更生为由，撤并农村建设试办区到广西农事试验场，以减少行政管理成本。

从 1937 年 4 月到 1944 年 8 月，在沙塘的广西农事试验场、广西大学农学院、中央农业实验所广西各系联合办公室及广西省立高级农业学校，形成科研、教学、推广示范三位一体的农业技术研究中心，它们虽系统不同，目标却是一致的。许多专家、教授既在广西农事试验场进行科学试验，又在广西大学农学院和广西省立高级农业学校授课培养下一代科技人才，还到乡村推广科研，身兼多职而不辞辛劳。专家们还把自己的科研成果通过农都的刊物发表，为后续的农业发展奠定理论基础。有的职员、师生为中共地下党员，他们和民众一起投身抗战，或开展抗战宣传，或参军入伍，有的甚至献出了宝贵的生命。这里的专家、教师、学生、职员擎起了中国战时农都的大旗。

一、聚英沙塘

1937 年天气回暖的时候，沙塘迁来了有一百多人的广西大学农学院，次年初，中央农业实验所广西工作站又在沙塘成立。沙塘虽然从 1927 年起已经开始发展农业，但如此重要的农业科研机构、教学单位集聚这个小地方，是垦民和当地人从没有见过的。此时沙塘街上，经常可见着装、仪态与常住居民有明显区别的外地人，哪怕是广西大学农学院的学生，只要一开口说话，口音上也有着明显的区别。

紧接着，广西省推广繁殖站等农业教育、科研机构陆续落户沙塘，以及广西土壤调查所归并广西农事试验场、广西高级农业职业学校创立、广西省各类农业技术人员训练班开办，各路农业名流荟萃沙塘。据不完全统计，抗战时期云集沙塘的农业科技人员及院校学子数以千计，超过了这一时期后方其他地区。各路农业英豪聚集沙塘，也让沙塘成了战时全国农业的科研实验中心。

（一）广西大学农学院迁柳独立办学

1937 年 9 月，广西大学农学院在广西省政府实行建教合一以及抗战避难办学的情况下，远离梧州校本部迁到沙塘办学，校址选在沙塘小学。

沙塘小学创办于 1935 年，伍廷飏兼任首任校长，校址位于沙塘街西北面，即现在柳州市农科所的位置。当时，垦区的农村技术人员训练班班主任唐现之负责督导沙塘小学。沙塘小学创办初期，全校共有 12 个班 193 名学生，有 3 名专职教师负责高、中年级的教学工作。学校管理井井有条，教学质量较高，在当地影响较大。1937 年 7 月，沙塘小学让位广西大学农学院后，在沙塘街即现广西畜牧兽医学校位置重新办学。1939 年，广西省立高级农业学校成立，即现在的广西畜牧兽医学校。1940 年沙塘小学让位广西畜牧兽医学校而迁到现校址沙塘街至今。

沙塘小学创办于1935年，首任校长伍廷飏，继任校长马保之。图为20世纪50年代，沙塘小学的孩子们正在排队放学。（兰生葵提供）

1932年9月，建校于1928年、校址在梧州蝴蝶山的广西大学决定增设农学院和工学院，农学院设农学系和森林学系；工学院设土木工程系。

1935年，马保之曾建议广西大学农学院搬迁至柳州沙塘，当时的校长也是他的父亲马君武没有明确表态同意，可时过境迁，到1937年时农学院就不得不搬了。

在梧州校区时，农学院的负责人由广西大学副校长盘祁珠兼任，1937年春，农学院由广西大学理工学院院长李运华代管。如果仅搬迁农学院，李运华不可能放手理工学院不管离开校本部到沙塘，必定得另找他人做农学院院长。于是在1937年9月上旬，广西省政府任命广西大学农学院森林系主任林汶民教授为农学院代理院长，主管农学院迁往沙塘。

林汶民作为农业科研人员曾获清华大学补贴留学美国，来广西大学任教前是福建省立农事试验场的场长，后在福建协和大学农学系任职。据《广西农业大学校史》记载，任广西大学农学院代院长后，林汶民利用暑假时间与在校的师生员工积极准备搬迁工作，将应该带到沙塘的仪器、教学用品等打包等待装车。林汶民与秘书林礼全、助教周百嘉和会计余继贤前往柳州沙塘与广西农村建设试办区主任兼广西农事试验场场长陈大宁初步商定了有关搬迁事宜，设立广西大学农学院柳州办事处。稍后，广西省政府任命广西大学农学院代院长林汶民教授兼任广西农事试验场场长，广西农村建设试办区主任陈大宁

20 世纪 30 年代，广西大学农学院在梧州蝴蝶山的教学楼。（选自《广西大学校史》）

兼任副场长。由此统一了广西大学农学院与广西农事试验场的领导，实现农业科研与学校教育相结合，有利于广西大学农学院的建设和发展。同时考虑到抗日战争已经开始，柳州地处后方，建教合一更能让农学院有个安定的教学环境。

广西大学农学院全部迁抵沙塘时，浩浩荡荡的十几辆车，装载仪器设备及部分教职员工的行李。许多垦民都跑去看热闹，因为自从全国各地来参观试办区后，还没有这么多汽车开到沙塘过。当时广西大学农学院教职员工共 40 余人，全院农、林两系各只有 3 个年级（缺二年级）的学生共 120 余人。广西农事试验场划定一块约 100 亩的土地作为广西大学农学院的教学基地，还有总面积 1000 多平方米砖木结构的平房作为教室、实验室、图书馆和宿舍之用。四年级男生与部分单身的教职员工一同住在广西农事试验场的一间宿舍里，教授和部分携家眷的教职员工则分散居住在柳州市内，每天由校车接送。经过全体师生员工半个多月的积极努力，初步安顿了师生的生活，基本完成了开学前的准备，1937 年 9 月底，农学院因陋就简开始上课。

学生开始上课了，为了恢复因搬迁而打乱的学校秩序，林汶民选了精干的人员组成行政办事机构，负责处理全院的教务和总务。当时，广西大学农学院在柳

广西大学农学院学生陈道家在抗战时期的教学楼前留影。（陈道家提供）

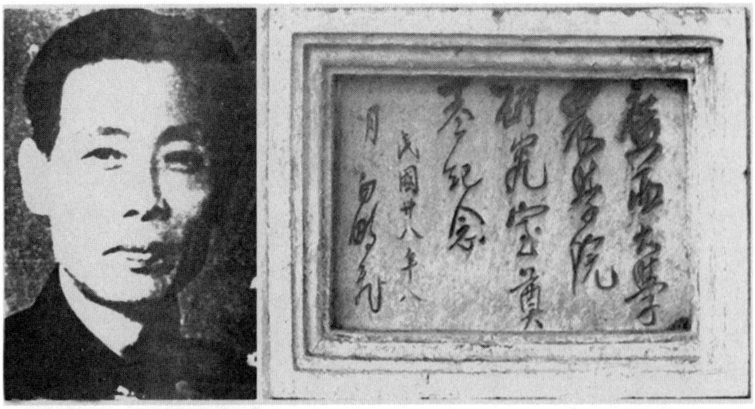

1939年8月，广西大学校长白鹏飞及其为广西大学农学院研究室落成的题词。（左图选自《广西大学校史》，右图为刘丽虹 摄）

州设有办事处，林汶民增派人员另租房扩大办事处，安排一部分无法在沙塘居住的教师住在柳州，并得到广西省政府分配的一辆汽车用于接送教师和加强沙塘与柳州之间的联系，采购学校所需物资等。由于林汶民兼任广西农事试验场场长，便利用职务之便开始调整场里的房舍，扩大和布置图书馆、阅览室，增设教师工作室和实验室，开箱整理从梧州带过来的仪器和标本。

广西农事试验场农场原有旱地145亩、水田27亩、菜地18亩、果园90亩，广西大学农学院搬来后对其原有的农场进行规划，后又开辟森林苗圃45亩，准备播种育苗，逐步将农场整合成经营、教学兼用的学生实习农场。广西农事试验场的技术人员有部分也参与广西大学农学院的教学工作，担任授课老师。从此，广西大学农学院在行政上虽然仍受校本部的领导，实际已开始独立办学，这是该校发展历史上一个重要的艰苦创业过程。

就在广西大学农学院迈开独立办学的步伐时，1938年2月，广西省主席黄旭初以因抗战军兴为由辞去广西大学校长的兼职，而此前马君武因广西省政府改组教育部门被聘为政府特别顾问而不再担任广西大学校长。于是广西省政府呈请中央任命留学日本东京帝国大学，曾任北京大学教授、北京大学法商学院院长的白鹏飞为校长。

从白鹏飞任校长到被免职，其中有一些风波。

1938年初，黄旭初再三敦请白鹏飞出任广西大学校长，说："你白某人在省外办学颇有声誉，为什么不能为桑梓学府出些力，把广西唯一的学府办好呢？这是义不容辞的事，请先生不要推辞。"白鹏飞便接受了聘任，但要求整顿校风由他直接处理，任何人不得干预，师资由他直接敦聘，任何人不能随意安插。黄旭初满口答应。

白鹏飞任广西大学校长后，任命邓伯粹为秘书长（北京大学原法商学院秘书），童国垣为秘书（北京大学原法商学院会计课长），白鼎新为事务主任（北京大学原法商学院庶务课长），王观文为法学院院长，王益滔为农学院院长（北京大学原农学院院长），李运华为理工学院院长（留任）。由各院院长商量拟出延聘师资的名单，这些教授有李达、郭沫若、许德珩、陈豹隐、马叙伦、熊佛西、焦菊隐、王力等三十余人。广西大学教学及行政人员的来源，绝大多数还是原北京大学法商学院的。人事安排震动了广西当局。黄旭初、邱昌渭（时任广西省教育厅厅长）欲加干涉，而因事先有诺言无从下手。他们苦思之后，想出了一个“良策”，即鼓动学生罢课，要求将学校迁回广西大学创建时的梧州，想借此将事闹大，把矛头指向校长白鹏飞，然后撤换。

返梧运动利用了一些梧州地区学生的乡土观念。罢课开始时，白鹏飞要求学生推选代表来说明返梧理由。起初学生拒不派代表，声言学校不迁回梧州，就罢课到底。白鹏飞耐心地向学生解释，最终学生们选出了代表到校长办公室进行谈判。白鹏飞对学生代表说：“迁校要耽误课程；校舍拥挤，可迁到良丰雁山西林公园，环境比梧州好，同学们可以先去看一下，回来再商量。”又说：“罢课浪费了时间，荒废了学业，损失还是你们当学生的。我既不是统治者，也不是专制者，我看罢课不要搞错了方向，应该请你们立即停止。你们认为如何？”一席和颜悦色的谈话，平息了这场风波。

返梧运动平息之后，广西大学又加聘了林砺儒、寸树声、马寅初等十余名教授。月余后，广西大学迁至良丰雁山西林公园内，人事基本安排就绪，所敦聘的教授陆续应聘到职。

白鹏飞自接任校长之后，所作所为多不称广西当局之心。1939 年秋，黄旭初向教育部恳请将广西省立广西大学改为国立广西大学，借此免去白鹏飞的校长职务，很快得到教育部的批准，之后便任命马君武为国立广西大学校长。为表“歉意”，黄旭初委以白鹏飞广西省政府顾问的虚职，每月酌送车马费。白鹏飞自此全家迁居桂林东江六合墟祝圣寺前，养花、读书、写字、作诗以自娱。

1942 年 4 月 9 日，国立广西大学畜牧兽医系首届毕业生及教授合影。（选自《广西农学院校史》）

由于汪厥明在北平拒任伪职，不得不在他的日籍夫人的掩护下，于1939年冬季通过香港转赴柳州沙塘，任广西大学农学院教授兼农学系主任。而他用几十年心血积累的文献资料，在辗转中几乎全部失落于香港。

1939年初，由于广西大学农学院代院长林汶民提出辞职，广西省政府令农业经济学家王益滔教授接任院长，王益滔聘汪厥明教授兼任农学系主任、林渭访教授兼任森林系主任。随王益滔来校任教的教授，大多是日本留学生，这或许与他有留学日本的背景有关。

广西大学农学院独立办学时，省政府只派了校本部的注册主任梁拱任为院长秘书，协助院长办理教务、财务及文书等工作。院长因公外出时，则由他代理院长的工作。

当时广西大学农学院的教授还有吴耕民、徐陟、施华麐、刘伯文、易希陶、赵灿庭、钟兴正、张一农、马大浦、张肇骞、陶心冶、王子方、傅邦杰等，副教授程侃声、罗清泽等。广西农事试验场技正周汝沆教授也在该院兼课。

1939年8月22日，广西大学改国立后，农学院院长由昆虫学家周明牂教授兼任，农学系系主任由遗传学与生物统计学家肖辅教授兼任。农学系正式分农艺、园艺和农业经济三个专业组，分别由肖辅（兼）、熊襄龙、王一蛟等教授负责。森林系主任由林学家周国华教授兼任，因周国华在病中，请马大浦教授代理。这一年，学院设立畜牧兽医系，由细菌学家郑庚教授兼任系主任，除招收一年级新生外，还招收二年级插班生，农、林两系二年级学生亦有转入。汪振儒教授兼任广西大学植物研究所主任。由于校本部废除了秘书长制，农学院秘书岗位也被撤销。除设立院务委员会讨论全院重要工作外，还聘请部分教授组成教务、训导等委员会。院长室设职员一人，协助办理日常工作，行政办事机构也作了适当的调整。

（二）中央农业实验所设站沙塘

1938年初，广西农事试验场场部各系的办公室多了些桌子和新的面孔，不知内情的人以为试验场又进了新人。后来人们才知道，这是中央农业实验所广西工作站与广西农事试验场合署办公。

1938年1月，中央农业实验所在沙塘的工作站下设稻作、农作杂粮、病虫害、森林、土壤肥料几个系。马保之任该站站长兼广西农事试验场代场长。马保之刚到沙塘时，随其一起来的只有13人，均为农业专家。同年4月，陈大宁到广西省政府农业管理处任职，马保之升任场长。对于中央农业实验所工作站的专家们，广西省政府一律高薪聘任，聘任相当于总工程师级别的技正有林刚、

1938 年 3 月 7 日，广西大学农学院、广西农事试验场、中央农业实验所昆虫学专家合影。前排左起：刘友英、严家显、吴福祯、陶心冶、冯敦堂、吴逊三；后排左起：陆培文、邱式邦、陈金璧、刘调化、冯宗林、钱念曾、（不详）、李永禧、于菊生。（选自《吴福祯》）

戴弘、冯敩棠、黄瑞纶、陆大京、黄亮、柳支英、徐天锡 8 人，聘任相当于工程师级别的技士有张义荣、钱念曾、伍子才、邱式邦、彭绍光 5 人。

中央农业实验所技正吴福祯纪念册里有一张 1938 年 3 月 7 日广西大学农学院、广西农事试验场、中央农业实验所昆虫学界同志的合影，吴福祯并未在沙塘工作过，为何却有一张在广西农事试验场与同事们的合影呢？

吴福祯于中央农业实验所成立的当年即在该所任技正。1933 年，中央农业实验所成立植物病虫害系，全系共有科技人员四十余人，吴福祯任主任。上海失守前，中央农业实验所奉命西迁，先在湖南长沙设立办事处，由吴福祯主持办事处的工作。这时国民党政府裁并实业部，设置经济部。中央农业实验所随之亦改隶经济部，并奉命再迁重庆，最后定在重庆北碚地方购置场地，继续在后方进行工作。

这张照片就是吴福祯去重庆前经过柳州时与昆虫学界的同仁们在沙塘农都

1940 年，中央农业试验所部分专家在沙塘合影。（选自《邱式邦院士从业七十周年纪念册》）

会面时的合影。照片中的昆虫专家们，绝大部分于抗战前后在不同的农业科研机构从事植保、病虫害防治等工作。

1938 年 1 月，吴福祯随中央农业实验所长途跋涉，从长沙经柳州、贵阳到达四川。入川后，吴福祯立即组织有关人员对西部各省的稻虫、棉虫、仓虫、玉米螟、麦虫、虫白蜡等虫害的发生情况进行认真调查，并研究防治方法。

（三）植研所带“荆”柳州

如今柳州每年 4 月洋紫荆花开满城，吸引不少的媒体和游客到此观赏盛景，紫荆花成为柳州的名片。2018 年 10 月，经过市民投票，紫荆花被选为柳州市市花。可是知道柳州的紫荆花与广西大学植物研究所搬迁到沙塘有关的人却不多。

1938 年 6 月，马保之用近半年时间刚刚理顺了中央农业实验所广西工作站与广西大学农学院、广西农事试验场的关系，又面临着广西大学植物研究所从梧州迁往沙塘之事。虽然该所搬迁是广西大学的事，但毕竟要在广西农事试验场里腾地方，所以马保之是要操心的。

广西大学植物研究所标本室有很多珍贵的植物标本，而这些标本是当年中山大学生物系组织专家到广西采集的。广西动植物种类丰富，但由于边远落后交通不便，一直不为人知。至于开始了解分布情形，始于 1926 年中山大学生物系组织到广西动植物之采集团之行。采集团到达瑶山后，却因在一个山沟里水土不服仅逗留了四天即返。1927 年秋采集团再来瑶山时，途中却遇到土匪，又未成行。中山大学生物系教授兼系主任辛树帜对此事一直不能去怀，1928 年 5 月，经过缜密筹备、组织，辛树帜率任国荣、黄季庄、石声汉等植物专家等组成广西瑶山采集队，历时三月余，行程千里，所获动植物标本极多，开了瑶山采集之先河。后来整理成文字的资料有《采集瑶山报告》《国立中山大学广西瑶山采集队采集日程》《请辟瑶山为学术研究所意见书》《广西瑶山鸟类目录》《广西瑶山动植物采集纪略》《广西瑶山的水龙骨科植物分布》等。

1926 年 4 月，国民政府定都南京，组织成立中央研究院，其首次研究材料采集的地方选在广西。1928 年春，中央研究院和中山大学组成庞大的广西科学调查团，用超过 6 个月的时间，经广西省的北部、西北至西、西南，跨越 15 个县。动植物采集人员主要有秦仁吕、方炳文、常麟定等专家，采得植物标本 3 万余份。其中，木本植物约超过半数，其余则为草本及蕨类植物。所得标本的丰富，实创国内历届采集之最。由于此行采集得到广西省政府关照甚多，故采集团将所获材料均留置一份，以便将来设立博物馆。因为，动植物丰富的区域，

如今柳州满城的紫荆花，均是广西大学植物研究所迁柳带来标本之故。（刘丽虹　摄）

只有在该地设置研究机构，作长期不懈之调查，才能尽可能解其中蕴藏。中央研究院和中山大学生物系在广西采集时，均希望广西能设立相应的机构，但仅是愿望而已，广西当局限于当时条件，未能立即筹建，直到广西大学建立，才使这一愿望得到实现。

1927 年，中山大学教授陈焕镛在香港、广西、贵州等地采集标本的同时还与英、美、德、法等多个国家的学者和标本馆联系，建立标本交换关系，交换得三万多份外国标本。至此，陈焕镛已积累了相当数量的标本，遂于 1928 年在中山大学内建立起我国南方首个具有一定规模的植物标本馆，后改名为植物研究所，陈焕镛任所长。1934 年，广西大学校长马君武访问中山大学并参观了植物研究所，对该所极其称赞，并诚邀陈焕镛次年到梧州等地，拟建广西大学植物研究所。1935 年 1 月，该所筹备成立，陈焕镛任所长，所址设在梧州广西大学公园内，即梧州鸳鸯江岸边的白鹤山上。自此，陈焕镛往返于广州、梧州两地，主持中山大学植物研究所和广西大学植物研究所工作，同时兼任广西大学农学院教授。

广西大学植物研究所是广西第一个自然科学研究机构，也是我国较早的植物学研究机构之一。该研究所成立之后，得到中山大学植物研究所的大力支持，赠送复份标本 7000 余份和柚木标本柜 10 副，以此为家底，当年就设立了广西大学植物研究所标本室。至 1934 年前，陈焕镛已先后采集香港、广东和海南岛的植物标本数万份，其中就有洋紫荆标本。他把在香港采集到的洋紫荆标本也带到了广西大学植物研究所种植研究。另据《中国植物志》的记载，广西较早采集到洋紫荆标本是 1934 年前后，当时采集到的地点是在梧州的广西大学农学院和梧州苗圃。后因抗日战争全面爆发，在梧州的广西大学农学院和植物研究所搬迁到柳州，也把洋紫荆标本转移到了柳州。同时也说明，在广西大学植物研究所成立之前，中山大学植物研究所和广西大学是有合作的。

诸多的标本留存在广西大学植物研究所，如果该所这些珍贵的植物标本不转移到安全的地方，将是广西不可估量的损失。

1938年夏，日本侵略军向华南进攻，梧州受到严重威胁，市区空袭警报频繁，广西大学校区几次遭日军飞机轰炸，植物研究所业务工作几乎全部停顿。此时，广西大学与中山大学植物研究所的合作也被迫停止，先是中山大学对中山大学植物研究所来广西大学植物研究所工作的专家停发薪金，这些专家只好重回中山大学植物研究所。

1938年7月，广州沦陷在即，院长王益滔和教授汪厥明、张肇骞三人亲到梧州视察，决定将广西大学植物研究所迅速迁往沙塘。

不久，国民政府即组织梧州疏散，不少单位亦于此时搬迁，交通运输工具十分紧张。广西大学植物研究所经多方设法，才将该所最重要的物资，即76具植物蜡叶标本柜，送交柳梧航班轮船托运，并派技工陈文随船押运。后来，才又雇到一艘民船，装载图书、用具、家具及其他物品，由拖轮运往柳州，该所迁柳人员随行。船只航行到石龙时，由于柳江航道水浅，轮船不能直达柳州，该所的人员和物资只得先上石龙。在石龙停留了半个月，才由广西大学农学院仅有的一辆客车分批运送，至11月，才全部安抵沙塘。

搬迁到沙塘后，在广西大学植物研究所工作的研究人员，除了所里工作，还在广西大学农学院森林系授课。广西大学植物研究所职员陈立卿、陈文、钟济新在搬迁时因故不能随行，至1939年8月才到沙塘。

那时，众多的农业科学家跟着自己所在的科研机构，远离曾经安定的科研环境，来到陌生的沙塘，在简陋的条件下继续从事原来的农事科研。

（四）西江水保由贵到桂

全面抗战开始后，为增加粮食产量，支持抗战，国民政府十分重视农田水利建设。1938年1月，经济部特设水利司，接管全国水利事务。经济部在《抗战建国之经济建设工作报告》中强调：抗战期间，西南西北各省农田水利之开发，及后方水道运输之改进，需要殊为急切。

广西治理水土流失，由来已久。1943年，行政院分别组织西北和西南水土保持考察团，考察有关各省的水土流失和水土保持问题，并分别协助筹建天水和柳州两个水土保持实验区。其中考察团成员叶培忠是中国水土保持研究的开拓者之一。叶培忠1927年毕业于金陵大学农学院森林系，后留校任助教；1927年至1929年间曾任广西柳城林场场长；1943年至1948年任重庆国民政府农林部天水水土保持实验区技正、主任，农林部专门委员，中华林学会水土保持研究委员会委员等。

1944年3月，国民政府农林部派专门委员夏之骅、工程师曾国琦，陪同美籍水土保持专家寿哈特博士到西南、东南各省查勘水土流失及水土保持工作情况。经研究决定，以柳州、南宁、百色及贵州惠水为办理水土保持中心地区。因日军有可能入侵广西，乃先在贵州惠水开办。1945 年 1 月，农林部西江水土保持实验区在惠水成立。

中国水土保持研究的开拓者叶培忠（1899—1978）（中国战时农都博物馆提供）

到 1945 年 6 月底，日军侵占广西期间，水利工程遭到严重破坏，在已建成的大小灌溉工程中，被毁的约占 25%，减少灌溉面积 100 多万亩，约占当时全省灌溉面积的 25%，水土保持迫在眉睫。

1945 年 9 月，中美农业技术合作团、美国代表团副团长穆懿尔、团员柯籁等视察广西大学农学院、广西农事试验场、广西家畜保育所、柳城农业推广实验所后，同年 11 月，国民政府决定将西江水土保持实验区迁至柳州。

迁往柳州的农林部西江水土保持实验区首任主任为姚光虞，继任傅蕴琦。柳州光复后，办事机构奉命于 1945 年 11 月自惠水迁至柳州，名为西江水土保持实验区，直属农林部领导，有技正、技士等技术人员 9 人、行政事务人员 8 人，负责实验区内土地利用与土壤调查、森林竹木的营造和保护、水土保持规划等。其主要工作任务是调查水土保持情况和训练相关工作人员，进行试验研究和示范推广等。

西江水土保持实验区刚迁柳州时，先在柳州雅儒村电灯厂旧址办公。1946 年 3 月，实验区全部迁入沙塘，时有技术人员 18 人，其主要任务是进行径流测定、土壤调查与分析、水土保持的植物调查研究、水土保持工程调查与设计、育苗造林等研究。实验项目包括不同坡度和不同农作制与水土流失的关系、梯田沟洫、柳篱挂淤、沟蚀控制、荒山荒沟造林、河滩造林、保土植物、保土耕作方法、果树栽培、苗木推广等。

西江水土保持实验区进行实验、示范及宣传、推广的工作，并初步开展树种资源调查、林木引种和人工育苗、造林等科学试验活动，但由于经费不多，人员有限，基础十分薄弱，对水土流失的治理实际上并未取得成效。直至新中国成立前夕，仅存的水土保持科研单位科技人员总数不到 30 人，科研活动刚刚起步，林业科技的推广应用也多受限制。

二、艰苦教学

在沙塘农都博物馆，有一幅何康和李崇道沙塘求学时期在桐油灯下学习的照片，向人们呈现了当年沙塘的艰苦环境。抗战时期，广西大学农学院的老师和学生在农都这个难得的后方里，进行着艰苦卓绝的教与学。

（一）师生乡村苦教苦学

抗战时期能源缺乏，广西只有部分城市能供电，各地晚间照明一般只能使用油灯（煤油或植物油）。柳州地区盛产桐油，人们普遍使用桐油灯。其构造简单，只要用一盛器装桐油，加上一条灯芯即成。较好的油灯则有灯座、龙头、灯罩。汽灯一般用于公共场所，如大礼堂、图书馆等。桐油灯虽取材容易，费用便宜，但它怕风，煤烟又大，很不卫生，而且灯光晃动，读书写字都不方便。

沙塘距离城区约 30 里，是个不通电的农村，教授家里和学生宿舍用桐油灯照明，教师晚上备课和学生复习功课都是点桐油灯。没有自来水，吃的就更简单，能有米饭和青菜、豆腐吃，已经很好了。而且日寇的飞机还不时飞来干扰，常常是一节课还没上完，警报就响了，师生们时不时需要跑到野外去躲避。

即使是这样的情况，学校经费也愈来愈困难，学生们交的学费根本维持不了学校办学。学校不但缺师生宿舍，教学用房也严重缺乏，仅有的一个图书馆，座位有限，图书也不多，为了得到一个图书馆座位，学生们常常是吃完饭后就守在门口，门一打开，一窝蜂拥进去，找书、寻座位，埋头看书，认真做笔记。看到如此情况，院长王益滔精打细算，决定建造一座教室（兼行政办公室）和一座研究馆（即实验室和教师备课、科学实验用房）。这两处西式平房由赵灿庭教授设计，为泥砖木结构，建筑面积分别为 500 平方米和 700 平方米，学校自己备料，招标施工，自设计至建成，约用了半年多时间。1939 年初，新建的教

抗战时期，广西大学农学院教授在简陋的教室里给学生上课。（中国战时农都博物馆提供）

广西大学农学院在沙塘办学时期的研究室旧址。（中国战时农都博物馆提供）

室、研究馆落成，教学用房得到适当的改善，图书馆、阅览室也得到扩大。

此时教师们的居住条件仍然很差，他们多数在沙塘街租民房居住。1941 年，学院利用贮存的建筑材料新建教授宿舍九家，但远远不能满足需要。沙塘办学期间，农学系主任肖辅教授始终租住在民房里。

1938 年 3 月，广西省政府任命严家显、黄瑞纶、徐天锡为技正，每月法币 300 元。以当时一法币兑换一元银元计算，300 元的工资已算高的了。但是，国民政府大量发行法币，造成通货膨胀，300 元法币有三分之二被通货膨胀所吞噬，专家们靠这个工资生活仍很艰难。1941 年以后，法币越来越贬值，教职工主要靠米贴维持最低水平的生活。刘同圻教授，家庭人口较多，入不敷出，长期以粥代饭。王履和教授患慢性病，由于缺医少药，缠病几年，最终在疏散途中与世长辞。部分教职员租地购肥栽植西瓜、椰菜、洋葱等，以获取微薄的收入，弥补家计。个别双职工家庭，妻子的收入不足以雇保姆，只好辞职回家，抚育

广西大学农学院在沙塘办学时期教授宿舍旧址（刘丽虹　绘制）

孩子，处理家务。

在此期间，广西农事试验场包括站、室都采取相应措施改善生活。由各组小面积种植蔬菜，蔬菜成熟后，按单身一份、无孩夫妻两份、带眷有老小的三份的比例分给大家食用；附属林场间砍伐的松木被劈成柴片（每份 200 斤）和水塘打的鱼，都按比例分给职工。此法在抗战胜利后，仍沿用了一段时间。后来，由于物价飞涨，这种做法已成杯水车薪，无济于事，便停止了。

学生们的生活也很艰苦，特别是从沦陷区来的学生，经济来源断绝，只能靠公费或工读维持生活。

就是在这样艰难岁月中，在沙塘，教师坚守岗位，认真教书，学生用心学习，刻苦钻研。其间，在全国大学农林院系学生学业竞赛考试中，广西大学农学院畜牧兽医系学生代表曾有两年夺得第一名。

（二）何康、李崇道、黄成达求学广西大学农学院

当年在桐油灯下苦读的广西大学农学院学子中有原农业部部长何康、台湾地区农促会原主委李崇道、香港渔农处原副处长黄成达。他们都经历了在沙塘求学的艰苦岁月，并且住在同一间宿舍，何康和李崇道还是上下铺。

据何康《结缘农业七十年》的回忆，他到广西大学农学院学习与其父亲到广西任职有关。

家庭给何康提供了接触共产党高层的机会。“九一八”事变后，何康的父亲何遂力主抗日，其与朱子桥将军一起组建了辽吉黑抗日义勇军民众后援会，主动请缨杀敌，后任以退入关内义勇军为主力的第五十五军军长。西安事变后，1937 年 5 月，何遂便与到达南京的中共中央代表周恩来、博古、叶剑英、李克农等建立了联系。叶剑英与何遂很谈得来，何康也于 1939 年 5 月在重庆南开中学读高中时加入了共产党。后来，叶剑英把何康党的关系转到南方局，由他直接领导，叶剑英调回延安后，何康由董必武直接领导。

1941 年初，时任立法院军事委员会委员长的何遂兼任军委会桂林办公厅总顾问，于是举家迁往广西。何康当时在成都光华大学政治经济系读一年级，组织上同意他随家迁桂。行前的一个晚上，何康特地到重庆曾家岩周公馆去见了南方局的主要负责人董必武，董必武要求何康要在这个长期隐蔽的时期，勤学、勤业、勤交友，多学一点有用的知识，将来必会有用。当得知何康专业是学政治经济时，董必武说，现在学政治经济学无非亚当·斯密那一套，将来恐怕用不上，不如学一门与民生有关的科学技术，比如农学，将来建设国家更有用处。何康随父来到桂林后，先是进入广西大学经济系学习并从事地下党工作，1942

年才转学到国立广西大学农学院农艺系。

何康选择到广西大学农学院学习，除了董必武的交代外，还因为马君武说过，广西大学农学院及广西农事试验场为广西全省最高的农业研究机关。何康也知道浙江大学的很多老师都到广西大学农学院执教，如张肇骞、汪厥明、柳支英、周明牂、程世抚、蒋书楠、张照、吴耕民等。

何康初到沙塘广西大学农学院时，感到沙塘虽然远离市区，可环境宁谧而美丽，周边的马路旁整齐地长着笔直耸立的桉树，一幢青砖的教学楼，几排平房宿舍，虽然只有两百多名学生，但学习气氛、学术氛围都很浓厚。那时，学院人才荟萃，来这里求学虽然学习、生活条件都非常艰苦，但能遂了自己的心愿，能够进一步实现农业兴国的抱负，何康无怨无悔，甚至感到很幸运。

何康和所有同学一样，吃糙米饭填肚子，用桐油灯照明，上课学习和科研实验都很勤奋，常常夜里读书钻研到十一二点钟。因那时油灯点的是煤油或桐油，油烟很浓，早晨起来鼻孔都是黑洞洞的。何康从大学二年级开始进行土壤微生物的研究，指导教师是留美博士张信诚教授。张信诚是美国农学界泰斗魏克斯曼的学生，当时还在广西农事试验场任职，理论和实践水平都很高。何康在张信诚的指导下，学习进步更快。

1943 年至 1944 年，何康在黄瑞纶、张信诚的指导下，在广西进行了土壤碳氮比对于水稻生长及产量影响的研究，较全面系统地总结了国内外稻秆还田、腐解之动态，还与实验组成员采用磨碎的稻秆进行对比试验得出新的结论；提出在广西桂南一带施稻草于水田，以晚稻为好，主要是因为正值高温多湿季节，有机质分解快。

1946 年，何康以优异的成绩毕业，毕业论文的主题是“关于土壤中的碳氧比例及其与水稻营养的关系”。这在当时是个崭新的课题，何康论文的要义是：“使用稻草肥田要达到更佳效果，必须给它以启动力量，即给微生物以营养。”

何康（右）与李崇道农都求学时在桐油灯下苦读。（中国战时农都博物馆提供）

这篇具有相当实用价值的论文获得导师的喜爱与赞赏，也受到中国农学界的重视。何康在广西大学农学院的成绩，奠定了其成为农学家的坚实基础。

与何康读广西大学农学院是听名人之言不同，李崇道是误打误撞学的农业。日本侵略军占领上海时，李崇道正在读学费昂贵的私立大学预科班，他理想的大学是浙江大学，可上海沦陷，打碎了李崇道和李政道兄弟俩安心读书的美梦。他们觉得，也许逃离了沦陷区就可以继续学业，于是决定离开上海。当时有很多学校都在西迁，兄弟俩便一路追赶这些学校，他们在路上看到不少学校的师生，就跟着走，一段又一段地赶。可是，追赶的目标浙江大学却一直在西迁流亡中。急迫之际，李崇道用仅有的一点钱买了一张车票，托一个同学带着弟弟李政道先走。李崇道流浪到抗战时期后方文化名城桂林后，准备报考大学。他的学习成绩一直不错，号称“光荣学生”，除了国文，其他功课都是A。这个在上海长大、不知耕耘为何物的理工高才生，竟阴差阳错地报考了国立广西大学农学院，而且报考农学院的目的很单纯，他身上的钱用完了，刚好农学院招考公费生，为了有饭吃就考了。为省钱买参考书，他有时候一天只吃一顿饭，有时候两天吃一顿。一天，李崇道买书时突然头一晕，眼前一黑，最后被店员扶上车，拉回旅馆。身无分文的李崇道，只能以茶代药，拖着一双沉重的脚，走进考场，然而刚刚考完交上试卷，人就跌倒在讲台前面。凭着扎实的学习功底，1942年春天，李崇道被国立广西大学农学院录取。李崇道后来回忆说：“我们学院汇聚了全国一大批优秀人才，尤其是广西大学农事试验场教职员工，浙江大学农学院很多优秀的老师都被广西大学请了去，我也很有福气。”虽然李崇道没有考上浙江大学，却有幸聆听浙江大学老师的授课。何康这年也考入广西大学农学院，和李崇道分上下铺睡。宿舍里面有二十多个同学，大部分是浙江人，也有少数从上海、南京等地方来的人。

李崇道头脑聪明，有热情有志向，深知在战乱年代能有一个相对安定的学习环境相当不易，当然非常珍惜。因为刻苦学习，成绩优异，李崇道当年还获得了畜牧兽医系奖学金。自小锻炼，学过武功，成长中的李崇道热爱运动和劳动，是学校里的运动健将。畜牧兽医系有很多实验、实践活动，李崇道总是积极带头，比如经常要杀牛、宰羊，力气大胆子也大的他比较爽快，出手就能把牛按倒。

黄成达与何康、李崇道不同，他并非内地考生，而是1943年由香港考入广西大学农学院，比何康和李崇道低两届。1944年，黄成达投笔从戎，作为翻译参加了中国远征军远赴缅甸对日作战。抗战胜利后，他重返校园，于1948年毕业。

何康与李崇道、黄成达三个人虽然曾住在同一个宿舍，但却术有专攻，何康学农学，黄成达则攻园艺，李崇道喜畜牧兽医。何康与李崇道还以系第一名的成绩得过中正奖学金。

（三）创办广西高农

在沙塘街旁边的一所学校里有着建于 20 世纪 40 年代的老教室和 50 年代的学校大礼堂。修缮一新的礼堂和教室如今成为受保护的柳州历史建筑之一。这些有着罗马柱、大斜顶历史建筑的地方，就是当年广西省立高级农业职业学校（简称“广西高农”）的校址。

1939 年底，广西大学农学院加上植物研究所和中央农业实验所在沙塘的专家以及广西农事试验场的研究人员共有几十位，这样一个力量强大的教师队伍，教授广西大学农学院的学生是绰绰有余的。与此同时，农事试验场场长马保之发现，广西的基层农科人员非常缺乏。抗战以后，省外农林技术人员涌集广西，省级、县级技术人员曾一度极盛，仅大学毕业生就多达 300 人。但好景不长，1940 年之后，因物价疯涨，收入不足以维持生活，且常有调赴各乡办理征工、捉烟民、购军米等工作，奔走无宁日，不少技术人员不堪奔波之苦相继离职。1940 年，广西农林技术人员每县平均需有技士 4 人、技佐 6 人、助

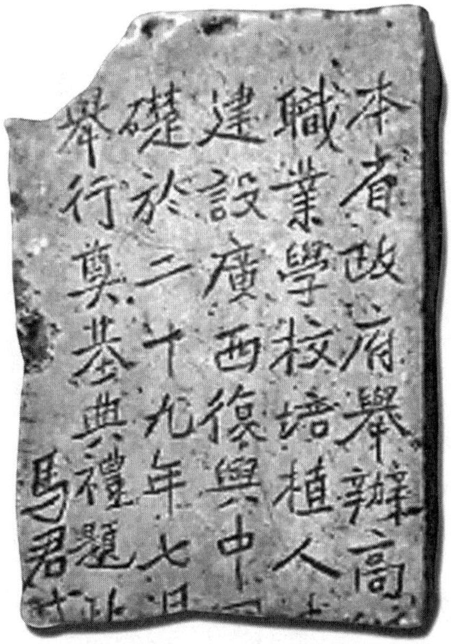

马君武为广西高农奠基题词。（刘丽虹　摄）

1946 年 7 月，覃受强从广西高农毕业。图为他的毕业证明书。（来宾市档案馆 098-007-0037-001-003）

1945 年抗战胜利后在建校时教室原址上复建的广西高农教室。（广西柳州畜牧兽医学校提供）

理 2 人，最少亦需技士 1 人、技佐 2 人。然而就是这样也远远不能满足需求。

鉴于战时广西农林科技人员断层的情况，马保之决定申办一所高级农业职业学校，培养基层农业技术人员。1940 年初，马保之在广西农事试验场农管科的右前方拨出 100 亩苗圃地，作为开办的广西高农校址。学校开办后，马保之任校长。这是广西有史以来第一所中等农业技术学校，设有农科、林科、畜牲兽医科等专业。广西大学校长马君武为广西高农题词奠基。

当年广西高农从各县初中毕业生中招生 70 人，设两个班，开办农林、畜牧兽医专业，旨在培育农业科技人才。广西高农在 1940 年招生时只收男生，这在当时是比较怪的，因为其他农校多是男女生兼招。

当年，为开办广西高农，马保之除了从广西省政府申得一笔开办费外，还从广西农事试验场有限的资金里抽出一部分，建设了礼堂、办公室、教工宿舍、教室等教学设施。建设的六栋学生宿舍，分别以村命名为柳江、桂林、苍梧、邕宁、平乐、西林村（后两栋建在河对面的古丹坪），基本上涵盖了广西的市县。“村”内还设有导师宿舍、学生住房、食堂、保管室、农具房、厨房、浴室、厕所和猪舍等。每“村”住学生一个班。学校附属设施还有球场、操场、实习场地、蔬菜地和花园等。广西高农的办学条件可以说比广西大学农学院都好，这也许是后来者居上的原因。

广西高农的专业分农林和畜牧兽医两科。自 1940 年秋起，每科每学年招收初中毕业生一个班（1944 年秋日寇入侵广西，停止招生一年）。每专业课程 38 门（包括普通课及专业课），还有音乐、体育和军事课。修业三年，考试全部及格后准予毕业，由政府分配工作。

学校提倡生活俭朴，学生不准留西装头，自己种菜、做饭、打柴、理发等，在生活上要能做到自理。学校免费每人每月供给糙米 45 斤，日食两餐。每天从学生中委派两人买菜做饭，中午和下午下课后，除做饭的人外，其余的人和导师一起上山砍柴，或到菜地劳动。星期天下午休息半天。

至 1942 年，学校连续三年招生，使在校生达到 6 个班 266 人。其间，马保之积极兴建校舍，增添图书仪器等教学设备，逐步完善学校的组织机构，引进优秀教师，为学生提供实验实习操作场所等。学校坚持建教合一的办学模式，千方百计让大量的农学人才涌进沙塘，实现学生与技术人员的共同交流。

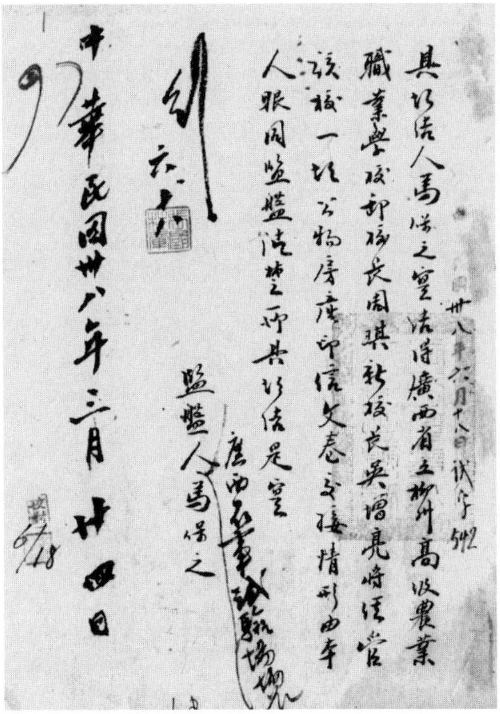
具证明人马保之实证得广西省立柳州高级农业职业学校前校长周琪新校长吴增亮将经管该校一切公物房产印信文卷交接情形由本人眼同监盘清楚所具证明是实

监盘人马保之

中华民国卅八年三月廿四日

1949 年 3 月 24 日，马保之卸任广西高农。图为当时说明文件。（来宾市档案馆 098-005-0015-001-001）

教学做到理论与实践结合。没有现成的专业课教材，就由教师参照大学教材自编。学生听课必须做好笔记，晚上在宿舍自修、复习和整理当日笔记。他们边上理论课，边参加实习，做到手脑并用，学以致用。这种培养办法使学生具有真才实学和实干精神，为将来打下了牢固的基础。

马保之一生致力于农学，其最大的愿望是通过发展农业，中国能改善农村生活，增加农民收入。在多种场合他都向学生表达，希望他们能以这一愿望作为自己的奋斗目标。

马保之兼任校长八年，除柳州沦陷期间无法招生外，每年都正常招收农林、畜牧兽医专业学生，还先后开办了农林短训班和边远县镇兽医技术人员训练班，为国家输送了许多农科人才。

（四）农业训练班见效快

广西农村建设示范区时期，教育家唐现之 1934 年曾在沙塘开办农村服务人员训练班，学生 40 人，三年结业，另设一个成人班，招收青年垦民 30 人，学制一年。教学均注重实际工作，以期养成垦民新村之中坚分子，为推进新村事业做准备。成人教育，除专业人才主讲外，试办区主任伍廷飏也亲自上课，鼓励学员勤奋学习。

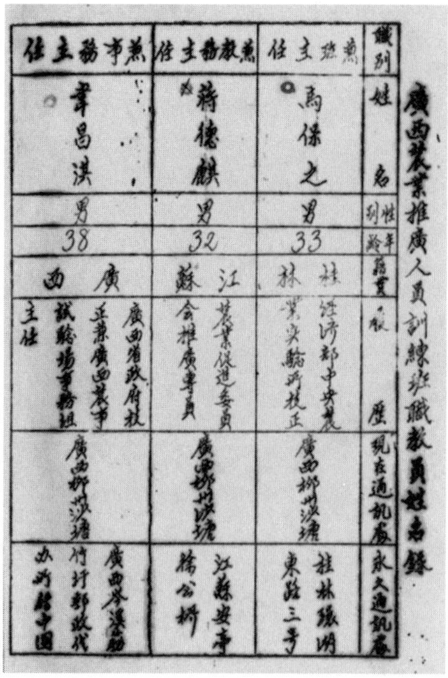

廣西農業推廣人員訓練班職教員姓名錄

職別	姓名	性別	年齡	籍貫	履歷	現在通訊處	永久通訊處
兼班主任	馬保之	男	33	桂林	經濟部中央農業實驗所技正	廣西柳州沙塘	桂林環湖東路三号
兼教務主任	蔣德麒	男	32	江蘇	農業促進委員會推廣專員	廣西柳州沙塘	江蘇安亭[illegible]
兼事務主任	[illegible]	男	38	廣西	廣西省政府技正兼廣西農事試驗場事務班主任	廣西柳州沙塘	[illegible]

广西农业推广人员训练班职教员名录，马保之为班主任。（来宾市档案馆 098-007-0032-010-075）

这种短期的训练班对于农林技术人员的在职教育和提高很有益，农林技术人员训练班学生结业后，被分配到广西各县从事相关工作。抗战时期，马保之兼任广西农事试验场主任之后，继续实行这一做法。

1938 年春，为了提高学术研究和培养农林技术人才，在马保之倡导下，沙塘举办了一期农业推广人员短期训练班，时间 100 天，在职人员参加学习者近百人。其中病虫害班有二三十人，罗达新、张之光、何彦琚等都是正式学员。课程有柳支英教授讲授的“昆虫研究法”、黄瑞纶教授讲授的“杀虫势确学”、周明牂教授讲授的“害虫防治”、陆大京教授讲授的“植物病理学”及肖辅教授讲授的“生物统计学”等。短训班至 1943 年办了 3 期，毕业学员共 168 名，毕业后派往各边区县工作，在抗战期间培养了一批初级农业技术人员，成为推广农业科技成果的必不可少的力量。

同年，广西省政府决定在沙塘举办学制一年期的农业推广人员训练班，班主任为马保之，其宗旨在造就本省边区各县农林技术人才，训练内容以农林技术与推广并重，教师由场、站、校派员担任，班址在六合村。该训练班 1945 年抗战胜利后停办。

三、发展农业科研

抗战期间，尽管我国沿海口岸遭日本侵略军封锁，全国的军粮和民用食粮却没有发生大面积的短缺。中央一级的农业科研部门虽被迫停止工作，但通过各省设立的农业工作站解决了农业科研问题，后方粮食不断增产和国内粮食自给网络已经形成，在粮食问题上取得了战略性胜利，也为持久抗战奠定了基础。

据不完全记录，抗战期间广西农事试验场先后开设了农艺、园艺、土壤、植保、林木、化验等 120 多项研究项目，推广 25 项优秀成果。科技成果促进农产品增收，有力地支援了抗战前线，也推动了广西近代农业发展，为战后国内农业技术的复兴和再发展做出了重大贡献。

更令人钦佩的是，农学专家们在繁忙的科研活动中，还创办了《广西农业》《沙塘农讯》《农林汇刊》等学术刊物，把长期进行试验研究的经验总结出来，汇集成文，发表在刊物上，与国内外同行进行学术交流，共同探讨。这一大批遗存的科研论文及著述，具有相当丰富的科研价值和历史文化价值。这些农学专家，在当年直至新中国成立以后，为广西甚至中国现当代农业科技的发展做出了不可磨灭的奉献，沙塘因此被誉为中国“战时后方唯一仅存的农业实验中心”。

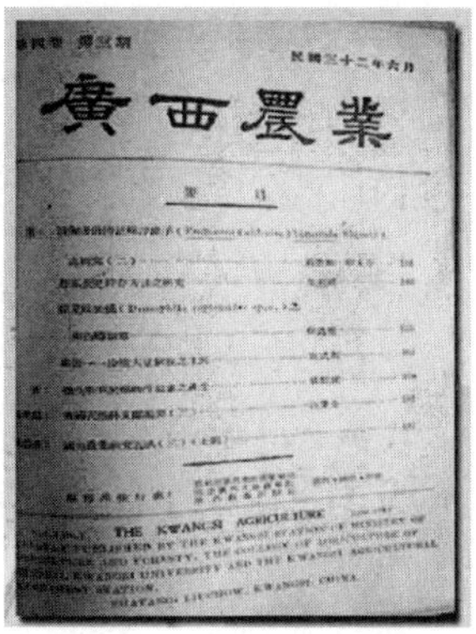

1940 年 1 月创刊的《广西农业》（双月刊），共出版 6 卷 36 期。

（一）主粮增产增收为上

据《广西通志·政府志》记载，抗战期间，由桂军组成的第十一、第二十一集团军一直在华中抗日前线作战，转战于江苏、浙江、安徽、山东、湖北、河南等省，参加了淞沪会战、徐州会战、武汉会战、随枣会战等重大战役。抗战时期广西共出兵 94.67 万，人数仅次于人口大省四川。按人口比例计算，出兵之多，居全国首位。据《广西通志·人口志》所载广西的人口数字，1937 年是 1404 万，1945 年是 1454 万。折中以 1425 万计算，当时广西的出兵率达到总人口的 6.6%，即每 15 人当中就有一人当兵上了前线。广西出兵这么多，很大程度与广西的民团制度有关，如果再加上一些地方武装，广西最起码出兵 100 万。这意味着巨额的军粮需求，战时百姓已经不易，广西政府征用那么多军粮更是难上加难。

抗战初期，广西增加粮食供给的重要方法，主要有减少米、麦碾制精度，提倡多食杂粮，限制食粮不当用途及改善储藏方法等。在增加种植面积方面，主要措施是减种非必要作物。在没有新地可开发的地区，以科学技术改良品种、防治病虫害、增施化学肥料、改良农具等方法，确实有效提高了单位面积产量。所以，在马保之领导下的农业科研基地的专家们，对粮食增产的科研力度比其他地方都大得多。

育种、种田、施肥、杀虫是粮食增产的四个重要环节，有好种不会种，会种不懂施肥，秧子肥了有虫怎么办？四个连环问题都要农业专家们一个个研究解决。四个连环套解开了，还要推广和教会农民科学种田，在农民文化水平低甚至是文盲的年代，农业专家的推广工作确实不容易。

1938 年，马保之着重致力于中国水稻等农作物的改良研究工作，并同时研究我国及东南亚各国的水稻品种资源与分布的关系等问题。

1938 年 1 月，全国稻麦改进所与中央农业试验所合并，以中央农业试验所为倡导机关，与后方各省的农事机关一道，根据各地的实际情况及战时生产需要，对小麦、水稻和玉米等作物品种进行了改良。中央农业试验所在湘、桂、滇、黔、川五省设立了工作站，进行水稻良种的选育和推广，选育出一批水稻良种，如“中农 4 号”“中农 30 号”“中农 34 号”“中桂马房籼”“中滇 1 号”等，然后在后方各省推广种植。其中湖南的“帽子头”“莱籽粘”；江西的“鄱阳早”等优良品种比农家普通品种平均每亩增产 81.7 公斤，增产率达 13.3%。据统计，1941 年至 1943 年间，大后方累计推广水稻良种 1152 万亩，净增稻谷产量 3.5 亿公斤。

稻谷、玉米、麦子等主粮增产的研究，在于良种的选育和推广。而由马保之领衔开展的农业科研项目，其中许多是开创性研究，起着承前启后的作用。

1939 年，有一个全国主要水稻改良品种的活动在广西乃至全国推广，这个活动的主角，就是中央农业实验所广西站和广西农事试验场经过四年试验，从各地搜集的 3285 个水稻品种中选育出的 30 个优良品种。这些品种产量较农家品种增加 10% 至 20%。为了使这些良种得到推广，在专家徐天锡的主持下，绘制了《广西水稻区域图》，将全省划分为五大水稻区域，分别在不同的区域推广相应的品种，科学指导农业生产，以达到增产增收的目的。

在推广良种的同时，中央农业实验所广西站和广西农事试验场还推出了有利于秧田整理、播种、排灌和管理的盒式秧田法。该方法使秧苗粗壮，分蘖力强，好多农民看到新法育出的秧苗比传统秧苗粗一倍，对农学专家佩服不已。这个秧田法是广西水稻育秧技术上的一次重大改革。推广后，逐步改变了落后的传统育秧方法，对我国南方稻区的水稻育秧产生重大的影响。此后，盒式秧田在秧畦规格、畦面整理、播种密度等方面不断改进，成为我国水稻育秧的最佳形式，一直沿用到今天。

良种再好也要有好肥料，而且更怕虫，这是个不争的事实。于是中央农业实验所广西站和广西农事试验场的专家们又对粮食作物施肥和防病虫害进行研究试验。

1938 年夏，广西大学农学院教授陆大京在柳州飞机场的协助下，在柳州上空采集真菌孢子进行试验。在 5 种不同飞行高度上各飞行 50 分钟，捕获真菌孢子 12 类，其中有 3 类被证明对当地水稻有危害。真菌孢子以寄生和腐生方式吸取农作物营养，沙塘就曾发生过水稻等农作物莫名其妙病死的情况，只不过垦民们并不知道是真菌孢子在作怪。

当时，高空真菌孢子调查世界上很少有人研究过，在这一研究中陆大京发现了从未见过的柠檬形黄色真菌孢子，首创中国空中孢子捕捉记录。1942 年至 1943 年，陆大京、黄亮等又在柳州沙塘用自制的风向器在 25 米高处观测到空中孢子消长情况，捕获 21 个不同属种的植病孢子，了解到各种孢子数量消长与寄主植物发病时期一致，为病害防治提供了科学依据。专家们根据这一研究结果，在预计的发病期进行真菌孢子防治，与往年相比，采取措施后沙塘的水稻在这一时期极少出现病株。陆大京将高空真菌孢子调查撰写成论文《柳州高空真菌孢子的观察》（英文）发表在《广西农事场科学报》1939 年第 2 卷第 2 期上，为后人持续研究高空真菌孢子提供了理论依据。

要对付研究植物害虫，专家们考虑着如果有一种天然的植物能杀虫就好了。因为在战时，中国受到外界限制，化肥无法进口且成本还高，更重要的是专家们还发现了化肥施用后的副作用。

功夫不负有心人，经过多项观察试验，黄瑞纶教授还真发现了可以一种杀虫的藤本植物——毒鱼藤。毒鱼藤，顾名思义是有毒鱼作用的一类藤本植物。当时黄瑞纶在广西农事试验场栽培了两种毒鱼藤进行试验，一种为当地早已引种的厚果鸡血藤，俗称毒鱼藤，另一种为 1939 年秋从越南引进的毛鱼藤。毛鱼藤引种至沙塘后，经过选育繁殖，至 1944 年夏已得 6000 多株，专家们逐年分析其杀虫有效成分，证实藤根成分稳定。黄瑞纶通过科学研究，证明毛鱼藤所含鱼藤酮，其含量远高于厚果鸡血藤，品质高于各国对藤根进出口规定的标准，是一种极有发展前途的杀虫药用植物。沙塘的垦民将专家研制出来的毛鱼藤植物杀虫粉施放进水稻田里，效果很好，这一发现在中国属于首创，黄瑞纶也由此成为中国植物性杀虫药剂化学研究的奠基人。毛鱼藤迄今仍在两广种植，而且制作简单，只是把毛鱼藤根晒干研粉即可使用。

玉米是广西的主要杂粮之一，有的地方甚至当作主粮。但是，沙塘垦民们种植的玉米不同程度地发现嫩玉米一成苞就被一种青虫吃得七零八落，玉米的公花穗被咬断导致玉米无法授粉、结玉米籽，甚至能让整片地颗粒无收。1936 年，农作物害虫治理专家邱式邦随中央农业实验所到沙塘，听取垦民们反馈的情况后，他经常蹲守在玉米地里，观察病株的情况。他发现吃玉米的害虫是螟虫中的一种，叫玉米螟，是广西玉米种植第一大害虫，一年能繁殖六代，沙塘的玉米地被害率高达 80% 至 100%。通过三年时间对玉米螟的生活习性、繁殖力等观察研究，邱式邦发现，玉米螟有天敌，即一种卵赤眼寄生蜂和两种蛹寄生蜂。这三种寄生蜂在玉米螟的卵和蛹上产卵，卵吸收卵和蛹的营养，能使其无法成虫。于是邱式邦在以虫治虫上做了大量研究和试验，包括针对性养蜂治虫、抗螟力选种、种植时间等，提出一整套行之有效的玉米螟防治措施。在对比研究之后，邱式邦发现养蜂太麻烦，尽管可以带动蜂蜜生产，可毕竟是个技术活，于是他在那些没有被玉米螟侵害过的玉米地里进行了两年多的培育试种。邱式邦观察了 41 个玉米品种，发现品种间的抗螟能力有明显差异，最终选出最强抗玉米螟的品种试种，成功后予以推广。沙塘的垦民用邱式邦选育出来的种子在指定的时间播种，果然极少发生玉米螟虫害。垦民笑了，邱式邦和他的团队种植的抗螟二代玉米种也被那些没有试种的垦民买去做种子。

邱式邦根据三年的系统研究，在 1941 年发表了《广西玉米螟之越冬及其冬季防治方法之研究》一文，他结合多年科学实验经验，提出害虫防治应树立“防重于治”的观点，重点利用各种农业措施防治害虫。邱式邦的观点，在化肥不普及的年代相当实用，甚至用今天的眼光看也不失为一种生态治虫观。

1938 年，在沙塘的各农科机构植保专家对广西农作物病虫害进行了一系列综合和专题调查，查清了主要农作物病虫害的种类、分布及危害情况，并对一部分主要害虫的生活史作了研究，为科学治虫提供了依据。专家们还绘制出广西省主要害虫模型、标本、图画，说明其生活史、形态、主害作物、防治方法等，并编绘了《广西重要害虫彩色图鉴》；进行全省经济作物病害调查，发现果树、蔬菜、花卉及普通作物病害共计 208 种，采得植物病害标本 400 余号。病虫害防治研究主要对水稻、玉米等主要害虫的生活史及防治进行了研究，用毛鱼藤制成杀虫剂，属于国内外首创，同时还发现新的杀虫剂豆薯种子，效果也不比毛鱼藤差。专家们研制的梳虫器，有 81 个县推广使用，极大减少了稻苞虫害，实现全省粮食增产增收。积谷害虫防治技术推广到 66 个县，减少储粮损失 6 万多担等。

中央农业试验所迁到大后方后，主持了后方几省的土壤肥力试验和土壤性

1935 年，广西农事试验场科研人员使用研制的稻苞虫耙式梳和拍板进行田间试验。（中国战时农都博物馆提供）

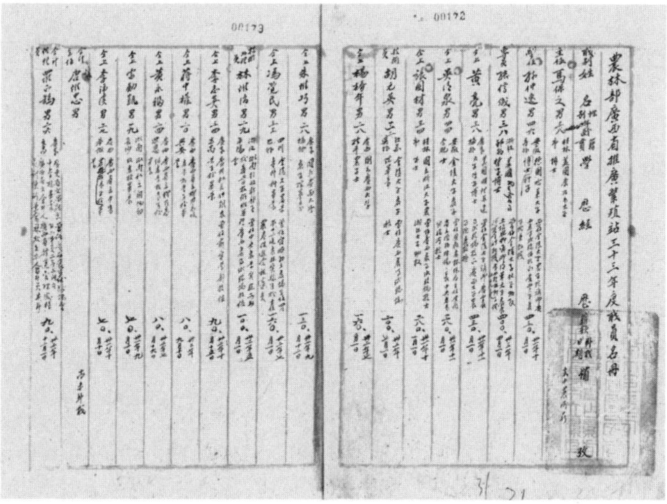
農林部廣西省推廣繁殖站三十三年度職員名冊

1944 年广西省农林部推广繁殖站部分人员名册（来宾市档案馆 098-006-0002-018-031）

态研究，发现大后方 80% 的耕地缺氮，40% 的耕地缺磷，15% 的耕地缺钾。由于战争时期很难获得化学肥料，因此各省农业改进所研制骨粉或用豆饼做肥料指导农民施肥。1941 年至 1942 年，因给农田增加肥料使粮食增产达 236 万公斤。

1941 年至 1942 年，广西农事试验场农化组进行水稻、玉米、小麦等对氮、磷、钾等肥料三要素施用效果的试验，证明氮、磷、钾肥不管是化肥或是堆肥，对作物各个生长期和植株的各部分都有不同的效果。其中，氮、磷、钾对植株生长作用显著，磷、钾肥对子实的作用特别明显。根据试验的不同情况，专家们合理指导农民施肥，取得了良好的增产效果。

为了解决中央与地方之间、省与省之间工作衔接不好、工作效率不高的问题，国民政府农林部令各省建立推广繁殖站。1942 年 6 月，农林部广西省推广繁殖站在沙塘成立，马保之任站长，同时，中央农业实验所广西工作站奉令撤销，只保留中央农业实验所广西各系联合办公室名称。广西推广繁殖站下设农事股、畜牧股、林垦股，规定由广西省推广繁殖站和广西农事试验场合作办理农业推广示范事宜，主要负责开展农业调查试验研究、繁殖制造、示范推广等工作。抗战时期，广西省推广繁殖站在农业推广方面发挥了重要作用。仅 1943 年，就推广水稻良种 207403 亩、小麦良种 200 亩、堆肥 953316 担，有力地促进了粮食增产运动的开展。同时，还开展了玉米自交选育和杂交品种优势利用的研究，试验结果在柳州超过当地玉米产量的 56%。

抗战期间，广西全省上交征军粮 1497 万担稻谷，以一担谷子 50 公斤计算，接近 7.5 亿公斤，折算后为 37.5 万吨。这其中沙塘的农学专家们做出了重要贡献。

（二）继续常规科研

除了完成粮食增产科研和推广应用任务外，专家们还要开展日常的农业科研，保证原来进行的科研项目不因战争影响而中断。

1935 年广西大学植物研究所成立后，每年都派遣采集队到植物资源丰富的大瑶山等地采集动植物标本。1938 年夏广西植物研究所迁沙塘时，创始人之一钟济新因家中有事没有同步迁移，当他返所时，正逢广西大学改组，植物所新任所长汪振儒依旧执行建所时确定之目标，派钟济新与陈立卿继续从事采集工作。1939 年 11 月，钟济新、陈立卿前往罗城、三江、融县等地采集标本，12 月 30 日返所，行程约 1000 公里，采得标本 700 余号 5000 余份。返所之后，翌年 2 月，钟济新、陈立卿合写《桂北采集植物琐记》一文，对旅途见闻有所记述，实为采集游记之作，今人读来仍感饶有趣味。到 1940 年，计采集的植物标本已超过 1.5 万余号，后来汪振儒、钟济新等将其整理成《广西种子物名录》。名录记载了裸子植物 9 科 23 种，被子植物 64 科 358 种，其中采自平南修仁、象县境内瑶山的，计有裸子植物 3 科 4 种，被子植物 39 科 130 种。这是新中国成立前广西最系统、最丰富的一本植物名录，极具学术价值。

根据广西农试场的科研工作安排，专家们深入三江、融县一带作桐油树的研究调查，发现油桐树作为一种林作物其经济价值很高。当时广西没有现在清喷漆、油漆之类的东西，木盆、木船刷几遍桐油就不漏水，甚至广西造的枪木托都是刷的桐油。在那个年代，想要多种油桐树，得靠人工捡油桐子，先种发芽成苗才能移种。可油桐是典型的异花授粉植物，故油桐出的后代多是杂交品种。植株基因型高度杂合，新生的后代植株参差不齐，产量品质差异极大，从而显著影响到油桐品种产量与桐油的品质。专家们要做的就是想办法将油桐优良基因通过不授粉繁殖，稳定地传递给其后代，经过多次试验，克服此问题的有效途径专家们认为是采用嫁接法进行无性繁殖。于是，专家们选择了品种优良的柿饼桐，顾名思义这种桐树的果实大如柿饼。柿饼桐每果含种子 7 至 10 粒，果实体积较普通种大一倍以上，成活后采用嫁接法繁殖保持该品种的优良性状，成活率达到 90%。以往用种子播种，结油桐果率不及一半的千年桐，进行嫁接无性繁殖后取得成功。至 1943 年，已可使 80% 以上的树株结果，比种子直播法增加 30% 以上的结果率。经过大力推广，油桐种植面积从 1935 年的 12.3 万亩增加至 1945 年的 25.8 万亩，增加了一倍多。1937 年至 1940 年桐油平均年产 328817 市担。尽管受战争影响，1940 年全省桐油输出量仍保持了 25.8 万担。

油桐无性繁殖成功了，但是出现根部腐烂导致树枯死的枯萎病却很普遍，直接影响油桐的生长。1939年，技正陆大京在沙塘期间，开展了有关油桐树枯萎病的研究。为了取得第一手材料，他不顾劳累踏遍广西北部山区的植桐地带，深入调查，发现油桐树枯萎病只侵害三年桐，而四年桐对此病有抗病能力。这一发现为枯萎病防治提供了根据。枯萎病主要是由镰刀菌浸染油桐根部引起根腐，切断了整株油桐树的水分营养供给，导致全株枯死。这个病一旦发生难以治疗，所以只能采取预防和控制蔓延的方法。陆大京发现，只要加强对三年桐的观察并在周围挖坑施放生石灰进行消毒，一般都可控制枯萎病，超过三年后油桐自身基本能产生抗病能力。

广西农村建设试办区时期，沙塘的甘蔗已经普遍种植，伍廷飏为此还开办了土榨糖厂，为垦民种植的甘蔗榨糖。垦民们主要种的是本地竹蔗，长得小且含糖量低，榨出来的糖品质差，加上甘蔗不能开花授粉育种，垦民多用上一年的甘蔗根留种，第二年插地里再种，一个品种的甘蔗根往往用三年以上才换种，这种种植方法导致出苗少、病虫害多、产量低，垦民种甘蔗的兴趣越来越低。

这种现象引起了甘蔗种植专家彭绍光的关注，他对甘蔗科研、生产很重视，经常深入蔗区、糖厂做实地调查，总结种植、生产经验，帮助垦民们解决疑难问题。在与其他专家对沙塘的甘蔗种植进行调查时，彭绍光发现品种是个大问题，只有改良品种才有可能增收增产并提高质量。于是，他向马保之建议引进爪哇、菲律宾、印度、美国等地的优良品种，如“爪哇2878”“印度290”“运河点29/116”等，在垦区做示范试验，成功后向整个广西推广。其中“爪哇2878”亩产蔗茎3525公斤，产片糖338.92公斤，因含糖量高、糖质好、虫害少在沙塘垦区及柳城等县得到普遍推广，基本代替了本地竹蔗。彭绍光根据他主持进行的糖蔗轮栽、糖蔗育种、观察、比较、繁殖等一系列试验，撰写了《甘蔗品种比较试验》《广西之甘蔗及糖业》《广西省甘蔗良种之推广事业》《广西之

彭绍光（左二）指导技术人员观察甘蔗良种。（中国战时农都博物馆提供）

甘蔗及蔗糖》《广西甘蔗区域之研究》等论文，先后在《广西农业》《农报》《广西农业通讯》发表。这些成果对广西的甘蔗生产具有重要的指导作用。

1939 年至 1943 年为广西农事试验场甘蔗研究的鼎盛时期，专家云集，成果累累。1944 年下半年至 1945 年上半年日本入侵广西，柳州沦陷，甘蔗科研中断，人员撤迁至三江县良口乡。1945 年 8 月抗战胜利，9 月，原撤离人员返抵柳州沙塘，广西农事试验场由于在沦陷期间遭焚毁，不能恢复试验。但甘蔗原始的宿根，经过整理大部分材料（品种、品系）发现均能恢复生长，许多品种、品系因此被保留下来。

（三）惠农科普推广

农学专家们的研究成果，如何让农民们了解并接受呢？马保之与广西大学农学院和广西农事试验场商量后，决定以农民联欢会的形式进行推广。1941 年至 1943 年春节，每年的农历正月初五、初六两天，由广西农事试验场、广西大学农学院、中央农业试验所、广西工作站、广西省立高级农业职业学校以及广西家畜保育所（位于良丰）六个单位联合在沙塘举办。前两届联欢会会长为马保之、周明牂，到 1943 年，第三届会长为马保之、童润之。每届均举行农业科学知识讲解、先进农具陈列品展览和农产品、家畜家禽比赛等活动。专家们将农家种的瓜果和科研种植出来的成品放在一起展示给农民看。农民一看就明白了，科学种植出来的一个瓜顶自己家种出来的两个瓜大，自然要进行科学种植。事实最具说服力，由此，农民联欢会深受欢迎，沙塘、柳城、宜山等地的农民都赶来参加，对普及农业科学知识起到了重要作用。

1936 年 1 月，广西农事试验场编写的稻苞虫推广浅说在农民联欢会上展示。（中国战时农都博物馆提供）

公务繁忙的马保之对农民联欢会非常重视，第一届联欢会前，他和联办单位组织由学生组成的宣传队下乡宣传，并召集村、街长召开村（街）民大会，就参加联欢会及农产品送展的时间、地点、数量、规格进行说明。

广西农事试验场提前一个月致函邀请驻柳州的广西省政府建设所农业管理处、第三区农场、柳城县政府、柳江县政府、第四区行政监督察专员公署、军政部柳城种马牧场、华南雪茄烟厂、国民党柳城县县党部、国民党柳江县县党部、柳州警备司令部的有关人员参加沙塘农民联欢会，并向他们征集农民联欢会的奖品。试验场的专家、教授们也捐出自己的日用品作为联欢会的奖品。

1941 年 1 月 31 日至 2 月 1 日，广西农事试验场场院两端用松枝搭起高大的牌楼，场部四周彩旗飘扬，人流如潮，这就是一年一度的农民联欢会。

在开幕式上，马保之代表主办方发言：

亲爱的农友们：

一年容易，又是旧历新年。回想过去的一年中，经过了播种、耕耘和收获，真是千辛万苦！好容易到现在冬闲时期，并且又碰上一年一度的春节，我们应当透一口气，快快乐乐的来轻松一下疲劳的精神。广西农事场、国立西大农学院、中央农业实验所广西工作站、广西省立高级农校四机关，原是各位的邻舍，在农忙的时候不敢烦扰各位，现在比较空闲，所以我们大家来开一个联欢会。借这个机会，大家可以见见面，把我们的精神密切联系，把我们的意见公开交换。各位都是我们的邻舍，都是我们的好朋友，各位有什么意见，我们应当竭诚的接受；各位有什么困难，我们应当极力的设法解除。

一年之计在于春。我们希望五谷丰登、六畜蕃息，在这一年开始的时候，应当仔细打算，我们的种子和畜种好吗？我们用的耕种方法好吗？我们种的果树和蔬菜的种类要增加吗？我们施用的肥料的种类和分量要改变吗？这一切的问题，我们应当为大家来想想，为了帮助各位解决以上各种问题，所以我们在这里举办联欢会……且为了增加兴趣，又把各位养的耕牛鸡鸭各种稻麦蔬菜等来比赛一下，看一看谁的最好，你有好的我就学你，他有好的我就学他，这样就可以增加农业生产。我们还预备了一些奖品，送给比赛优胜的农友，算作我们的菲薄的见面礼物。开农民联欢晚会的意义简单来说，就是上面说过的：（一）大家见一见面，并且从此熟悉起来。（二）把大家的产品陈列起来，希望从中可以得到一些新的知识。从今以后我们一定要携手起来向共同的方向，增加生产，努力前进！

沙塘附近十里内的农户，每户有一人出席联欢会，约有万余农民参加。柳城县、宜山县的农民结队远道而来。直径约四里的会场范围内，万头攒动，人声鼎沸。柳城县农会会员还送来蔬菜、谷类、麦类、棉花、木薯、柑、橙、柚、

87　農業推廣通訊

記沙塘第二屆農民聯歡會

盧士錦

——樹基國本，克享長天——沈休文

——士愛稼穡，允協民天——宋史樂志

——足衣足食，斯民信之——孟子

春天帶來了生命的力量，廣西新農業的搖籃地——沙塘，顯得特別活躍，在這生長的季節裏。

《农业推广通讯》刊登报道《记沙塘第二届农民联欢会》。（中国战时农都博物馆提供）

甘蔗以及家畜、家禽等。

联欢会还举办了挑担、拔河、犁地、舞狮、舞龙、舞灯等农民喜欢的活动。农民中午也不用赶回家，可凭报到时领到的餐券到指定点用餐，由广西农事试验场农化组制作馒头、牛肉干、萝卜干供参加联欢会的农民食用。下午和晚上，许多农民还参加了观赏话剧、歌咏、杂耍、篮球比赛、电影等娱乐活动。

联欢会展览室的内容分病虫害、森林、园艺、农艺、农业化学、畜牧兽医六个部分向农民展出最新的农业研究成果。具体项目有农产加工品、土壤肥料、花生、玉米、甘薯、烟草、水稻、小麦、甘蔗、棉花、病虫害、森林、园艺、畜牧兽医等，由场、院、校的科研人员和师生，分别带领参观和讲解。农民们没想到这些满腹学问的教授学者没有一点架子，和他们聊种子、肥料、病虫害、畜牧养殖是那么投缘。农民们不知道的是，与会的农科人员的知识不仅来自书本，更是长期不分严寒酷暑，坚持跋山涉水、深入田间地头进行实践观察所获得的第一手经验。大会还散发了《告农民书》。参加联欢会的农民不仅眼界大开，还获得了最直接有效的指导，个个眉开眼笑。

为了提高湘桂铁路沿线农民的农科知识水平，改进农业生产技术，提高后方农业生产支援前线的能力，1941 年，由刚通车的湘桂铁路提供车辆，广西农事试验场与设在桂林良丰的广西农畜保育所联合举办了一次别开生面的农畜生产品巡回展览。陈列着各种改良的农产品、各项农作物标本及各种良种家禽、家畜和禽畜产品的列车，在柳州展出后，于当年 3 月 1 日出发，在沿线各站停留展出，当地士、农、工、商各阶层民众，有想长见识的，有看热闹、图新鲜的，蜂拥而至而又有序地上车参观。这列流动展览火车除在广西境内的柳州、雒容、鹿寨、黄冕、永福、苏桥、桂林、灵川、兴安等地车站展出外，还直驶衡阳供湘桂铁路局全体员工参观。历时半月的展出产生了极大的影响，就人数而言，全线参观者就达八万余人。利用火车沿线展出农畜产品，在广西乃至全国实属首创，可见当年广西农科工作者们和农科部门人员、铁路管理人员对农业科研普及的重视。

农业科学家们不仅马不停蹄地做科研，而且还成立了相应的学术群体和出版学术研究刊物。

为团结大多数科技人员，提高学术水平，促进科研、试验交流，聚集在沙塘的部分科研人员，自发成立一个学术组织——鸡鸣会，寓意鸡鸣即起，奋发救国，鼓励科研人员开展学术讨论，增强学术气氛，使参加者出校门而不忘读书。二十多名会员秉承鸡鸣不已的精神，先后开展了由会员作读书报告、印发科技文献资料等活动。鸡鸣会还邀请赵善欢、林孔湘等著名教授前来讲学，另有郑天熙、蔡邦华、朱凤美等知名学者曾来沙塘与鸡鸣会会员切磋学术。

来宾档案至今还藏有这一时期出版的刊物《农林汇刊》《广西农事试验场研究专刊》《广西农业》《沙塘农讯》《农报》《广西农业通讯》《建设研究》等原件。

以马保之、徐天锡、孙仲逸、彭绍光、程侃声、范福仁等为代表的农艺专家，以黄瑞纶、戴弘、张信诚、李酉开等为代表的土壤农化专家，以柳支英、陆大京、黄亮、邱式邦等为代表的植保专家，以林刚、汪振儒、钟济新等为代表的林业专家，以吴耕民、程世抚等为代表的园艺专家，以郑庚、沈克敦、张一农等为代表的畜牧兽医专家，以汪厥明、周明牂、萧辅、马大浦等为代表的广西大学农学院教授等，都曾在上述刊物上发表科研论文。

这些流传至今的科研成果、科研论著，代表了当时广西，甚至全国的农业科学研究水平，这份功劳应该归于这些在沙塘艰苦奋斗的农业科学家。

四、投身抗日

抗战时期，城区柳侯公园的音乐亭经常有一些青年学生在这里集中练习抗日歌曲。这些学生里面，也有广西大学农学院的学生，他们是合唱团的成员。沙塘当时并不是一块面对如火如荼的抗日宣传活动无动于衷的真空之地，八路军在桂林设立办事处之后，在抗日统一战线的大背景下，沙塘的师生党员们，不断起着带头作用，大力宣传抗日，甚至投身其中。

师生们进城市、到乡村，到处鼓动全民投身抗日，唤起民众抗日觉悟。有的师生直接报名参军到抗日前线，抗战胜利后继续回来求学、从教；有些师生在抗日战争中奉献了自己年轻的生命。

（一）中共地下党存于沙塘

抗战时期，沙塘除了正常开展农事科研、农业教学并取得不菲成绩外，师生们也先后投身抗日运动，为抗战尽一份力。这一切与沙塘的中共地下党员的努力有密切的关系。

广西大学农学院师生声援“一二·九”运动。（选自《广西大学校史》）

师生当中有不少中共地下党员，他们以科研人员、教师、学生的身份为掩护活跃于沙塘，在参与科研活动的同时，还组织党的外围人员，团结进步的师生和科研人员，为抗战做努力。其中以广西农林技术推广人员训练班地下党支部，及广西大学农学院、广西农事试验场、中央农业实验所广西工作站、广西高级农业职业学校等师生中的中共党员表现最为突出，他们积极投身抗战一线，有的甚至献出了宝贵的生命。

1. 农训支部

广西农业推广人员训练班是一个流动性比较大的群体，学员来自柳州的各个地方，这也为中共地下党进入其中开展抗日活动提供了有利条件。中共广西农业推广人员训练班党支部在沙塘成立，以后中共柳州支部的重建也得益于这个班。

1937 年夏天，有一位柳州中学的陶老师经常去广西农业推广人员训练班学员宿舍和学员们一起交流。一段时间后，训练班的陆明才、赖志廉、牟一琳、杨思明等学员就和陶老师走得比较近了。

原来，这位陶老师是中共地下党员陶保桓（1910—1937）。1927 年 9 月，中共柳州支部遭到国民党当局破坏。1937 年 3 月，中共广西省工委调陶保桓到柳州，负责重建中共柳州支部。陶保桓是距离沙塘近百公里的广西融县人，他以柳州中学教师身份，到广西农业推广人员培训班与训练班中的中共地下党员陆明才联系。经过一段时间的观察和培养，陶保桓和陆明才发展了训练班学员赖志廉、牟一琳、杨思明等入党，随后成立了广西农业推广人员训练班地下党支部（简称“农训支部”），陆明才任支部书记，同时成立党的外围组织——读书会，以团结进步同学，领导青年学生开展抗日救亡运动。中共柳州支部隶属中共广西省工委领导，由陶保桓任支部书记，中共柳州支部也在农训支部的基础上，通过发展才得以恢复、重建。

1937 年 8 月 31 日，国民党特务在柳州秘密逮捕了陶保桓，押往当时的省城桂林，并于半个月后的 9 月 17 日早晨，将年仅 27 岁的陶保桓杀害于桂林南门外。也许与陶保桓联系密切，在他被捕不久，陆明才突然遭到广西军警逮捕，被解送南宁关押。被关押期间，陆明才中共党员的身份没有暴露，不久便被取保获释。因他一直与陶保桓保持单线联系，出狱后，他和中共党组织失去了联系。直到 1945 年 5 月他才在都安中学重新加入中国共产党，后任该校地下党支部书记。1948 年 12 月，陆明才在工作中不幸牺牲。

陆明才被捕，中共农训支部受到破坏，中共柳州支部也因为陶保桓的牺牲，再次瘫痪。经中共广西省工委调查，发现这一系列事件是由叛徒告密引起的，于是将柳州的其他中共地下党员及时转移外地，训练班就读的党员和积极分子赖亦廉、牟一琳、吴启增等人也随之转移。

赖志廉（1909—1945），离开沙塘后于 1938 年春考入广西医学院速成班。1945 年 3 月参加桂东南抗日武装起义，起义失败被捕，同年 3 月 22 日就义。

牟一琳（1916—2011），离开沙塘后受中共党组织指派，于 1937 年 10 月参加第二届广西学生军投身抗日。柳州解放后曾任柳州市大桥园艺场场长及在广西农学院任职。

吴启增 1918 年出生于广西柳州沙塘，1937 年秋从农训班毕业后考取了广西大学农学院。1938 年参加广西第二届学生军，投身一线抗战。1949 年 11 月柳州解放后以军代表身份回到沙塘接管广西农事试验场。

2. 中共党员在广西大学农学院

这一时期，广西大学农学院也有一批中共地下党员，其中有从四川转学过来的何康。何康 1939 年 5 月加入中国共产党，曾任一所学校的中共地下党支部书记。由于董必武是何康的单线领导人，何康来广西之前董必武就交代他必须长期隐蔽，所以何康以求学为主，没有与中共柳州支部发生任何联系，除了参加常规的抗日活动外，也没有参加太多暴露身份的活动。一直到新中国成立，何康的中共党员身份才公布于世。

1928 年，时为中共地下党员的乐嗣炳在镇江因参与发动农民暴动被捕入狱，

广西大学农学院的早期中共党员乐嗣炳（1901—1984）（中国战时农都博物馆提供）

后经保释出狱，避往日本，直到1930年8月才回国。其间，虽然失去与中共地下党的组织关系，但他仍以共产主义者自励，积极参加革命活动。1937年，乐嗣炳到广西大学农学院任教。1938年11月，乐嗣炳和广西大农学院教师黄振璇、柳州民团指挥部政治指导员陈显扬、陈雄子等人一起联合柳州文化界成立柳州市文化界抗日救亡协会，乐嗣炳为理事长，黄振璇负责组织部工作。因过多参加抗战活动，被广西当局告到广西大学，1939年乐嗣炳只好离开广西大学农学院。

1940年，乐嗣炳随妻避居三江县丹洲。这里处于广西、贵州、湖南三省的交界地，又居住着侗、壮、苗、瑶以及客家等十几个民族，历来是三不管地带，因此也没有人再来找他的麻烦，他就利用当地民族聚居的条件，从事民族学和民俗学的研究。后因他的研究有了成果，广西教育研究所聘请他为特约研究导师。1943年，广西教育研究所扩编为桂林师范学院，由于日军侵占衡阳，逼近桂林，学校迁到了丹洲，于是乐嗣炳成了这所学院的教授。授课之余，他仍继续研究民族学和民俗学，并到三江良口乡和疏散到那里的广西大学农学院师生进行交流。直到1949年广西解放，乐嗣炳才从三江回到浙江。

当时广西大学农学院除了乐嗣炳，还有江西籍学生郑大兴、浙江籍学生唐天培和广东籍学生梁铮卿、陈仲豪、李岗等都是中共党员。后来，广东籍的谢汉光也加入了中国共产党。

1942年谢汉光广西大学农学院森林系毕业后在广西农事试验场工作，梁铮卿1945年毕业后留校任教，陈仲豪是1946年毕业。就这样，梁铮卿与陈仲豪、谢汉光有机会相识于沙塘，并在不同的时间以中共地下党员身份到台湾开展工作，然而三个人的结局却不尽相同。

1945年8月，日军投降，谢汉光来到香港，与中共香港华南分局取得联系，秘密加入中国共产党，并接受了潜伏台湾的任务。赴台后，在台湾省林业试验所莲花池分所任职，秘密从事地下革命活动。

陈仲豪的高中同学、地下党员、广东普宁人张伯哲，于1947年1月受中共香港华南分局派遣，也到了台湾，依照原定线索，找到了先行到达的谢汉光，在谢汉光任职的林业试验所莲花池分所任职。张伯哲后任中共台中工委书记，谢汉光受张伯哲的直接领导，在台中地区开展地下工作。

1947 年 7 月，梁铮卿接到中共党组织通知，获悉身边有个中共党员身份暴露，为避免牵连需撤离广西大学农学院。7 月中旬，梁铮卿返回广东，在广州找到老同学李汝欣（李与梁是高中和广西大学农学院的同学），在其住处待了一个多月，与党组织接上头后，根据组织的安排到台湾从事地下工作，当时他的女儿才出世。到台湾后，他先在台中农林总场任技术员，后在台湾农林处任技正等职。1948 年 4 月，经早些时候到台湾开展地下工作的谢汉光介绍，梁铮卿与中共台湾省工作委员会取得联系。同年 8 月，梁铮卿从台中来到台北淡水血清制造所任总务课长一职，与李崇道同事，掩护开展革命活动。1949 年初，中共台湾省工委决定由洪幼樵组织策划建立台中地区工委和台中地区武装工委，并决定梁铮卿返回台中区农林总场以便开展革命工作。同年 1 月 7 日，梁铮卿以父亲病重为由，向血清所递交了辞呈，随即返回台中区农林总场畜牧分场任职，职务为技正。2 月，中共台中地区工委成立，梁铮卿为中共台湾省工作委员会台中市委直属支部书记。

陈仲豪 1942 年考上广西大学农学院森林系，他积极参与抗日学生运动，成为《中国学生导报》的骨干，并与其他进步同学办了进步刊物《芦笛社》。1944 年广西大学农学院迁往贵州，陈仲豪和几个同志留下来参加了剧宣四队，在柳州市区开展抗战宣传活动，后转入复旦大学继续学业。1947 年大学毕业后，他赴台湾基隆中学任教，从事中共地下党的工作。1948 年夏，陈仲豪等人在基隆中学后操场山旁一个洞穴里，秘密印刷《光明报》，传递来自中共中央的声音。1949 年 6 月，《光明报》刊登了“打倒蒋介石”“解放全中国”“做好准备，迎接台湾解放”等标语以及三大战役胜利的消息，全岛很多地方，甚至公共场所都出现了《光明报》和大大小小的革命标语。台湾地下党的这些宣传攻势震撼了全岛，也惊动了蒋介石。蒋介石因此大发雷霆，召集国民党的三大情报机关高层开会，限期破案。高雄警备队抓到四名持有《光明报》的台湾大学学生，他们供认出基隆中学校长钟浩东是中共党员，同时担任基隆工委书记，钟浩东在校内安插了许多共产党员担任教师，《光明报》就是基隆中学地下党编印出来的刊物。几天后，大批特务包围了基隆中学，抓获十名地下党员，其中几名被枪杀，该地下党组织被彻底摧毁了。幸运的是，陈仲豪事先得到通知转移了。

1948 年 9 月 16 日，陈仲豪秘密南下来到台中，后到达谢汉光所工作的林业试验所躲藏。那里地僻人稀，几栋小木屋孤立于全岛高山林海之中。台湾地下党组织设法通知陈仲豪等撤退回大陆。陈仲豪接到通知后，当日告别谢汉光下山，在台中市郊外找到在这里工作的梁铮卿，由他安排在一间鸡寮里面，度过了几个日夜。台中地下党领导人张伯哲、梁铮卿为陈仲豪制作了一张假身份证，化名林辰康。陈仲豪改变发型，戴上一副黑边塑料框的近视眼镜，俨然一个做生意的老板。10 月 5 日清晨，一个叫作老洪的交通员，护送陈仲豪到一个小火车站购票上车直抵台南。陈仲豪有一个表弟在台南市警察局任文职小官员，陈仲豪编造理由，请他为自己购买了一张到汕头的机票，又请他翌晨护送自己到机场。10 月 6 日上午 9 时，通过查证检查，陈仲豪登上飞机。50 分钟之后，飞机降落在汕头机场，陈仲豪脱险了。

在广西大学农学院求学时的陈仲豪（中国战时农都博物馆提供）

1948 年底至 1949 年夏，是台湾地下斗争日趋激烈的关键时刻。梁铮卿化名李明与台中地方法院推事黄蹈中、周碧梧等根据上级的指示，利用同学、同乡、同事的关系，以法院宿舍为活动据点开展地下工作以迎接台湾解放。梁铮卿和同伴们获取了大量绝密情报，1949 年夏梁铮卿曾返回大陆向中共中央华东局领导汇报工作。1949 年 4 月，人民解放军突破长江防线，占领了国民党首府南京，宣告了国民党反动统治的覆灭。蒋介石集团在全面溃败中逃亡台湾，为了巩固这块最后的栖身之地，出动了大批军警、特务，对在台的中共地下党员和社会进步人士进行疯狂搜捕和镇压。

谢汉光（1919—1995）（中国战时农都博物馆提供）

1950 年初，中共台湾省工委遭到严重破坏，工委主要领导人蔡孝乾等被捕后叛变，陈福添、邓锡章、张伯哲等也先后被捕遇害。同年 3 月 29 日，台中市警察局又在台中市破获了所谓的“匪华东局潜台组织梁铮卿等叛乱案”，梁铮卿、黄蹈中、周碧梧、郭鲁林、赖河汾、马慰常等相继被捕遇害。梁铮卿被捕前曾到广西大学农学院同学李崇道家住宿，导致李崇道及家人受难。此事江南（刘宜良）在所著《蒋经国传》

和李敖、汪荣祖《蒋介石评传》有颇为具体的记述：李政道的母亲张明璋女士和儿子李崇道因在淡水家中留宿一位广西大学时候的同窗，卒以掩护匪谍罪锒铛入狱。

谢汉光闻讯，侥幸逃脱，被国民党列为“匪华东局潜台组织梁铮卿等叛乱案”的未获要犯，遭当局四处追捕。在台湾当局的机密档案中，有一项说明写着：“谢匪汉光，迄未获案，希各有关单位注意追查。”

谢汉光逃脱后潜至台东一个极为偏僻的山林小村，他得到该村村长的帮助，冒名顶替失踪多年的高山族农民叶依奎的户口，就此当了一名林业工人，并在那里度过了极其艰难险恶的三十多个年头。一直到 1987 年台湾当局宣布解除“戒严”，他才得以走出深山，重见天日。

1988 年 12 月 8 日，已经是白发苍苍的谢汉光，手持台籍农民叶依奎的身份证明，趁台湾开放探亲之机，回到广东省丰顺县老家，与离别五十多年之久的发妻和子孙辈相聚。1994 年，谢汉光身份得到组织确认，补办了离休手续。两年后，即 1996 年，谢汉光在家中走完他传奇悲壮的一生。

1946 年广西大学农学院毕业时的李岗（李岗提供）

1939 年，李岗在广东兴宁上高中时加入中国共产党。1941 年，他考入广西大学农学院畜牧兽医专业，成为一名与何康一样的学生地下党员。只不过因为组织关系不同，大家彼此都不知道。

据李岗回忆，他与何康是同学，更与李崇道是同专业。李岗本以为可以在沙塘的广西大学农学院学习到毕业，可家乡党支部出了一个叛徒，知道他在沙塘。为了安全起见，组织上通知李岗转移。于是李岗辍学到外地教书，后来确认李岗不在叛徒提供的名单之列，才在 1945 年上半年回到沙塘继续上学。到 1945 年的暑假，学校接到柳州即将沦陷，向贵州榕江转移的通知。由于桂柳大撤退，广西大学到榕江除了老教授和年老的眷属可以坐车外，其他人全部步行。李岗即与同学们先是走到融县休整，又经三江的福禄继续步行了几天才到榕江。

2018 年，李岗在广西大学校庆时讲话。（李岗提供）

1945 年，大西南在中国共产党的影响下，掀起了要求民主的运动，昆明西南联合大学、成都燕京大学、重庆复旦大学等学校纷纷兴起学生运动，许多革命刊物传入榕江。1945 年 4 月中国共产党第七次全国代表大会在延安胜利召开，毛泽东《论联合政府》和朱德《论解放区战场》的报告在《新华日报》上全文发表。两个报告很快在师生中流传，校园内的民主进步活动更加活跃。5 月 25 日，广西大学四百多名进步师生在两湖会馆召开了广西大学学生民主大会，会上一致通过了《广西大学全体学生民主宣言》，要求成立民主联合政府，结束国民党的一党专制。李岗也参加了这次大会。

事后，学校“三青团”列黑名单开始抓捕进步学生，李岗也被列入黑名单。为了安全起见，1945 年 6 月，中共党组织让他转移到融县从柳州迁移过来的柳州日报社。李岗之所以能在报社安身，是因为报社内有中共党支部，而且社长罗培元是从广东过来的。李岗在报社待了两个月，因报社要回柳州，李岗随后由组织安排到柳城农业推广所，因为所长是地下党员。没过多久，日本侵略者投降，李岗也跟着回到柳州的广西大学鹧鸪江办学地。后来，广西大学的进步学生发起了返梧运动，李岗也积极参与，但最终没有跟着其他学生到梧州，而是待学潮平息后，到桂林良丰继续求学，于 1946 年毕业。

毕业后，李岗回到广东，组织上认为他在广西时间长，有群众基础，让他继续回到广西从事地下党工作。李岗接受了组织的安排，回到广西大学农学院找到当时的院长孙仲逸，孙仲逸即安排他到农学院位于良丰的牛种场工作。

1947 年，广西大学与全国其他大学一样开展了反内战、反独裁的“两反”运动。李岗积极参与这一运动，结果被国民党当局抓捕，关押在有着“广西渣滓洞”之称的桂林虞山庙一带，后在学校和地下党的多方营救下获释。

新中国成立后，李岗从广西回到广东，曾任广东省仲恺农业技术学院的领导。

（二）抗日宣传救亡图存

广西农事试验场工作的中共地下党员有唐杰侯、林宏元、何彦光等人。唐杰侯北京大学毕业后任广西农试场技士，1939 年 12 月去了延安；林宏元后改名林密在广西大学农学院就读，毕业后在广西农事试验场森林组任职，1948 年转入地下党开展工作；广西高级农业职业技术学校也有莫非、黎敦良、覃雪汉等几位学生党员。

各个机构的中共地下党员，因组织关系不同均没有暴露，其间他们都积极参加或者引导群众参与各种抗日活动。

全面抗战爆发后，驻沙塘的各团体、学校、机关单位全力投入抗日救亡运动，通过宣传、演出、下乡慰问抗日军人及家属等活动，激发人民群众的抗战热情。

广西大学农学院当时虽单独设在柳州沙塘，但与校本部常有联系，亦同样受到广西大学抗日活动潮的影响。同时农学院图书馆订阅有《新华日报》《群众》《解放》等刊物，供学生自由阅读，促进了学生思想上的进步。

为统一柳州救亡宣传的力量，时任广西大学农学院教授的乐嗣炳和大家商量后，决定成立救亡话剧团和救亡歌咏团。以龙城中学师生为主的黎明剧社加入救亡话剧团，救亡歌咏团发动部分中小学和农学院师生加入，京剧团、桂剧团、粤剧团为集体会员。如此庞大的宣传阵容，使柳州的抗日救亡宣传运动形成了一个高潮。

乐嗣炳组织沙塘的广西大学农学院学生，于1938年底组成保卫大广西宣传队，分为四个中队，到柳城县属各乡镇村街，撒播抗日救亡的种子。

宣传队第二中队有44人，分演讲、文字、话剧、歌咏、漫画等小组，到石碑、上雷、沙埔、东泉、雷塘、西安、长塘等7个乡镇展开宣传，决心在每一个角落燃起救亡火炬。先是选择每个乡镇的圩日子，趁赶圩人多热热闹闹的时候，拉开宣传的序幕。歌咏组唱完救亡歌曲后，演讲组便开始演讲有关救亡的话题，再由文字组、漫画组将壁报和漫画张贴在适宜的地方，并分别向农民解释救亡壁报与漫画的内容。到听众聚集最多的时候，公演舞台剧及表演各种文艺节目。表演的舞台，是用圩场卖猪肉的肉台拼起来做柱脚，门板做台面，包衣服行李的油布和被单做布景。如果是晚上，就在台前挂上几盏煤油灯。宣传队的演出往往引来四里八乡的观众，受到他们的欢迎。

广西大学农学院学生与东泉镇中心学校、柳州战时儿童保育院等学校联合举行火炬歌咏大游行。数百人组成的游行队伍高举火炬，一路高呼抗日救亡的口号，掀起抗战宣传大潮。最令人印象深刻的是两次“晨呼”，学生们从早上4时就集合队伍，在东泉各条街道高呼救亡口号，唱救亡歌曲。

广西大学农学院学生下乡宣传抗日救亡的活动，教小学生和农民群众唱救亡歌曲；参加村民大会，宣讲抗战救亡的爱国话题；慰问抗战士兵家属，向他们报告前后方的救亡动态及抗战必胜、建国必成的可能性；用石灰水和墨烟在墙壁上刷标语、画漫画。每次游艺会都有几百名观众观看，尤其是演街头剧时，观众往往挤得水泄不通。学生的宣传激起民众抗战救亡的千层浪，住在山岭里的农民听了宣传后，指着四面的山岭说：“鬼子来时，便请他们葬身在这里。”近公路的老百姓懂得了坚壁清野的办法，更加关心国事，看国难地图时细心地看，细心地问，听宣传队员一一讲解。学生与农民有说有笑，打成一片，收到了很好的宣传效果，当地农民送子参军打东洋、增产粮食为前方的热情日益高涨。

尽管抗战时期物资匮乏，生活艰苦，但沙塘的文艺活动十分活跃。1941 年秋，农学院进步学生创办西农剧社，黄明任社长。由唐天培导演的《流寇队长》一剧，一经演出便轰动了沙塘。1942 年春，该社又排演了《沉渊》三幕剧，后台背景由黄志元精心设计，参加演出者有何康、唐天培、郑大兴、周松沛、谢廉正、容丽娟、丘春松等。演出后，广大师生们都给予了好评，认为他们演得不比职业剧团差。校本部同学鼓励西农剧社去柳州、桂林演出，经过一段时间准备之后，由黄明带领四十多人，先后在柳州、桂林公演。在桂林期间，剧社成员受到广西艺术馆馆长欧阳予倩的接见，并得到该馆有关同志的具体指导和帮助，演出效果比之前更好。广西大学农学院合唱团演唱的《黄河大合唱》《大刀进行曲》等抗战歌曲，思乡、杀敌、救国、支前的歌声激发了群众的爱国热情，剧中的政治热情坚定了军民的抗战决心，鼓舞农民努力增产粮食、支援前方打胜仗。剧社义演、义赛的收入全部捐献给抗日前线。

此后，西农剧社和广西大学农学院合唱团经常活跃在抗日救亡的文艺舞台上。广西大学农学院与广西农事试验场也经常举行文艺晚会宣传抗日。

文化抗协成立不到两周，乐嗣炳就接到由中共党员谈星率领的广州儿童剧团从广州辗转梧州到达柳州的消息。而这时在柳州的还有上海“八一三”歌咏队、蓝白剧团等到全国各地作抗战巡演的宣传团体。大家商量，准备联合外地来柳团体，会同柳州文化界抗日救亡协会的救亡歌咏团和柳州黎明剧社的救亡歌咏团等文艺组织举行“一二·八”大公演。文化抗协组织协会安排了广州儿童

1941 秋成立的广西大学农学院合唱团，前排左一为邱式邦夫人段醒男。（中国战时农都博物馆提供）

1942秋，马思聪与夫人王慕理来沙塘演出。（选自《马保之百年》）

剧团在柳州与上海“八一三”歌咏队、蓝白剧团联合演出《扬子江暴风雨》多幕歌剧。当谈星征询下到基层宣传演出的意见时，乐嗣炳推荐剧团到沙塘广西大学农学院演出。后来，广西大学农学院的学生救亡宣传队和儿童剧团的演员曾到长塘乡为农民演出。

就在柳州抗日救亡宣传如火如荼的时候，1939年春，乐嗣炳因为热心于柳州的抗日救亡宣传，被人向广西省政府告了一状，被迫离开学校。政治处境困难的乐嗣炳为了不影响柳州文化界抗日救亡协会开展活动，主动辞掉理事长一职，推选高天骥为理事长。

1942年秋，广西农事试验场邀请著名小提琴家马思聪到沙塘演出。马思聪先生演奏小提琴，其夫人王慕理女士钢琴伴奏，演奏会取得了很好的效果。沙塘观众的音乐鉴赏水平如此之高，这是马思聪没想到的。其实，当时专家、教授成堆的沙塘，不少人有很高的音乐素养，这里有由七八十个队员自发组成的合唱队，全部都能看懂五线谱，会用英文唱歌，还经常组织演出，也由此熏染出一批合格的观众。之后，著名音乐家陆华柏也曾率乐队来沙塘公演交响乐。

1942年秋，西农剧社改由钱章武任社长，成员有王健（体育教师）、马毓灵、张道术、张凤仪、杨明质等。他们继续排演了《面子问题》《原野》和《长夜行》等剧，宣传抗日救亡、反封建和暴露反动派的丑态等。当时广西大学校本部的“三青团”头头，妄图瓦解剧社，跑到农学院训话，威胁利诱，农学院的“三青团”与之配合。剧社成员为此采取各种方式与“三青团”进行斗争，得到了广大师生的大力支持，“三青团”的阴谋终未得逞。因为，剧社不单单是一个抗日救国的文艺宣传团体，还是一个在共产党领导下的团结群众同国民党反动派斗争的战斗集体。没过多久，广西大学农学院又组织了一支革命歌咏队——“大家唱”，参加的有何康、唐天培、贺善文、林洪元、王公望、傅英恒、谈维贤、叶镇邦等人。后来歌咏队发展到40人，每天课余之暇，成员们即演唱

《在松花江上》《太行山上》等歌曲，歌声震彻于沙塘宁静的上空。

1937 年，广西开展大规模的抗日征兵，广西大学农学院的师生纷纷报名参军入伍上前线。五十多岁的农学系主任、教授唐有恒带了个好头。他虽然年纪大了，依然身怀报国志，投笔从戎，被录用到第四战区战时粮食管理处任少将秘书。广西组织学生军的消息传到农学院，陆丽华、陆汝升、梁元伦、罗书镇等人随即报名参加了学生军。农学院考入军校的有梁致和、杨恩铭、崔元质、张毅等四人，考入航校的有林天彰一人，奔赴前线做服务工作的有张保仁、黄德媛（女）等两人。1938 年 11 月，又有许炳文、侯仲平、莫秉枢、黄开叶、骆本人等五人报考军校 16 期甲级生，经柳州公医院体检合格，由省政府通知录取，转送至衡阳复试。1942 年国家号召在校同学担任美军的翻译，农学院有韦若萍、刘振华等同学参加。1942 年冬，畜牧兽医专业学生郑达（郑大兴）加入国民政府军委政治部抗敌剧宣五队，到广西各地演出抗战救亡的文艺节目。森林系学子陈仲豪于 1944 年穿上军装，参加抗敌剧宣四队，随军开展抗战宣传活动。森林系学子黄成达，以翻译身份随中国远征军赴缅甸对日作战，抗战胜利后重返校园读书。在校内，凡是有人参军入伍，同学们都举行隆重的欢送仪式，热烈欢送新兵踏上征程。此外，广西农事试验场技士奔赴延安投身抗战的有林山（林援钊）、唐川（唐杰侯）。参加第二届广西学生军的有广西农林技术推广人员训练班学员牟一琳、吴启增。1938 年 7 月，吴启增在广西学生军加入中国共产党；1939 年曾在皖东日报任总编辑，1950 年任广西省农业试验场场长。

五、李约瑟访农都

20 世纪 30 年代后期至 40 年代前期，国内大批专家因全面抗日战争爆发而向内地疏散。农业领域高级人才云集柳州沙塘，使广西农业科研事业出现一个兴盛时期，这一情况也受到国外同行的关注。英国著名学者李约瑟博士及夫人也曾到沙塘讲学。

1942 年 5 月至 1944 年 7 月间，李约瑟受英国文化委员会的资助和有关部门的支持到中国考察。他乘坐一辆由救护车改装的旅行车，游历了大后方 10 余省，行程 5 万多公里，访问了 300 余个文化教育科研机构，接触了上千位中国学术界名人，其间曾两次到柳州。

据《广西通志·农业志》记载，1942 年秋，英国著名学者、《中国科学技术史》作者李约瑟，到沙塘进行为时一周的考察和讲学。这是李约瑟首次到柳州。

据《柳州市志·外事侨务志》记载，李约瑟博士第二次到柳州是 1944 年 7

1944 年 7 月，李约瑟博士（右一）到访沙塘。（梁建洪提供）

月 19 日至 21 日。

此前他已到过四川、甘肃等不少地方，这次继续乘旅行车由重庆、遵义、贵阳到独山，在独山他发现坐火车更方便，就把旅行车交火车托运，自己乘火车进入广西。这次在柳州只停留了两个多小时，便又乘火车到桂林、入湖南、下广东、经江西、进福建，后又由原路折返，于 7 月 18 日晚乘旅行车回柳州。这时李约瑟的旅行车后轮内胎损坏，第二天（19 日）上午修补好后，下午李约瑟便与随员到了沙塘。

李约瑟来柳州之前对这里进行了详尽的了解，这次是慕名而来。他和随员参观了农林部中央农业实验所和广西大学农学院，对这里设备完善的实验室和宽广的试验农场十分赞赏，并在这里会见了从桂林赶来的广西大学化学系彭光铁教授。当得知彭光铁是因日军继续南侵，来这里筹备广西大学迁移疏散事宜后，大家心情十分沉重。李约瑟等人在与中央农业实验所广西站职工共进午餐后返柳。在路上，他看到从湖南进入柳州的难民越来越多，与此同时，关于日军要进攻广西的消息不断传来，战争的硝烟已隐约可闻。为了安全起见，当地政府部门建议李约瑟尽快离开柳州到相对安全的地方。李约瑟遂于 1944 年 7 月 21 日下午乘火车离开柳州到桂林，再从桂林乘飞机到重庆。

1944 年下半年，距离 1937 年农都在沙塘形成有七年多的时间，农事科研收获颇丰。这时，有关战事的好消息不断传来，全场上下都能感受到距离抗战结束应该不远了。然而，1944 年 10 月，马保之却令农都转移至三江。同年 11 月 11 日，柳州沦陷，农都面临了一场前所未有的浩劫。

/附 表/

表 3-1 农都沙塘时期机构沿革

时　间	机　构	负责人	主要情况
1927 年 3 月	柳庆垦荒局	伍廷飏（局长）	进行荒地调查和垦荒管理，为广西省政府设立较早的农林机构，其业务管辖柳（州）庆（远）区之 16 个县。主要业务为调查和发放荒地、创办模范农村及市场、移民开垦、开办林场育苗造林等。设四方塘、沙塘两个分办事处及沙塘林场、雒容林场、经济农场、马厂牧场。
1927 年 6 月		陈大宁（局长）	
1932 年 3 月	广西垦殖水利试办区	伍廷飏（主任）	以原柳庆垦荒局旧址为总办事处。最早在石碑坪开办垦殖农场，招收垦工进场开垦。1933 年从北流、岑溪、容县 3 个县移民来区垦殖，区内设沙塘、石碑、无忧 3 个垦区，另设占地 300 余亩的试验农场。
1934 年 7 月	广西经济委员会农村建设试办区	伍廷飏（主任）	广西经济委员会成立之后即将广西垦殖水利试办区改办，以适应新的需要。试办区的工作分村政、生产建设、经济组织、教育四部分进行。其主要工作包括优种、肥效、水利、气象、耕作等农事的研究、试验和改进。
1935 年冬	广西农事试验场	廖斗光（场长）	位于大龙潭的广西农事试验场因水灾从羊角山迁移沙塘农村建设试办区。
1936 年 2 月		陈大宁（场长）	时任农村建设试办区主任陈大宁协调试办区划拨地方安置广西农事试验场。
1937 年 9 月	广西大学农学院	林汶民（代院长）	广西大学农学院迁至沙塘办学，代院长林汶民兼任广西农事试验场场长。
1938 年	广西农事试验场	陈大宁（场长）	广西农事试验场与广西农村建设试办区合并，仍称广西农事试验场。
1938 年	广西农事试验场	马保之（场长）	广西农事试验场为广西省抗战时期的农业科学技术研究和推广单位，转移到沙塘的中央农业实验所广西工作站与广西农事试验场合署办公，两块牌子一套人马。

表 3-2　广西农事试验场（沙塘时期）大事记

时　间	事　件
1935 年冬	广西农事试验场从羊角山迁往沙塘，用广西农村建设试办区农场继续开展农事科研。同年 12 月，廖斗光以副团长的身份与欧仰义为团长的广西农业参观团赴日本考察农村行政、农村经济和农业科技。
1936 年 2 月	广西农事试验场场长廖斗光调任广西农村建设试办区实验农场场长（廖在 1937 年全面抗战爆发后离开沙塘到省立西江学院任职），由广西农村建设试办区主任陈大宁兼任广西农事场试验场长。
1937 年 9 月	广西大学农学院从梧州迁往沙塘。院长林汶民兼任广西农事试验场场长。
1938 年 1 月	中央农业试验所在沙塘设立工作站，该所各系办公室与广西农事试验场合署办公。马保之任站长。同年 4 月陈大宁到广西省政府农业管理处任职，马保之兼广西农事场试验场长。
1938 年春	广西省政府在沙塘举办农业推广人员训练班，班主任为马保之，其宗旨在造就本省边区各县农林技术人才，教师由场、站、校派员担任，班址在六合村，学制一年。抗战胜利后停办。
1938 年 6 月	广西农事试验场技正陆大京博士在柳州 500 米以上高空捕获真空孢子 12 类，首开中国高空孢子调查纪录。
1938 年 7 月	广西农村建设试办区奉命结束合并到广西农事试验场，石碑坪、无忧垦区归柳城县，沙塘垦区归广西农事试验场。
1938 年 11 月	广西大学植物研究所迁往沙塘。
1938 年底	广西大学农学院学生组成“保卫大广西”宣传队，分为 4 个中队，到柳城县属各乡镇村街，撒播抗日救亡种子。
1938 年	广西农事试验场开始组织专家们对烟草进行科研，到 1943 年总计用于试验的品种达 153 种。
	小麦在沙塘经过数年区域试验，从 144 个品种中选出纯系桂 3566 号，每亩产量较农家种增产 27.29%；从各杂交系中，选出杂交系 166 号及 199 号，其产量较农家种增产 30% 以上。
	广西农事试验场组成牛瘟预防大队，利用广西家畜保育所生产的牛瘟脏器苗，进行预防注射，减少了牲畜的死亡。
	广西农事试验场病虫害组在桂北、桂中、桂南进行主要作物病虫调查，记述害虫 47 种、病害 26 种。
1939 年 3 月至 4 月	英国土壤学家查游博士到广西农事试验场，对广西部分地区的土壤进行考察，并写出考察报告。
1939 年秋	广西农事试验场技正兼农业化学系主任黄瑞纶从越南引进毛鱼藤种植，进行生态农作物杀虫应用。
1939 年	广西农事试验场从 3285 个水稻品种中选育出 30 个优良品种，比一般农家稻种增产 10% 至 20%，被列为全国主要改良品种。
1939 年	广西推广繁殖站技正陆大京开展了油桐树枯萎病和烟草青枯病的研究。
1940 年 4 月	广西高级农业职业学院在沙塘创办，院长由马保之兼任。该院是广西有史以来的第一所中等农业技术学校，设有农科、林科、畜牧兽医科等专业。1949 年结束办学。

续表

时　间	事　件
1940 年 8 月	林拔钊（林山）、唐杰侯（唐川）、彭绍光等发起“鸡鸣会”成立两周年纪念会，会员已达 23 人，从成立活动几无停顿。
1940 年	（1）广西大学农学院孙仲逸博士从德国带回一批温带型牧草品种在广西农事试验场进行种植并获成功。（2）中农所广西站成功培育乌桕良种，含蜡量提高一倍以上，被称为“乌桕大王”，命名“中农大颗桕”，向外地推广。
	收集各种气象要素，每天观测 3 至 8 次，地观次数为 6 次，则用自动记录仪记录，时间均用地方时。同时编写柳州气象概况年报，供农事科研参考。
1941 年	广西农事试验场先后进行了甘蔗种茎浸种消毒、不同播期与产量的关系、植蔗沟不同深度和不同行株距等试验项目研究。
	广西农事试验场利用蔗渣、绿肥、熟石灰等进行堆肥试验，适当翻堆淋水，15 天即腐烂可以施用。
	广西农事试验场采用纯系育种方法选育花生良种，将 1939 年增产幅度较大的“2724”“1323”“2773”“662”等 4 个品系 17 个品种，分别在柳州、南宁、宜山等地进行品种区域试验。这是广西首次进行花生区域试验。
1941 年至 1943 年	在广西省 32 个县共推广优质水稻 486735 亩，三年累计增产稻谷 320990 市担。
	每年冬，广西农事场、广西大学农学院、中央农业实验所广西站等单位均在沙塘举办了农民联欢会，展出科技成果，讲解科学知识，推广新技术措施，有挂图、有实物、有标本，形式比较生动活泼，四乡农民来参加者每次均达数千人。
1942 年 6 月	农林部广西省推广站在沙塘成立，即将农林部中央农业实验所广西工作站合并，马保之任站长，所有职员均调广西推广繁殖站工作，一切试验研究仍照原计划继续进行。同时，中央农业实验所广西工作站奉令撤销，保留中央农业实验所广西各系联合办公室的名称。
1942 年秋	广西农事试验场邀请著名小提琴家马思聪到沙塘演出。
1942 年	广西农学院柳州牧场开始引进原产于英国的约克夏猪和盘克夏猪，并用之与当地猪杂交，进行本地猪的杂交改良工作。
	从 1937 年起到 1942 年，广西大学农学院师生、广西农事试验场员工、广西农林技术推广人员训练班学员等 24 人参军，投入抗战一线。
1943 年	美国水土保持专家寿哈特博士在广西农事场大礼堂做过有关水土保持的学术报告。
1944 年秋	英国著名学者李约瑟到沙塘，详细考察试验研究，并讲学。
1944 年 11 月	日本侵略军逼近柳州。广西农事试验场、中央农业研究所广西站、广西推广繁殖站等机构陆续撤离沙塘，疏散到三江县良口乡。广西农学院撤到贵州榕江，广西高农转移到融县（今融水苗族自治县）达东村。
1944 年	柳州牧场从病马、病牛中培养分离或显微镜检验查出炭疽杆菌，为柳州防治马、牛病提供了科学依据。

续表

时　间	事　件
1945 年 6 月	日本侵略军撤退前纵火焚烧沙塘，农都大部分建筑在火海中化为灰烬。广西农事试验场原有房屋 50 余栋，被破坏者达 40 余栋，试验地、果园、苗圃、林场、垦区等均已荒废。广西高农原有校舍房屋 14 大座，沦陷后仅存 5 座。广西大学农学院、农林技术培训班、沙塘小学及居民、农户等的资财，亦遭破坏，损失惨重。疏散到附近乡村及埋藏于地下之公物损失约 90%。
1945 年 7 月 25 日	广西农事试验场成立十周年纪念日。全场职员避难在三江县良口乡，环境艰苦险恶，无法举行纪念会。场长马保之为了振奋大家的抗战精神，恳请范福仁和陆大京创作抗战歌曲一首，供职员们演唱。
1945 年 9 月	广西大学农学院迁回柳州鸕鸪江，借用前国民革命军第十六集团军妇孺工读学校旧址作为临时校舍。1946 年夏天，该院迁至桂林雁山。
	广西农事试验场从三江迁回到柳州。马保之到广西省接任新职，10 月 14 日返回沙塘处理相关事务后，18 日偕同张信诚飞渝，向农林部报告广西农事试验场的损失和请示复员沙塘农都的方针政策，并担任农事司司长新职。
1946 年 3 月	原来设在贵州惠水的农林部西江水土保持实验区迁至沙塘，马保之调整广西大学农学院沙塘旧址给实验区办公。
1946 年	柳州牧场养有黑白花奶牛 4 头，这是柳州最早引入饲养的国外良种奶牛。柳州牧场利用荷兰黑白花公牛与当地母黄牛种杂交，育出新一代杂交奶牛 3 头，这是广西最早进行的黄牛品种改良尝试。
1946 年至 1947 年	广西农事试验场病虫害组在沙塘进行主要作物病害逐月发生情况调查，记述了粮食作物病害 12 种、经济作物病害 17 种、蔬菜病害 20 种、果树病害 16 种，合计 65 种，其中新记录的病害有 28 种。
1947 年 7 月 25 日	广西农事试验场成立 12 周年并举行隆重的纪念日活动。1945 年已到广西省政府任职的马保之参加纪念庆祝会，并在会上致词。
1949 年 11 月	中国人民解放军代表吴启增、侯世昌到沙塘代表新生的人民政权接管广西农事试验场。

表 3–3　广西农事试验场科研人员简况

姓　名	籍　贯	到职时间	迁入沙塘前的任职情况	任职	专攻科目
马保之	广西桂林	1937 年	中农所广西工作站主任	场长	农学
周汝沆	浙江诸暨	1937 年	江苏省立稻作试验场场长、浙江农业大学讲师	技正、农艺组主任	水稻
范福仁	江苏锡山	1938 年	中央农业实验所技佐	技正	生物统计
柳支英	江苏苏州	1938 年	浙江大学教授	技正	昆虫学

续表

姓　名	籍　贯	到职时间	迁入沙塘前的任职情况	任职	专攻科目
黄瑞纶	河北任丘	1938 年	浙江大学教授	技正兼农化系主任	农业化学
徐天锡	江苏	1938 年	浙江大学教授	技正	水稻
黄　亮	广东梅县	1939 年	金陵大学园艺系讲师	技正	病虫害
谢孟明	广西	1939 年	金陵大学农学院助教	技正	植物育种
孙仲逸	安徽寿县	1941 年	金陵大学农学院讲师	技正	作物栽培育种
李酉开	江苏宜兴	1939 年	宜山县农场技士	技士	农业分析
岑　楼	广西桂平	1935 年	柳江农林试验场技佐	气象站站长	气象
张之光	山东潍县	1940 年	广西桂林县农场技士及长安镇第三区农场技士	技士	病虫害
胡济生	四川成都	1940 年	/	技士	土壤微生物
程侃声	湖北安陆	1940 年	/	技士	水稻
唐　川	/	1938 年	/	技士	棉作
冯宗林	广西博白	1936 年 2 月	岑溪中学教员	技士（五级）	昆虫
李钟衡	广西平南	1936 年 4 月	广西农林技术人员训练班教员	技士（六级）	农科
徐公镇	广东	1936 年 8 月	广西土壤调查局技士	技士（一级）	农艺化学
李家池	广西藤县	1936 年 12 月	广西省政府建设厅技士	技士（六级）	稻作
李绍林	广西邕宁	1937 年 8 月	南宁科学集中所指导员	技士（二级）	化学工程
李维庆	江苏昆山	1938 年 2 月	全国稻麦改进所技佐	技士（六级）	作物育种
顾文斐	江苏	1938 年 3 月	全国稻麦改进所助理	技佐（二级）	农艺
侯　杰	广西永福	1938 年 7 月	浙江省农业改良场林场技士	秘书	农林
盛承师	浙江嘉兴	1938 年 8 月	/	技士（六级）	农艺麦作
黄毓西	广西梧州	1938 年 11 月	/	技士（五级）	棉花
徐国栋	广东花县	1939 年 4 月	仲恺农工学校专任教员	技佐（四级）	农艺
徐玉芬	浙江杭县	1939 年 5 月	浙江大学农学院助教	技士（五级）	病虫害
覃志书	广西柳江	1939 年 8 月	柳江县农场代场长代理技佐	技佐	/
李嘉宽	广西容县	1939 年 8 月	柳州林场技佐	技佐（一级）	农林技术
梁　儒	广西北流	1939 年 8 月	/	技士	森林学
张国材	广西桂林	1939 年 9 月	广西省政府技士	技士（四级）	农艺
罗甄星	广西天河	1940 年 1 月	宜山县政府技佐	技佐（七级）	农林
李振文	广西上林	1940 年 2 月	天保县政府技佐	技佐（七级）	/

续表

姓　名	籍　贯	到职时间	迁入沙塘前的任职情况	任职	专攻科目
丘德陛	广西容县	1940 年 3 月	广东化县农业学校农场主任	技士（二级）	园艺
李庆庚	安徽	1940 年 3 月	广西省政府技士	技士（六级）	农艺
李远衡	广西桂平	1940 年 3 月	/	技士（六级）	农学
赵崇定	浙江	1940 年 3 月	广西第三区联合农场技佐	技佐（四级）	昆虫植物
卢先明	广东	1940 年 4 月	广西第三区农场宣山分场	技士（四级）	森林园艺
朱汝培	广西博白	1940 年 4 月	/	技士（六级）	作物
吴慰中	广西	1940 年 4 月	广西省立庆远林场技士	技士（六级）	森林学
林克标	浙江	1940 年 4 月	南京永利硫酸厂助理	助理	园艺
万守性	浙江东阳	1940 年 6 月	浙江省昆虫局防治员	技佐	昆虫植物

表 3–4　广西大学农学院部分教师简况

姓　名	籍　贯	学术背景	任职情况	研究方向
马保之	广西桂林	1929 年毕业于金陵大学农学院，1933 年获美国康奈尔大学博士学位。	1937 年起任教授、农事试验场场长、中央农业实验所广西工作站主任。	农学
陈焕镛	广东新会	1919 年毕业于美国哈佛大学森林系，后先后任金陵大学、国立东南大学、中山大学教授及学校经济植物所所长。	广西大学植物研究所所长兼农学院森林学系教授。	近代植物分类学、植物科学
张肇骞	浙江温州	1926 年毕业于东南大学生物系，1932 年赴英国皇家邱植物园留学，后从事教学科研工作。	1938 年至 1939 年任教授兼植物研究所主任。	植物学、植物分类学
林汶民	福建	1920 年美国留学，1924 年回国后到福建协和大学任教。	1931 年到广西大学农学院任教，1937 年任代院长。	农学
王益滔	浙江乐清	1920 年留学日本东京第一高等学校，继入东京帝国大学农学部农业经济系。1929 年毕业，留该校研究院再进修一年。次年回国，在浙江省立农专担任农业课程教师。后受聘于国立北京大学农经学系，任教授兼系主任。	1939 年秋任院长。	农学

续表

姓　名	籍　贯	学术背景	任职情况	研究方向
汪厥明	浙江金华	早年留学日本，1924年获得农学硕士。回国后，任北京农业大学教授等职。	1939年任教授兼农业系主任。	作物育种、生物统计学
陆大京	北京	1927年清华学堂毕业，于美国康奈尔大学、路易斯安那州立大学、明尼苏达大学分别获得学士、硕士和博士学位，1933年回国，曾任浙江大学农学院教授。	1938年至1943年任广西农事试验场技正，1943年兼广西农学院院长。	微生物、热带作物、病虫害防治
柳支英	江苏苏州	1929年毕业于金陵大学生物系，1933年赴美国明尼苏达大学昆虫和经济动物学系读研究生。	1937年至1945年任教授兼广西农事试验场技正。	昆虫学、医学昆虫学
周明牂	江苏	1929年毕业于金陵大学，1933年获美国康奈尔大学昆虫博士学位，后回国任国立浙江大学农学院任教授。	1939年至1941年任教授兼院长。	昆虫学家、农业教育、植物抗虫学
程世抚	上海	1929年毕业于金陵大学园艺系，后获美国康奈尔大学硕士学位。	园艺系教授，广西建设厅技正。	城市规划、园林
萧　辅	/	1929年毕业于金陵大学农学院，后赴美国攻读植物育种学，曾任浙江省棉业改良场技正、浙江大学农艺系主任。	农艺系主任	植物育种
蒋书楠	江苏苏州	1936年毕业于浙江大学农学院，后进入中央农业试验所。	1939年任教授。	昆虫学、农业教育
童润之	/	毕业于金陵大学农科，1926年赴美加州大学教育研究院攻读硕士学位。回国后于江苏省立教育学院任教。	1941年受邀任院长。	社会教育学
严家显	江苏吴县	1931年毕业于金陵大学，获燕京大学理学硕士学位，后赴美国留学，获明尼苏达大学昆虫学博士学位。	广西大学教授、广西省政府技正、广西省农业督导专员	昆虫学
汪振儒	广西桂林	1929年毕业于清华大学生物系，获美国康奈尔大学和杜克大学硕士、博士学位。	1939年至1946年任森林系教授兼系主任、院长。	植物生理学、林业教育
马大浦	安徽太湖	1932年毕业于中央大学农学院，1937年获美国明尼苏达大学农学硕士学位。	1937年至1941年任教授兼系主任。	造林学、林业教育

续表

姓　名	籍　贯	学术背景	任职情况	研究方向
吴绍骙	安徽嘉山	1929年毕业于金陵大学农学院，1934年至1938年于美国明尼苏达大学研究院从事植物遗传育种学研究，并获硕士、博士学位。	1939年至1942年历任教授兼广西建设厅技正、水稻督导专员。	作物育种、农业教育
张　照	江苏无锡	1935年毕业于江苏省立教育学院，留校任农事教育系助教，1942年任中央畜牧实验所技士。	1943年起任畜牧兽医系讲师、副教授。	畜牧科研和教学
王一蛟	河南	1932年毕业于金陵大学农业经济系，后至美国明尼苏达大学学习。	1937年到任。	农业经济学
吴耕民	浙江余姚	1920年于日本获硕士学位回国，1929年赴英、德、法考察园艺。	1938年任教授。	园艺
李景均	天津	1936年金陵大学毕业后赴美国康奈尔大学学习，获博士学位。	1941年任教授。	遗传学

参考资料：马保之：《广西省推广繁殖站概况》，《农业推广通讯》1943年第5期。

表3–5　抗战时期广西大学农学院部分学生简况

姓　名	籍　贯	学业概况	毕业后任职情况
何　康	福建福州	“皖南事变”后，随父亲何遂来到桂林，进入经济系，后因喜爱生物而转入农艺系，1946年毕业。	1949年后历任华东军政委员会农林部副部长，林业部、农业部司长、农业部部长等职。
李崇道	江苏苏州	1946年毕业于畜牧兽医系，何康的同窗好友，美国康奈尔大学兽医病理学博士。	台湾省农林厅兽疫血清制造所技正，后长期任职于台湾地区农复会，直至秘书长。
黄成达	香港	1943年由香港考入，一年后作为翻译随军赴印度，抗战胜利后重返校园，1948年毕业。	香港农牧渔业处副处长、香港大学教授、香港国际宣明会首席顾问和香港福幼基金会顾问。
沈善炯	江苏吴江	1937年金陵大学农业专修科学习，1938年作为借读生进入农学院，1939年转入西南联大生物系，1947年赴美留学，1980年当选为中国科学院院士。	历任浙江大学医学院副教授、中国科学院上海植物生理所研究员。

续表

姓　名	籍　贯	学业概况	毕业后任职情况
罗达新	广东梅县	1938 年毕业于农学系。	在广西农事试验场从事植物病理学技术工作，1949 年后任广西农业综合试验站技师兼病虫害组主任、广西农科所技师兼植保系主任。
韦文雅	广西宾阳	1939 年毕业于畜牧专业。	广西大学畜牧兽医系教授，兼畜牧兽医专修科主任，是广西从事畜牧工作时间开始最早、持续时间最长的专家。
王丕建	福建惠安	与同学由福州协和大学转入，1942 年毕业于广西大学农学院畜牧兽医系。1945 年赴美留学。	广西大学农学院任教授，担任广西畜牧兽医学会理事长等职务。
郑　达	江苏	1941 年从浙江英士大学农学院转入，1943 年因政治环境恶化弃学为抗日呐喊。	1949 年后，先后担任中共华南分局华南文工团副政委、广东省文化厅党组书记等职。
梁铮卿	广东梅县	1941 年考入广西大学农学院畜牧兽医系。	1945 年毕业留校任助教，1947 年到台湾从事地下工作，与李崇道为同窗先后在台中农林总场、台湾省农林处畜疫血清制造所任技术员、技正等职。1951 年 1 月 24 日，在台北市郊的乱葬岗刑场被秘密杀害后，葬于六张犁公墓。
杨元昌	云南石屏	1942 年毕业于广西大学农学院森林系。	曾任西南林学院野生动物专业科学研究主任、教授，国际自然保护联盟亚太地区濒危物种保护委员会委员。
刘祖洞	浙江镇海	1943 年毕业于广西大学农学院农学系，毕业后到贵州梅潭的浙江大学读研，再赴密歇根大学攻读博士学位。	曾任复旦大学教授，是中国人类医学遗传学领域的创始人之一。
程绪珂	/	1944 年毕业于广西大学农学院农学系。	曾任上海市园林管理局局长、教授级高工。
贺善文	湖南长沙	1945 年毕业于广西大学农学院园艺系。	1946 年 1 月至 10 月任农试场果树技士。曾任湖南农科院院长，中国科协第二届委员会委员等职。
李　岗	广东兴宁	1946 年毕业于广西大学农学院畜牧兽医系。	曾任广东省仲恺农业技术学院院长、书记等职。
陈仲豪	广东揭阳	1942 年考入广西大学农学院森林系，其间参与抗日运动。	1947 年在复旦大学毕业，赴台湾基隆中学任教，从事地下党的工作，1949 年返回大陆。历任汕头市教育局副局长，汕头大学图书馆馆长。

续表

姓　名	籍　贯	学业概况	毕业后任职情况
谢汉光	广东丰顺	1942 年毕业于广西大学农学院森林系。	先后在广西农事试验场任技师和担任黔桂铁路柳州农场主任。1945 年日寇投降后，谢汉光应台湾林业局的聘请赴台工作。1949 年加入中国共产党，同年 9 月下旬，台中地区中共地下党遭破坏，谢汉光一直隐藏到 1987 年才回到大陆。

表 3–6　农都专家科研论文公开发表部分论文题录

题　目	作　者	刊物名称	发表日期
柳州附近之肥料问题	梁逸飞	农林汇刊	1934 年 1 月
水稻主要虫害	黎国焘	农林汇刊	1934 年 1 月
棉作距离试验之研究	程侃声	农林汇刊	1934 年 2 月
椰菜初冬世代之观察及其防治	陈金壁	农林汇刊	1934 年 2 月
第四集团军总司令部良冲种马牧场草栽培意见书	梁逸飞 程侃声	农林汇刊	1934 年 3 月
治虫土药调查报告	刘调化	农林汇刊	1934 年
农林试验场之意义与工作	杨士钊 程侃声	农林汇刊（第 1—4 期）	1934 年
二十三年棉作试验概况	程侃声	广西农事试验场研究专刊（1 号）	1935 年 7 月
棉作试验取样之研究	程侃声 苏玉俊 杨植仁	广西农事试验场研究专刊（1、2 号）	1935 年 7 月
柳州稻苞虫之研究	刘调化	广西农事试验场研究专刊（3 号）	1935 年 10 月
几种土产杀虫药剂之研究及其有效之作物蔬菜果树害虫防治	陈金壁	广西农事试验场研究专刊（11 号）	1935 年 10 月
甘蔗粉虱之研究	陈金壁	广西农业	1935 年 11 月
稻苞虫	刘调化	广西农事试验场研究专刊（推广浅说）	1936 年 1 月
柳州沙田柚个性调查之预报	宋本荣	广西农事试验场研究专刊	1936 年 3 月
长安金橘调查报告	宋本荣	广西农事试验场研究专刊	1936 年 3 月
广西柳州县土壤调查报告	蓝梦九	广西农事试验场研究专刊	1936 年 4 月
棉作田间试验技术之研究	程侃声等	广西农事试验场研究专刊（7 号）	1936 年 11 月
种茶法	刘调化	广西农事试验场研究专刊（推广浅说）	1936 年 12 月
土壤肥料实验法	蓝梦九	专著	1937 年
土壤调查标准	蓝梦九	专著	1937 年

续表

题　目	作　者	刊物名称	发表日期
参观日本沙防林之感想及对于我国江河上游建造保安林刍议	林　刚	农报	1937 年 6 月
中国结球白菜及其它蔬菜软腐病之初步研究	黄　亮	农报	1937 年 6 月
湖南林业概况及建议	林　刚	农报	1938 年 12 月
沙田柚之丙种维生素水分酸度与贮藏之关系	黄瑞纶 李绍林	广西农事试验场研究专刊（1 号，英文版）	1939 年 9 月
广西高空真菌孢子观察桐油枯萎病之初步报告	陆大京	广西农事试验场研究专刊（2 号，英文版）	1939 年 10 月
几种杀虫药剂之研究	黄瑞纶	广西农事试验场研究专刊（3 号，英文版）	1939 年 12 月
糙米与白米之营养比较	黄瑞纶	广西农业（第 1 卷第 1 期）	1940 年 2 月
水稻品种间竞争作用之研究	徐天锡	广西农业（第 1 卷第 1 期）	1940 年 2 月
简单试验之设计（译文）	范福仁	广西农业（第 1 卷第 1 期）	1940 年 2 月
水稻天然杂交试验预报	徐天锡 张国材	广西农业（第 1 卷第 1 期）	1940 年 1 月
广西种子植物名录（四）	汪振儒 钟济新 陈立卿	广西农业（第 2 卷第 3 期）	1941 年 6 月
几种杀虫药剂之研究	黄瑞纶	广西农业（第 1 卷第 3 期）	1940 年 6 月
广西土产烟草制作杀虫剂之利用	黄瑞纶	广西农业（第 1 卷第 3 期）	1940 年 6 月
行距，肥料，播种期，品种及每穴株数对于玉米主要农艺性状之影响	范福仁 顾文斐 徐国栋	广西农业（第 1 卷第 3 期）	1940 年 6 月
武鸣烟草栽培及运销实况	唐杰侯	广西农业（第 1 卷第 3 期）	1940 年 6 月
稻花开放与颖色关系之初步观察	周汝沆 李维庆	广西农业（第 1 卷第 4 期）	1940 年 8 月
广西棉作歉收原因之研究	萧　辅 盛承师	广西农业（第 1 卷第 4 期）	1940 年 8 月
迁江等五县麦作肥料推广督导经过与感想	顾文斐	广西农业（第 1 卷第 4 期）	1940 年 8 月
广西甘蔗绵蚜虫生物防治实验	岳　宗	广西农业（第 1 卷第 1 期）	1940 年 1 月
丰产单杂交玉米育成之初报	范福仁 顾文斐 徐国栋	广西农业（第 1 卷第 1 期）	1940 年 1 月
棉田盖草栽培法之研究	萧　辅 盛承师	广西农业（第 1 卷第 1 期）	1940 年 1 月
食物中之维生素（译文）	李酉开	广西农业（第 1 卷第 5 期）	1940 年 8 月

续表

题 目	作 者	刊物名称	发表日期
移植及培土对于玉米产量及生长之影响	范福仁 顾文斐 徐国栋	广西农业（第1卷第1期）	1940年1月
怎样写一个农艺设计之计划（译文）	李酉开	广西农业（第1卷第1期）	1940年1月
甘蔗品种比较试验	彭绍光 彭时兴	广西农业（第2卷第1期）	1941年2月
广西良种糖蔗品质比较及成熟期之测定	黄瑞纶 李酉开	广西农事试验场研究专刊（14号）	1940年8月
豆薯种子之杀虫研究	柳支英 徐玉芬	广西农业（第2卷第1期）	1941年2月
除虫菊之昆虫学观（一）	柳支英	广西农业（第2卷第1期）	1941年2月
沙田柚贮藏病害防治试验（第一报）	黄 亮 相望年	广西农业（第2卷第2期）	1941年4月
玉米螟害与寄主生长状况之关系及其在玉米育种上之重要性	邱式邦	广西农业（第2卷第2期）	1941年4月
毒鱼藤	黄瑞纶	广西农业（第2卷第3期）	1941年6月
豌豆蚜虫（Macrosiphum pisi Kaltenbach）被真菌寄生之观察	柳支英 张之光 徐玉芬	广西农业（第2卷第4期）	1941年8月
豆薯（Pachyrhizus ėrosus Urban）种子之化学研究	黄瑞纶	广西农业（第2卷第4期）	1941年8月
广西油桐种子之分析及其采收期对于油质油量之关系	黄瑞纶 李酉开	广西农业（第2卷第5期）	1941年10月
柑橘类之溃疡病	黄 亮	广西农业（第2卷第5期）	1941年10月
广西稻瘿蝇（Pachydiplosis oryzae Wood-Mason）生活史之初步研究	严家显 柳支英 郭 铣	广西农业（第2卷第6期）	1941年12月
蓖麻诱杀金龟子之研究	邱式邦 徐玉芬	广西农业（第2卷第6期）	1941年12月
人类之食物需要量（译文）	李酉开	广西农业（第2卷第6期）	1941年12月
广西推广植桐及其展望	林 刚	农报	1941年2月
广西之甘蔗及蔗糖	彭绍光	农报	1941年2月
豆薯种子之杀虫研究（一续）	柳支英 徐玉芬	广西农业（第2卷第2期）	1941年4月
十字花科蔬菜黄条跳甲（Phyllotreta Uittafa Fabricius）之防治研究（一）胶箱粘杀	柳支英 严家显	广西农业（第2卷第3期）	1941年6月

续表

题　目	作　者	刊物名称	发表日期
豆薯种子（Pachyrhizus erosus Vrban）之化学研究	黄瑞纶	广西农业（第 3 卷第 4 期）	1942 年 8 月
水稻倒伏与脱粒之研究	彭绍光	农报	1941 年 9 月
抗战以来本所森林系工作概况	林　刚	农报	1941 年 9 月
几种小麦杂交之蛋白质含量，面筋品质及阴雨发芽迟缓性之遗传与变异	孙仲逸	广西农业（第 3 卷第 1 期）	1942 年 2 月
波尔多液防治棉浮尘子之研究	蒋书楠 徐玉芬	广西农业（第 3 卷第 1 期）	1942 年 2 月
野棉花（Urena L bata L.）与棉作害虫	蒋书楠 徐玉芬	广西农业（第 3 卷第 2 期）	1942 年 4 月
豆薯油乳剂与烟草水防治甘蔗绵蚜试验	邱式邦 厉守性	广西农业（第 3 卷第 3 期）	1942 年 6 月
捕鼠器械制作之研究（一）	于菊生 钱念曾 李时茂 蒙　铨	广西农业（第 3 卷第 3 期）	1942 年 6 月
沙田柚贮藏病害防治试验（第二报）	黄　亮 相望年	广西农业（第 3 卷第 2 期）	1942 年 4 月
积谷害虫防治方法及引用趋势	钱念曾	农报	1942 年 7 月
湘桂黔三省冬作绿肥调查报告	陈华癸	农报	1942 年 7 月
广西省甘蔗良种之推广事业	彭绍光 斐允文 邓重煌	广西农业通讯	1942 年 7 月
根瘤菌与豆科植物	徐明光 张信诚	广西农业（第 3 卷第 4 期）	1942 年 8 月
沙田柚贮藏病害防治试验（第三报）	黄　亮 相望年 金　聿	广西农业（第 3 卷第 5 期）	1942 年 10 月
广西水稻栽培	张国材	广西农业（第 3 卷第 5 期）	1942 年 10 月
油桐自开花至落果习性之观察	林　刚 林维治	广西农业（第 3 卷第 5 期）	1942 年 10 月
稻作区田圳制度栽培法试验报告	黄继芳 陈国安	广西农业（第 4 卷第 1 期）	1943 年 2 月
熏蒸防治积谷害虫间接免除米谷发热实验	于菊生	广西农业（第 4 卷第 2 期）	1943 年 4 月
植物之氰化合物	李酉开	广西农业（第 4 卷第 2 期）	1943 年 4 月
广西木薯品种之观察	李酉开 黄瑞纶	广西农业（第 4 卷第 4 期）	1943 年 8 月

续表

题　目	作　者	刊物名称	发表日期
马尾松材积及形数（Form Factor）之研究	谢汉光 梁　儒	广西农业（第4卷第4期）	1943年8月
沙塘空中病菌孢子之观测	陆大京 黄　亮 罗达新 周其明 金　聿 相望年	广西农业（第4卷第5期）	1943年10月
遗传细胞部分（一、二）	徐道觉	广西农业（第4卷第4期、5期）	1943年8月、10月
广西棉作栽培法	萧　辅	广西农业（第4卷第5期）	1943年10月
单子叶花卉不熟花粉之来源（一）同原三元忘忧草之成熟分裂	徐道觉 刘祖洞	广西农业（第4卷第5期）	1943年10月
中国桐油业问题及将来之进展	林　刚	西南实业通讯	1945年3月
杀虫植物毛鱼藤	黄瑞纶	西南实业通讯	1945年3月
数种栽培因子对于木薯主要性状之影响	李酉开 黄瑞纶	广西农业（第5卷第1至6期）	1945年12月
油桐树龄及结果状态对于桐果品质之关系	李酉开 黄瑞纶	广西农业（第5卷第1至6期）	1945年12月
褐果蝇之族系分化问题	谈家桢 徐道觉	广西农业（第5卷第1至6期）	1945年12月
单子叶花卉不熟花粉之来源（二）吊兰纺锤线之失误	徐道觉 段醒男	广西农业（第5卷第1至6期）	1945年12月
小麦品种抵抗黄锈病及褐锈病试验（一）	马保之 范福仁	广西农业（第5卷第1至6期）	1945年12月
中农德字棉两新品系之育成	胡竟良	农报	第8卷第31至36期
木薯毒素研究续报	李酉开 黄瑞纶	广西农业（第6卷第1至6期）	1946年12月
沙田柚贮藏病害防治高级试验	黄　亮 周其明 金　聿	广西农业（第6卷第1至6期）	1946年12月
几种油料作物各品种间种子品质之差异	黄瑞纶 李酉开 陈盛球	广西农业（第6卷第1至6期）	1946年12月
单子叶花卉不成熟花粉之来源（三）重瓣晚香玉之空壳花粉	徐道觉	广西农业（第6卷第1至6期）	1946年12月
秋水仙精浸种之浓度及时间对于凤仙花幼芽生长之影响	徐道觉 何　康	广西农业（第6卷第1至6期）	1946年12月

表 3–7　广西农事试验场 1935 年、1940 年和 1945 年主要农事试验项目比较表

学科	1935 年	1940 年	1945 年
农艺	以增加作物产量和改良品质为目的，注重育种及栽培试验。主要集中在稻、麦、棉、烟、玉蜀黍、高粱及落花生等。	以稻、小麦、柿、玉蜀黍为主，旁及蔗糖、花生、烟草、大豆等作物。除在广西农事试验场进行各项实验外，与广西各区农场合作，举行各地方性试验。	在农作物改良、农产品质量与产量增加及耕种方法改进上，以水稻、小麦、棉花、甘蔗为主，涉及烟草、蓖麻、玉米、花生、甘蔗、牧草及绿肥等。
园艺	以育种及栽培试验为重，包括柑橘及蔷薇科等类果树，及叶类等蔬菜、花卉。	以改良广西特色水果品种为主，引进外地优良品种为辅，蔬菜、花卉则注重栽培与采种事项。	集中在改进果蔬与花卉种植和品质比较试验，包括果树蔬菜花卉育种、果树蔬菜花卉征集及繁殖等。
畜牧	以猪、鸡的引种、繁殖、驯化和杂交为侧重。	/	/
病虫害	对广西最普遍为害的病虫，如稻热病、叶枯病、螟虫、卷叶虫浮尘子、麦锈病、黑穗病、烟草立枯病、烟螟虫、蚜虫、棉花地蚕、叶跳虫、卷菜虫、苗萎病、玉蜀黍螟虫、柑橘类棉花介杀虫、焦尾病等进行研究。	分病害者和虫害者两部分，如水稻胡麻叶斑病防治试验、甘蔗螟虫试验等。	在研究病菌与害虫生理的同时，试验各种防治方法。包括对广西病虫害发生调查鉴定、病菌害虫防治研究、预防或驱除病虫害所用药剂及机械研究、真菌昆虫分类研究、树本制作以及供给、发生病害农作物处理以及农产品检验、防治农作物病虫害宣传及教育材料的编绘等方面。
化验	对农事场及附近各处的土壤、产品和各种天然肥料分析试验。	继续土壤调查所的工作，主要负责化验农产品、肥料等。	分析农作物和农产品的化学成分，调查及分析土壤，测定地力并试验适当施肥方法，研究根瘤菌的生理与利用，制造杀虫杀菌药剂，试验制造肥料方法。

资料来源：《抗战时期广西沙塘农业学术群体研究》,《中国科技史杂志》第 36 卷第 2 期（2015 年）。

表 3–8　抗战时期广西繁殖站部分人员表

姓　名	籍　贯	学术背景	任职情况	研究方向
马保之	广西桂林	1929 年毕业于金陵大学农学院，1933 年获美国康奈尔大学博士学位。	1937 年起任广西大学农学院教授、农事场场长、中农所广西工作站主任。	农学

续表

姓　名	籍　贯	学术背景	任职情况	研究方向
邱式邦	浙江吴兴	毕业于沪江大学生物系，1936 年入职，1951 年获英国剑桥大学硕士学位。	中农所广西工作站技正	作物害虫防治
戴　弘	浙江永嘉	1927 年毕业于日本东京帝国大学农学部农艺化学科，后任浙江省建设厅矿产调查所技士等。	1933 年至 1944 年任中农所技正，兼广西省政府技正。	土壤肥料学
钱念曾	江苏无锡	1934 年毕业于东吴大学生物系，后到南开大学生物系任教。	1937 年至 1940 年任中农所广西工作站任技佐。	仓储害虫治理
林　山	广西容县	1935 年毕业于北京大学农学院。	1938 年随中农所到沙塘工作。	农业教育、农业生产

资料来源：据来宾市档案馆《广西省农林技术人员调查表》（案卷号 098-007-0040-2）等相关内容整理。

历史图片

昆虫专家在沙塘观察螟虫生活史。(选自《广西一览》)

昆虫专家陈金璧在沙塘观察甘蔗粉虱的生长情况。(中国战时农都博物馆提供)

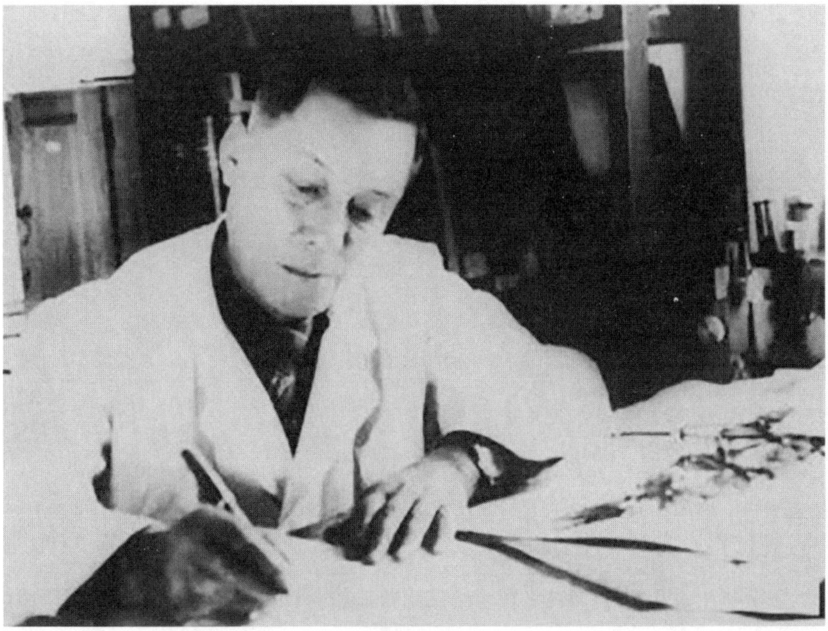

1938年，广西大学植物研究所所长陈焕镛在研究室工作。（选自《广西大学史话（1928—1949）》）

广西大学农学院学生在田间除草。（选自《广西大学史话（1928—1949）》）

1939年，广西农事试验场病虫害组同事在沙塘合影，二排右二为邱式邦。（选自《邱式邦院士从业七十周年纪念册》）

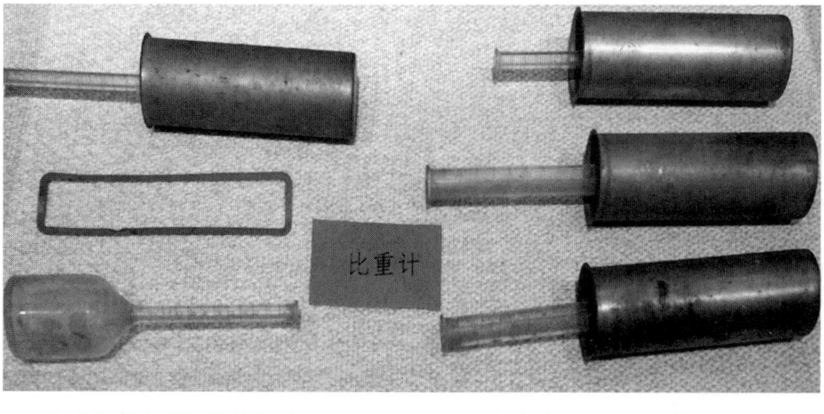

广西农事试验场专家们科研用的仪器——比重计（刘丽虹　摄）

1940年，邱式邦（右）与同事在沙塘。（选自《邱式邦院士从业七十周年纪念册》）

1940年，邱式邦在沙塘广西农事试验场病虫害组的试验室前。（选自《邱式邦院士从业七十周年纪念册》）

1940 年，邱式邦（左一）等专家在沙塘的甘蔗地里查看甘蔗生长情况。（选自《邱式邦院士从业七十周年纪念册》）

1942 年 9 月 9 日，广西大学农学院毕业生全体女同学合影。（中国战时农都博物馆提供）

广西农事试验场的昆虫研究室，左起：陈金壁、黎国涛、刘调化。（中国战时农都博物馆提供）

农都科技人员指导水田良种育秧。（中国战时农都博物馆提供）

1946年4月，何康（右二）毕业于广西大学农学院农学专业时与老师汪振儒（右四）、同学梁铮卿（右三）等师生合影（何迪提供）

昆虫专家在沙塘进行人工养殖稻苞虫研究。（中国战时农都博物馆提供）

农都科技人员用毛鱼藤根粉为菜农防治蔬菜害虫黄条跳甲。（中国战时农都博物馆提供）

广西农事试验场专家们试制的水稻杀虫器（中国战时农都博物馆提供）

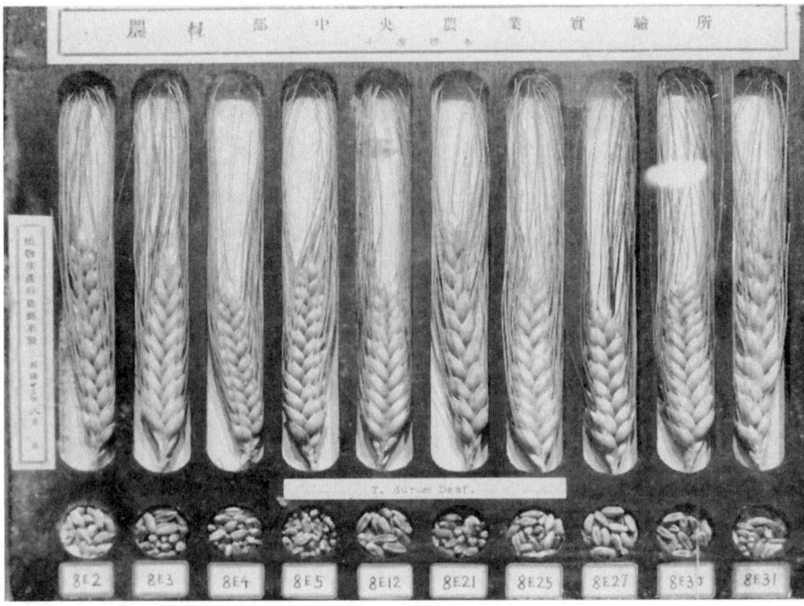

20 世纪 40 年代，中央农业试验所在沙塘制作小麦标本。（刘丽虹　摄）

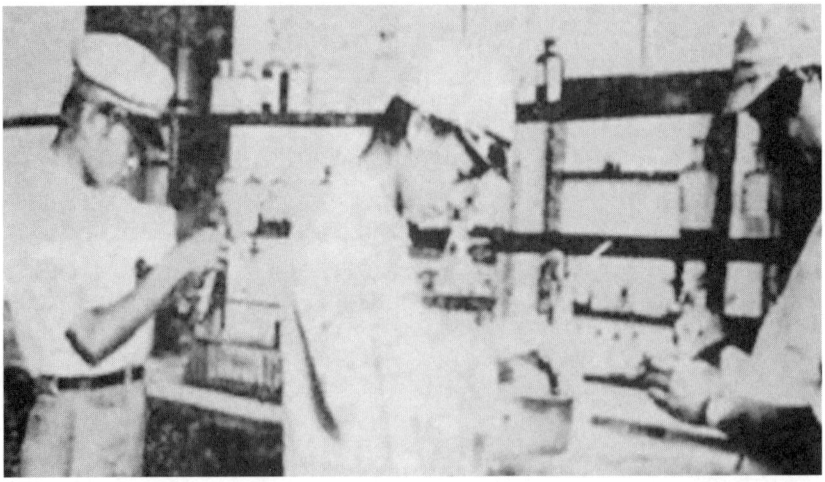

广西大学农学院学生在做实验。（选自《广西大学史话（1928—1949）》）

广西农事试验场使用的播种机（中国战时农都博物馆提供）

广西农事试验场使用的天平（刘丽虹　摄）

2007 年时的柳州沙塘广西大学农学院图书馆（中国战时农都博物馆提供）

2008 年时的广西大学农学院（沙塘）研究室旧址（中国战时农都博物馆提供）

第四章

农都劫

1937 年，中华大地硝烟弥漫，华北、华东、华南相继沦陷，地处中国西南的柳州成为抗战后方。随着一些农学机构纷纷南迁来到柳州沙塘，沙塘由此被誉为“中国战时农都”。沙塘相对安定的科研环境，让农科专家和师生们以为可以在这里熬到抗战取得胜利，然后回到原来的机构开展农事科研，回到青青校园继续读书。出乎很多人的意料，日军侵略的战火竟然蔓延到柳州，这里的人们即将经历一场大撤退。

1942 年 4 月 18 日，美国杜利特尔空军中校率领 16 架双引擎 B–25 轰炸机，从航空母舰“大黄蜂”号上起飞，冲破日军的空中防线，轰炸了日本东京、名古屋、神户的油库、工厂和军事设施，然后顺风向飞到中国，在衢州机场强迫着陆或跳伞降落，从而把战争推向日本本土。1943 年初，日军在瓜岛战役中失利，太平洋战争发生重大转折，日军在中国的长战线让其从攻势转入守势。

日本政府在 1943 年 2 月 27 日举行的联席会议认为，重庆战力低下，但其相信美、英两国参战后会取得胜利，因而在现时的形势下可能会进行消极抗战。

左图为 1941 年 12 月，日军偷袭美国海军基地珍珠港。这一事件后，美国宣布参战，太平洋战争爆发。右图为参与 1942 年轰炸日本的美国空军中校杜利特尔。（资料图片）

此时，日本对华侵略政策的总目标是巩固占领区，以便能从中国抽调兵力加强太平洋战场。

日本参谋本部第二部部长有末精三曾说过："中国问题的重点是粮食、物价和共产党三大问题。"（日本防卫厅防卫研究所战史室《战史丛书·昭和十七、十八年的中国派遣军》）所以，1943 年日本对华政策包括三方面的内容：加强汪伪政权解决粮食和物价，保持对国民党政府的压力和"围剿"中共解放区实行抢光、烧光、杀光的"三光"政策。

1944 年 5 月，在重庆参加国民党五届十二中全会的白崇禧、黄绍竑、黄旭初、程思远等桂籍要人，基于 5 月 27 日日军在湘北发动的大规模攻势，判断日军为了支援南太平洋的军事行动，必然要打通粤汉路，桂林、柳州也有可能成为日军灭亡前疯狂集中进攻的目标，广西必须预谋应对，在战略上如不能打赢的话，则让出空城保存实力，等待盟军收拾日军促使其投降。遵循桂系高层的指令，负责广西战事的第四战区司令官张发奎于 6 月 15 日在柳州召集广西党政军负责人开会，决定桂林、柳州及早进行疏散。6 月 26 日，日军占领衡阳机场以后，桂林开始疏散。

对于桂柳大撤退，《张发奎将军抗日战争回忆记》（台湾蔡国桢发展有限公司出版）中说："从抗战开始，直到抗战胜利，先后八年时间，而在这八年中，除战斗外许多时间都在退却。因为我国当时的最高战略指导，就是以空间换取时间，使敌人愈深入，就愈把敌人陷在泥淖中。"张发奎在文中坦言，就军队撤退"拖敌"战略而言，是有详尽对策的，但国民政府对于民众如何撤离，事前并无周详计划，更无妥善安排，而民众认为跟着军队走可不用在侵略者的铁蹄下生活。所以，每当一个会战结束，部队向后撤退之际，战事地民众亦不得不随军队撤退。张发奎曾经多次探询跟随部队撤退的难民，准备退到什么地方？难民们多表示，要随军队后撤，军队退到哪里，他们便到哪里。然而，桂柳会战持续近八个月，日军的战术仍和前两次在广西的会战一样，系正面分进合击，穿插迂回，加之此次日军的兵力又占了多数，就使得中国军队地广兵单，顾此失彼。在这个时候，驻扎在柳州的第四战区，接到的命令是向南丹方向转移，结果柳州成为不设防的城市，敞开了门户让日军长驱直入。

随着日军南侵，桂林疏散的情势极度混乱，大量难民像潮水般从桂北地区涌入柳州。接着，滞留柳州的外乡人，还有本地居民也开始大疏散。1944 年 8 月中旬，滞留在城里等待乘车的难民竟然有十余万人。到了 9 月上旬，城区实施紧急疏散。10 月 21 日，国民党驻军下令实行强迫疏散政策，限于三日内离城。到云贵的交通动脉——柳江上的铁桥也在最后时刻炸毁，想以此阻挡日军

1944 年桂柳大撤退时，柳州难民抢坐火车到西南一带避难。（资料图片）

1944 年 11 月，难民沿着现 209 国道向西南逃难。（资料图片）

1944 年 11 月 7 日，湘桂铁路局奉命炸毁了柳州铁桥，以阻止日本侵略军的进攻。图为美军拍摄。

入侵重庆。

马保之在 1944 年 6 月接到柳州军政机构组成的疏散委员会下达的疏散命令后，开始紧急安排广西农事试验场、中央农业实验所广西工作站、广西高级农业职业学校向三江县方向撤退。而广西大学农学院则由广西大学统一安排向贵州榕江转移。

1944 年 11 月 11 日桂林、柳州同时宣告失陷，苦心经营近八年的农都全部毁于一旦，以致战后农都的科学家们均离开暂时栖身的沙塘，前往他地。广西大学农学院也回归校本部到桂林办学。这场抗战胜利前的大逃亡，让农都从顶峰走向了消亡。

一、广西农事试验场沦走他乡

在来宾市档案馆珍藏的民国档案里，有一份 1944 年 8 月马保之签署的公函："查此次湘北战事紧，南移本场准疏散往三江……"

原来，这是马保之为广西农事试验场疏散，向广西第二区行政督察专员、保安司令去函，请准予广西农事试场借用三江丹洲乡中心小学校房屋在疏散期存放公物，并派员前去商议。

沙塘现今通往融水、三江到贵州从江的 209 国道，纵贯整个沙塘，是柳州北上湖南、贵州、三江县、融安县、融水县和柳城县的北大门，更是当年桂柳大撤退的必经之路。许多在沙塘工作学习的场站职员及学生不难看到，不论外来的难民还是本地的民众，都在极度恐惧中携儿带女，带着极简陋的行李向三江、贵州方向逃离。仅贵州方向，就有四五十万人颠沛于路上，当时的媒体报道用"前人的脚跟没有站稳又被后面涌上的人推着走"来形容当时的情景。媒体上还报道，撤退时火车、汽车、马车、牛车、板车、人力车及古老的独轮车都用上了，沿途因火车、汽车出事及病死、饿死的人不计其数的情况。

看到如此情形，马保之根据了解到的情况，很无奈地预计桂林、柳州不久将沦陷，在向重庆方面通报了桂柳情况之后，遂于 1944 年 6 月间在广西农事试验场成立疏散委员会统筹疏散事宜，开始安排场、站、校的转移。沙塘垦区管理处在马保之下转移令后，也安排了垦民的自由疏散。经马保之了解，广西农事试验场有职员家在三江、融县一带，而且三江县良口乡水路可直达且那里靠近贵州，可谓远离日军相对安全。于是他安排家在良口的职员回家联系广西农事试验场疏散到良口后的住宿等问题。

广西农事试验场现存的档案里对于成立场疏散委员会（简称"疏散委"）有

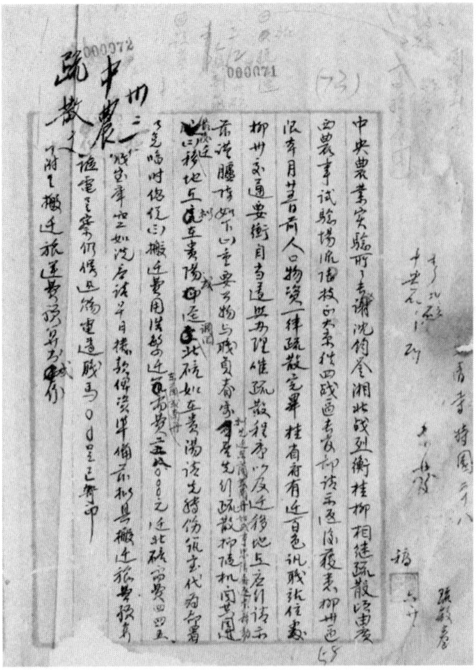

马保之签发的中央农业实验所广西工作站疏散令。（来宾市档案馆 098-018-0007-027-055）

着详细的记录。疏散委下设公物保管股、职眷行李保管股、船运股、车运股、总务股、文书股等，以安排组织疏散，并派员到准备疏散地察看。稍后暂停对水稻、麦作、棉花、玉米、甘蔗、花生和牧草、绿肥、森林、果树、蔬菜、花卉及植物、杀虫、杀菌药剂试验的研究与繁殖推广；病虫害防治、林业化学分析等工作提前结束；良种收藏、装运及分析结果要及时整理好；图书、仪器、器具、文件，各种设备、研究材料及职员眷属行李的待运工作都在加紧进行。

1944 年 8 月，日军侵占湖南衡阳后，准备进攻广西桂林、柳州。这时，马保之开始实施场、站、校的转移，安排广西农事试验场、广西推广繁殖站迁至三江县良口乡，广西高农迁至融县达东村，并向国民政府第二区行署打报告希望疏散地有关部门提供方便。

同年 9 月，日军开始通过全州向桂林发起进攻。在日军的夹击下，桂林俨然一座孤城，但守军们却都抱着必死的决心誓与桂林共存亡，士气十分高涨。然而日军集结于桂林城下时，白崇禧布防于桂林城外的两个师在“抗战胜利前保存实力”的指令下远遁而去。就这样，保卫桂林的任务就落在了桂林城内单薄的桂军和民团身上，他们的实力与强悍的日本侵略军相差悬殊。桂林失守已成定局，接下来就是柳州了。

10 月，战局多变情形于我方不利，柳州告急。广西农事试验场进入紧急疏散阶段，马保之作为沙塘农都各单位的总负责人，亲自指挥疏散人员、物资，督促率领员工将次要物资埋藏于地下，有的分散存放于附近乡间，并派人员保管留存沙塘的物资。

马保之安排广西农事试验场时先到丹洲，再由水路经良口、富禄向贵州榕江逐步搬迁。为了做好安全疏散，马保之在融县设立了中转站，全场的物资和人员分别通过水路到达目的地，科研和耕地用的牛则安排人员从陆路赶往三江县。

如果广西农事试验场从沙塘走水路的话，要经过近几公里的陆路从露塘的柳江河段上船。广西农事试验场调动了各方力量，用汽车把重要的物资先拉到露塘码头对面岸上的村子让人看守，待船到后统一搬上船，随船撤退的人到齐后，将从露塘到融县，然后再到都柳江转运到三江县良口乡。

第一期的搬迁工作井然有序，职工、家属、图书、设备、粮食等均分批按计划向北转移，还比较顺利，但还是发生了多起人员意外伤亡和财产损失的不幸事件。

广西农事试验场的职员和物资安全到达丹洲后，秘书侯杰按照安排负责护送物资从良口至富禄，在水路护送物资的途中，被土匪的几条船横在河上拦截，侯杰在和土匪周旋过程中被对方击中一弹。土匪抢走物资之后，其他职员把侯杰送回良口乡时，发现他伤及肺部，幸得场部卫生所曹医师及时诊治，才转危为安。职员张毓璜从陆路赶牛前往良口乡途中，也遭遇抢劫，张毓璜稍作抗争即被土匪打成重伤，送到良口乡后也是经曹医师治疗才得以痊愈。

本来大家以为越到山区越远离日军越安全，却没想到土匪是如此猖狂，但这也是没有办法提前预知和避免的。

到融县集中全靠船运，江水这一截已进入都柳江地段。发源于贵州独山的都柳江水位落差很大，船只一路逆江而上，沿途险滩暗礁比比皆是，江水翻滚冲击礁石发出雷鸣般的吼声。到逆水难行处，除了掌舵的外，其他职员都上岸拉纤，艰难行舟。职员们后来回忆当年只穿着一条短裤光着身子拉纤时，都说有黄河纤夫的感觉。

从融县到丹洲由于船只有限，负责转运的职员只能分批到融县接人和物资。一天，邱式邦和几位广西农事试验场的同事从融县分坐两条船，护送粮食、公物并带着一些职员的家属，经良口到富禄。这一段河道特别危险，当经过一个险滩时，走在前面的那条船被大浪冲得后退触礁，一声巨响之后船体折为两段。职员李永禧的爱人和两个孩子被河中急流冲走，船上所有公物和 3000 斤粮食也一并落水。呼救、哭喊声乱作一团，等到后面来船将李永禧一家人救起时，特别不幸的是，两个孩子已经断气。为了不影响转运，李永禧只得把孩子的遗体就地掩埋在这前不着村后不着店的荒滩上。邱式邦说，他到晚年都记得那天晚上，孩子母亲凄惨的哭声和同事们陪着默默流泪的情景。

前期转运事宜基本在良口乡安置好后，马保之等一行二十余人于 1944 年 11 月 6 日最后离开沙塘步行北上三江，走了三天三夜才到。在撤退的途中，干粮不够大家都饿着肚子，实在饿极了，只好跑到农民的地里挖红薯吃。常言道一斤红薯三斤屁，职员们吃了红薯后，一路放着响屁走到良口。每当一个人要放屁时，就举手向天，做出打枪的样子，屁声随即响起，大家哄堂大笑，由此也调节了路上逃难的悲凉气氛。

柳州于 11 月 11 日沦陷，下旬日军侵占融县长安一带，马保之通知广西农事试验场设在长安镇的通讯处撤销。

与大家会合之后，对于途中发生的伤亡之事，马保之慰问了伤员和家属，粮食损失则让经历者写下情况经过往上核销。但职员反映沿途的治安问题引起了马保之的警惕，他通过当地人了解到，在三江一带有个地方武装头目叫杨标，原来是贵州的一个土匪头目，手下有两千多人，来到三江县后被国民党军收编成一支部队，摇身一变成了营长。马保之想办法结识了杨标，当杨标知道他在中央有关系后，非常给他面子，处处打招呼，并给了他一面旗子，说在三江一带如果出现土匪抢劫和遇到部队，把旗子亮出来就可以避免遭到刁难。这一招很灵，从此以后广西农事试验场的财物再也没有被抢过。冬天到了，马保之还从杨标那里要到了二十多套棉衣和棉被给职员们御寒。

1944 年 12 月初，由于未雨绸缪，广西农事试验场北撤的职员在三江县良口乡很快安顿好。良口乡是侗族聚居之地，位于江岸边，只有一条小街，街的尽头是岳武庙，庙傍岭而建，自下而上，下面是戏台，上面是正殿。马保之安排带眷属的职工住在下面及东西厢房，单身汉则住在正殿和对面的戏台上另外两个住处，他本人住在同事莫虚光的父亲家。自此，广西农事试验场的职员们就过上了离乡背井、流离失所的苦难日子。

广西农事试验场除驻守丹洲通讯处看守物资的部分人员外，抵达良口乡的人在街上找到一幢鼓楼，开始恢复办公。职员安顿好后，马保之又多方筹措经费和口粮，为员工生活分忧。

此后，马保之又精心筹划，组织科研人员及时选地播种，保存试验材料，组织大家学习科学技术。为了保存作物品种材料，科研人员在良口乡租地栽种作物。当时冼寿征负责玉米自交系的保存，岑爱钧负责小麦品种的保存。马保之率先讲授孟德尔遗传学和生物统计学，张信诚博士讲有机化学等。他们还请外地疏散到良口乡的教授、专家作过几次学术报告。其中，乐嗣炳教授作的古钱币学术报告及展示的古钱币尤为精彩，令人印象深刻。

广西农事试验场有部分专家住在离良口乡不远的富禄。在富禄停了一段时间后，邱式邦接到重庆中央农业实验所发来的电报，要他火速返所参加出国考试。在当时的情况下，邱式邦是无法动身去重庆的，但他还是清理了一些物品和准备继续后撤的四个同事一起，练习打背包，以便适应撤退时的负重徒步。

抗战时期，从广西经贵州到四川只有一条独山公路，日军是否撤走对大家能否顺利撤到重庆十分关键。1945 年春节过后，消息传来，日军已退出独山，邱式邦得知，有一支国民党军部队要经过榕江开往某处整编，带队的连长与广西大学农学院的体育教师认识，通过这位教师的关系，连长同意让邱式邦一行四人跟着部队一起出发。

邱式邦等临行前，老同事黄继芳携全家人带着糯米饭来送行。大家紧紧握着黄继芳的手，纵有千言万语却说不出来，因为大家心里明白，这次分手是吉是凶，很难预测。

第一天邱式邦四人跟着部队走了二十多公里，平生第一次背着背包长途步行令他们疲乏不堪，一路上越走越慢，落后部队足足好几公里。四人当晚跟着部队到了一个乡镇，就睡在一所小学教室的地上，考虑到当天不能紧跟在部队后面走的危险性，决定第二天在部队出发前提早半小时上路。

第二天行军走的都是崎岖山路，沿路人烟稀少，更没有卖吃的，幸亏四人行囊里还有吃剩的白薯可以聊以充饥。一路上，他们发现有倒毙在路旁的士兵，有的还背着枪。傍晚随部队到了一个村庄，村民们早已跑光。邱式邦四人便进入一家敞开大门的农户，在牛棚的稻草堆里过了一夜。

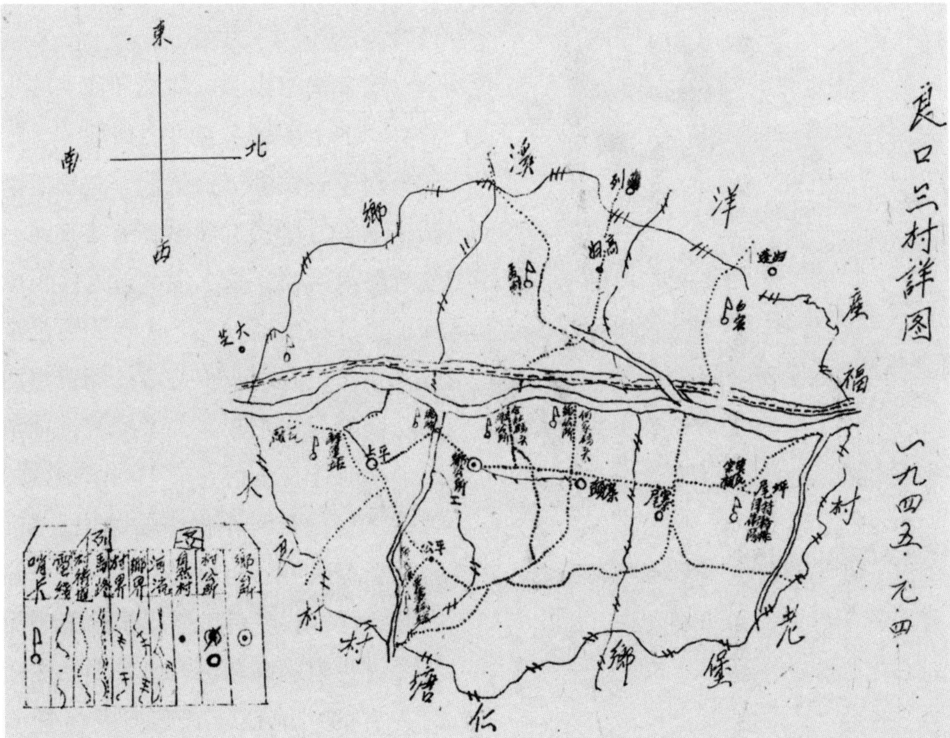

1945 年 1 月 4 日在日军入侵三江时，广西农事试验场相关人员为方便疏散而绘制良口三村详图。（来宾市档案馆 098-002-0041-021-041）

连着赶了两天路，邱式邦四人浑身酸痛，感到步行更加困难。第三天出发不久他们还能望见士兵们的背影，但很快就被远远落下。这时邱式邦发现有人跟踪，远远看去，那人扛着一根扁担或是棍棒。四人离部队越远，那人跟得越紧。察觉到情况危急，邱式邦等人都想加快脚步，但是力不从心。这时邱式邦想只有减轻背包重量，才能走得快一些，同行其他三人都同意他的想法。在路的拐角处有一丛灌木可以挡住视线，他们快速从背包中抽出毛毯扔在草丛里。尽管如此，邱式邦一行四人仍未能赶上部队，然而跟踪者离邱式邦四人更近了，轮廓也看得十分清楚，他们紧张极了。

就在这时，奇迹出现了，邱式邦四人听到前面好像有人活动和说话的声音，接着便看到一队曾经同行的士兵。原来前方遇到条小河，部队正在通过一座摇摇晃晃的独木桥，桥小人多过桥费时，等候过桥的士兵就坐在路边休息。邱式邦他们终于赶上了部队，再回头看那个跟踪的人，不知什么时候已经消失了。

邱式邦他们离日军曾经入侵的独山越来越近，沿途发现当地居民都已弃家逃亡。这天他们虽然走得不快，但幸运的是，紧赶慢赶，最终赶到了休息点，四人仍像前天一样进入一间民房歇息过夜。幸好屋里有干草，不然丢掉了铺盖的四人不知如何熬过那寒风刺骨的夜晚。

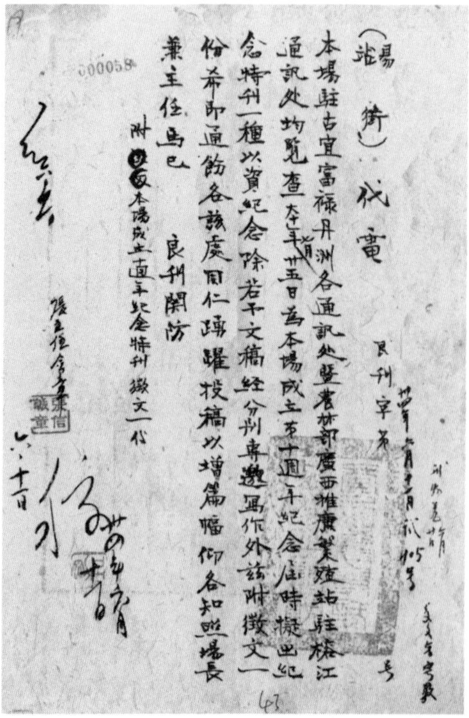
（場銜）代電　良刊字第　號

本場駐古宜富祿丹洲各通訊處暨農林部廣西推廣繁殖站駐榕江通訊處均覽查本年六月廿五日為本場成立十週年紀念屆時擬出紀念特刊一種以資紀念除若干文稿經分別專邀撰作外茲附徵文一份希即通飭各該處同仁踴躍投稿以增篇幅仰各知照場長兼主任馬巳　良刊開防

附本場成立十週年紀念特刊徵文一份

1945年6月11日，广西农事试验场下发了该场成立十周年纪念通知。（来宾市档案馆 098-002-0073-019-043）

旅程快结束了，邱式邦四人心里高兴，加上减轻了包袱，最后一天走起来感觉轻快多了，他们一直跟着部队，下午时已接近独山。邱式邦向一位过路人问路，那人说翻过这座山就到了。谁料山高坡陡，山上积雪已结成坚冰，走起来步步打滑。邱式邦四人跌倒爬起，不知摔了多少回，花了四个小时才在暮色苍茫中到了劫后的独山。一度被日军侵占的独山县城，到处断垣残壁，车站附近有一些用破门窗、烂木料和芦席搭起来的临时棚屋。这些棚屋有卖吃的，有提供住宿的，有的门前还停着破旧的运货卡车。独山是当年西南公路上通往四川省的必经之路，过路车辆经常在这里打尖或过夜。四人找了间旅社住了下来，谁知这一晚盖上了棉被，反而大半夜不能入睡。

次日清晨，旅店掌柜帮忙联系上一辆过路北上的“黄鱼车”，邱式邦在贵州遵义桐梓下了车，终于平安到了家。此时他除了一包试验资料外，唯一的身外之物就是在路上得到的一身虱子。休息了一段时间后，邱式邦来到位于北碚的重庆中央农业实验所，然而，出国考试的日期早已过去。

由于良口乡地处僻壤，街上很少有蔬菜出售，广西农事试验场的职员们只有摘野菜充饥，幸运时能吃上黄豆焖冬菇。之后不久，广西省政府给每个职工每月配发粳米100斤，职员们不习惯食用，便到良口乡的粮店换成80斤黏米。

本以为可以在三江县好好地安顿下来，没有想到的是，1945年1月，日军经融县入侵三江，对离融县不远的丹洲大肆抢掠，带不走的便一把火全烧了。广西农事试验场安放在丹洲的公物，除大部分由驻丹洲的工作人员抢运到蕉花处，其余全部损失。

1945年7月25日是广西农事试验场成立十周年纪念日。据现存的档案记载，在之前的6月23日，马保之就函告在丹洲的吕刚等人，由于纪念会会期将近，各项工作业已积极筹备，丹洲通讯处李永禧代主任应于开会前半个月前来良口乡协助布置展览会场工作，并要求他携带绘画用具和其他用品以备不时之需。非常之时无法举行盛大的纪念会，马保之为了振奋大家的抗战精神，曾热情恳请范福仁和陆大京创作抗战歌曲一首，供职员们演唱。

广西农事试验场在1944年7月至11月初都在忙于疏散之事，农事试验工作遭受严重影响，大部分田间试验未能获得结果，而室内工作也因疏散不能照常进行。最后疏散到三江县良口乡，广西农事试验场面临的困境是：经费粮食已严重不足，因日军入侵常常一日数次警报，职员们寝食难安。

然而科研人员们就是在这种极端恶劣的条件下，仍坚持开展工作。据统计，1944年开展的试验共52个，其中农艺组21个、园艺组2个、森林组6个、病虫害组11个、农业化学12个。科研人员对上述试验结果加以整理，使得工作前后相贯。在良口乡进行良种推广繁殖，使当地农民获得改良种子的实惠。举行农业展览会，当地农民因此认识到农业改良的价值和好处。科研人员在工作之余相互研讨，组织了农业问题讨论会、通俗讨论会等。马保之及张信诚分别讲授“遗传及育种”“土壤肥料”及“本国史”，让员工在战乱时也能获得科学知识和精神食粮。

1945年8月15日，日本宣布无条件投降，柳州光复。广西农事试验场职员乘船回沙塘时异常兴奋，都憧憬着可以过上的安定生活。令人遗憾的是，一行人途经融县长安，在战乱中引发的霍乱开始流行，病虫组的李沛溪不幸染疾，因医治无效去世。

二、广西大学农学院暂避榕江

抗日战争前，贵州没有真正意义上的高等学府，其现代教育体系的建立是在抗战时期，主要得益于八所大学的内迁。浙江大学是抗战时期中国高校内迁的缩影，在其之后还有七所高校相继迁至贵州，其中大夏大学、湘雅医学院、之江大学工学院迁到贵阳，唐山工学院迁到平越（今福泉），中正医学院迁到镇宁，广西大学、桂林师范学院迁到榕江。1944 年底，“黔南事变”发生、独山沦陷后，又有部分高校迁入。在沙塘农都的广西大学农学院也是这八所学校之一。

1942 年，广西大学农学院教授肖汉夫带学生到柳州办事，在回沙塘的途中被日军的飞机炸弹炸伤后背和脚部。场部医生医治时，发现其伤不算太重，但炸弹里的炸药有剧毒，当时没有可用的药，终于无治殉职，如今还葬在沙塘。

该事件发生两年后，1944 年 6 月，日军进犯衡阳，桂林危急。广西大学疏散，农学院接到本院通知后，决定除留一部分上课需要的图书、仪器随身携带外，全部图书、仪器、标本等一切公物都装箱待运，部分师生亦离开学校。9 月，留校的全体师生员工和眷属，在时任院长汪振儒教授的带领下，分批踏上了向桂北融水与贵州榕江的疏散之路。

广西大学决定在 1944 年 6 月开始迁往贵州榕江时，农学院原来打算和广西农事试验场一起迁至三江县，但考虑良口乡可能无法接纳那么多人，故接到通知后计划沿黔桂铁路迁往南丹。其间陶心冶教授曾受命到南丹选定临时校址，职员黄妙珩等也曾前往筹建临时校舍，但农学院后来考虑到南丹是日军的必经之路，不太安全，遂决定改变原计划随校本部迁往榕江。计划第一步先到融县，

位于沙塘的广西大学农学院教授肖汉夫之墓（兰生葵提供）

除教职工及眷属乘汽车外，全体学生与工人均由副教授王启元带队步行到融县。农学院牧场的奶牛和绵羊，由助教陈修文和工人林宗伟、周文清等九人赶往榕江，要求最迟 9 月 20 日到达。教学必需的仪器和图书等，则用船运到融县，再由融县转运到榕江。10 月底日军向桂林进犯，全体师生即从融县向榕江转移，除年老体弱的教职员和家眷以及图书设备由船运到富禄，再改乘小艇逆江而上到达榕江外，其他教职员工及学生仍由王启元老师带队步行先到富禄稍停休息，11 月中旬再经从江县一直步行到榕江。汪振儒与讲师蔡灿星等三人在富禄待全部教职员与家属上艇完毕，才最后步行前往。全院师生离开融县不久，桂林、柳州于 11 月 11 日同时沦陷。日军分两路进犯，一路从桂林经龙胜向三江，另一路从柳州经长安（今融安县），沿江北上到丹洲。

在丹洲时，日军的船只距离运载教职员与家眷的船只不远，日军的残暴使大家闻之惊恐，很害怕被发现，于是随船负责人决定隐蔽不前。两天后日军已分别撤退至龙胜与长安，船队才得以继续行进，并安全到达富禄。校本部先遣人员到达老堡的石门时，该地已经被土匪洗劫一空，汪振儒为了沿途师生的安全，经马保之的介绍亲自拜访富禄的队伍头目杨标，请他多多关照。沿途山路崎岖，江流湍急，途中生活历尽艰险，屡受敌情惊扰与土匪威胁，但全体师生员工互爱互助，相偕相励，终于在 11 月 28 日安抵榕江。农学院牧场的牛羊数十头，也尾随而至。

1944 年 11 月 16 日，《新华日报》刊载了记者萧佳令写的《黔桂流亡旅途见闻》。萧佳令在衡阳弃守之后从桂林疏散经过柳州、金城江、独山、贵阳到重庆，一路见到了从长沙、衡阳等地疏散来的难民，有难民大人爬上火车顶却丢下了小孩在车下凄惨哭泣；有的难民趴在火车顶上，过隧道时因超高被刮下火车摔死。在疏散的路上，师生们遇到的情景，正如萧佳令所描绘。

何康等广西大学农学院学子，也经历了爬火车的惊险。桂柳大撤退时黔桂铁路只通车到金城江，公路车辆拥挤不堪，沿线交通一片混乱。广西大学农学院准备疏散到贵州时，早已没有火车可以乘坐。这时何康找到了父亲的朋友、时任第四战区中将参谋长吴石。吴石派兵到车站，用枪逼着车站的调度人员加挂了一个车皮，才将广西大学农学院的学生们疏散出去，为新中国保存了一批农科后备人员。

虽然吴石是何康父亲的朋友，但为何要帮助学子疏散呢？我们不妨了解一下吴石背后的故事。

新中国成立后，不少刊物都说吴石是何康父亲何遂单线联络的中共党员，随着国民政府到台湾后仍为中共提供情报。可何康在他的《我所知道的吴石》一文中阐明，吴石只是父亲的好友，两人在反对国民政府“消极抗战、积极内

桂柳大撤退，不少柳州难民爬火车逃难。

战”方面有着共识，遂成莫逆之交，但吴石没有加入中国共产党，更没有为地下党员开展情报工作。

正直的吴石因为自己的军事才干没有得到军界重视一直很苦闷。1940 年底，吴石因在桂南会战中组织了一场关键战役取得大胜，获好友白崇禧推荐担任第四战区中将参谋长，此任长达五年。在第四战区长官部驻地柳州，吴石重逢了二十余年未见的同乡、同学，时任第四战区军法执行监吴仲禧，两人一见如故，推心置腹。吴仲禧于 1937 年卢沟桥事变前夕秘密加入中国共产党，两人的重逢对后面吴石倾向中共有着密切的关系。

吴石儿子吴韶成在《忆将军父亲吴石的戎马一生》一文中也提到了他和父亲在柳州的生活。1944 年夏，日寇大举犯湘，长驱入桂，广西逃难民众涌入柳州火车站。吴石为纾民困，擅自下令让柳州车站司令游飞（吴石保定军校同学），在军列中加挂车厢疏散难民。据何康的回忆，当时他和广西大学农学院一批大学生就是乘此加挂车厢逃离险境。

吴石和家人退出柳州时，虽已先行，但交通工具极度困难，饱受游离之苦。吴石生平积累的珍贵书籍，沿途中散失无遗，其子吴竟成患肺炎，因缺医少药逝于途中。加上盟军误炸转移到六寨的第四战区司令部，全军损失惨重，吴石亲历了桂柳大撤退中军队、民众的惨状。

解放战争期间，吴石因不满蒋介石的独裁统治，开始倾向革命。当时，他担任国民党军政部长办公室中将主任。中共上海地下党负责人潘汉年指示吴仲禧设法通过与吴石的老乡关系在国防部谋取一个职务。经吴石帮忙，吴仲禧很快被委任为国防部监察局中将首席监察官。从这时开始，吴石虽然不是中共地下党员，但他为中共提供了许多极其重要的情报。

1949 年 7 月，吴石即将调任台湾，任国防部参谋次长，他在香港最后一次和吴仲禧见面。吴仲禧认为吴石此行太危险，劝他留在大陆迎接解放。可吴石没有听劝，认为自己为人民做的事太少了。于是，他带着“密使一号”的联络代号去了台湾。1950 年 6 月 10 日，吴石被台湾当局杀害。

何康一行人在金城江停了一段时间后，终于等到晚于他们到金城江的广西大学农学院的师生们，他们一起向下一站榕江进发。

男生们分作三个大队，爬崎山、越深谷，一路披星戴月。所谓陆路并不能通车，就是河谷两岸沿江而上的山涧窄路，盘山越谷、上岭下坡，时而是拾级而上，时而是淋滑的烂泥路，道路一边靠悬崖，一边临江，行人走过得十分小心。不仅路难行，还有土匪出没，一个打前站的小职员经验不足，钱财露光，被土匪抢去队伍一天的伙食费。体育系老师王健，在路上遇到土匪，一家五口东西被抢劫，连随身衣服也被剥光。他夫人达九如是广西大学幼儿园的老师，只好找了一床破棉絮，用草绳绑在身上遮羞。逃难路上，真可谓又惊又险，师生们精疲力竭，苦不堪言。

由于战乱，一时难以找到大量船只。这时，学校刚成立的“系代表会”成员，马上分散到沿江村庄，做百姓的工作，并得到沿江百姓的支持。在两天时间内便找到大小船百余艘，这些船有的是花钱雇的，有的是百姓无偿帮助的。很快，搭载着眷属、女学生及病员、器具等的船队继续北上。水路蜿蜒于深山峡谷之中，水急滩险，常常令人提心吊胆。好在几十条船在一起，土匪不敢轻举妄动。经过数天的行船，终于到了榕江古镇。小镇上大多是苗、瑶木楼，镇

广西大学西迁榕江图
（选自《广西大学校史》）

广庆会馆——广西大学榕江校址（选自《广西大学校史》）

周边有不少护镇的城墙碉楼。广西大学的员工分散住在小镇上。

一路上备尝艰辛，幸而师生们互助共勉，于1944年11月28日全部平安抵达榕江。农学院养有牛羊数十头，也长途尾随而至。只是一路山高水远，学生在路上只好卖了毯子、衣服及书籍，一路轻装前行，这也使他们在榕江的生活更加艰难。

榕江虽是一个小县，但在贵州还算比较殷实，职工、眷属、师生陆续到达后，生活虽然困难，但总算暂时安定下来，大家最关心的是战事发展和敌人动向。当时外面的消息主要靠来往的人传播，但是带来的消息总令人焦急。单身的老师和学生，都想再往安全的地方转移，而有老有小的家庭，出于无奈，只能打算在榕江住下再说。

在撤退时，师生们除一部分上课必需的图书、仪器标本设备随身携带外，其余图书、仪器和标本共装了120箱，交铁路部门托运，由体育教师王健押运。运至六甲站后，由于铁路坡度大，火车无刹车装置，不能继续前进。汪振儒多次到柳州铁路局与第四战区司令部接洽，均无结果。10月下旬，讲师范云迁前

国立广西大学农学院1945级学生在贵州榕江摄毕业留念照。（中国战时农都博物馆提供）

往六甲协同王健把这批物资搬到附近一户农家寄存。随着日军进入贵州境内，这批书、设备全部损失于战乱之中。

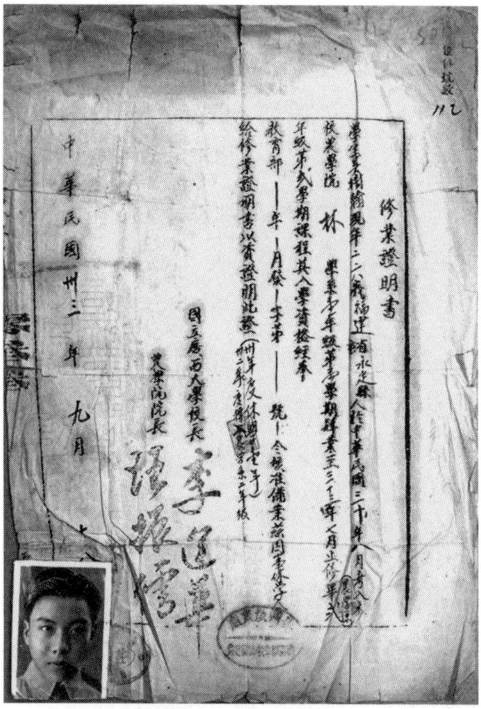

1944 年 9 月，广西农学院因学生避难离校而发放修业证明书。（广西大学档案馆提供）

1944 年 12 月初，广西大学正在组织各院校准备复学开课，忽然传来日军由贵州荔波北上，其中有一个中队正逼近榕江距县城不足 75 公里的消息。全校只得再次迁往黔北。师生在不到两个月的时间里搬迁了两次，此时大家对搬迁并不惶恐，一切都井然有序。只是北上都是小路，大多数学生的箱子及书籍只好忍痛扔掉或送与当地百姓。就在大队人马往黔北走了两天，刚到忠宝寨时，又传来消息，自荔波北上的日军被打败了，退至其他他方。这时，广西省政府也发来紧急电文，命令学校退回榕江，全校师生只好又于 12 月 11 日全部返回榕江。

1944 年 12 月 18 日，学校正式上课。其时，先后到榕江之教职员有 200 多人，学生加上新招取者共 480 人，全校按照教学计划开出全部 325 门课程。不久，原来不见踪影的校长李运华，从成都赶来接手学校。

榕江位于黔南，地处四面青山之中，城倚三江汇合之处，为黔桂交通枢纽。广西大学借用榕江部分会馆、宗祠及公房，因陋就简作为教室、办公室及学生宿舍。农学系实验室设于四川会馆香祠，农场、牧场设于附近的五榕山，兽医院及森林苗圃则借用贵州师范学院几亩菜园。教职员工全部租住民房，人多房少，拥挤不堪，生活艰苦，工作条件极差。

在疏散期间，部分教师离校返乡或赴贵州、四川工作。抵榕江后，学院另聘当时迁往三江县良口乡的广西农事试验场技正孙仲逸、黄瑞纶、陆大京、黄亮、柳支英、范福仁、吴清泉等来院任教。而这时，汪振儒因为落实家庭避难之事，无法兼顾农学院在榕江的管理，骆君骑教授也辞去了农学系主任职务。时任广西大学校长李运华改聘陆大京教授任广西大学农学院院长。陆大京受学校委派从榕江步行四日到贵阳负责招生，选录新生工作在遵义进行。陆大京等乘军车往返，由于路途崎岖，刹车失灵而翻车，造成死一人伤数人的事故，陆大京也受了轻伤。

榕江地处偏僻，加上战时物资奇缺，通货膨胀严重，教职员工收入微薄，生活苦不堪言，虽尽量节衣缩食，但也只能维持最低的生活水平，子女较多的教师，常常变卖衣物和首饰来补贴生活。学生中大多数因家乡沦陷，经济来源无着，靠公费维持伙食。在艰难困苦之中，大家粮食不足时以杂粮充饥，全体师生员工保持着团结友爱的精神，坚持教与学。

柳州、桂林相继沦陷后，汪厥明教授没有随广西大学农学院转移到榕江，全家大小由学生陈士毅、张仲葛帮忙避居于荔浦县的瑶山。大山里的生活极其艰苦，住的是茅棚竹舍，吃的是蕨根野菜，汪厥明为维持生活，不得不白天上山打柴，挖野菜充饥，以度艰难困苦岁月。他依靠两个学生设法把他在陕西和柳州搜集的大批资料送进山里，继续坚持进行生物统计学研究，完成了《动差、新动差、乘积动差及其相互关系》的原稿。在避难的时间里，汪厥明常以自己的切身感受，要身边的人树立日寇必败、中国必胜的信心。他虽避居瑶山，身陷困境，亦从不动摇，把胜利寄托于在敌后坚持斗争的八路军和新四军，寄托于在延安的中国共产党。

中国人的春节总是以合家团聚为中心的，即使是在战乱年代也是如此，而此时由于音讯不通人们团聚的念头更加强烈。1945 年的春节将近，不少师生都想离开榕江与家人团聚过年，一位森林系的老专家带着全家离开榕江。榕江一带全是山，一些土匪隐藏在这些山中。老专家没想到路上会遭到土匪抢劫，不仅行李被劫，连全家人身上穿的衣服也被剥光，每人只能套上一个麻袋返回榕江。于是学校下令，为安全起见，请大家暂时不要离开榕江，待时局安定一点再说。

与此同时，继续后撤的准备工作仍在进行，因为师生们不知道日军还要打到哪里。首先是处理不能带走的衣物，卖了变些钱好做路费。榕江是好几个少数民族聚居的地方，每逢圩日，远近乡民都进城交易。他们对外地人带来的东西很感兴趣，不仅争相购买衣服、床上用品、毛巾等物品，手电筒、热水瓶、搪瓷用品也成了抢手货。不到半天，师生们的“货”就销光了。第二天，师生们继续摆摊，将头一天估计不会有人买的东西全部摆了出来，结果旧西装、皮鞋、毛衣、皮箱全部脱手。看到这“红火”的集市贸易，原来不准备离开榕江的职员也纷纷上街摆摊。

1945 年夏，日军退出广西，学校筹划从榕江等地返回沙塘。8 月 15 日，日本宣布无条件投降，抗战胜利，举国欢腾，全校师生也与当地民众一道欢庆。当时榕江上游地区连日暴雨，榕江县正处在江河与剑河汇合处，8 月 16 日下午洪水暴发，一夜之间，全城房屋均被淹没，仅城墙露出水面。对这次榕江 60 年来罕见的大洪水，师生们事前毫无准备，至凌晨洪水进屋才发觉匆忙逃出。在极短的时间内，全体师生员工积极互救互助，扶老携幼，扎排搭架，经过努力，所有人员均转移至山上，但图书、仪器、档案等公物及私人财物未及搬出，尽淹水中，损失巨大。

榕江大洪水过后，学校决定立即回迁，并且在柳州离沙塘不远的鹧鸪江找好了临时上课的地点。考虑到战后船只比较好找，而且坐船是顺流而下时间快，学校决定坐船回柳州。但没想到这期间出了意外，从榕江乘船到富禄的途中，由于滩多水急，加上乘载超重，一艘小船在险滩中翻船，有六名学生不幸落水遇难。牧医系王履和教授身体本来就不好，在返回途中不堪颠簸之苦而病逝。这是返回柳州过程中最大的不幸，全体师生在船到融县时，举行了遇难学生及王履和教授的追悼大会。

1945 年 7 月，广西大学在榕江的毕业生共 79 人，其中农学院 14 人，另有 23 人报名从军。

三、广西高农转移融县

1944 年夏，日军大举南侵，柳州危在旦夕之际，沙塘农都的机关、学校纷纷迁移疏散，广西高农自然也不例外。按照校长马保之的安排，广西高农应该迁到融县达东村，并且必须在 6 月份停课启程。

由于广西高农转移的多为学生，且学校无法安排交通工具，于是 36 位同学在教务主任余桂甫和训导主任胡斌的带领下，步行了几天终于到达融县达东村（今融水县融水镇东华村达洞屯）。这些同学步行的同时，也运来一批大米，保证了师生一段时间的粮食供应。

达东村靠近县城，条件比三江县良口乡要好些。经过打前站的疏散委联系，发现苗民的木楼楼上很宽敞可以打地铺，好在都是男生，于是 36 位同学们一起住在一间榨油房的楼上，教师员工则散居在村里苗民家中。10 月间学校复课，刚上了一个月的课，因日军侵占柳州被迫停课，准备再向距离达东村近 40 公里的融县蒲令村（今融水县香粉乡雨卜村）转移。此时，部分师生如刘才彬、孙雄才、陆启密、郭乃秋、刘超武等人的家都在相对安全的地方，于是离开学校自行回家。当时，全志洁老师和一部分同学在达东村将大米搬运到蒲令村，还没有搬完，就看到很多从县城跑到达东村的人说日军已迫近融县境。这一消息引起同学们的恐慌，一部分同学退回蒲令村，另一部分同学则转至达东村附近的竹口村躲藏。

1944年夏，广西高农师生经过艰苦跋涉到达避难地——融县达东村。（中国战时农都博物馆提供）

在竹口村躲藏的这批同学没有想到，前面躲过了日军，后面却遭土匪抢劫，所幸无人伤亡。当时融县已经被日军侵占，这帮同学既不能去达东村，也不能回蒲令村。最后，全志洁老师建议大家到柳城县凤山镇参加县政工队宣传抗日，陈锦亲、刘政、蒋济生、莫斌、梁家慰、梁远馨、楼国藩、全志华、李志甫、张绍等同学在全老师的带领下到柳城县凤山县找政工队，后政工队由全老师任队长。而退至蒲令村的同学，因经济困难自行结伴经商，贩卖米、盐、火柴等物品，谋求薄利补充生活，但因本少利微和经营无方，造成亏损而告终。

1944年冬，迁至蒲令村的部分师生困境日增，已呈粮尽财绝、穷途末路之势，教务主任余桂甫只好宣布学校解散，各人自谋出路。李济安、方丹洲、陈海云、韦德盈、周望午、陈藩柄等部分师生，取道贵州而去；廖国光、龚茂全、曾纪镇、李超桐和陈世生五名学生，经商议后计划投奔全志洁老师参加政工队，经过两天步行到达柳城县凤山镇，找到了全老师，因已人满，未能接纳，只能冒险南归故里容县。

廖国光一行五人从凤山出发，经沙埔到石碑坪（此时这里已有日军驻扎），再走小路进入古木山在韦七家借宿，次日出鹿寨，绕出岭而行。从此，日出而行，日落而息，沿途的百姓见他们是青年学生，都非常同情他们，每到一处，农户都乐于提供食宿。为了避免遭遇日军，他们每到一地必先探明前方情况才出发，从鹿寨进入象县（今象州县），再到大樟乡龚茂全同学的家，停留三天后，从大樟出发，计划越过紫荆山到平南县，就在即将进入紫荆山的途中，遭到了土匪抢劫，抢走了他们携带的钱财、大米和衣服。他们刚走没几步，土匪可能是“良心发现”，突然叫住他们，又扔回一袋大米给他们。当时，五个学生十分恐慌，再次退回龚茂全家。在龚茂全家住了几天，其余四个学生才跟随小贩越过紫荆山抵达平南县思旺，再从大旺江口乘船至武林口，最后到达容县县城，四人才分手，各自回家。

四、职员留守场部

广西农事试验场迁走之前，马保之任命职员黄立民为留守主任，安排部分员工留守场部。这一部分留守人员，留在山场里，就近观察日军行动，以保护隐藏在附近的不能带走的公物。

日军侵入广西农事试验场时，留守人员就跑到附近的山里躲避，他们还在林中多次袭击追来的日军。日军抓不到人便点了一把火，将广西农事试验场烧毁。日军也曾点火烧山林，但他们离开后，留守人员马上开始扑救，开挖了防火线，避免了山火蔓延，保住了大部分科研林。更为不幸的是，当留守人员返回场部时，又遭到土匪抢劫，森林组未及疏散的八箱器材全部被抢走。留守人员对土匪说，这些仪器是研究森林防虫害的，你们把这些仪器抢走，以后没办法治理虫害，你们连待的地方都没有。土匪不管也不懂这些，说现在都难活下去，以后你们有命想用这些东西可以花钱来赎。以至到最后，广西农事试验场留在无忧垦区的公物全部被抢完，沙塘成了一片真正的废墟。

1945 年 1 月底，广西农事试验场留给留守人员的粮食没有了，由于道路阻断，留守人员一直没有得到场部拨给的粮食，迫不得已将留守的工警暂行解散任其自谋生路。留下来的青年工人黄肇强、郭标、陈熙、李延常、梁联新、莫仁礼则在山林里武装巡逻、维持治安和保护公物。

沙塘成立敌日伪司令部后，日伪司令沈英山声称要将留存在山场里的公物取出来给日军用，黄立民马上和其他留守人员紧急将这些公物疏散到密林当中和留休村里。当时动用的人员比较多，留守人员韦祖佑向村民筹借大米 56 斤（老秤），垫付给临时雇佣人员。到日伪军撤离沙塘后，黄立民又雇工将原先隐藏的公物搬迁到卫生室和公馆存放，花去大米 48 斤。

在日军入侵沙塘的几个月里，留守人员哪怕自己没有粮食吃，也想方设法保护公物。这些冒着生命危险保护下来的仪器、标本等公物，有一部分如今在中国战时农都博物馆展示，它们是那段历史的见证。

五、场校再复农都

日本无条件投降后，避难的人们逐渐开始从外地返回柳州。然而，他们不知道，等待他们的是一座被大火毁灭的城市。

《新华日报》1945 年 7 月 22 日据美国新闻处同日电报道柳州被毁的情况，以“劫后柳州一片瓦砾”来形容。报道说“敌军蓄意破坏柳州，汉奸助虐大肆烧杀劫掠”，这个助虐的汉奸就是柳州伪公安局局长石补天。

石补天，又名石方剑，广西桂林人，其父亲曾留学日本，娶日本女子为妻，石补天为中日混血儿，会说日语。石补天于 1944 年 11 月下旬随日本侵略军从桂林到柳州，任柳州伪警察局局长。石补天在柳州期间，竭力搜罗汉奸、流氓、地痞、赌徒等，频频活动于妓院、赌场、烟馆等复杂场所，收集民情动态，侦察抗日组织的活动，先后多次动用维持会、警备部、复兴部便衣队搜捕抗日志士。

日军 1945 年 6 月撤离柳州前，石补天根据其驻柳最高指挥官福兴大佐的部署，率领伪警察、汉奸、特务，预先烧毁鹧鸪江火车站、广西农事试验场、大桥干训团、三门江林场、飞机场等地，还在柳江河北、河南两岸放火焚烧民房三天，对坚固的建筑物则用日军配给的化学药物来焚毁。全城被焚毁的民房达 80%，主要街道、商业区均化为灰烬。

1945 年 6 月 29 日，各路国民党军攻入柳江河南、河北市区，零星巷战进行到凌晨结束。至此，柳州完全收复。劫后余生的民众历尽艰辛，终于得返家园，但柳州城区及近郊已是一片废墟。

广西农事试验场接管试办区后，在沙塘所属有资料可考的试验场占地面积 2 万多亩，其中建筑房屋用地 168.13 亩、试验用地 3231.4 亩、各种园圃 812.49 亩、水田及水塘 418.30 亩、其他 812.50 亩，历年营造松杉油桐及其他阔叶树共计 20439 亩，有林木 187 万株。此外，林场占地面积 18632 亩，附属 3 个垦区（沙塘、无忧、石碑坪）共有荒地 8.7 万亩。除此之外，还有 9 处林场。其中，1932 年以来试办区还种植杉林，至 1937 年有高 3 米以上的杉树 40 万株。1937 年，垦区有耕牛 1000 头。

广西农事试验场建有实验室、办公室、仓库、礼堂、宿舍、测候室、温室、机房、糖厂、畜舍等各类房屋 58 幢。沙塘、无忧、石碑坪 3 个垦区有办公室、畜舍、仓库、水源等项（垦民住宅未计入）营造物合计 33 座，包括水塘 8 所、水渠 25 条。沙塘垦区建有 1 所小学。此外，开设有相当于农村银行的沙塘金库，建有便于加工或联合运销的沙塘仓库、柳州联合公店、农产品加工厂等。图书资料到 1943 年，有西文图书 526 本，中文图书 3891 本，日文图书 365 本，各种杂志 806 种，还有从越南等地购置的图书，共计图书、杂志 14824 本 / 册。同时有关于农业研究所应用机器、仪器等，均甚完备。试验场还购置了农用机械，重要机器如精米机、犁田机、轧花机、玉米脱粒机、蒸汽消毒机、喷雾机、汽车、小型发电机、电话机及各种新式农具等。仪器方面如显微镜、折光镜、比色镜、打字机、计算机、磅秤天平等，设备极多。试验场设有测候室，有气象仪器20余件。

上述这些都是农都发展的硬件，但也是日本侵略军带不走而要一举毁掉的东西。

石补天在随日本侵略军撤退前，指挥纵火焚烧沙塘，仅广西农事试验场在沙塘原有房屋50余栋，被破坏达40余栋，试验地、果园、苗圃、林场、垦区等已经荒废。广西高农原有校舍房屋14座，沦陷后仅存5座。广西大学农学院、农林技术培训班、沙塘小学及民居、农户等亦遭破坏，损失惨重。疏散到附近乡村及埋藏于地下之公物损失约90%。1945年7月，石补天被柳州地方法院判处无期徒刑，1949年11月23日脱逃，不知所终。

据广西农事试验场1947年工作报告中的损失统计，房屋损失90%以上，其中总务处办公室、园艺组、农化组、病虫害组、农场管理股、畜舍、沙塘小学、机房等建筑物100%毁坏，森林组的建筑物损坏达95%，其他建筑物如大礼堂、农艺组、职员宿舍、仓库损坏在50%至60%之间。试验场各项损失总计近6亿元法币，广西推广繁殖站损失161.9万元，广西高农损失1亿多元，原有礼堂、总办公厅、教室、理化实验室、植物标本室、农具贮藏室、图书仪器室、教职员宿舍、警工宿舍及柳江、桂林、邕宁、苍梧、平乐、西林等村，及其他校具、教具、农具、牲畜、种苗、图书、仪器等设备均被烧毁。职教员、学生回来看到学校遭此浩劫，感到惨不忍睹，痛心不已。

早在1945年6月，听说日军节节败退，马保之急忙派出技士岑楼悄悄返回沙塘打听战事及广西农事试验场的情况，做好抗战胜利之后复兴的准备工作。

从马保之给柳城县政府和沙塘乡公所的公函中可见专家、学者、职员们当时的心情："且闻柳宜等地相继收复，刻除准备复员工作外，为探取回途情形及与本场留守人员联络并视本场在沙塘之物业……至本场在沙塘之物业所有房屋、试验田地、森林、水塘及其设备等，均系政府历年惨淡经营而成。当前期间本场未能返回原址，敬希赐予保护以策安全而重公物相应备至。"

1945年9月，广西农事试验场从三江迁回到柳州后，马保之先到广西省接任新职，10月14日返回沙塘处理相关事务后，18日偕同张信诚飞渝，向农林部报告试验场的损失和请示复兴沙塘试验场的方针政策，并担任农事司司长新职。马保之的新职主要是方便接受国际善后救济总署之物资及其分配事宜。当时，农林部所得农林救济物资，总值6000万美金，其中包括种子、肥料、兽医药械器材、家畜、植物病虫药械、农具及渔业器材等7种，其中玉米种子计有杂交种子12种，共100吨，分发至贵州、湖南、广东、广西、河南等5省，广西省几乎占了50%。

马保之对沙塘试验场复兴极为关心，于 1945 年 10 月 27 日在百忙中重返沙塘处理场、站、校一切事务。由于广西大学农学院搬迁到鹧鸪江，故将得以保留的农林部广西省推广繁殖站设在广西大学农学院旧址。此后场、站业务，依照分工合作原则，务求负责分明，名实相符，即试验场多做试验研究工作，广西推广繁殖站多做繁殖推广工作，同时明确该站 1946 年度全年经费，可增至 450 万至 500 万元之间。善后救济业务，场、站或将派员参加。

农化组开始整理劫后剩余器材，器材分标本类和玻璃器皿类，整理中发现，试验器材在疏散时无法带走而放置山中，数次被劫后损失惨重。

农艺组蔬菜花卉方面，农科人员将三江县剩余的菜种带回，于 1945 年 8 月上旬赶返沙塘加速复原工作，开始整地播种。麦作部分，相关人员将在三江县疏散时杂交繁殖的品种 400 余斤带回沙塘进行播种，继续试验。棉麻部分，到 1945 年 4 月已经将在三江县当地栽培的黄麻 81 个品种、中棉 90 多个品种、印度棉 37 个品种、美棉 106 个品种即时耕地下种，进行试验工作。但因秋雨和洪灾致使试验失败。在腊月初返沙塘时，将能繁殖的种子播种进行试验。果园部分，原果园全遭破坏，一时恢复困难，12 月接管广西大学农学院果园，并另开辟土地做果园苗圃，将残存的砧木幼苗移植新苗圃培养，着手恢复广西大学农学院果园，树冠以下除草中耕，同时开展病虫害防治、修剪树枝等。试验研究工作则有待日后恢复。

病虫害组于 1945 年 8 月返回沙塘后发现，原实验室、育虫室、温室等均遭到破坏，仪器药品贮藏室、工人宿舍也荡然无存，所幸重要仪器、药品及图书均已疏散，基本没有损失。无法带走就地埋藏的公物，则损失殆尽。相关人员只好就现有的设备开展相应的病虫害研究工作。

森林组在光复后 1945 年 8 月开始组织返回沙塘，因交通工具有限，人员、器材于 10 月才全部运回沙塘。返迁完毕后，工作人员即开始巡视山林检查原来的试验。经巡视，战后的山林防火是关键，工作人员便着手开设防火线，同时开始采种工作，为第二年春天的育苗造林做准备。到 12 月，科研人员采集了大叶桉、小叶桉、赤桉、油桐、马尾松、杉木等 13 个品种的树种 856 斤，供繁殖树苗用。

行政方面，原广西大学农学院研究室于 10 月 25 日完工，因学校准备外迁，广西农事试验场各研究组迁入开始办公。同时，借试验场的房子给农林部西江水土保持实验区做办公用房，拨试验场附小的旧址给沙塘中心小学建设校舍。

试验场的职员们在一片劫后的废墟上建立起新式的临时小型办公室，农艺、农化、森林、病虫害等组，以及糖厂、果园，有了相对安定的办公场所，沙塘公店被烧毁只剩下焦黑颓坍的秃墙，已改成有卫生、保管、车房三种用途的办公处。全体职员重新返回原来的工作岗位，投入复兴工作。

广西农事试验场大礼堂（中国战时农都博物馆提供）

建设新沙塘，专家们已有了新设计，人们憧憬着十年后的沙塘，是另一个新的世界。

建筑师钱乃仁设计的广西农事试验场大礼堂，里面有图书馆、博物馆、放映室、办公室、讲坛，可以容纳1000多人，建筑费7000万元。工程师岑楼设计的广西农事试验馆，有收发室、卷宗室、书记室、推广室、编辑室、全场试验记录库、场长室、秘书室、文牍室、人事室、应接室、总务室、事务室、庶务室、会计室、出纳室、植物病虫研究室、绘图室、显微镜室、药品室、仪器室、化学分析室、机械分析室、蒸馏室、粉碎室、细菌实验室、土壤肥料研究室、天秤室、计算室、园艺实验室、花卉研究室、蔬菜研究室、果树研究室、森林实验室、森林利用室、桐油利用室、农艺实验室、农艺考种室、水稻研究室、玉米研究室、杂粮研究室、特用作物研究室、甘蔗研究室、棉作研究室、气压室、电报房、测候台等，建筑费1.7亿元。广西省立高级农业职业学校，有教室7所，藏书库、仪器室、理化实验室、动物实验室、植物实验室、教员休息室、标本室、阅览室、教务室、大礼堂、讲义室等各1所，建筑费4300万元。沙塘小学，有教室6所，礼堂、图书室、教务室、贮藏室等各1所，建筑费3000万元。

也许，这不过是一张白纸黑字的计划，或者是两个五年计划的甜蜜美梦，但若干年后，通过努力，新沙塘会呈现在世人的面前。

六、师生战后复学

劫后从贵州榕江返回柳州的广西大学、从三江返回沙塘的广西高农，于

1945年秋季分别在鹧鸪江和原址上开学。劫后的学业生活尽管不是那么如意，可两校师生们却过得很精彩。

（一）排球赛争冠

1945年秋，经过战后救济署的资助，广西高农在沙塘原址上修建了两间教室得以开学。第四、五届共六个班的学生挤在仅存的桂林村、柳江村两栋宿舍里居住，没有文体活动，生活枯燥无味。于是，陈世生等十多个热爱体育活动的学生，在课余组织了排球队，推选身高1.8米绰号“高佬”的廖国光任队长，队员有陈锦燊、刘政、刘超武、莫斌、李荫榆、梁远馨、曾纪镇、孙雄才、陈世生等十多人，称高农排球队。学校没有训练场地，队员们就利用课余时间自己动手修建排球场，天天课后训练，从不间断，也算是对学习生活的一种调剂。

1945年冬，柳州市举行市级排球赛，高农队报名参赛。因初次出征，缺乏经验，技术不熟，以一球之差败给了柳州高中。回校后，队员们重整旗鼓，取人之长补己之短，利用空余时间，按各队员站位的要求，积极投入训练。当时，排球赛采用九人制，参赛两方各分前、中、后排，每排三人，固定站位，自开赛到终场不变。

三个排的队员的技术要求各有特点，九名队员除人人都要善于发球、接球和垫球外，后排队员要苦练接球、传球技术，要一传到前排；二排队员是主攻手，侧重训练扣球和发挥中路突破、左右配合夹攻和吊球等技术；前排主要练好二传本领，为二排主攻提供扣球条件，并熟练拦网和二次球等多变的进攻技术。经过针对性苦练后，队员们的技术日趋熟练，逐渐成为一支训练有素、技术全面的排球队伍。

1946年春，柳州市又举行排球赛，高农队再次报名参赛。赛场上，他们与柳州高中狭路相逢，队员们凭着苦练后的过硬本领，打得灵活主动，一举连胜两局（当时采用三局两胜制），击败了柳州高中。随后，高农队对又连胜两个队，获得决赛权。最后与柳州各路职工组成的、柳州市历届排球赛冠军队的火车头队一决雌雄。

决赛开始，队员们个个精神抖擞，信心十足，不畏强队，努力拼搏，全力以赴，决心要赢这一仗为母校争光。赛场上，队员们沉着应战，比分交替上升，但因尚未摸透对方，仅以两分之差先失第一局。第二局开始，对方以为胜券在握，买来许多鞭炮，等待夺冠后燃放庆贺。此时，高农队已摸清对方球路，改变了战术，以强攻为主，前排快球、吊球和加强拦网，二排三路全面出击，中路廖国光强攻扣杀或变换轻打巧扣，左右两翼轮番扣杀，后排则以一传到位、垫球、救球为主。这种全面攻击的战术，让对手防不胜防，毫无招架之力。局势急转直下，对方已心慌意乱，乱了阵脚，而高农队毫不手软，乘胜追击，越战越勇，连胜两场夺得了冠军。

接着，主办单位当场给高农队颁发了银盾奖，这是当时柳州市历届排球冠军第一次易主，也是高农队第一次荣获冠军。喜讯传来，全校师生高兴异常。这是他们战后返回沙塘后最值得高兴的一件事。

（二）返梧运动风起

抗战胜利后，广西大学在桂林良丰的校舍已被敌机炸毁，校址一时难以确定，就先迁回柳州，借用鹧鸪江前第十六集团军妇孺工读学校旧址为临时校舍。但那里仅有几间平房和一些破烂竹棚，于是学校派了部分职员和土木系师生去勘地设计，修建校舍。由于时间仓促，经费缺乏，除建了几栋砖木房外，大部分教室和全部学生宿舍都是用毛竹茅草搭成的，学生宿舍是四人连铺的大架床。经月余修建，全校师生员工一起于 1945 年 10 月迁至鹧鸪江，疏散各地的学生也陆续返校，二、三、四年级学生共 800 余人，于 12 月 6 日正式上课。当时招收的新生 700 人，则于 1946 年 1 月开学。

在鹧鸪江安顿后，进步学生开始酝酿恢复学生自治会（广西大学原有学生自治会，校长高阳上任后禁止活动）。通过各系提名，全校学生民主选举，产生了第一届学生自治会干事，广西大学学生自治会成立。首席常务干事为叶昭楠，常务干事下分设组织、学术、福利、总务等股。

广西大学农学院师生从贵州撤回后暂住鹧鸪江。图为学生在暂时住地留影。（选自《广西大学校史》）

柳州鹧鸪江地方偏僻，校舍简陋，办学条件过于恶劣，广西大学师生们迫切要求尽快确定校址。广西省政府则准备将学校迁回当时的省会桂林，而进步学生为了摆脱省政府控制，便于与广东中山大学等院校的联系，则要求迁回梧州蝴蝶山原址，这个意见得到绝大多数师生的热烈支持，因为梧州大部分校舍保存完好，且环境优美，作为校址比较适当。返梧运动是由学生自治会发起和领导的，首先召开班代表会议，得到了大多数代表赞同和支持，继而即席选举了30多名委员组成了返梧委员会，负责组织、宣传和领导。返梧运动开展后，得到社会各界人士的广泛支持，当学生租用车船向梧州出发时，遭到柳州专署封锁。1946年2月27日，1000多名学生集队到柳州市游行抗议，恰巧广西省主席黄旭初陪同教育部一官员来柳州，学生闻讯，涌向柳州专署请愿，从下午坚持至次日凌晨，黄旭初被迫饬令所属允许学生自由行动。3月2日，600余名学生在返梧委员会领导下，雇船开赴梧州。

与此同时，学生自治会一方面派出代表何康、唐天培（时为广西大学农学院农学系四年级学生，中共地下党员）赴重庆，向教育部陈明迁梧的理由，另一方面派出师生代表分赴桂林、梧州与广西省政府及有关方面交涉，并争取社会各界支援。

校内的国民党员和“三青团”员也组织了一个护校委员会妄图破坏返梧运动，但因人数太少，没有产生较大的影响。

1946年2月，校长李运华辞职。此前李运华接任了全国救济总署广西分署副署长，负责办理联合国援华物资救济工作，故无法兼顾广西大学的校务工作。10月，行政院任命陈剑脩接任为广西大学校长。陈剑脩是江西省人，曾留学英国伦敦大学，获硕士学位，先后任北京大学、武汉大学、浙江大学教授，中央大学教务长、院长，南京市教育局局长、教育部社教司司长，兼代高等教育蒙藏教育等司司长，江西省、湖北省教育厅长等职。陈剑脩到任后第一次校务会议就议决迁校问题，会议决定呈文教育部，要求择定校址，教育部决定设永久校址于桂林，并电示借拨原资源委员会属下南京无线电总厂设在桂林将军桥的中央无线电器材厂为广西大学校本部校址。

陈剑脩到校后，广西大学农学院院长陆大京辞职，由汪振儒教授复任院长，并聘请孙仲逸、郑庚、鲁慕胜等分别任农学、牧医、森林系主任。

同年4月3日，校务会议决定成立迁校委员会，由陈剑脩任日寇南侵疏散办主任委员，总务长白玉衡为副主任委员，教务长、训导长、各院院长及各系主任为委员，委员会下设总务、财务、修建、运输、服务及警卫等组。修建组于4月10日抵桂设学校办事处，并在将军桥及良丰雁山动工修建校舍。良丰方面还以3000万元购买桂林科学实验馆所属房屋，扩大校舍作为校分部，为农学院及本校一年级学生和校先修班的教学和生活用房。

已返梧州的学生，在返梧委员会的领导下，统一办理伙食，自行组织学习小组，读书复习，开展学术讨论，文体活动，持续了四个月之久。陈剑脩认为他们虽自动离校赴梧，但纯为“要求良好学习环境，情有可原，不予见责”，特

抗战胜利后任广西大学校长的陈剑翛（选自《广西大学校史》）

请法商、理工、农学等院长王觐、郑建宣、孙仲逸、裘献尊、黄现瑶等教授赴梧州主持二至四年级学生期考，并劝导同学返桂。学校答应，迁回桂林后，改善学习和生活环境，同学可住上小房间，不睡大架床，并保证不处分返梧运动的学生。因此，返梧委员会决定结束运动，迁回桂林。同年 9 月学生均回校注册上课，共约 1500 人。

陈剑翛为何能妥善处理广西大学包括农学院师生一起在柳州发生、在梧州继续、在桂林终结的返梧运动呢？我们不妨看看陈剑翛是何人。

1928 年的春天，南京城里忽然间 10 岁的小孩子胸前都悬挂着一块红布条，红布条上写着一些辟邪的歌诀。

为什么要挂这样的红布条，写这样的歌诀呢？原来是市民在传谣。谣言起源于 1925 年开始修建的孙中山陵墓，在即将完工时，坊间传出谣言说需要童男童女的灵魂。南京东门一带，已经有好几个孩童突然夭亡。市民们相信，只有在孩子身上佩戴这种被称作“石和尚”符咒的红布，才能够避免魂魄被摄走。

陈剑翛当时刚好担任南京市教育局局长，一开始听了这样的谣言，一笑置之，不予理睬，哪知道谣言越刮越猛。许多媒体因此将枪口对准教育局，说教育局不作为。陈剑翛这才决定亲自上阵，不但布置教育局所有人员全部下到学校去辟谣，去向市民解释清楚，还在报纸上撰写文章，并拟定了五条辟谣标语：“莫信妖人摄魂的谣言”“严防反动分子鼓动邪说”“邪说是煽惑人心的”“只有疾病能死人，邪术是不能死人的”“破除迷信消灭邪说”，并让相关人员及部门广为宣扬。

最后，这场闹得沸沸扬扬的谣言恐慌渐渐平息下来，陈剑翛也因处置得当，受到蒋介石的表扬。陈剑翛却看不上这样的表扬，他说：不提高民众素质，只光顾眼前有什么用？也许正是抱着教育救国的思想，陈剑翛才会在担任江西省民政厅厅长的时候，到基层考察时，发现一些教育官员两头哄骗，而一些中学校长也严重不称职。这些校长中有些人是陈剑翛北京大学时的校友，但他仍决定将他们裁撤。谁知这些人跑去向省主席熊式辉诉苦，并给了他好处。于是，熊式辉要求陈剑翛不要这么大刀阔斧改革，要慢慢来。陈剑翛说，如果省主席要慢慢来，江西的教育就完了。然后扭头而去，从此再也不与熊式辉来往。

到了 1949 年 4 月，国民党政府免去陈剑翛广西大学校长的职务，调他任教育部考试委员，他没理会调令，转身去了香港，在香港联合大陆的13名教育界知名人士一起发表了反蒋宣言，并脱离国民党，拥护共产党。然后从香港转往北平，在那里受到周恩来的接见。

所以，正是陈剑翛这种教育救国、民主办学的思想，才让广西大学返梧运动得到圆满解决。

七、12周年场庆

劫后，沙塘满目疮痍，断垣残壁比比皆是。1946年夏，广西农事试验场得到行政院救济总署广西分署划拨的房屋建筑费8000万元，新建了部分房屋，并配备了部分农业机械。

1947年7月25日，是试验场成立12周年纪念日。1945年已到广西省政府任职的马保之参加了纪念庆祝会。在会上，他感慨万端地发言——

本场诞生以来，转瞬十有二年，髫龄之年，饱经忧患，日寇侵桂，本场转辗迁徙，幸赖诸同仁同心协力，图书仪器及种子苗木，均得大部分保存，及今回思弥觉欣幸！

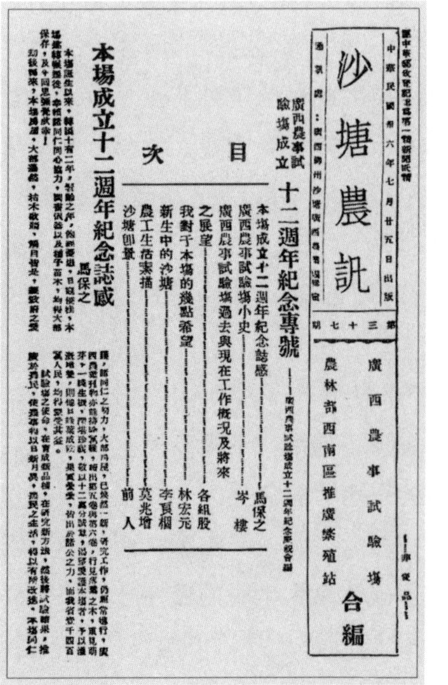
沙塘農訊

中華民國卅六年七月廿五日出版

第三十七期

廣西農事試驗場 農林部西南區推廣繁殖站 合編

廣西農事試驗場成立十二週年紀念專號

目次

本場成立十二週年紀念誌感……馬保之

廣西農事試驗場小史……岑樓

廣西農事試驗場過去與現在工作概況及將來之展望……各組股

我對于本場的幾點希望……林宏元

新生中的沙塘……李頁楣

農工生活素描……莫兆增

沙塘即景……前人

本場成立十二週年紀念誌感

馬保之

《沙塘农讯》为广西农事试验场成立12周年开设纪念专号。（中国战时农都博物馆提供）

劫后归来，本场房屋，大部荡然，枯木败墙，触目皆是，经政府之爱护，诸同仁之努力，大部房屋，已焕然一新，研究工作，仍然照常进行，广西农业刊物亦能排除万难，续出第五与第六卷。行见落叶之木，重见萌芽，一线生机，深湛珍视，敬以十二分诚意，渴望爱护本场者，予以灌溉培养，则他日绿叶成荫，果实累累。皆出于诸公之力，而我省1400万人民，均得蒙受其益。

试验场之使命，在育成新品种，在研究新方法，然后将试验结果，推广给农民，使农事得以日新月异，农民之生活得以有所改善。本场同仁不能以获得试验结果为满足，必须使农民受其实惠，则农事改良，庶不致徒托空言。

广西农事试验场员工佩戴的徽章（中国战时农都博物馆提供）

大战以后，百废待举，而我省财力不裕，灾害叠见，本场经费支绌自为意中事，深望本场同仁，保持百折不挠之精神，在难困中示进步，在支绌中勤研究，长此努力，始终不懈，则本场事业性能日渐开展，而诸君之前途，亦无可限量。人之荣誉，并非以金钱与地位为尺度，而须以贡献人类之程度为衡量。我人必须排除俗见，养我浩然之气，则襟怀自能豁达，不为外物所移，长时钻究，当然获得研究结果，造福人群，其乐何如？

广西农业苟能做有计划进行，三十年后，必有美丽灿烂之景象，呈现于吾人眼帘之前。至那时，万山竞翠，林木蓊郁；沃野千里，农作畅茂；农业机械，触目皆是；农田形状，井然有序；改良作物，遍地穷壤；良蔬佳果，不暇计名；水利兴，旱灾不为患；防治，精病虫不足虑，前后相较，将判若壤宵。

吾人当于此远境为鸿鹄之志，奋发前进，则今日茁生之幼芽，必能日其壮大，当兹本场十二周年纪念之日，聊书所感，以期相勉。

12 年来，广西农事试验场在水稻、小麦、玉米良种引进育成方面，引入的“马房籼”比本地品种增收 16% 以上，于 1942 年正式推广，深受农民的欢迎；引进的小麦经分离抗病选种与本地小麦杂交，共得 491 品系，经历年淘汰获得 166 号和 199 号两个品系，其产量比本地品种高出 10% 至 25%；玉米进行自交、单交、杂交方面的试验，其优选品种超过当地玉米产量的 56%。这些引进品种经与本地品种杂交选种后推广，粮食产量得到较大提高，农民受益匪浅。

除了主粮的科研繁殖推广外，广西农事试验场于 1943 年成立了推广股，优良种苗推广到广西 99 个县以上，培育出的优良品种如水稻、甘蔗等供不应求。推广股为各县培训农林技术推广人员，受训期内授以各种新农业科技知识。推广股还进行历时 107 天的广西农业科技巡回推广，携带试验场自制的标本模型数百件到 25 个县巡回展示，其间召开了有 175 人参加的农业工作推广检讨会 23 次，举行农业展览会 30 次，参观者超过 28 万人次，所到县、市均召开农业建设座谈会讨论各项问题，先后举行总计有近 6000 人参加学术演讲 20 次。到

1944 年，日军入侵，大规模的推广工作在避难中几乎停顿，直至 1946 年初试验场重建工作基本完成，才开始恢复推广应用工作。

林宏元（时为广西大学农学院毕业生、农试场森林组职员、中共地下党员，后改名林密）在庆祝会上感慨地说："提高我们的研究水平，使我们能置身于国际一流农业研究机关之列。"广西农事试验场发展的 12 年，正是战时农都科研人员朝这方面努力的 12 年。在这 12 年中，8 年抗战所付出的心血汗水，所取得的成果，对前方抗战所做出的奉献，将永久地载入史册。

曾任广西大学农学院教授、1947 年时任广西省建设厅农林处处长、被聘为广西救济分署顾问的熊襄龙，为广西农事试验场成立 12 周年题词，也许就是广西农事试验场这 12 年的概括性总结：

改良农业　技术精研
选育良种　人力胜天
教民稼穑　宣传推广
增加生产　富国之源

两年后，新中国成立，广西农事试验场迎来了新生。

/附 表/

表 4–1　广西农事试验场桂柳大撤退时期开展农科项目一览表

项　目	试 验 成 果
稻　作	良种保持试验继续进行，开展了 21 个包括早造初级试验、中级、高级三个级别的水稻纯系育种和水稻品种比较试验及广西水稻造别初步研究。这些试验和研究，使得十余年试验、记录的材料没有因避难而无接续。
麦　作	开展了小麦异区品种比较试验、小麦纯系育种、燕麦品种比较试验、麦类良种繁殖与示范等。
棉　麻	进行了草棉纯系育种试验、中国棉花与美国棉花观察试验及设立了印度棉花种观察区，同时开展木棉品种比较观察试验、棉花主要因子生长测定试验。
玉　米	进行了玉米自交、杂交、单交育种的试验。
甘　蔗	对 1943 年甘蔗品种（宿根）观察试验，开展 1942 年、1943 年和 1944 年甘蔗品种比较试验、秋植蔗间作试验。
果　树	主要品种观察试验
蔬　菜	
黄　麻	
马尾松	疏伐试验
油　桐	品种及栽培法改进
花　生	病虫害试验
小麦和玉米	田间肥料试验

表 4–2　广西农事试验场桂柳大撤退战时损失概况

序　号	类　别		被毁数量	百分比（%）	价值（万元法币）
1	试验地		3231.41 亩	/	/
2	森林		300 万亩	/	/
3	其他		812.5 亩	/	/
4	房屋 168.13 亩	总务办公厅	1 栋	100	4200
		大礼堂	1 栋	50	1400
		农艺组	7 栋	70	6765
		园艺组	4 栋	100	8610
		农化组	3 栋	100	4200
		病虫害组	5 栋	100	2455
		森林组	5 栋	95	9900
		管理股	5 栋	100	1892
		职员宿舍	7 栋	50	3784
		工人宿舍	8 栋	100	1819

续表

序号	类别		被毁数量	百分比（%）	价值（万元法币）
4	房屋 168.13 亩	沙塘小学	1 所	100	600
		机房	2 个	100	1520
		农训班	1 个	100	2310
		卫生所	1 个	20	120
		其他	3 个	100	1605
5	古丹水塘		418.30 亩	100	167
6	水塔		1 座	100	140
7	图书		4722 册	100	436
8	仪器		524 种	100	577
9	农作物及苗木	水稻	37 亩	/	370
		甘蔗	29 亩	/	131
		甘薯	63 亩	/	493
		棉花	23 亩	/	100
		黄麻	0.5 亩	/	2.5
		蓖麻	36 亩	/	19
		牧草	1 亩	/	/
		绿肥	4 亩	/	1.2
		木薯	7 亩	/	/
		毛鱼藤	15 亩	/	4.2
		豆薯	6 亩	/	9.2
		蔬菜	8 亩	/	8
		花卉	142 种	/	15.6
		果树	2332 株	/	101
		果苗	2945 株	/	567
		马尾松	888 亩	/	5032
		广叶杉	152 亩	/	999
		柳杉	7 亩	/	6.3
		侧柏	7 亩	/	5.54
		相思树	695 亩	/	128.34
		三年桐	100 亩	/	480
		两年桐	100 亩	/	195
		大叶桉	50 亩	/	68.25
据不完全统计损失约（亿元）					5.99

资料来源：1946 年广西农事试验场损失报告。

表 4-3　农都桂柳大撤退时期大事记

时　间	事　件	主导人物
1944 年 6 月	接到柳州关于桂柳疏散通知后，广西农事试验场成立场地、站校疏散小组，安排前后期疏散事宜。	马保之
	广西高农向融县达东村转移办学。	余桂甫 胡　斌
	广西大学农学院接校本部通知，与校其他学院一起转移到贵州榕江办学。部分学生结束课程先行。	汪振儒
1944 年 9 月	广西大学农学院分批踏上向桂北融水与贵州榕江疏散之路。	汪振儒
1944 年 10 月	衡阳失守，广西农事试验场进入紧急疏散阶段，能带走的带走，不能带走的物资全部就地隐藏并派员留守。	马保之
1944 年 11 月 6 日	马保之等一行二十余人最后离开沙塘，步行三天到达三江。	马保之
1944 年 11 月 28 日	广西大学农学院全体师生安抵榕江。学院牧场的牛羊数十头，也尾随而至。	汪振儒
1944 年 12 月初	广西农事试验场职员在三江县良口乡安顿好，开始农事试验。	马保之
1944 年 12 月	留守在沙塘的留守处与留守职员和青年工人一道与日伪军斗争，保卫广西农事试验场的公产。	黄立民
	广西大学全部院系一起在贵州榕江开学。陆大京为农学院院长。	李运华 陆大京
1945 年 7 月 25 日	广西农事试验场成立 10 周年纪念日，避难在良口乡职员演唱抗战歌曲庆祝场庆。	马保之
1945 年 7 月	广西大学在榕江的毕业生共 79 人，其中农学院 14 人，另外 23 人从军。	李运华 陆大京
1945 年 8 月 16 日	一场 60 年一遇的洪水侵袭榕江，广西大学农学员师生避难上山，但物品全部被大水淹毁，遭受战祸结束后的天灾。	李运华 陆大京
1945 年 9 月	广西农事试验场从三江迁回到柳州，马保之到广西省接任新职。场长由张国材代理。	张国材
1945 年 12 月 6 日	广西大学从榕江返回，借用柳州鹧鸪江的一个地方简陋开学。	李运华
1946 年 3 月	广西大学“迁梧运动”结束，由教育部定校址为桂林。广西大学农学院结束战乱时期在沙塘的办学历程。	陈剑翛 汪振儒
1947 年 7 月 25 日	广西农事试验场举行成立 12 周年庆祝会。1945 年已到广西省政府任职的马保之参加纪念庆祝会，并在会上致词。	张国材

历史图片

柳州、芷江を連襲 十一機を炎上

衡陽救援の十ヶ師粉砕

《读卖报知》时为日本的一家全国性报纸，具有相当的影响力。该报提供了不少日军侵华史料。图为该报 1944 年 8 月关于日本侵略军空袭柳州报道，沙塘因此毁于一旦。

廿二機を爆破炎焼 又も柳州夜襲の快擧

二ヶ師殲滅

ベイカー島に航空基地

米第廿航空隊司令

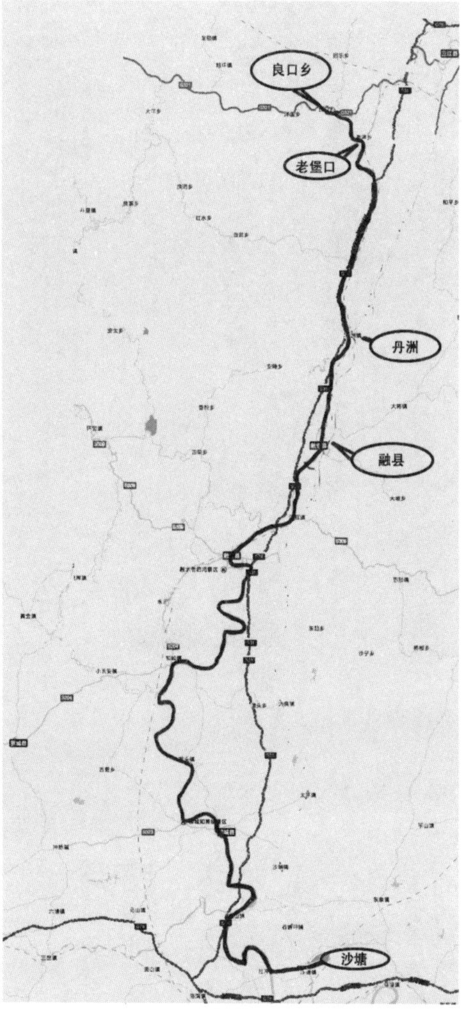

1944 年 9 月桂柳大撤退时，广西农事试验场疏散三江水路、陆路图示（左图）和马保之带职员步行到良口线路图示。（刘丽虹绘制）

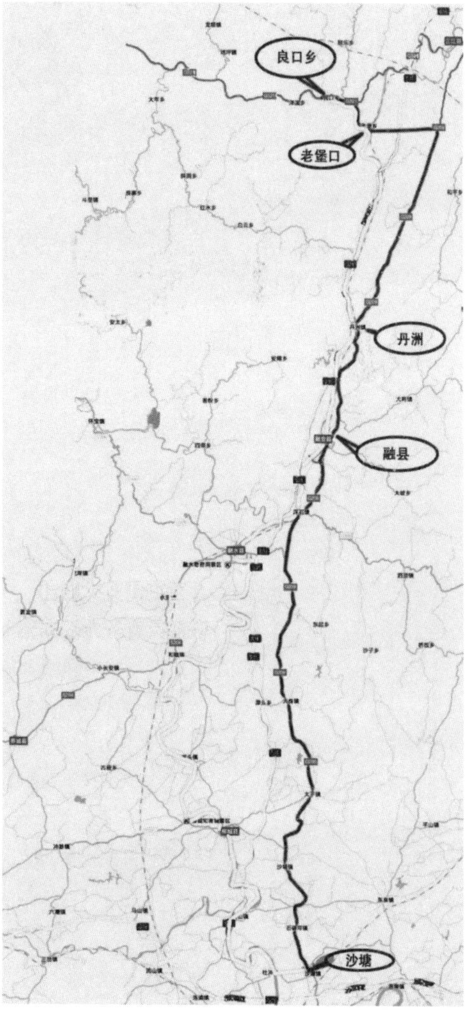

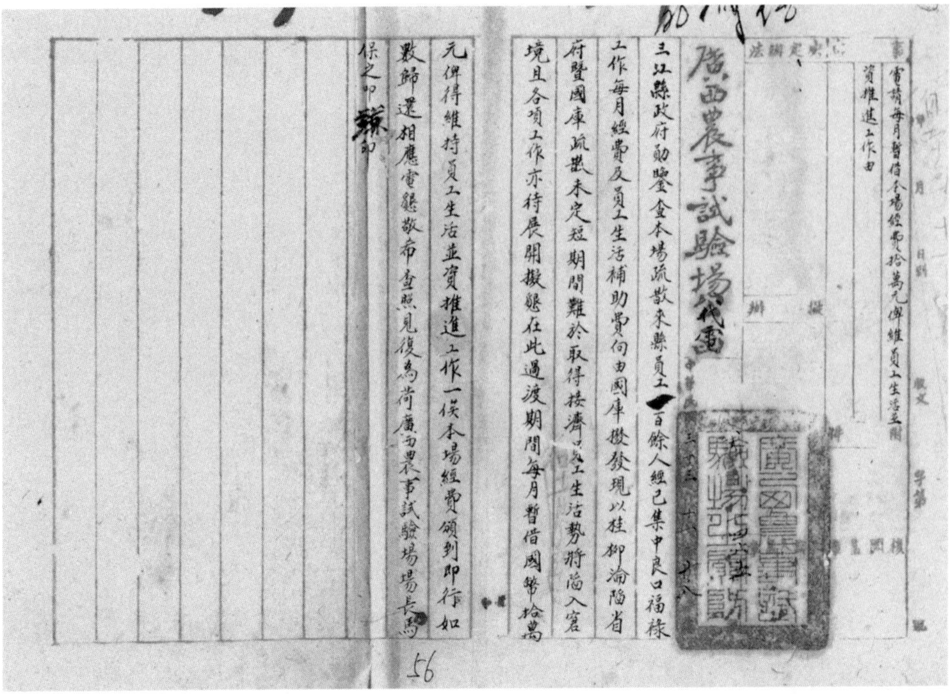

1944 年 11 月 28 日，广西农事试验场向三江县政府借钱发工资函。（来宾市档案馆 098-001-0002-034-055）

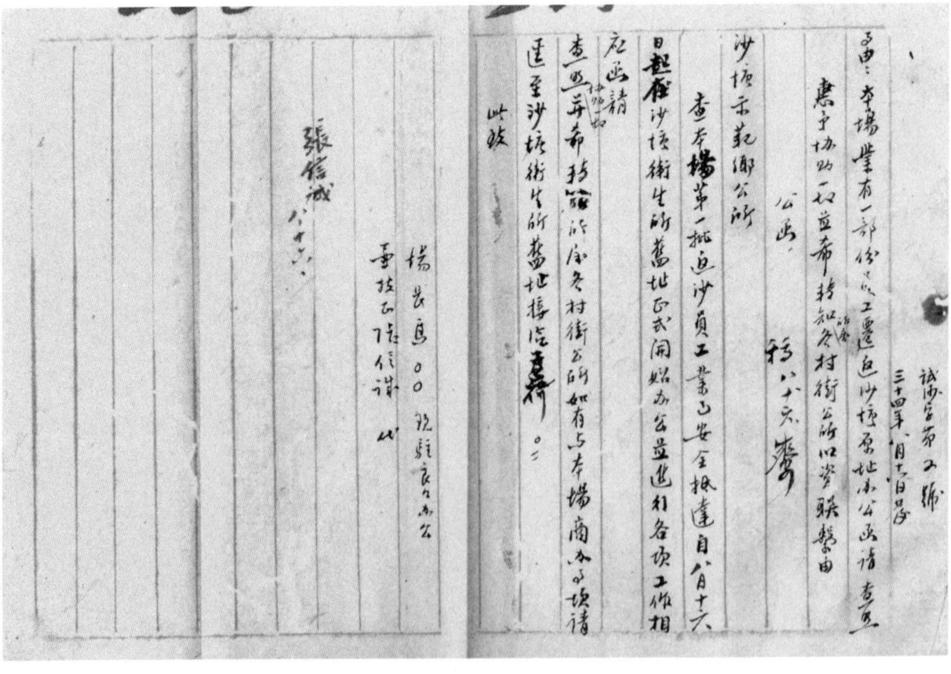

1945 年 8 月 16 日，广西农事试验场关于迁返沙塘职员在沙塘卫生所旧址办公函。（来宾市档案馆 098-001-0002-052-081）

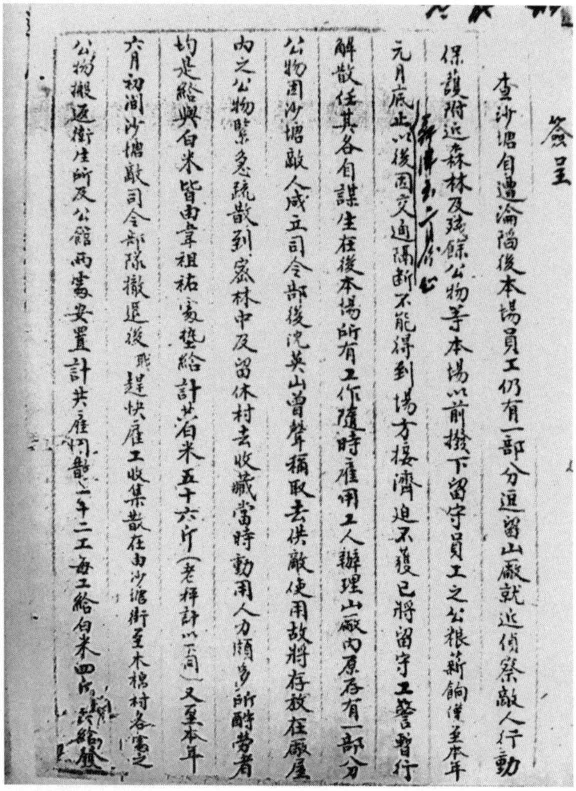

签呈

查沙塘自沦陷后本场员工仍有一部分逗留山厂就近侦察敌人行动
保护附近森林及残余公物等本场以前拨下留守员工之公粮薪饷仅至本年
元月底止以后因交通隔断不能得到场方接济迫不获已将留守工警暂行
解散任其各自谋生在后本场所有工作随时雇用工人办理山厂内原存有一部分
公物因沙塘敌人成立司令部后沈英山曾声称取去供敌使用故将存放在厂屋
内之公物紧急疏散到森林中及留休村去收藏当时动用人力颇多所酬劳者
均是给与白米皆由韦祖祐处垫给计共白米五十六斤（老秤计以下同）又至本年
六月初间沙塘敌司令部队撤退后职趁快雇工收集散在由沙塘街至木棉村各处之
公物搬返街住所及公馆两处安置计共雇用散工二十二工每工给白米四斤共给发

1945 年 9 月 26 日，广西农事试验场沙塘留守处主任黄立民给场长马保之的损失报告。（来宾市档案馆 098-007-0045-021-038）

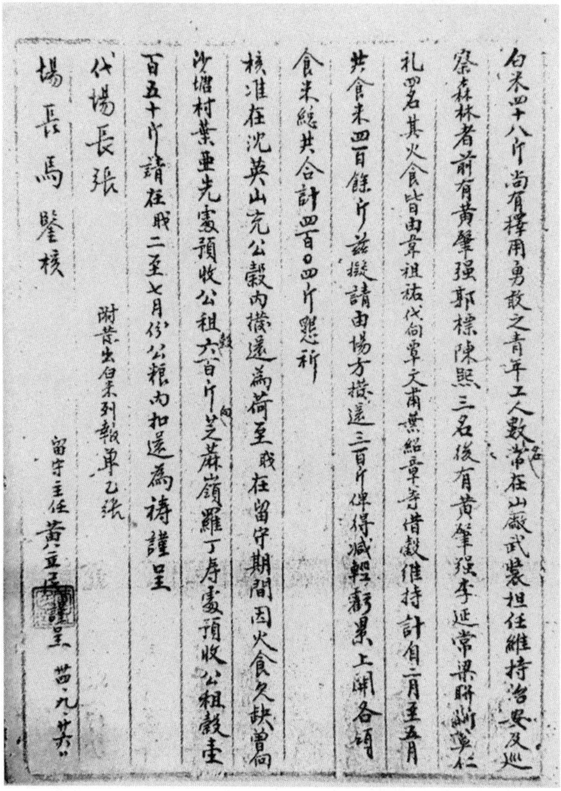

白米四十八斤尚有择用勇敢之青年工人数名常在山厂武装担任维持治安及巡
察森林者前有黄肇强郭樑陈熙三名后有黄肇强李廷常梁联新等杜
礼四名其火食皆由韦祖祐代向韦文甫黄绍章等借谷维持计自二月至五月
共食米四百余斤兹拟请由场方拨还三百斤俾得减轻彰累上开各项
食米总共合计四百〇四斤恳祈
核准在沈英山充公谷内拨还为荷至职在留守期间因火食久缺曾向
沙塘村叶亚先处预收公租六百斤又向苏岭罗丁寿处预收公租谷壹
百五十斤请在职二至七月份公粮内扣还为祷谨呈
代场长张
场长马　鉴核
附叶出白米列报单乙张
留守主任黄立民　谨呈　卅四.九.廿六

1947 年 7 月 25 日，广西农事试验场成立 12 周年职员纪念合影。（中国战时农都博物馆提供）

第五章

农都脉

脉乃身体上的血液循环系统，而构成战时农都血液系统的是那些新中国成立之后在农业战线上颇有成就的农业科学家们。当年，他们在沙塘虽然是避难而为，但仍然是不负使命，支撑了农都的血液循环。

曾有人评价，战时农都的科研成果代表了当时广西甚至全国的农业科技水平。因为，农都的农业科研涉及了农作物的育种、栽培、病虫害等，种子改良的重点在水稻和小麦等国人生活及军粮的主要粮食作物，这是当时社会现实的要求。主要科研阵容有大学、中央农业科研机构和广西地方农科机构合作办公共同科研。至于科研成果，沙塘的垦民们近水楼台，能够享受当时农都最新的科研成果，如在沙塘推广的“竹粘”“白壳粘”等水稻良种，每亩均比过去增收25至50公斤左右。

战时农都的学术群体基本由中央农业试验所专家、广西大学农学院和广西农事试验场组成，抗战胜利后，除了广西农事试验场本土专家的坚守，其他单位均回到抗战前的状态。广西大学农学院回归本部，中央农业实验所广西工作站人员奉命回南京复所，以中央农业试验所人员为主体的农林部广西推广繁殖站自然消失，广西农事试验场和广西高级农业职业学校及沙塘小学均等待着劫后联合国救济署的救济复场。

农都因黎明前的黑暗而被摧毁，农都鼎盛时期的农科专家们大多离开了沙塘，他们携八年农都时期的科研成果去了某些国立、省立战后亟待复兴的高校或者农业科研机构。

马保之、邱式邦、陆大京、张肇骞、沈善炯、张信诚、彭绍光、徐天锡、周明牂、张国材、黄瑞纶、黄亮、童润之、刘调化、林刚、徐明光、汪振儒、罗达新等几十位农业专家在抗战胜利后，有的回到原来的机构工作，有的在新中国成立后继续在农业战线上进行农业科研，为我国的农业发展甘做血脉。

走向全国各地的农业专家们，犹如农都的血脉，循环于中国农业这个庞大的身躯。而回忆这些农业专家在沙塘的岁月，特别是经历农都劫后各专家的去向和发展，可以让我们更清楚农都的血脉走向。

一、中央农业实验所奉召归巢

马保之、邱式邦、陈华癸、周汝沆、范福仁、伍子才、徐国栋、林刚、戴弘、于菊生、林维治、蒋书楠、徐明光、孙渠、盛承师、钱念曾等均是由南京中央农业实验机构转移到广西工作站的专家。他们大部分曾留学国外，在当时代表了农业科研的最高水平。

中央农业实验所能云集那么多的农业专家，除了因为是中央一级农科机构外，也顺应了农业立国的潮流。

1931 年 4 月，在有关学者的呼吁下，民国政府实业部决定成立中央农业研究所筹备委员会，并任命曾留学美国并获得农学硕士学位、时任实业部次长的穆湘玥为筹备委员会主任委员，中央研究院自然历史博物馆馆长钱天鹤为副主任委员，邹秉文、谢家声、沈宗翰、卜凯等 14 人为筹备委员会委员，具体负责筹备工作。

同年 10 月，行政院指令中央农业研究所更名为中央农业实验所。筹备期间，筹备委员会选定位于南京中山门外、灵谷寺之南、马群镇之西、孝陵卫之东的 2570 亩土地为中央农业实验所所址及农事试验场。12 月 24 日，由于筹备工作基本结束，实业部撤销了中央农业实验所筹备委员会，并决定任命钱天鹤为中央农业实验所所长。由于钱天鹤屡辞未就，实业部遂改派谭熙鸿为所长。

中央农业实验所隶属国民政府实业部，为国家最高农业技术研究、试验与推广机构。

抗日战争胜利后，农林部、教育部复员，分别接收沦陷区的农事试验场和农学院。华北农事试验场分别由中央农业实验所、中央林业实验所、中央畜牧

1932 年 1 月，中央农业实验所在南京正式成立，所址设于南京中山门外孝陵卫。（中国战时农都博物馆提供）

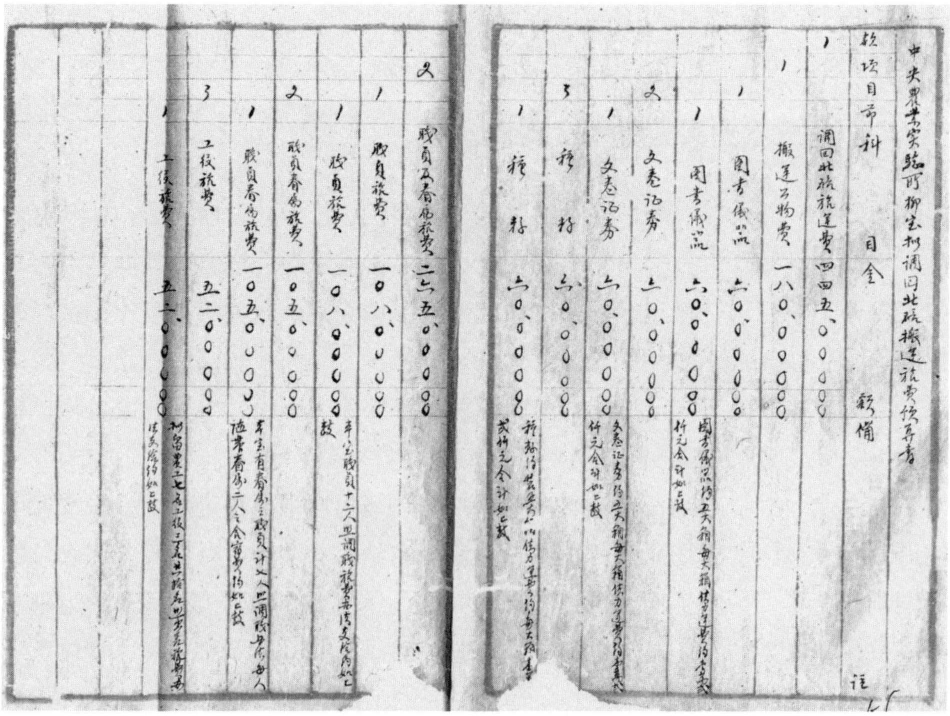

抗战胜利后中央农业实验所广西工作站调回重庆北碚搬迁费用预算表（来宾市档案馆098-018-0007-027-056）

实验所接管，成立中央农业实验所北平农事试验场、中央林业实验所华北林业试验场、中央畜牧实验所华北工作站，以后又成立了农林部华北兽医防治处。这些机构在原有的基础上，继续发展和进行农林牧兽药各方面的科学试验。如中央农业实验所北平农事试验场在农业科学实验方面增加了抗病育种、蔬菜品种整理等项目及充分应用田间试验的新技术，重视应用生物统计原理，纠正了日本侵华时期那种试验项目过于复杂而设计又过于简单、试验重复太少以及小区排列不合理等缺点。在小麦育种、小麦耐寒性、抗病性检定、大麦育种、棉花杂交育种、美棉栽培试验、美棉病虫害防治试验等方面取得不少成绩。此外，植物保护全国性机构和几所大学农学院陆续迁回南京、北平，恢复了全国蝗患旬报制度，刊行全国蝗患调查报告。1947 年，农林部在上海新设中央水产实验所，在南京设中央农业经济研究所、全国烟产改进处，并恢复中央棉产改进所。在这种形势下，战后中国的农业科学技术研究有了一定的开展。

在此背景下，中央农业实验所广西工作站的专家们接到指令后，即从沙塘农都或其他避难点、任职处回到南京工作。然而，到广西的 17 名专家最后回到南京的只有邱式邦、戴弘、冯敩堂，大部分专家去了其他农业科研机构或大学任教。

（一）马保之：任职农业司善后广西

抗战胜利，国民政府回迁南京，起用新人。过去两任农林部部长都喜欢马保之。1945 年时农林部部长是周贻春，他曾任清华大学校长、贵州财政厅厅长，他上任后，对农业司司长人选久悬不定很重视，经过多方面探询，找到马保之。周贻春与马保之并不相识，哪知两人会面后，一见如故，相谈甚欢。那时，农林部内设有善后救济物资救济委员会，周贻春任主任委员，于是他任命马保之为副主任委员。联合国善后物资救济署中国分署设在上海，所以马保之常驻上海并兼任农林部上海办事处主任。在重庆时，周贻春邀马保之一家人住到他在上清寺住宅的二楼，常常跑上楼来与马保之一家人进餐说笑。在上海时，若马保之请病假，周贻春必亲自来探望，可见他对马保之的重视。过了两年农林部部长易人，新任是左舜生，到任首日，即找马保之谈话，要他安心留下来工作。

马保之 1945 年离开沙塘升任农林部农业司司长，兼任联合国善后救济总署（简称“联总”）中国善后救济分署农业机械管理处处长。由于他曾在沙塘农都工作八年，后来参与了广西的农业救济工作。

1945 年 11 月，行政院善后救济总署广西分署在柳州成立，办公地点设在乐群社，分署根据联总章程开展救济工作。

在农业救济方面，分署的第 2 期和第 6 期业务费有 2.4 亿元为全省种子肥料专用赈款，发给无力购买种子的灾民。广西在战争中损失耕牛 48.1 万头，分署在第 4 期业务费中，拨款 5000 万元用于购买耕牛。此外还有 8600 万元的农田水利费，用于修建石榴河、八步等 8 项水利工程。1946 年春，柳江县大部分乡村发生空前的虫害，广西分署用一公斤米换一公斤虫的办法赈济，虫害很快灭绝。同年 10 月，广西救济分署与广西省政府合办无忧农场，收容本省无家可归、无田可耕的难民。联总拨给广西一批农业机械和各种农具，无忧农场得到曳引机（拖拉机）14 架。广西救济分署和农林部聘请美国技术人员在沙塘广西农事试验场合办华南曳引机驾驶人员训练班，而这个拖拉机训练班的班主任就是陆大京。

陆大京作为高级农业技术专家，战后应该有更高的职务，为何仍然留在沙塘工作呢？马保之晚年回忆说：“陆大京兄清华大学毕业后，在美国明尼苏达大学取得博士，专攻植物病理学，任广西农事试验场病虫害组主任，与我非常投机。柳州被日本人侵占后，他不辞辛劳，日夜帮助我把沙塘的人员迁到三江。抗战胜利后，他是当时在沙塘服务的唯一高级人员，留在广西帮我处理农业善后物资。”

柳州的农业救济除了马保之的努力，我们不妨了解一下联总的背景，能更清楚柳州为何得到那么多的救济。

第二次世界大战有 60 多个国家和地区、20 亿以上的人口卷入。面对这场人类空前大劫难，一些有识之士在战争期间即开始着手筹备战后救济工作。

早在抗日战争结束之前的 1943 年 11 月 9 日，由美国总统罗斯福倡议，发起成立了有 48 个国家参加的联合国善后救济总署。这个组织不是后来于旧金山成立，有常任理事国、安理会的联合国组织，而是由第二次世界大战期间的同盟国参战国家组成。成立联总的目的在于战后统筹重建第二次世界大战期间受害严重且无力复兴的 38 个同盟参战国。其中，受害最严重的中国成为最主要的被援助国，而给予援助者则主要为美国、英国与加拿大。按照协议规定，三国分别承担 13.5 亿美元、3.2 亿美元、0.9 亿美元的捐款。中国政府派出蒋廷黼参与联合国善后救济总署的初创，并以该署中央委员会中国代表的身份留在那里参加救济工作。就是这样一个半官方半民间临时组织发动了 30 多个国家政府和最广泛的社会团体、人民群众参与捐助活动，募集了近 39 亿美元的资金和物资，对经受战争而需要援助的一些国家和人民进行救济。

1944 年底，联总在中国设立分署，为了接受和分配联总提供的救济物资，国民政府于 1945 年 1 月设立行政院善后救济总署（简称“行总”），并在上海、浙江、湖南、广西等省市设立 15 个分署。同年 11 月 13 日，联总就关于救济物资的接收、移交、分配和监督等事宜与中国签订协议，开始向中国提供援助。战后中国得到联合国救济总署价值 5.2 亿美元的物资援助。

为了和联总的工作对应，国民政府设立的行总任命蒋廷黼为署长，负责接收和分配联总提供的救济物资。行总的总部最初设在重庆的珊瑚坝，日本投降后又迁往南京，并在上海、浙江、福建、广西等省市设立了 15 个分署。与此同时，由于国共两党间有《双十协定》，在延安解放区相应成立了中国解放区救济总会（简称“解总”），董必武为会长。据摸底调查，中国需要援助的沦陷区涉及东北、华北和台湾全部，以及华东、华南、华中局部，人口约 2.6 亿，占全国总人口的 57%，可见这是一项十分庞大的国际援助计划。按照章程规定，联总对救济物资的分配，应是不分政治派别公平地援助一切受战争破坏的地区，但这个原则在中国一开始就没有得到实现。受战争灾害的人有一半以上生活在华北解放区，可这个地区却只得到了 2% 的救济物资，98% 的物资给了国民政府控制区。这种分配上的不公平，不仅引起解总和中国福利基金会的抗议，也引起了联总在华工作人员的不满，抗议国民政府把联总的援助当作政治武器。广西属国统区，就在这样的背景下，得到了大量的国际援助。

计划援助的内容广泛，包括粮食、衣服、房屋、医药卫生、交通运输和通信、农业善后、工业善后、水利善后、社会福利、难民等。其中，农业善后项目中包括援助农用拖拉机。

联总决策援助拖拉机过程中还有段趣事。最初，考虑到中国农业是依靠人力、畜力耕种的小农经济，战时又有大批牲畜非正常死亡，畜力严重不足，从而影响到农田的耕种，作为中国善后救济分署农业机械管理处处长的马保之，拟请联总帮助从印度购买 10 万头水牛。联总曾多次开会研究水牛问题，也先后同印度、泰国和法属印度支那当局协商买牛计划，但印度和东南亚各国也都属于小农经济，既没有专门经营水牛买卖的市场，也没有大量剩余水牛可供出口，本国产的水牛只能满足本国的需要，买水牛计划落空。曾有人提出捕捉野牛来耕田，但管理动物园的专家却说，野牛天性不驯，用来耕田不可能。于是又改变援助方向，想专门捕获小野牛进行驯化，后来考虑野牛很难捕获，即使捕获到大量野牛，远隔重洋，运输也会是大问题。最终联总建议向中国提供 5000 台“铁牛”，即农用拖拉机替代耕牛。虽然拖拉机可以替代耕牛，但使用和维修养护、燃油、配件等运行成本及中国小农经济为主体、科学技术不发达的现实状况又不能不加以考虑，导致行总和国民政府农林部都不敢贸然接受那么多拖拉机，再三商量后，只同意接受 1500 台，主要用于机械化农业的试验、示范。尽管这样，马保之说，这也是中国有史以来最大的一个发展农业机械的计划。

马保之给广西分配了大批农业机械，广西建设厅农管处利用这批机械在柳州鸡喇成立柳州农业机械厂。在沙塘成立广西第一个拖拉机手培训基地时，马保之也拨来一批拖拉机并派来美国机械人员协助培训。接着他又为广西农事试验场下达柳州市郊防治蔬菜害虫计划，提供农药、器械及经费，使菜农直接受益。

后来，由于局势一直动荡，且善后救济计划的执行困难重重、摩擦不断、

参加拖拉机培训的学员在犁地。（资料图片）

效率低下，联总遂决定结束在中国的工作，余下的事情让中国人自己去做。而此时国民党政府无暇顾及善后救济，但联总移交的事情又不能不办，于是成立了一个行政院善后事业委员会统筹管理这项工作。

广西善后工作做完了，到了 1949 年广西农业逐渐得到恢复，尽管内战烽火四起，但广西波及不大。这时候，马保之受命任中国农村复兴联合委员会（下简称“农复会”）广西办事处主任。

农复会广西办事处在新中国成立前对广西进行了一次土改，推行这个计划，需要一笔很大的经费，而广西省政府鉴于形势紧张，不肯为此花钱。1949 年 6 月 17 日，马保之作为农复会驻桂代表，由广州乘飞机到桂林。省政府主席黄旭初即与马保之商洽，并建议农复会给予推行这项工作所需经费之支持。马保之即电农复会拨款，不久即获复电核准，相关工作就此开展起来。

由农复会补助美金 41040 元（当时物价飞涨，法币如同废纸，故以美金计算），作为推行广西土改业务的经费，这是按照广西省政府拟订的计划和预算拨发的。后来实际所发的，既不是美金，也不是法币，而是一种新铸币。

这次土改试办地区依照计划，择定临桂等 30 个县为示范县，并划分为 5 个区域，督导办理，其他各县，则仍按以前所颁办法办理。

桂林区示范县有临桂、兴安、全州、百寿、永福、阳朔、修仁、荔浦 8 个县，柳州区示范县有柳江、雒容、宜山、柳城、融县 5 个县，贺县区示范县有贺县、怀集、钟山、恭城、平乐、昭平、富川 7 个县，南宁区有邕宁、宾阳、横县、永淳 4 个县，梧州区示范县有苍梧、玉林、容县、北流、平南、贵县等 6 个县。

督导员按行政划分设省、县、乡三级督导人员执行工作，每区设省督导员 3 至 5 人，共计 20 人；每县设县督导员 2 至 3 人，共计 75 人；每乡设乡督导员 1 人，共计 650 人。他们的薪水和旅费以及其他印刷办公等费用，统由农复会补助的款项支付。督导期限预定于 1950 年 1 月底办理完竣。县级和乡级督导员，统由各县（市）政府自行选派；省级的则由黄旭初选派。

广西推行的减租限田实际上流于形式。据有的县报告，整个县竟无一个地主，均为自耕农；许多县报告无超额土地，统计全省超额土地仅 13 万亩。有的县长和乡、村长勾结地主，甚至派丁帮助地主催租。有的地主将所有土地化名分户，以图逃避限田法令。有的地主诱骗佃农，表面上将超额田地卖与佃农，实际仍私下保持其原有的租佃关系。很多官吏本身即是地主，为了自身利益，多不认真执行。

很多地方存在人多地少的现象，农村劳力过剩，租田不易，地主因之故意提高租额。各地租方与佃方之间发生纠纷时，地主不服行政机关之处置，而转向司法机关控诉，由于司法手续烦琐，农民应付不起，只有吃亏了事。

过去的农业贷款，大多流入中农以上和地主的手里，贫下中农需用时，只好求助于他们，因此发生高利贷。

由于土改本身弊端丛生，实行尤难，新桂系的土改进行了仅仅两个多月的时间就随着新桂系崩溃而夭折。但还有近万元美金的限田经费，保存在农复会驻广西代表马保之手里，未曾领用。广西省政府民政厅厅长罗福康，于省府迁移南宁后，知大势已去，急谋卷款而逃，乃在南宁向马保之领取上项限田余款，马保之以手续不全而拒绝。按规定凡领该款需要省政府主席、主管厅长和主管科长都签名盖章，方可发给。罗福康立即致电桂林市市长韦瑞霖，要相关人员签名。罗福康担心拿不到此笔巨款，乘黄旭初坐飞机去桂林视察之机，对黄说相关人员领了不少限田的公款，藏在桂林，请其设法将这些人员带到南宁。罗福康开始派民政厅会计清查，结果这些人只是领了个人的旅费而已。第二天罗福康就要到了省政府主席、主管厅长和主管科长三方盖章，并派他的亲信出纳向马保之领回了限田经费的余款一万多元的银元交由他的妻子收管。

当时的政局混乱，推动事情非常困难，更谈不上农村建设，马保之能做的工作就是每天东奔西跑，做些琐碎短期的事，如推动落实了十多个农村的小型水利计划，训练老师到村里进行推广教育等。

马保之在桂林的时间只有五个月，1949 年 11 月 20 日桂林解放，办事处迁到南宁（广西省政府则迁到百色）。在这同时，农复会已迁到台北。1949 年底，马保之定居台湾。

（二）邱式邦：一穷二白回南京

《邱式邦院士从业七十周年纪念册》“战火纷飞投身植保事业”之“沙塘八载”章节中，有关于邱式邦在广西农事试验场工作的记载。

邱式邦 1936 年大学毕业后，进入中央农业实验所的病虫害系，在吴福祯的领导下开始植保工作。全面抗日战争爆发后，中央农业实验所奉命向西南迁移，将研究人员分散到四川、贵州、湖南、广西等地建立工作站，邱式邦被分至广西工作站，从 1938 年开始一直在沙塘干了八年。

邱式邦在其回忆录中说：

“广西设在柳州沙塘，马保之先生被任命为站主任。当时已在沙塘的农业单位有广西大学、广西农事试验场。马保之卓有远见，要把沙塘建成一个教学、科研、推广相结合的农业科技中心。因此竭力说服领导，将广西大学农学院也设在沙塘，中央农业部的农业推广繁殖站、广西高级农业职业学校也建在了沙塘。这样，沙塘逐渐形成了我国最早的农业科技园区。

“当时沙塘条件很差，远离城市，交通不便，人地生疏，生活单调，毫无乐趣。单身的年轻人，有的家在沦陷区，更是思家心切。晚上独自在桐油灯下，垂头丧气，许多人都产生了要离去的念头。”

邱式邦认为，沙塘通过马保之的统一领导，各单位的不同专业互相配合，在农业教学、科研和推广上做出了很多成绩。还创办了《广西农业》杂志，刊登研究成果和农业技术的文章。这在当时抗战的困难条件下，别处是很难办到的。农业科技园区这样的组织对工作的深入开展大有帮助。

在沙塘，邱式邦有机会与农化、土肥、农作物栽培育种的同仁合作、研究解决虫害防治的问题。其间，他与玉米工作者合作，研究明确了玉米播种时期、生长状况与玉米虫害发生轻重的关系，观察了 41 个玉米品种的抗螟能力，为玉米增产提供了科学依据；与土肥工作者共同研究，证明根瘤菌、肥料、酸性土都不是沙塘大豆秋收的主要原因，证明了沙塘绿肥作物的大规模栽培为大豆害虫提供了适宜的繁殖环境，造成了大豆连年歉收，从而提出了适期刈割绿肥、取缔豆科寄主植物、栽植抗虫绿肥、调节大豆播种时期等一系列措施来解决歉收的问题。邱式邦还利用农化组提供的杀虫植物豆薯，有效控制了甘麻绵蚜，并与森林组密切配合开展了油桐害虫的防治研究。

邱式邦在沙塘时还在广西大学农学院任教，并在这里收获了一生的爱情。邱式邦授课时，认识了广西大学农学院学生、后来成为他妻子的段醒男。段醒男与邱式邦志同道合，伴随他度过了钻石婚和百岁生日。在《邱式邦院士从业七十周年》纪念册中，记载了和段醒男结婚的前后。

邱式邦回到重庆位于北碚的中央农业实验所，便开始筹备和段醒男今后的生活，他们在天生桥外租了一间小屋，段醒男先住了进去。这间小屋大门临街，屋的一侧有一扇窗户，窗外是一片菜地。有一晚小偷通过窗户进屋，偷走了段醒男的新大衣和所穿的衣服，搞得她只能向住在楼上的同事借衣服才能出门。段醒男后来说她一点感觉不到有人入室偷窃。据说四川的窃贼先用迷魂香令人昏睡才动手，邱式邦那晚估计也中了迷香。

新房里一点家具也没有，中央农业实验所朱凤美主任借给他们一张双人床。这床年代已久，棕垫已经陷了下去，但他们还是非常感激。可是邱式邦妈妈不太高兴，原来送床的朱老先生夫妇只生过一个女儿，没有儿子，用他们的旧床未免美中不足。可几年以后，邱式邦有了两个男孩，谈起旧事，妈妈也笑了。

新房里既无桌子也无柜子，邱式邦找来了一只没有盖的破木箱，竖立在新房的角落，铺上一块白色的桌布。邱妈妈见状又不乐意了，认为白色不吉利，夫妻俩只得找了些零碎的红色花布剪贴在上面，总算创造了一件“摩登”家具。1946 年 2 月 10 日，邱式邦和段醒男在重庆举行了简朴的婚礼。

在抗日战争时期，邱式邦和段醒男都是用一根灯芯的桐油灯，多年来也习惯了。在新房里，他们买了根洋烛，点上后的亮度让他俩眼睛都睁不开。

1946 年夏，邱式邦和段醒男随中央农业实验所从重庆返回南京。那时，由西南回南京的水路交通十分紧张，全所职工挤在一条木船上，每人所占的位置很小。邱式邦和段醒男被安排在靠近船尾的舱内，紧贴着舱后的厨房，行李也放在厨房的舱下。他们的木船过三峡时几次遇到险情，最后总算平安抵达武汉。在港口停留了一天，有的人上岸观光购物。邱式邦和段醒男急于检查行李，结果令人伤心。厨房每天淘米、洗菜的污水流入船舱，箱子在污水中泡了一周，衣服已霉烂发臭，箱中长满蝇蛆。邱式邦一气之下，将皮箱一脚踢入江中。

抗战胜利后，邱式邦和段醒男一穷二白地回到南京。

1946 年，邱式邦回到南京中央农业实验所工作，承担了飞蝗防治的研究任务。在一年时间内，研究出采用“六六六”毒饵治蝗的方法，并首创了“六六六”粉剂治蝗的技术，为我国治蝗工作开拓了新的途径。与此同时，他对松毛虫的防治研究也倾注了很多精力。

（三）戴弘：筹建北平农业试验场

1938 年秋，中央农业实验所派戴弘到柳州该所驻广西工作站工作，同时兼任广西省政府技正、肥料专业督导等职。戴弘不辱使命，在抗日战争的艰苦岁月里，除开展化学肥料试验外，在开辟农村有机肥源方面也做了大量工作，为增强当时广西省的农业生产做出了贡献。

抗战时期，化肥基本靠进口，但中国外受封锁根本没有办法进口，重要的原因是民族工业不发达，化肥生产厂家基本没有。故化肥在农村的使用并不多，而且对于贫穷落后的农村来说使用化肥生产成本也高，农民承受不起。在沙塘，农民的肥料基本是人畜粪便及烧草灰等，数量上极其有限。

增加农用肥料及其肥效，是戴弘一直进行的科研项目。他与同行们把精力投入开辟农村有机肥源方面，做了大量的调查研究和试验工作。他与广西农事试验场和一些地区农场合作，进行长达七年的肥料田间试验。试验处理涉及绿肥、堆肥、厩肥等农家肥料和氮、磷、钾化肥，以及石灰等。

有段时间，农科人员曾组织农民冬闲时在田间栽种很多肥田草、紫云英等，打破了以往农田特别是旱地丢荒不理的陋规。这些草类植物都是增加田肥料培肥的一些途径。戴弘承担从肥料试验设计、数据记录到试验结果的整理、统计

土壤肥料学家戴弘（中国战时农都博物馆提供）

分析，直至写出试验报告全过程的技术指导。经过努力，戴弘和同事们进行的这项试验工作最终处于国内领先地位。通过田间试验，证实有机肥的增产作用和对土壤的培肥作用。此后长期坚持肥料田间试验，为大面积推广和合理施用多种化肥提供了科学依据。试验组深入农村，对农家肥料进行调查研究，总结农民群众积肥、施肥经验，重视绿肥品种的引进和筛选，提高了农家肥料的增产培肥作用。

戴弘十分重视土壤肥料知识的普及工作，认为农民迫切需求农业科学知识，农业科技人员有责任把农业科技知识传授给广大农民群众，应毫无保留地向基层农科人员讲授土壤知识和肥料试验技术。其间，他编写了《怎样保持土壤水分》《小麦肥料三要素试验》《土壤肥料问题》《土壤问题问答》等书，以使广西农事试验场以及周边农村的农民懂得合理地积肥、堆肥和施用肥料。与此同时，试验组为广西培训一批从事肥料田间试验的基层农业技术干部，并积极推广绿肥、堆肥等农家肥料的积、种、造、施技术，为促进广西农业生产特别是粮食增产做出了贡献。

抗战胜利后，戴弘被派赴北平参加接收伪华北农事试验场土肥系和水利工程系的仪器设备和科技档案资料，筹建中农所北平农业试验场，并一度出任代理场长。

日军入侵中国以后占领了燕京农场，得到了该农场大部分供试验的材料和一些资料，后来日军成立的华北农业试验场北平总场小麦品种改良就是在燕京农场所研究的基础上延续下来的。日军还选派了不少日本农业专家在中国进行农业科研，其中北平总场就有几个，战后为了延续原来的试验还留任了一些日籍专家，他们直到 1949 年才全部回日本。戴弘与中央农业实验所麦作杂粮系主任章锡昌等人一道接管伪华北农业试验场北平总场。1947 年春，戴弘回南京中央农业实验所任技正兼秘书，章锡昌成为总场的代理场长。

戴弘回到中央农业实验所后协助所长管理所务，为重建该所，开展农业科学研究而辛劳奔波。当时，进口化肥激增，国内化肥厂也恢复了生产，江浙等省农村施用化肥的品种、数量不断增加。为加强管理，南京国民政府农林部化肥事业管理委员会在上海设立了办事处。1948 年，戴弘被中央农业实验所派至上海市该处主持有关化肥分配以及各种化肥的运输、贮存和施用的技术指导工作。

1949 年 5 月上海解放后，市军管会财经接管委员会举办棉垦训练班，戴弘为植棉班讲师。同年 9 月，戴弘被派赴北京华北农林部协助制定土壤肥料发展规划。

（四）钱念曾：仓储害虫治理见成效

钱念曾是中国早期从事仓储害虫治理、植物检疫和熏蒸技术研究者之一，并在这些方面做出了重大贡献。在研究和推行粮食仓储害虫治理领域，他是中国的先导者。

钱念曾早在 1934 年就积极开展粮食仓储期间的害虫治理工作，并进行深入的调查研究和推广有关防治技术。1937 年 8 月至 1940 年 2 月，钱念曾在中央农业实验所广西工作站工作两年的时间里，研发出一种防治穗谷害虫专用熏蒸剂——氯化苦，并于 1942 年在沙塘印发的刊物《农业推广通讯》上发表了一篇题为《介绍一种防治穗谷害虫专用熏蒸剂——氯化苦》的文章。在柳州沙塘工作期间，钱念曾积极宣传和推广有关防治技术，不辞劳苦到各个地方指导相关单位和乡村做好粮食仓储管理，防治虫害，减少损失，深受当地民众欢迎。1938 年，他与中央农业实验所广西工作站同仁，主持对积谷害虫的防治技术推广工作，先在 6 个县举行示范，至 1941 年举办了 3 期防治技术训练班，把防治技术推广到 66 个县。据统计，这些举措至少使储粮减少损失 67329 担。

1947 年 8 月，钱念曾赴美国明尼苏达州立大学农学院昆虫学系深造，攻读植物检疫课。本来可以留在美国的，可他认为，新中国即将成立，为自己的国家服务是每一个炎黄子孙应该做的。

1949 年 5 月，新中国成立前夕，钱念曾回国，先后在华东农林部病虫防治科、农业部植物保护局、农业部植物检疫实验室、中国农业科学院植物保护研究所、农业部植物检疫实验所任工程师、副研究员、研究员，从事农业害虫、仓储害虫治理、植物检疫、熏蒸技术及

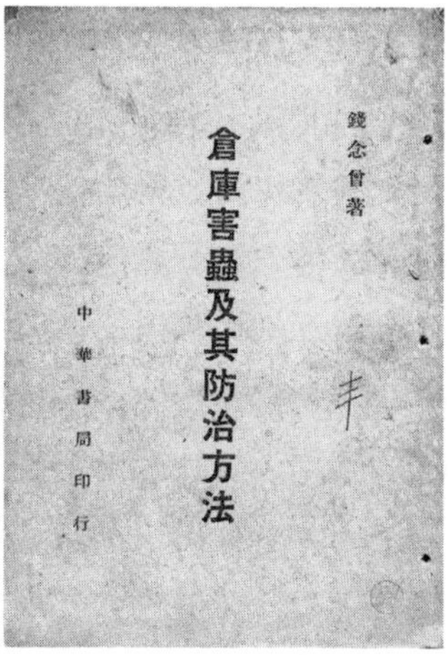

昆虫学家钱念曾（1909—1991）和他的代表作《仓库害虫及其防治方法》（中华书局 1950 年出版）。（中国战时农都博物馆提供）

生物防治等方面的技术行政和研究工作。

1950 年、1951 年，钱念曾先后编著《仓库害虫及其防治方法》和《DDT 及六六六实用手册》。1949 年至 1952 年，他指导了上海市粮食系统开展储粮害虫的治理工作，为国家挽回大量损失，取得重大社会经济效益，受到好评。

1954 年华东大区撤销，钱念曾调到农业部植物保护局植物检疫处，1956 年以后奉命筹备农业部植物检疫实验室，从此由植物检疫技术行政转入植检科研。他参与了有关植物检疫由商业部归并农业部的接收工作和植物检疫条例及其实施细则的制定工作。他还积极建议和参加筹建了中国第一个植物检疫科研机构——农业部植物检疫实验室。

钱念曾 1956 年在《昆虫知识》刊物上发表了《对于开展我国植物检疫试验研究的初步意见》一文，明确提出，植物检疫应包括对内和对外两部分，是个有机整体；植物检疫工作正常、健康发展的关键就在于加强植物检疫的试验研究和资料搜集工作；作为检疫对象的调查研究应加入寄主范围和传播途径的调查研究。当年，钱念曾被调到他参与筹建的实验室负责技术指导工作，并具体主持检疫熏蒸技术研究组。

当时的农业部植物检疫实验室有留美专家和大专毕业生 35 人，是国内少有的一支相当强的植检科研力量。钱念曾重视青年科技力量的培养和植物检疫科技队伍的组建工作，积极建议举办植物检疫训练班，并亲自授课，为国家培养出一批植物检疫技术骨干。他还组织实验室人员编著《对内植物检疫对象图说》等技术资料。与此同时，他主持了植物检疫对象马铃薯块茎蛾的调查研究，对马铃薯块茎蛾在国内的分布和发生为害以及消灭块茎蛾的技术问题作了深入研究和详细报道，研究提出溴甲烷处理马铃薯块茎治理块茎蛾的技术措施，并在生产上大规模应用，取得巨大的社会经济效益。

河北省 1958 年从广东、福建有甘薯小象鼻虫地区调入种薯，未经消毒致使害虫随之传入。钱念曾获悉主持消灭甘薯小象鼻虫为害技术措施的研究，积极指导新传入区开展捕灭工作。在得出甘薯小象鼻虫在北方田间残薯、遗株、枯叶杂草、土壤缝隙均不能越冬，但是可在薯窖内越冬的结论后，钱念曾认为采取一系列具体措施：发现有虫的薯窖立即先行严密封闭，然后妥善处理；有虫迹的薯块装袋扎紧出窖，立即蒸煮食用；少数不能吃的深埋；无虫迹的种薯一律采用 52—54℃温汤浸种 10 分钟后，上床育苗；空窖撒药后密封三个月以上或填泥砸实；育苗期，苗床喷洒 50% 敌百虫 500 倍液毒杀等能够及时消除甘薯小象鼻虫的危害，相关人员按照他的上述意见，灭虫效果明显。钱念曾在熏蒸技术方面的突出贡献是，认识到熏蒸技术是植物检疫工作的重要措施。1957 年至

1958 年，钱念曾在四川省示范溴甲烷熏蒸种薯，有效地解决了块茎蛾随种薯传播问题。

1961 年，钱念曾总结国内外种苗检疫熏蒸消毒处理的资料，撰写《种苗检疫熏蒸和消毒处理》一文，对开展种苗检疫熏蒸和消毒处理起到了促进作用。同年，钱念曾主持关于蜡螟杆菌及苏云金杆菌的利用研究，论文发表于《植物保护学报》（1963），为中国开展蜡螟杆菌及苏云金杆菌防治蔬菜害虫及玉米螟等起到先导作用。

1973 年 9 月，钱念曾在收集专业资料途中，所乘坐的电车急刹车，导致他头部受到创伤，后虽经医院手术治疗，但仍留下了视神经和脑功能障碍的疾病。他在病中仍时刻关心着中国植保、植检事业的发展以及科技人才的成长，并以自己久病在家、不能工作深感不安。病危之际，他立下遗愿，将一生省吃俭用积蓄下来的一万元人民币捐赠给所在的植物检疫实验所，作为植物检疫科技奖励基金，以鼓励在植检科研工作中做出突出贡献的科技人员。

（五）于菊生：护粮有功成劳模

1950 年，一本由上海著名画家董天野所绘的连环画《英雄劳模——护粮英雄于菊生》流行于全国。画中的主人公就是 1938 年随中央农业实验所到沙塘的昆虫学家于菊生。董天野是张大千的弟子，新中国成立后在新民晚报社任美术编辑，并从事国画创作，擅长国画人物画，技法精熟，笔致工整，设色浓艳。所作历史画，如李舜臣、隐龙伏虎、杨门女将、白蛇传等均获好评。

于菊生缘何成为董天野的绘画对象呢？

于菊生在柳州广西工作站工作了近八年，抗战胜利后离开沙塘回到南京中央农业实验所。

1949 年底，上海接收和租赁的旧仓库，卫生条件极差，墙壁害虫密布，仓内飞蛾扑面，地上甲虫成群，老鼠上蹿下跳，粮食的虫蚀损失十分严重，实现有效护粮迫在眉睫。1950 年 3 月 1 日，中国粮食公司成立，于菊生任该公司华东区公司技术员。4 月，公司成立了保粮大队，于菊生被调到大队做技术员。他非常和气，员工们都叫他“于老头”，其实那时他才 44 岁。于菊生之所以成为连环画里的护粮英雄，是因为他用自己的治虫技术，保全了新中国成立初期特别宝贵且数量巨大的粮食，这些粮食使上海的粮食供应持续稳定。

新中国成立前，鼠害防治，主要是靠人工捕杀，或用简单的弹簧夹捕捉，也有用砒霜诱杀的。1939 年，中农所广西工作站在柳州沙塘制成连续捕鼠器，用于捕捉小鼠。1941 年，于菊生、钱念曾等根据杠杆原理制成箱式简易捕鼠

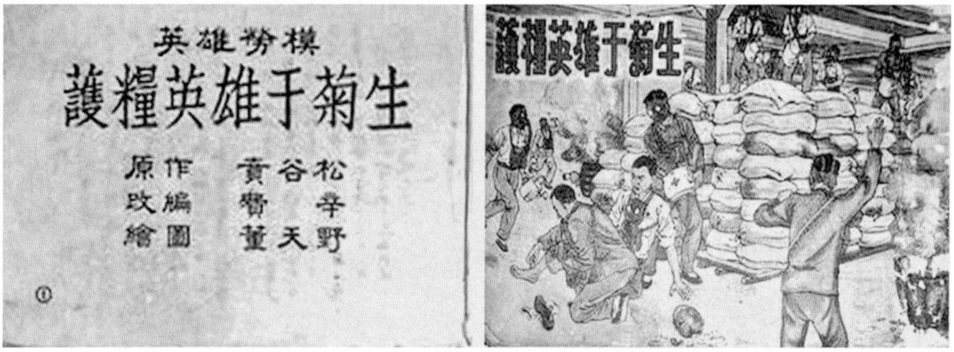

1950 年，连环画《英雄劳模——护粮英雄于菊生》出版发行。

器及箱式连续捕鼠器，适用于仓库和居室，对 6 克至 150 克重的老鼠均能捕获。由于效果较好，这一技术在全国不少地方得到普及。于菊生就用这个技术制作了不少捕鼠器解决了粮仓鼠患的问题，随后又着手研究、解决其他仓库虫害。

1939 年至 1943 年，于菊生在沙塘时就对广西仓库害虫及其为害情况进行过较详细的调查，当时记载的仓库害虫计有 4 目 15 科 39 种，其中以麦蛾、谷蠹和米象分布最广，为害最烈，而粮食的温度也决定了虫害的生长和繁殖程度。于是在控制仓库温度上，于菊生发明上直角式（曲尺形）温度计。这种米温计适用于粮食测温，使用方便，水银刻度置于上端，易看清，是查粮温的好工具。此外，在调查研究的基础上，于菊生先后发明了八孔式（全“非”字形）与四孔式（半“非”字形）两种粮包堆置法。这两种方法不但易于通风换气，可以防止米粮发热的问题，而且增大了散布杀虫药粉的面积，有利于防治虫害。

1950 年 6 月，于菊生又发明了喷粉和熏蒸防治虫害的方法，避免了 110 万包大米受损。1936 年于菊生在沙塘时，曾与冯敩棠、钱念曾利用氰酸气和氯化苦熏蒸粉末等防治虫害，颇有成效。为了消灭仓库害虫，于菊生决定采用化学药剂对仓库和粮食进行熏蒸杀虫处理。由于使用后效果良好，便逐步推广成为全国各地防治储粮害虫的一种方法。

由于整天忙于护粮，过度劳累，于菊生胃溃疡发作，1950 年 6 月 13 日他病倒在办公室里，后住院接受治疗。而这时，仓库又发生了大面积的虫害。于菊生根据以往的经验判断，粮食发热后必定有虫害，而受虫害过的粮食经过一个夏天，至少要损失 10%，如果虫害严重则损失更大。于菊生在医院住不下去了，马上办理了出院手续回到仓库指导杀虫。

从 1950 年至 1953 年，仅上海就使用各种化学药剂 4.3 万多公斤，熏蒸粮食近 1.8 亿公斤。于菊生因治虫护粮有功在 1950 年被评为全国劳动模范，他的事迹也被作为重点宣传，于是就有了连环画《英雄劳模——护粮英雄于菊生》一书的诞生。

（六）林维治：建竹园，成“竹子大使”

20世纪80年代，台湾《时报》记者温秀娟的一篇报道中称，林维治先生是一位典型的林业人，在长达半世纪余的时间，他一直在林业岗位上，从事竹类生长、分类、繁殖、引进和做竹工艺研究推广等工作。他是蜚声国际的竹类、编竹专家。

该报道中提到的林维治，就是1937年随中央农业实验所到沙塘广西农事试验场工作的森林组专家林维治。

林维治，平阳县南湖乡人。1934年，他刚满20岁时，进入南京中央农业实验所工作任助理员。1937年，他随所到沙塘广西农事试验场工作，在森林组任技佐。在技正林刚的带领下，他开展了一系列的林业研究，主要是进行千年桐杂交试验。经过努力，他们成功进行了千年桐油树的无性繁殖，为桐油增产提供了科学依据。1938年，林维治与林刚一道从他的家乡浙江平阳采选大颗乌桕枝条，以柳州乌桕做砧木嫁接繁殖成功，1941年开花结果，其种子体积比普通乌桕大一倍以上，含蜡量亦较普通乌桕高出一倍以上，为当时全国最优良的乌桕品种，被称为“乌桕大王”，并命名为“中农大颗桕”。大颗桕是乌桕的一种，具有较高的经济和园艺价值，种子外皮的蜡质称为桕蜡，可提制皮油，是高级香皂、蜡纸、蜡烛等的原料；种仁榨取的油称桕油或青油，生产油漆、油墨等可使用。中农大颗桕的研制成功，使乌桕的产量增加20%以上，为社会提供了更多的工业原料。

1945年抗日战争胜利后，林维治到台湾省营医疗物品公司奎那总场任场长兼技师。1951年1月，他被调至台湾省林业试验所六龟试验场任技正兼主任，并开始从事竹的分类及繁殖的研究。这期间，林维治尤以新品种的发现、命名、分类地位的确认以及平插繁殖方法的研究成功，对台湾竹类的栽培改进和竹类研究贡献很大。1973年，他任台湾林业试验所技正，大量引进外来巨竹和梨果竹栽培并获成功，同时进行麻竹品种的改良，也取得了很好的效果。

对竹类的成功繁殖是林维治的一大贡献。在林维治竹类繁殖新法发明前，中外各国大多采用分株法。该法是将竹丛中的一年生母竹挖出一枝，截去上端，再把它种入土中。这样，一株母株，只能育出一株苗，如果挖掘母竹时稍不小心，还会破坏母竹丛的生长与发育。林维治认为用这种方法繁殖竹类，除存在上述缺点外，如大面积营造竹林，竹苗既不易获得，母竹的搬运也十分困难。为了找一种新的竹类繁殖法，他找遍了中外有关资料，但未能发现很合适的方法。

林维治出身农家，小时候不知多少次看到乡亲们用平插法繁殖甘蔗。甘蔗与竹类为同科，甘蔗既然可以用平插法繁殖，竹子难道不可以吗？这一念间对林维治启发很大，于是他于1961年，在六龟分所扇平苗圃开始对竹类平插繁殖进行试验。经过三年多夜以继日反反复复的试验，到1964年，这一技术终于获得成功。林维治的竹类平插繁殖新法克服了传统分株法的缺点，为大规模发展竹林业创造了条件。后来，他陆续搜集种植四十多种竹子，成立了台湾第一所"竹类种植园"，留下一笔珍贵的学术财富，被人们誉为"竹子大使"。

（七）孙渠：把耕作学献给种地

1955年2月20日，《人民日报》发表了一篇题为《苏联专家为我们树立了土壤调查为农业生产服务的榜样》的文章，该文的作者是土壤专家孙渠。

1936年1月，孙渠从金陵大学毕业后，先后在中央农业实验所土壤肥料系和山东济南省立高级农业学校农科任职。1937年全面抗日战争爆发后，他于次年离开济南，辗转到长沙，寻求报国之路。得知中央农业实验所在柳州沙塘设立广西工作站后，他便前往并留下工作了两年。1940年孙渠前往重庆，并于1941年受聘于设在重庆歇马场的乡村建设学院，任副教授兼农专科副主任，讲授土壤学和肥料学。

在沙塘的两年时间里，孙渠从事磷肥施用及其在土壤中固定作用的研究。这一研究，为他在新中国成立初期所著的《土壤学》提供了实践素材。

1945年抗战胜利后，孙渠获得以实习技术员身份去美国进修的机会，他先后访问了俄亥俄大学、康奈尔大学和加利福尼亚大学。一年后，他回到重庆乡村建设学院继续任教，并升任教授。面对国民党政府的倒行逆施，他明确地站在进步力量的一边，赞赏苏联社会主义的成就，坚持学习俄文。1948年，他离开重庆到美国加州大学进修。

在美期间，孙渠系统整理了多年教学研究的心得，写成了《土壤学》一书，完成《肥料学》三分之二的初稿。同时，他有机会了解苏联土壤科学的发展概况，着重研究了苏联土壤学家威廉士的著作，为回国后从事耕作学科的创建做了充分准备。1950年3月，孙渠冲破重重障碍回国，不久即到北京农业大学任教。

孙渠回国后的第一件事，是系统地介绍威廉士的理论。威廉士是苏联十月革命后最有影响力的土壤学家和农学家之一，《土壤学·农作学和土壤学原理》

土壤专家孙渠（1911—1975）
（中国战时农都博物馆提供）

和《农业耕作原理》是他的代表作。孙渠认为，威廉士的学术成就集中反映在他关于土壤统一形成过程、土壤肥力及草田耕作制的理论上，孙渠称此为“农林牧三位一体的农业制”。因为它把造林、草田轮作、土壤耕作体系、施肥体系、良种和兴修水利六个基本环节结合起来，为农业的持续稳定增长提供了保证。

1954 年 11 月中旬的一天下午，孙渠作为国营友谊农场土地考察组的成员，随同苏联专家和中国同事在荒原上连续工作了六七个小时，大家连一口水都来不及喝，一直在挖土坑进行土坑观察。在等待挖坑的空当，苏联专家对孙渠说：“你既然是土壤学家，你就得告诉农业生产者，这块地应当种什么？怎样利用？不是你做你的土壤研究，生产者种他的地。”苏联专家的这些话对孙渠影响很大，从此他立下志向，要做一个把耕作学献给种地的人，而不是让人们用传统的刀耕火种、靠天吃饭的方式种地。

孙渠在广泛研究英美及苏联农学院的课程体系及内容的基础上，对照国内当时农业教育现状后认为，无论作物学或土壤学的传统课程内容，都未能提供关于农业生产的完整的科学认识。人们天天种地，却没有一门学科来研究种地的理论。孙渠通过对威廉士理论体系的研究和介绍，日益感到在中国建立这样一门真正研究种地即土壤肥力的利用和培养的科学，时机已经到来。

1952 年，全国农业院校在教学改革中决定设立耕作学课程。孙渠在北京农业大学率先主持建立了耕作学教研组，并以苏联的教学大纲为蓝本，编写讲义，组织课堂教学、实验课和教学生产实习，并结合中国的生产实际开展部分科学研究和教学建设工作。在孙渠的带动和帮助下，其他一些农业院校也相继开出了这门课。然而，一门学科的建立与发展，并没有平坦的大道可走。威廉士的学说经过时间的考验证明并非尽善尽美，他的团粒结构理论过分理想化，与中国农业生产的实际有一定距离；他种植多年生混播牧草的建议并未在苏联获得普遍成功。另一方面，中国农村合作化后的农业技术改造形势，也要求耕作学拿出切实可行的办法来改善生产力和生产关系的矛盾，而威廉士的学说对此却无能为力，耕作学将向何处去？有的学校课程停开了，有的在观望。面对这一新生学科的危机，孙渠坚信：考验与发展一门学科的基本措施是生产实践。从苏联移植到中国不久的耕作学，如果不结合中国的实际情况考验是难以扎根、成活而有所作为的。既然这门科学在理论上有根据，那么问题的焦点应是搞耕作学的人脱离了中国的实际，缺乏科研工作基础和指导农业生产的能力。只有知难而进，针对耕作学科建立以后的先天不足，到实践中学习、充实、检验、提高，才是唯一正确的态度。

1958 年，孙渠被下放到山西洪洞县农村。他在那里与农民一起种植试验田，并拜老农为师，总结当地农民精耕细作的经验。此后，孙渠又多次带领北京农业大学师生到河北、河南、山东、江苏、北京郊区等地农村参加耕作改制、深翻改土和种植丰产田的活动，并受农业部委托，主持进行了全国间作套种调查研究。孙渠在这一生产、教学、研究三结合的大课堂里如饥似渴地探索着，他认为，中国农业生产上耕作学的问题最多，经验也最丰富，搞耕作学的人应该大有作为。农民说："地是活宝，全在人搞"，人的作用是决定性的。种好地涉及天、地、人、物不同方面，既要善于安排作物，即通过合理间套复种和种植高产作物来发挥土地潜力，又要善于调养和培肥地力，即通过土壤耕作、施肥，轮作换茬等手段，创造持续高产的条件。既要处理好作物要求与土壤特性的关系，因地而用，还要协调人与地的物质交换、培养地力的矛盾。

1962 年，孙渠明确提出，耕作学是以充分用地、积极养地、用养结合为核心，研究农作物全面持续增产的耕作制度及其措施的基本理论与方法的一门科学。简单地说，耕作学的任务就是揭示和利用土地在耕种过程中的变化规律，采取一套办法把地种好，多打粮食和其他农产品。用地养地理论是从中国农业的历史和现实特点出发的，是高度概括了耕作制度演变的实质和辩证关系，它不但为耕作学这门新学科在中国的发展和生产应用提出了具有深远意义的基本理论和指导原则，而且引起各地生产部门的强烈反响，推动了中国耕作制度改革的健康、迅速发展。

1962 年冬，孙渠为《人民日报》撰写文章《论提高土壤肥力》，该文论述了如何发扬中国精耕细作的优良传统，在充分利用土地的同时，积极实行养地措施。主要包括：珍惜土壤中的有机物质，结合耕作制度，尽量做到有机物质还田；充分利用作物养地的积极因素，一边用一边养，善于利用自然因素，省力省时地提高土壤耕作质量，也就是全面实行以充分用地、积极养地、用养结合为中心的耕作制度。文章说，我国农民不但把粪肥、灰渣、垃圾、河泥、枯草烂叶、陈墙路土、污水等一切能够返回地里的东西尽量回到地里，而且还有一套因土、因地、因作物、因季节制宜的经济高效的施肥制度，这就是我们这块土地上种了几千年庄稼而土地的肥力仍然不减的秘密所在。

为了发展中国的耕作学科，孙渠献出了他的全部精力。他深知发展耕作学这样一门为种地人服务的科学，只靠少数人是不行的。从在北京农业大学建立耕作学教研组的第一天起，他就十分重视学科队伍的建设，在校、系领导的支持下，孙渠与他的战友姜秉权一起，培养了中国第一支耕作学队伍。在校内，他重视培植集思广益的良好学风和百家争鸣的学术空气；在校外，他注重联系生产深入实际的工作精神，从不摆教授的架子。经他亲手培养的青年教师与研究生前后共三十余人，遍布全国各大省区的教学科研单位，成为中国耕作学科的骨干力量。

1962 年，孙渠应当时农垦部部长王震的邀请，与蔡旭、彭克明、李竞雄等教授一起前往牡丹江垦区指导生产，并进行科学试验。他提出的复种油菜绿肥与施用磷矿粉结合改良低产白浆土的建议，经试验效果显著，在生产上获得大面积应用。

在“文化大革命”的艰难岁月中，在养病之余，孙渠仍抓紧时间学习和写作。这一期间，他写出了《耕作学原理——关于地力的使用和培养问题》一书的初稿，以深入浅出的语言，阐述了用地养地的理论与实践（这本 25 万字的专著在他去世后整理出版）。1974 年，他久病之后稍感好转就带着小板凳和煤油炉离开北京来到河北省涿县的北京农业大学农场，从事播种绿肥及复播大豆的用地养地效果研究。孙渠在涿县农场的工作持续了两个春秋，因体力衰弱和艰苦的生活条件再度病倒，于 1975 年 9 月离世。

二、“西农”教师另觅他路

自 1939 年 8 月广西大学改成国立后，至 1944 年 9 月沙塘疏散时止，农学院的院、系领导几次更迭，但教师的阵容基本没变，这有利于教学、科研、行政等工作的一脉相承。当时在校任教的教授除院长、系主任外还有程世抚、刘同圻、熊襄龙、翁德齐、王一蛟、李达才、李静涵、王履和、臧广田、沈克敦、陶心冶、王子方、傅邦杰、鲁慕胜、盛承渊等教授。副教授有李景均、夏兆龙、王启无、周百嘉、汪子瑞、范云迁、闵文介、李鼎初、李世英等。此外，中央农业实验所广西工作站、广西农事试验场与学校密切协作，该场的主任、技正也来院兼课，指导学生进行毕业论文。其中有生物统计田间技术专家马保之及其助手范福仁，农业化学专家黄瑞纶，作物育种专家孙仲逸、吴绍骙，昆虫学专家严家显、柳支英，植物病理学专家陆大京、黄亮，土壤农化专家张信诚，作物栽培育种专家徐天锡，林学家林刚等。当时广西大学农学院可以说是群英荟萃，蜚声全国。

广西大学农学院抗战胜利从榕江回来后，分别经历了鹧鸪江办学、返梧运动、回归校本部等事件。由于在沙塘时，学院基本与其他几个农事科研机构共享教师资源，真正从广西大学过来的实际只有汪振儒、孙仲逸、林汶民、钟济新、熊襄龙等人。在抗战胜利后，其他兼职的教师因个人需要纷纷离开，到其他地方任职。

（一）汪振儒：针砭时弊不断

1929 年 8 月，汪振儒于清华大学生物系毕业后，先后在南京中国科学社生物研究所、清华大学生物系和广西大学生物系任职。1935 年，他考取广西省林学公费留学生，进入美国康奈尔大学林业系，获理科硕士学位，继而转入美国北卡罗来纳州杜克大学林学院，从事森林生态学研究，获哲学博士学位。

1939 年 7 月留学回国后，汪振儒被马君武聘为国立广西大学农学院森林系教授，并兼任广西大学植物研究所主任，继而出任森林系主任，并于 1943 年担任广西大学农学院院长。在抗日战争最艰苦的岁月里，汪振儒克服教学、科研与生活中的种种困难和压力，坚持不懈地工作。1935 年至 1940 年，广西大学植物研究所每年派遣人员到大瑶山，采集动植物标本 15000 余号。汪振儒主持对历年所采集的植物标本进行了整理与鉴定，与钟济新等人撰写《广西种子植物名录》，名录共分为九个部分，刊载于 1940 年至 1942 年的《广西农业》上。这一项费时费力、工作量很大的科研工程，为此后的植物研究留下了珍贵的第一手资料。

1945 年，汪振儒因揭发校长压制民主，被解除院长职务。1946 年到北京大学农学院任森林系教授兼系主任，与曾同在广西大学农学院任职的李景均成为同事，两人不时忆起在沙塘的岁月，很是感慨。

汪振儒（1908—2008），树木生理学家、林业教育家，中国树木生理学的奠基者。（中国战时农都博物馆提供）

在北京大学期间，汪振儒因学校借工资风日盛，在 1947 年 7 月 25 日，又向校长胡适提意见。

汪振儒之所以要向胡适提此意见，其认为自己的家庭负担不比其他的教师轻，但一个月的工资也是够用的，而学校的同仁多数在借钱讨生活，一旦学校经济支绌，则全校同仁失所凭借，北京大学将如何持续？这实在是学校应当考虑的问题。汪振儒认为借支制度应该打破，因为借支可以养成同仁的依赖心理，同时也增加同仁的法币流通量，而给学校增加不必要的负担。虽然借支是不得已，是学校体谅同仁的困难而通融的办法，假如学校停发借支，也许同仁困难更多，但就学校的行政观点来说，借支的弊端太大，尤其是借支成了风气，使学校难以应付。据闻清华大学借支便很难，学校应该一方面限制借支，一方面在福利上多替同仁想办法，如由学校代为购买价廉的日用物品配售同仁等。

到了 1948 年的 9 月，学校的薪水由法币改发金圆券，汪振儒又向胡适提意见，针砭利弊。1949 年底，北京大学农学院独立为北京农业大学，汪振儒出任森林系任教授兼系主任。

（二）广西大学植研所复所

抗战胜利广西大学回到广西后，校长李运华在给广西省政府的汇报中说道：

甲、广西大学迁校经过

一、本校于去年九月十日桂林紧张之时，全部搬离，分两路前来融县，一沿湘桂路至柳州，转乘电船来融；一由良丰经百寿乘舆或步行来融，所有旅途均由学校办理，员生及眷属均告安全。

二、十一月四日于柳州告紧之时，全部离融县迁榕江，教职员及眷属乘船，学生步行，廿九日安全到达。

三、学校图书仪器机器等，自去年七月始分批迁运，最后一批于十月廿七日桂林遥闻炮声之后，尚能装上火车运柳转融，图书仪器及小型机器可说已全部运离良丰，所留遗者，只发电厂及少数大型机器而已，珍贵图书仪器已运来榕江，其余则限于经费及交通工具分别在阳朔、河池、融县、富禄等处乡间收藏。部汇抢运费六百二十万元于十月十八日始由宜山中国银行收到，当时桂林、柳州已同时告急矣。

乙、广西大学在榕江近况

一、去年十一月，校全部抵榕江之后，原拟即行上课，乃于十二月初独山失陷，敌自荔波冲入榕江边境，榕江县政府通知各路机关紧急疏散，本校员生于七日离开，步行二十里，至本校农学院所在地，忽闻敌人退却。十日重聚榕江，廿日起全部上课。

二、榕江古城建筑宏大，街道宽洁，风景清幽，为三条江汇合之点。昔为黔桂交通要道，盛极一时，自黔桂公路通车之后，商业一落千丈，各种物价原属低廉，但自桂柳各机关学校迁来之后，突高数倍，以致员生生活颇难维持。自桂柳疏迁以来，虽有少数教员未能随校迁榕，但因加课津贴办法，应开之课均能照开。

其实，广西大学在撤离过程中屡遭不幸，李运华并未言及。仅植物所而言，1944 年 7 月在沙塘随广西大学农学院迁往南丹，将贵重图书、标本、仪器随之运往，困于交通阻塞，途中至甲必屯车站时，为敌毁坏。另一部分随学校迁往榕江，1944 年 8 月榕江突发山洪，全城被淹，标本被水浸泡，已无价值，只得废弃；而留在沙塘的有一部分，却遭火灾，化为灰烬。

随农学院迁移南丹之植物所人员有陈文、黄妙珩、钟济新、陈立卿未随之前往。钟济新于 1944 年 6 月在日军进犯沙塘之前，将家眷疏散返乡，因与学校交通断绝，至抗战胜利后才返校复职。陈立卿在此前 1942 年春，因父病返乡，遂与学校脱离。是年夏，他在家乡苍梧县新夏中学任教员。沦陷之后，陈立卿往山中避难，抗战胜利，返回家中居住。1946 年秋，植物所重新起步，他才返回所中。

恢复植物所后，农学院森林系主任汪振儒派钟济新赴广州向中山大学农林植物所寻求支持。那时，中山大学植物所所长陈焕镛因受到汉奸指控而被撤职，其职务暂由蒋英代理。蒋英同意在所藏标本中，抽出复份赠予广西大学植物研究所。钟济新遂致函学校，报告消息，并在广州从事抽取标本工作。不久广西大学又派陈立卿赴穗，一同抽取标本。抽取工作费时半年，得四万余份，于 1946 年底运回广西。

钟济新在广州抽取标本期间，广西大学人事发生了变化，校长为陈剑脩，教务主任为何杰，农学院院长为孙仲逸。此前他向学校致函时，也言及陈焕镛因任伪职被撤职等情况。陈剑脩认为，陈焕镛与汪伪政府合作，纯属为保存标本，仍决定聘其为广西大学教授兼植物所所长，嘱钟济新就近转达。当时，陈焕镛已离穗赴港，钟济新请示学校，是否将聘书挂号寄去。学校认为不妥，令钟济新亲往香港送呈，可见态度之诚恳。随后，3 月 31 日陈剑脩、孙仲逸去电报给陈焕镛，称“盼早来”。5 月 8 日，教务长何杰再次致电陈焕镛云：“请速惠莅植物所讲学，经已呈部恰妥，并邀美国专家偕临，乞先电复。”而此时，陈焕

植物学家陈焕镛（1890—1971）（选自《广西大学校史》）

镛正在广州等候法院判决，不便离开，故暂未接受学校之聘。

抗战胜利之后，不仅是中山大学的陈焕镛遭追究，国内其他许多机构在复员时，对敌伪时期曾任伪职者，均不再聘用。但广西大学不避嫌疑，吸引了不少曾任伪职者前来服务，陈焕镛只是其一，学校还聘有伪北京大学医学院院长鲍鉴清，并拟聘伪北京大学教员金石学家容庚，此均与校长陈剑翛有莫大关系。陈剑翛在广西大学校长任上三年，何敢置当时教育部发出的收复区专科以上学校教职员甄别办法于不顾，聘任一些曾任伪职者，现在已无人知其缘由。

为迎接陈焕镛，植物所还专门建造了一幢房屋供其居住。1947 年初，广州法院对陈焕镛做出不起诉判决之后，他即偕何椿年来到广西，任农学院森林系教授兼系主任，讲授植物分类学及拉丁文。同年 6 月 28 日，经广西省政府同意，植物所更名为国立广西大学经济植物研究所，仍属农学院。是时，植物所开始着手搜罗各种经济植物苗木及种子，以进行繁殖试验。

1947 年，广西省政府决定在梧州、桂林两地建立君武纪念馆，此项工程交由植物所负责。但是，研究所经费一直无法解决，此前的资助机构已无能力资助。陈焕镛与国外联系，希望出售红豆杉等其他罕见植物种子，以便得到外汇，用于在美国购买必要的仪器和设备。其时，通货膨胀已相当严重，陈焕镛认为，以货易货是避免通货膨胀、复兴植物所唯一途径，但此项贸易由于种种原因并未达成。

与此同时，广西大学设于梧州旧时的一所农场，因经营不当开支甚大，1947 年底学校决定拨归植物所经营管理。所内同仁均认为可借场养所解决经济问题，于是研究所先派一部分人员到梧州准备。翌年夏，研究所全部人员迁至农场，将农场改名为广西大学经济植物研究所梧州试验场。

1948 年 4 月 12 日，已经回到中山大学植物研究所的陈焕镛从广州乘飞机到桂林，落实中山大学植物研究所与广西大学合作相关事宜，并指导相关工作。此次广西之行达三月之久。陈焕镛返回广州时，途经梧州稍作停留，回到广州后，有函于农学院院长孙仲逸：

自桂林把别，幸托沿途顺适，经于七月廿七日安抵穗所矣。途次梧州时，曾拜见钟济新、谢福惠两位先生，留驻梧州试验场，分别策划该场拓展事务。至陈立卿先生，则业已开始进行桂东一带之植物采集，而镛亦于近期内将港中私务摒挡就诸后，遄返梧州主持也。

查农学系何绍颐君服务忠诚，学有心得，似宜晋升为讲师，其余在梧州试验场工作人员，蔡巧细、谢昭晋、彭树材等均能努力服务，克尽厥职，似应予以协助代向校座关说，使有机会升迁，藉慰贤劳而励来者。

桂粤两植物研究所合作事，镛尝与中山大学陈代校长面商，经蒙赞许，至其详细办法如何，容当后议。关于本学期本人在广西大学领支薪津拨充研究所事业费一事，愚意以为用本人名义领支，对于部颁兼职不兼薪条例究有未便，为避免将来麻烦起见，敢请院座设法改用其他方法领支，以免抵触法令为盼。

陈焕镛曾向美国哈佛大学所属的植物学综合研究机构阿诺德树木园负责人梅尔提请资助广西大学植物研究所采集经费之事，1948 年 8 月梅尔允予资助 500 元美金，并汇来第一批经费 100 元美金。陈焕镛随即派钟济新赴大瑶山采集红豆杉，派陈立卿赴苍梧藤县采集其他。然而因局势动荡，野外采集未能按计划进行，也无标本寄往阿诺德树木园。

（三）李景均：人类遗传学的开拓者

从国外学成归来报效祖国在沙塘农都广西大学农学院任教的李景均，在这里经历了第一个孩子从出生到夭折的过程，这让他终生难忘。

李景均 1912 年出生在天津市一个富商家庭，是中国现代群体遗传学家、人类遗传学家、生物统计学家，人类遗传学的开拓者。

1932 年，李景均考入美国传教士办的金陵大学农学院农艺系，主修农艺，辅修森林，并开始研读遗传学、作物育种学和田间试验设计及其统计分析等课程。当时，金陵大学农学院的教学质量在全国高等农业学校中是数一数二的，很多中国知名农业科学家和教育家早期都毕业于此。李景均选择读农科，是深受晏阳初和梁漱溟的乡村建设工作影响的缘故，这是他寻求的一条救国救民之路。

1936 年，李景均大学毕业，获理学学士学位，并到北平燕京大学实验农场工作。其间，他不仅接触到农业生产的实际，而且还接触到农村生活的实际。

1937 年“七七”事变之后，北平沦陷。李景均于同年 8 月离开北平，经天津至上海，再由上海乘客轮前往美国，进入康奈尔大学农学院深造。在作物育种系导师洛夫（H.H.1ove）教授指导下，李景均攻读遗传学和生物统计学。留学第一年，李景均选读了高等遗传学课程。1940年，获得哲学博士学位后，李景均又到美国芝加哥大学研修解析几何和概率论；1940年至1941年，李景均到美国哥伦比亚大学专攻统计学，打下更深厚的数学基础。1941年秋，李景均出色完成了在美国的学习任务。此时，以他的学识、才华和能力，在美国求得一份从事教学或科研的职位，从而在一个比较稳定、舒适的环境下致力于自己喜爱的事业，绝非难事。但为了报效祖国，李景均不顾艰险，偕新婚妻子于1941年10月15日登上开往上海的荷兰邮轮，返回正被日本侵略者蹂躏、处于战火纷飞的中国。

抗战时期在广西大学农学院任教的李景均（中国战时农都博物馆提供）

这艘本应行驶三周即可抵达上海的邮轮，为避免遭受在太平洋水下游弋的日军潜艇的攻击而多次改变航向，辗转在印度尼西亚爪哇岛补充给养后才驶往上海。然而未到上海，全船人员即被转移到一艘英国船上。而这艘英国船在驶向上海的途中闻听那里街面上到处都是日军，担心船被扣下，遂转向香港驶去。经过51天航行，李景均于12月6日抵达香港九龙。

12月8日，李景均惊讶地发现所有的商店都关门了。原来，当日日军偷袭了美国珍珠港（香港和夏威夷有一天的时差），并大举进攻香港。驻扎在香港的英国军队节节败退，致使李景均滞留香港两个月。此时，李景均夫妇身无分文，处于极度饥饿之中。半个多世纪后，李景均回忆起当时的情况说："如果你处于极度饥饿时，你不能做任何事情，你不能思考，就像一具行尸走肉。"

就在李景均夫妇陷于十分困难的境地时，命运之神眷顾了他们。李景均遇见了在美国康奈尔大学求学时的一个朋友。这位朋友资助了他500元港币和一些大米。之后，李景均又认识了一个中共香港地下组织的人，夫妇二人在这个人的帮助下，跋山涉水，终于到达广东省惠阳县（现为惠州市惠阳区），再由惠阳乘船、乘车到达广西桂林。从九龙辗转到桂林，整整用了38天，可见当时是何等艰难。

转眼到了1942年6月，李景均在沙塘农都广西大学农学院任职。6月的一天，李景均的第一个孩子出生了，为躲避日军轰炸，李景均的夫人抱着刚出生几个小时的孩子躲进了山洞。

在沙塘，李景均先结识了两位以后分别对中国和世界遗传学皆有影响的同道——刘祖洞和徐道觉。当时刘祖洞还是广西大学农学院的学生。刘祖洞性格平和，待人真诚，在求学时，他已经显现出对人类遗传学和医学遗传学的浓厚兴趣和独到见解。新中国成立后，他编写的《遗传学》成为遗传学教材中发行量最大、影响最广的教科书。

徐道觉和李景均当时都在农学院任教，李景均对徐道觉的印象很深，因为徐道觉的衣服很特别，上下至少有八个口袋。每个口袋都装有昆虫或其食物，李景均称其为“会走路的实验室”。由徐道觉引荐，李景均第一次见到了徐道觉的导师——国际遗传学家、中国现代遗传学奠基人谈家桢。

1943 年夏，李景均本打算离开沙塘，先去重庆看望父亲，然后到迁至成都办学的母校金陵大学任教。就在赴重庆的路上，孩子突患痢疾，李景均一家不得不返回柳州就医。不幸的是，孩子在火车上夭折于李景均的怀中。李景均夫妇因此悲痛不已，然而紧张的战事让他们不得不赶快决定下一个去处。1944 年广西战事已紧，李景均于是离开沙塘到成都金陵大学农业学院任教，讲授微积分、遗传学、统计学和细胞学等课程。

抗日战争胜利后的 1946 年，李景均一家随校迁往南京。同年，李景均金陵大学的导师出任北京大学农学院院长，邀请他出任农学院农学系主任兼农业试验场场长。李景均欣然前往，并与汪振儒成了同事。此时李景均才 34 岁，为当时北京大学最年轻的系主任。

李景均 1948 年出版的《群体遗传学导论》一书（以后改名为《群体遗传学》），系统介绍群体遗传的基本原理和研究方法供教学用，在群体遗传学领域中堪称经典之作，领先该领域至少 20 年。

李景均在 1948 年出版和 1955 年再版的《群体遗传学导论》一书的扉页上都写有其在柳州去世孩子的名字，以示纪念。

（四）孙仲逸：领导护校迎解放

1940 年冬，已经在德国哈雷大学自然科学院获得自然科学博士学位的孙仲逸回国，到四川荣昌县与抗战初期疏散来的家人团聚。1941 年春，孙仲逸来到柳州沙塘广西农事试验场任农艺组主任，并主持小麦育种及牧草栽培，同时在广西大学农学院讲授作物育种的一些专题，如抗病育种、品质育种、突变育种等。

1946 年夏，孙仲逸任农学院院长兼任牧医系主任后，积极聘请优秀教师，并向中山大学农学院借用蒋英教授任林学系主任。

1947 年广西大学设立良丰校分部，孙仲逸兼分部主任，领导全校一年级及

广西农学院第一任院长孙仲逸（1899—1989）（中国战时农都博物馆提供）

农学院。农学院饱经颠沛流离之后，工作秩序和教学质量均未受影响，并培植许多优秀人才，与孙仲逸的有力领导是分不开的。

抗战胜利后，国民党开始疯狂地压迫爱国学生，清查抓捕学生中共党员，孙仲逸则冒着危险处处保护这些学生。1947 年 7 月，国民党桂林党部深夜到广西大学逮捕爱国师生，其中农学院被捕三人。第二天清晨，孙仲逸还没吃早餐就接到报告，他立刻带领几位老师到广西省政府要求放人。孙仲逸组织在校师生积极捐钱捐物营救被捕学生，不久又成立营救被捕师生委员会，到处奔走营救。1948 年 4 月，孙仲逸又与教务长何杰、理工学院院长郑建宣、法商学院院长张映南一道前往广西绥靖公署具保被捕学生，驱车到狱中亲自接出被捕学生，并顶住上级要求开除这些学生的压力，留下他们继续读书。后来这些学生在农学院毕业并留校任教，其中陈铭玉还担任过广西农学院副院长。

1949 年 4 月，人民解放军横渡长江，解放南京，接着南下，广西解放势在必然。8 月初，桂林绥署来电，要求拨借广西大学校本部礼堂及教室作为华中军政长官公署驻桂临时办公地址。10 月 20 日白崇禧致函孙仲逸，以军事告急为由，要求广西大学暂缓开学，员工集中指定地区住宿，其余房舍拨借军队应用。随后白崇禧的长官部及三百多名尉级以上官员进驻广西大学。10 月 24 日，校长盘珠祁因时局变化离校他去，学校行政领导暂由临时校务辅助委员会主持。孙仲逸和法商学院院长张映南、理工学院院长郑建宣轮流担任主持人承担起护校的责任。

在桂林将要解放的时候，广西大学进步师生在地下党的领导下积极行动起来，进行护校斗争，在校本部及校分部分别成立了护校委员会，校分部的护校委员会由孙仲逸为主任委员，有教职工及学生代表参加。为了保护学校的公私财物和教职员人身安全，护校委员会把主要的仪器设备及住在外面的教职工迁入雁山校园，并沿校园的围墙安装电网，从牛种场借来发电机，于必要时发出高压电流。留校的师生员工，日夜值勤，武装巡逻，不仅大批青年师生员工参加了护校行动，一部分老教授也积极参加了。当时校警队直接由护校委员会指挥，校本部还支援了一些枪支，有的教授还把自用的猎枪带来守夜。临解放前夕的一个晚上，有一辆载有国民党军属的军车要求进入校园过夜。经值班人员研究，坚决拒绝。经过全体师生员工的共同努力，保卫了广西大学的本部和各分院没有受到国民党散兵游勇和土匪的骚扰，安然迎接解放。

1949年11月桂林解放，孙仲逸留任原职。1952年院系调整，农学院改为独立广西农学院，政务院颁发正式任命状，任命孙仲逸为广西农学院院长。

（五）严家显：创建福建省立农学院

1931年毕业于金陵大学农学院昆虫系的严家显，赴美国明尼苏达大学学习，获得昆虫学博士学位；因学业优秀，荣获过两次金钥匙奖。全面抗日战争爆发后，严家显放弃在美国的优厚待遇，毅然回到中国，在武汉大学任教授。严家显1938年到广西农事试验场任技正兼病虫害组主任、广西大学教授，1940年兼任广西农林技术人员训练班教员。在此期间，严家显先后主持甘蔗螟虫试验、甘蔗绵蚜虫防治试验、玉米品种抗螟比较试验、水稻三化螟防治试验、稻瘿蝇生活史及防治试验、"金刚钻"（昆虫名）之防治试验等。

1940年6月，福建省政府决定单独建立福建省立农学院，确定以研究农业高深学术、造就专门人才为办学宗旨，以筹建中的福建大学永安黄历校址为省立农学院使用。经过多方推荐，从广西农事试验场聘请严家显担任院长。那时的黄历是城郊的一个小平原地的农村，有200多户农民，盛产稻米、大薯，是个比较富裕的村庄。除了接收177间校舍外，黄历校园许多教学设施相当缺乏，严家显上任后，带领有关人员抓校舍的总体规划和具体实施工作，从而使校园内各类用房基本配套，布局合理，符合战时条件下办学的需要。同时，他紧抓办学的各项准备工作，设置了数个办事机构，并兼教务主任，配备了各部门行政工作人员，尤其注意以重金礼聘名家或国外留学人员来院任教。这期间，严家显还请到了曾经任广西大学农学院院长的周明牂来院任教。他千方百计购置图书、仪器、标本及其他设备，基建、后勤、教务、管理及其他各项筹备工作也都进展顺利，在四个月内基本完成了开学的准备事宜。1940年9月28日，学校上

左图为农都时期的昆虫学家、教育家严家显（1906—1952）。2010年9月，福建农林大学在福州举办福建省立农学院建院70周年纪念活动。其间，将该院创办人严家显铜像安放于农林大学内（右图）。（选自福建农林大学网站）

报呈文称："本院自奉令成立积极筹备以来，一切业已就绪，并定于10月7日开课……"

1944年，严家显受聘担任复旦大学农学院院长。新中国成立后，严家显任中国人民解放军军事医学科学院昆虫系主任。1952年3月12日，严家显在上海英年早逝，时年46岁。

（六）周明牂：战时治虫不断

1931年，周明牂获美国康奈尔大学科学硕士学位，1933年又获哲学博士学位，获金钥匙奖。功成名就后，周明牂仍忘不了自己的根，毅然选择回到祖国。

周明牂（1907—2005），1939年至1941年任广西大学农学院教授兼院长。（选自《广西大学校史》）

1933年，周明牂回到国内，担任浙江大学农学院教授兼植物病虫害系主任。教学工作加上系务工作，其繁忙可想而知。在这样的情况下，他依然坚持在浙江省兰溪县设点研究油桐尺蠖的防治。

油桐尺蠖又名桉尺蠖、量步虫，属鳞翅目尺蛾科的一种食叶性害虫，幼虫食性较广，主要危害油桐等经济林。随着速生桉大面积纯林的出现，油桐尺蠖在一些地区已成为速生桉主要害虫，可在短期内将大片速生桉树叶吃光，形似火烧，严重影响树势生长。周明牂的研究不久就取得了可喜成果，然而就在他致力于推广自己的研究成果时，"七七"事变爆发了，浙江很快陷入战火中。

1938年，周明牂与几名同事为避战乱，一起从浙江辗转到广西，就职于广西省农业管理处，担任技术管理工作。1939年，广西大学农学院聘请周明牂任教授兼院长。上任后，他广纳人才，聘请了国内的一大批名流学者，农学系的萧辅、吴绍骙、翁德齐；林学系的汪振儒、马大浦；园艺系的程世抚；兽医系的郑庚等人均在这个时期到广西大学农学院任教，还有黄瑞纶、孙仲逸、徐天锡、陆大京、黄亮等一批兼职专家，广西大学农学院因此一时名声大振。

1941年春，李四光主持中央研究院地质研究所和桂林科学实验馆工作。周明牂受李四光之聘，担任桂林科学实验馆昆虫学研究员，从事疟蚊的研究，在很短时间内，他就初步摸清了广西疟蚊的区系。1941年末，周明牂又应福建农学院院长严家显之聘，任该院教授兼病虫害系主任。这期间，他不但讲授农业昆虫学和昆虫分类学等课程，还进行了水稻三化螟的越冬防治、仓虫米象防治等多项研究。1946年，他转任福建动植物研究所研究员，与郑炳宗合作研究，解决了桔潜叶甲这一重要虫害问题。就在这一年秋天，周明牂应北京大学农学院院长俞大绂之邀，担任了该院昆虫学系主任兼教授。1949年12月，北京大学、清华大学、华北大学等校下属农学院合并成立北京农业大学，周明牂担任植物保护学系主任。

（七）王益滔、汪厥明：结缘沙塘

王益滔于1920年随长兄王骏声东渡留学日本，先进入东京第一高等学校，继入东京帝国大学农学部农业经济系。1929年毕业，王益滔留该校研究院再进修一年。次年回国后，王益滔先在浙江省立农专担任农业课程教师，后受聘于国立北京大学农经学系，任教授兼系主任。

1939年，汪厥明（1897—1978）任广西大学农学院教授。（中国战时农都博物馆提供）

20世纪30年代，中国农村凋敝，民不聊生，王益滔发表《救农刍议》，认为建设水利、发展农业金融为根本挽救之计。抗战军兴，王益滔随校西迁，翌年应聘主持广西大学农学院，继在中山大学任教兼南岳农专教务，后任国立英士大学农学院院长及应严家显之聘到福建农学院任教。

汪厥明曾于1935年应广西省政府邀请，到广西进行农业的实地考察，返校后给全校师生作了《两广农业目击谈》的主题报告。该报告内容丰富，理论联系实际，学生们听后都感到深受启发。

1936年汪厥明奉派赴欧洲考察，并在英国剑桥大学农学院专攻生物统计学。1937年卢沟桥事变爆发，日军侵占平津，汪厥明因家眷在北平，遂经西伯利亚回国。北平敌伪多方劝诱，要留他在国立北京大学担任伪职，但他却几经转辗，在日籍妻子的帮助下逃出沦陷区，到达陕西武功西北联合大学农学院报到，任教授兼农艺系主任。1939年应广西大学农学院院长王益滔教授之聘，转赴沙塘，任广西大学农学院教授兼农艺系主任。1939年冬，汪厥明全家终于在柳州团聚，遗憾的是几十年心血积累的文献资料，几乎全部失落于香港。汪厥明全家与其他专家一样在沙塘过了几年桐油灯照明的日子。1944年，广西柳州、桂林沦陷，汪厥明全家由学生陈士毅、张仲葛帮忙避居于荔浦县的瑶山。在艰难困苦的岁月里，两位学生设法把汪厥明在陕西和柳州搜集的大批资料送进山里，他由此得以继续坚持进行生物统计学的研究。

1948年，王益滔（前排中）在台湾大学任教。（选自《北京农业大学创业史实录（1905—1949）》）

1945年抗战胜利后，王益涛受委派任台湾大学农学院院长，而汪厥明履约赴昆明云南大学任教授，主讲生物统计学。1946年，王益滔邀汪厥明赴台，汪厥明欣然前往台湾大学农学院任教授兼农艺系主任，并举家迁往台北。

这一年汪厥明刚好50岁，他年过半百，饱经忧患，形虽苍老，但精神矍铄，视生物统计为其终身事业。为庆祝汪厥明的寿诞，当时全国著名科学家如丁颖、王益滔、汪德耀、周桢、周汝沆、侯光炯、胡子昂、夏之骅、汤惠荪、费鸿年、蔡邦华、刘运筹、彭家元、蓝梦九、卢守耕、董时进、罗登义、程侃声、昝维廉等发起，向各有关机构请求补助及私人乐捐建成该室，并敦请汪厥明亲自主持，酬其素志。该室建成后，命名为厥明生物统计研究室，是当时中国唯一一所专门进行生物统计学的研究机构。1947年，汪厥明著的《动差·新动差·乘积动差及其相互间关系》一书出版，这一学术成果获得国内外同道的赞赏，驰誉国际，并为同行们所引证。

（八）张肇骞：中科院第一批院士

张肇骞1933年到英国皇家植物园丘园深造，因其家人身患绝症于1935年提前回国。张肇骞回国后应聘于当时在梧州的广西大学生物学系任副教授，翌年受聘于浙江大学任教。同年，经著名植物学家胡先骕介绍，张肇骞同桂秉镛结为伉俪。

江浙一带成为战区后，张肇骞随一部分同事应聘到广西大学农学院任教授兼农林植物研究所主任。1938年至1939年在沙塘的两年里，张肇骞除了努力工作还善于发现人才，并创造条件帮助他们成才。沈善炯来到广西大学农学院就读，张肇骞发现了他的才华，引导他学习生物化学和植物遗传学，并趁广西

张肇骞（1900—1972），中国科学院院士著名植物学家。左图为20世纪40年代的张肇骞，右图为中科院院内的塑像。（中国战时农都博物馆提供）

大学改组之际，主动提供路费介绍沈善炯赴昆明西南联大跟随张景钺继续学习。新中国成立后，沈善炯成为中科院院士。1939年春，青年何天相到广西大学农学院植物研究所工作，张肇骞亲自指导他随林学系师生往大瑶山调查和采集标本。张肇骞转到暂迁贵州湄潭的浙江大学任职后，又将何天相带了过去。张肇骞常自掏腰包资助来自战区的贫困学生，直至成才，自己却一箪一瓢过日子。张肇骞分文不受当时教育部要人的津贴，全家常年吃稀饭度日。他开荒种地，并常说："宁可低头求土，不愿仰面求人。"张肇骞这种不为五斗米折腰的铿锵骨气鞭策着许多年轻人。

1940年，中正大学于江西泰和成立。翌年，张肇骞受校长胡先骕之聘到该校执教并兼生物学系主任，其间为改善学校的教学设备做出了努力。日军进犯赣州、泰和一带时，张肇骞带领学生颠沛流离到赣东山区。抗战胜利后，中正大学迁校南昌时，校址离市区二十多里，又无交通工具，每次上课张肇骞都步行到校，且风雨无阻，这使学生们甚为感动。

1946年起，张肇骞在北平静生生物调查所工作兼北京大学生物系教授。

新中国成立后，张肇骞任中国科学院植物分类研究所（后改名为植物研究所）研究员，成为第一批中科院院士。

（九）程侃声：定格在绿色的一页

我只是一枚书签
在这部历史节中
我守在所被指定的一页

——摘自程侃声小诗《天涯何处无芳草》

中国水稻研究专家程侃声（1908—1999）（中国战时农都博物馆提供）

程侃声诗中所说的“被指定的一页”即指自己所从事的水稻研究。程侃声多才多艺，诗也写得不错，1935年朱自清编的《新文学大系》诗集就收录了程侃声早年的诗作《城上》。但是，他没有继续文学之路，而是考上了北平农学院，开始学习和研究农业的生涯。说到程侃声的这个选择，也是个意外。当时他家里很穷，自北大附中毕业后，本想考文学类院校，却没有钱继续求学，在好不容易拿到一笔译稿费够大学的学费时，却错过了所有高校的考试，只有北平农学院还有第二次考试，且收费不高。于是，1927年程侃声成为北平农学院农艺系的一名学生，后来同在广西农事试验场任职的汪厥明曾是他的老师。

程侃声走进了自己诗中所说的“绿色一页”，在五十多个春来秋去的风风雨雨里，在这块绿色阵地上，他把汗珠洒在田野，把足迹留在边疆，为祖国西南边陲的稻作生产和科研贡献了一份力量——这是许多媒体对程侃声从事水稻研究的评价。

1931年，程侃声大学毕业后，曾留校两年做助教，后由于东北沦陷，北平受到影响，1933年他辗转到沙塘广西农事试验场任技士，从事育种研究。1937年广西大学农学院聘程侃声任副教授，其时他还不到30岁。抗战胜利后，程侃声到湖北农学院任教。新中国成立后，程侃声任云南农试站站长、云南省农科所粮作系主任，20世纪70年代任云南省农业科学院院长。

水稻是云南的第一粮食作物，可当时耕作粗放，单产很低，加之交通闭塞，良种的引进和推广很慢。针对这种现状，程侃声于1950年从木棉研究转行水稻研究，他的初衷是提高粮食产量以支持新中国建设。其间，他经常和同事跋山涉水，四处走访有经验的老农，在水稻的育种、密植、改种及田间管理上总结出很多经验，提纯了一批农家品种，培育出“李子黄”“云粳136”“云粳373”等品种，推广面积一度超过百万亩。

程侃声之所以取得突出成绩，跟他在沙塘时期从事水稻育种研究有很大关系。除了育种外，程侃声还对中国的稻种资源进行了系统深入的研究，在稻种起源、演变等方面形成了自己的新观点，为水稻科学作出了贡献。在云南省应用基础研究基金的资助下，由程侃声主持的亚洲栽培稻分类、演化与开发利用研究对亚洲栽培稻的分类提出了新的分类系统，建立了亚洲栽培稻分类的程氏六性状形态指数法。此方法简单易行，经试验，其符合率在 90% 以上，受到了国内外学者的高度评价和重视，业内认为其处于国际领先水平。

（十）程世抚：力倡“有闲阶级”的造园学

在抗战时期的沙塘，绝大部分都是农科专家，他们的宗旨是抗战增粮，而在这些专家当中却出了一个“另类”——教授花卉学及造园学课程的程世抚。

农艺学家程世抚（1907—1988）（中国战时农都博物馆提供）

程世抚 1924 年考入金陵大学园艺系，1929 年获学士学位。同年夏，他只身漂洋过海，自费进入美国哈佛大学研究院深造。从那时起，他就爱上了造园与城市规划专业，为一生从事园林和城市规划工作奠定了坚实的基础。1930 年他转入美国康奈尔大学，1932 年毕业，获风景建筑及观赏园艺系硕士学位。1932 年初夏，程世抚赴欧洲考察城市建设和造园史，先后游历了英、法、荷兰、比利时、德、奥地利、意大利、瑞士、捷克斯洛伐克等国，归国途中经埃及、吉布提（当时为法属索马里兰）、科伦坡、马来西亚、新加坡、马尼拉和香港。在几个月的考察中，重点了解了欧洲发达国家的城市建设和造园史实例，并购买了大量图书资料。

1933 年 1 月，程世抚回到上海，当踏上遍体鳞伤的国土，目睹破烂不堪的城市景象时，他下定决心教书育人，为我中华培育建设祖国的栋梁之材。

回国后的程世抚先到浙江大学任教。上海即将沦陷时，他和一批浙江大学的教授辗转到沙塘广西大学农学院任教，其间，他开设花卉学及造园学两门课程。抗日战争期间生活艰难困苦，这两门课程当时被一些人视为“有闲阶级”的享受品。而程世抚告诉学生，虽然当务之急是抗战增粮，可战争总有结束的那天，需要在废墟上建设我们的国家，那么我们今天所学的知识将会派上用场。

程世抚讲授的花卉学内容丰富，涉及农学、工程学、生物学、美学和艺术领域多学科内容。在讲授花卉分类时，他告诉同学们，不仅要立足于植物分类学的基础之上，还要了解各主要花卉种类的特征、特性。他还曾提出一些花卉品种的分类体系。

1945 年毕业于广西大学农学院园艺系的贺善文、唐天培，程世抚曾是他们的教授。在那战乱的年代，程世抚对学生的关怀及教学上的新理论新观点，都让他们终生难忘。

唐天培（原广东肇庆风景区高级工程师）在怀念程世抚《忆先辈、念恩师》一文中写道："他在抗日战争期间对离乡背井的流亡学生十分爱护，我身受恩泽。如在湘桂撤退的大动荡中，他在经济拮据，家累沉重的情况下，还带领四个学生一同辗转于桂川道上，直抵成都，且积极帮助我们转金陵大学就读。我们乍到一个新环境，生活难以安排，程先生无条件的收容在他家，这不是一般的恻隐之心，而是出自爱护青年的崇高品德，此恩此情，终生不忘。"

贺善文（湖南省农业科学院原院长、教授）在《忆世抚老师》一文中写道："美国园艺学会的荣誉主席在一次国际学术讨论会上，阐述了绿化与城市生态条件改善的问题，就是几十年前世抚老师已阐述过的观点，我更认识到世抚老师的治学，实际上是走在时代的前面，在祖国的大地上努力开创一个新的领域，把生态学、建筑学、植物学和美学相互紧密结合起来的新领域。这一项新学科，随着祖国现代化事业的发展，愈益显示出它的重要性。"

早在 20 世纪 30 年代从事教学工作的同时，程世抚就开始了城市、风景区、公园规划的实践。他参与了浙江奉化溪口公园设计、浙江四明山风景区规划、广西大学校园总体规划、成都市规划方案的制定等并完成了成都少城公园设计。

抗战胜利后，程世抚不再从事教育工作，而是投入恢复家园的事业。他到上海从事城市公园、广场的规划设计，编制了上海市、南京市绿地系统规划，为新中国成立后上海、南京两大城市的建设打下了基础。

新中国成立后，程世抚负责上海市公园绿地建设和城市规划工作。完成上海市人民公园和人民广场的设计与施工后，他还参与了曹扬新村、控江新村居住区的规划建设。他精神振奋，默默耕耘，仅在 1950 年一年的时间里，就完成了天津、长沙两个城市的绿地系统规划和武汉东湖风景区的总体规划。

1954 年 5 月，程世抚调到北京以后，参加了无锡、杭州、温州的城市规划；

1950 年，程世抚（左一）在绘制上海都市规划第三稿。

广州、海南岛的植物园规划；完成了洛阳涧西工业区规划，苏州、韶山、庐山、九江以及大连市棒槌岛的环境规划等。他曾参与制定《全国科学技术十二年规划》，几十年来，走遍大江南北，黄河上下，到处凝聚着他辛勤劳动的结晶。

1980 年，73 岁高龄的程世抚还参加了天津市总体规划的制定，并对井冈山革命纪念地、自然保护区及风景区规划提出了书面报告。没有洋洋大观的著述，没有引人入胜的讲话，程世抚所做的就是融进绿色中的默默奉献。

三、农试场本土坚守

马保之担任广西农事试验场场长时期，农试场共有技正、技士、技佐等二十多人。抗战胜利后，其他农事机构的专家、教授多离开沙塘，而农试场有彭绍光、刘寿春、刘调化、李远衡、罗达新、李永禧、岑楼、莫兆增、顾文斐、何彦琚等留下，他们最后的坚守，迎来了农都的艳阳天，他们也成为新中国成立后广西农业科研的中坚力量。

据 1949 年 11 月柳州军事管理委员会接收广西农事试验场时对在场人员的登记：水稻组主任是水稻专家、技正张国材，技士莫炳权、李家池，技佐莫兆增等；旱作物组主任是甘蔗专家彭绍光，技佐杨春年、李应衡等；园艺组主任韩友伦，技士张锦松、潘世舜、李高哲，技佐崔国祥等；农化组主任刘寿春技正，技佐朱汝培、陈盛球等；植保组主任罗达新技正，技士何彦琚、李永禧，技佐梁红映等；畜牧组主任杨运朝，技士韦文雅、韦志常、卢文宣等；森林组及油桐研究所主任、技正林刚，技士林维志等；气象站技士岑楼、李福连等。行政管理方面，农管组主任许景成，职员林镇材、莫斌等均为技术人员，负责农工调配和生产经管工作；总务组主任是李应衡，管理员周焕旦等，负责全场行政事务工作；警卫队警长蒙超滨，武警队员约 20 人，负责全场警卫工作；繁殖队由农业工人组成。

虽然广西农事试验场经历了战争劫难，战后多所农事机构撤离沙塘，但留下的农试场的技术门类还是比较齐全的，人员配备也比较强。这些保留下来的科技人员和设施、设备，为新中国成立后广西农业科学研究奠定了良好的基础。

（一）军管会接管农试场

随着中国人民解放军先头部队的迅猛进军，柳州于 1949 年 11 月 25 日解放。广西工作队第二大队（即柳州地委）的机动人员，在地委书记李一平带领下于 12 月初赶抵柳州。以刘随春为主任，粟在山、魏伯为副主任，李一平、王

20 世纪 40 年代末，张国材（1910—1979）担任广西农事试验场副场长。（中国战时农都博物馆提供）

奎先、齐渭川、彭涛、雷利声、侯昭炎、吴宗鹏、董敬帝、徐楠、梁山等为委员的柳州市军事管制委员会于 12 月 12 日宣告成立。军管会下设物资接管部。12 月 20 日，军管会物资接管部派出军事联络员，进驻沙塘广西农事试验场进行接管工作。当时军管会的接管人员张维亚和茹鸿猷到农试场后，即与当时的场长张国材见面，向他说明接管政策。张国材也叙述了兵戎期间，该场保场护场的概况和等待人民政府接管的态度。经共同研究商定，由张国材主持，于第二、第三天分别召开全场职员和农工大会。在大会上由接管人员说明人民政府保护科技、全盘接收的接管政策。接管人员着重说明共产党和人民政府反对的是帝国主义、封建主义、官僚资本主义的反动统治，并不反对科学技术，以安定全体职员和工人的情绪；号召全场职员、工人和职能部门各安职守，保护国家财产，发扬当家作主精神，恢复工作秩序，按照原组织系统照常运转。

当被问及农试场存在的问题时，张国材提出保障职工待遇，解决职工生活上的困难等情况。因为解放军解放柳州的速度很快，国民党驻军纷纷败逃，国民政府土崩瓦解，直到柳州解放接管前，时经两个多月，农试场处于无人管的状态，全场三百多名职工工资无来源，大部分工人和职工生活困难，思想波动。

军管会了解情况后，按照接管政策，宣布自正式接管之日起，一律按原职

20 世纪 50 年代初期的广西农事试验场（刘明文提供）

原薪每月准时发放工资。1950 年 1、2 月间，流通领域还使用光洋（即银圆、东毫），军管会给农试场的职员们发放了银圆。当时市场萧条，无大米上市交易，就由军管会统一调拨供给。有两次军管会人员冒着匪乱的危险，带上调拨令，开着农试场的汽车到柳城县上雷区运大米回场，保障了职工生活。由此，全场职工对人民政府更加拥护和信赖。

军管会接收农试场以后，沙塘外围的匪情使其有限的军事力量陷入疲于奔波之中。农试场背后约一公里的古木坳，散匪、惯匪活动猖狂，经常拦路抢劫，来往汽车、行人多遭袭击。沙塘到柳州必经的马场地段杂草丛中，土匪出没无常，军管会接管农试场的人员到柳州请示汇报工作，徒步往来，常涉险境。1950 年 1 月下旬的一天下午，军管会人员张维亚步行回柳州城区联系工作，刚走到马场，突然从不远处的草丛中打来一枪，子弹从他的头顶掠过。当时张维亚只身一人，赤手空拳，幸亏有一辆由北开往柳州的汽车路过，他急忙招手搭车离去，才脱离危险。此后，张维亚每次外出就带上农试场警卫队的一支驳壳枪。尽管张维亚用枪不熟练，但他身穿军装，挎上短枪，足以使零星散匪不敢轻举妄动。

接管农试场期间，军管会还面临着一些感到特别棘手的事。场里有两座杉松山林，郁葱成材，几乎天天遭到匪徒破坏，有时也有群众跟着，不是砍伐，就是烧山。当军管会组织职工、警卫人员上山追捕，他们就逃之夭夭，追捕人员刚回到场里，他们又去砍伐，弄得全场人都无宁日。针对这种情况，军管人员多次向柳州军管会汇报，军管会主任刘随春还亲临沙塘现场视察。但因当时基层政权还未完全建立，也无可奈何。军管会只得组织场中职工、警卫，加强防守保护，力求减少损失。为了补救已遭到的破坏损失，军管会两次利用雨天组织全场职工用场中苗圃的树苗上山补种绿化。

（二）彭绍光：成了“甘蔗大王”

抗战前在中央农业实验所任职的彭绍光被派驻该所广西工作站，兼广西农事试验场技佐。在马保之和萧辅的领导下，他主持进行了糖蔗轮栽、糖蔗育种、观察、比较、繁殖等一系列试验；撰写《甘蔗品种比较试验》《广西之甘蔗及糖业》《广西省甘蔗良种之推广事业》《广西之甘蔗及蔗糖》《广西甘蔗区域之研究》等论文（先后在《广西农业》《农报》《广西农业通讯》发表）对广西的甘蔗生产具有重要的指导作用。

抗战胜利后，彭绍光留在广西农事试验场，在恢复场里的工作中起到了很大作用，还参与了中国善后救济分署对广西的救济。

1950 年广西农事试验场改名为广西农业试验场，吴启增任场长，彭绍光、

甘蔗育种专家彭绍光（1909—2005）（中国战时农都博物馆提供）

罗锦春任副场长，下设农艺、园艺、土肥、植保、林业等五个系及气象组。全场职工共209人，其中技术干部42人、工人167人。1956年6月，彭绍光到南宁筹建广西省农业科学研究所及中国食品工业部广西甘蔗试验站。12月，广西甘蔗试验站在南宁西乡塘成立，第一任站长为彭绍光。1957年1月，广西农业科学研究所也在南宁西乡塘成立。原广西省农业试验站改为柳州农业试验站，各系主要负责人和大部分技术人员、工人也调到南宁。广西农业科学研究所所长由广西省农业厅厅长林山兼任，吴启增、彭绍光任副所长，下设粮食作物、特用作物、经济作物、园艺作物、土壤肥料、植物保护等六个系。

彭绍光主持从爪哇、菲律宾、印度、美国等地引进的优良品种，如“爪哇2878”“印度290”“运河点29/116”等，在广西各地做示范试验和推广。其中“爪哇2878”于解放前夕和解放初期，在贵县、邕宁、桂平、柳城等县已普遍推广，基本代替劣种竹蔗，提高了产量和糖分。彭绍光对甘蔗科研、生产很重视，经常深入蔗区、糖厂做实地调研，总结生产经验，帮助解决疑难问题，为柳州和广西的蔗糖业得以延续发展做出了不懈的努力。彭绍光毕生致力于甘蔗育种研究事业，是中国甘蔗事业杰出的开拓者、广西甘蔗研究所奠基人、“桂糖”系列甘蔗品种创始人、甘蔗育种的带头人和总指挥。

彭绍光任广西甘蔗研究所所长期间，明确提出要以有性杂交为主，选育适应广西区情的早熟、高糖、高产、宿根性好、抗逆性强的甘蔗育种目标。在甘蔗研究所育种工作者的共同努力下，通过深入细致的研究选育，研究所先后育成和推广“桂糖”系列甘蔗品种16个。其中“桂糖1号”获1978年全国科学大会奖、广西科学大会奖，排名第一；“桂糖3号”获1978年广西科学大会奖，排名第一；“桂糖10号”获1979年农业部技术改进一等奖；“桂糖11号”先后获得国家科学技术进步三等奖、全国农业博览会金奖、广西科技进步二等奖、广西1995年研制推广农业科技成果重奖。从1980年至1989年期间，广西累计推广面积600多万亩，直接效益超过6亿元，广东、福建、云南、贵州等省积极引种并推广。20世纪80年代后期，“桂糖11号”在全国推广面积1000多万亩。

彭绍光在丰富的实践基础上，著述丰富，先后出版专著《甘蔗育种学》《彭绍光甘蔗论文集》，合著《中国甘蔗栽培学》《作物品质育种》《广西甘蔗栽培》《广西甘蔗品种图谱》等；发表专业论文六十余篇。

（三）陆大京：食用菌上显身手

1930年陆大京在美国获得博士学位，后于1933年回国，1934年到浙江大学农学院任教。1937年全面抗战爆发，江浙一带很快沦为敌占区，陆大京和浙江大学农学院的几位教授到当时的敌后广西桂林，得到了广西大学校长马君武的照顾并留校任教，同行的还有程世抚、柳支英、周明牂和黄瑞纶等。1938年，陆大京等人均被安排在广西农事试验场任技正兼广西大学农学院教授。

食用菌专家陆大京（1907—1995）（中国战时农都博物馆提供）

在广西农事试验场任职期间，陆大京利用农学院的试验条件，开展了科研工作，在柳州上空成功地捕获了高空真菌孢子。1944年陆大京于战乱之际受任广西大学农学院院长，完成了战时避难的招生、教学工作。

抗战胜利后，陆大京没有回广西农事试验场，而是转任广西善后救济分署顾问。在此期间，他将联合国善后救济总署拨给广西的一小批拖拉机和农业机械作为教学设备，于1946年在柳州沙塘举办华南曳引机训练班，并自任班主任。该班招收20名学员，他们经过三个月训练后成为熟练的拖拉机手。受训的学员大部分结业后被分配到省外单位，留在广西的一部分学员成为新中国成立初期广西创建国营农场的农机技术骨干。

1949年11月以后，陆大京调广西农垦处工作，1950年应岭南大学邀请回广州，在广东省糖业公司当农业工程师兼岭南大学教授。1953年春天，中央农垦总局在湛江成立，陆大京被调到华南热带作物研究所，专门从事热带作物研究。1978年他被调回广州，主持广东省微生物所的工作。其研究方向为热带作物和微生物，食用菌方面主要从事香菇、蘑菇、鲍鱼菇、竹荪等优良菌的选育、稳产、高产栽培技术以及这些菌种的供应研究。我们现在吃到的人工培植食用菌，就有陆大京的一份功劳。

陆大京在承担《中国疫霉菌志》编写工作时，着手收集整理了中国不少专区的菌种资源，一直关心中国香菇人工培植的技术革新，在了解香菇的历史发展及研究香菇砍花法的基础上推陈出新，使得广东一带的香菇、蘑菇等菇菌发展均处于全国领先地位。

原木砍花法是中国菇农发明的古老食用菌栽培方法，简称“砍花法”。这种方法的形成，有许多传说，以“吴三公发明说”史料考证最有根据。具体做法是，用一把砍花斧将原木伐倒，在树皮上剁上斧痕，让空气中的天然香菇、木耳孢子在斧痕上萌发，在树皮内形成菌丝，经两年以上的培菌管理，形成香菇、木耳等实体。这种原始生产香菇的技术包含着非常深刻的科学涵义。然而，有许多农业专家反对这种砍大树种香菇的做法，认为这是杀鸡取卵，毁坏环境。

陆大京与广东微生物研究所在实验中发现，用废弃木段人工植入菌种的方式可使香菇产量增加。20世纪60年代初期，广东微生物研究所配合省相关行政部门，组成科研、外贸、生产三结合协作组，在粤北翁源试用段木纯种接种法获得成功，其后进行大面积的试种，产量比砍花法提高1至5倍。这也为上海农科院用塑料袋装碎屑木扎成棒植入菌种，放置到合适的环境里生长培植香菇提供了借鉴。如今，香菇菌棒为中国食用菌生产的主要手段。

新的香菇栽培技术已经取代了砍花法这一古老的香菇栽培技术，使得中国食用菌培植技术和产量都得到质的飞跃。据中国食用菌商务网调查统计，中国每年食用菌的总产量达近亿万吨，占全世界的70%。

中国已知的食用菌有350多种，其中多属担子菌亚门，常见的有香菇、草菇、蘑菇、木耳、银耳、猴头、竹荪、松口蘑（松茸）、口蘑、红菇、灵芝、虫草、松露、白灵菇和牛肝菌等，少数属于子囊菌亚门，其中有羊肚菌、马鞍菌、块菌等。上述真菌分别生长在不同的地区、不同的生态环境中。陆大京对中国食用菌类进行广泛调查时发现，除了上述已经发现的菇种外，还有白鸡油菌、皱喇叭菌、蜜黄裂齿菌、硫黄裂齿菌、大黄肉齿菌、白卷缘齿菌等担子菌，这些标本均保存在广东微生物研究所里。

同时，陆大京还对中国的虫草属真菌进行了考察，并发表《中国虫草属真菌已知各类》一文。

（四）徐天锡、吴绍骙：倾心异地培育

异地培育是指将农作物育种或繁殖种子材料送往其他适宜的地方交替种植，并进行选育或扩大种子繁殖的方法。目前中国农作物育种异地培育主要有北种南育和南种北育两种方式。北种南育是北方一些省份在异季将育种或繁种材料送往海南岛等南方地区进行培育，其主要作物包括玉米、水稻、棉花、甘薯、麻类、向日葵、春麦和各类蔬菜、瓜果等；南种北育指南方一些省份在异季将油菜、小麦等作物的育种材料送往北方进行种植培育。在中国，以北种南育应

提倡“北种南育”专家徐天锡（1907—1971）（中国战时农都博物馆提供）

用最为普遍。

异地培育理论与技术是中国著名玉米育种专家、河南农业大学吴绍骙教授在20世纪50年代针对农作物育种周期长、进程慢等问题，经过多年研究和实践在国内首次提出的。而沈阳农学院农艺系教授徐天锡也于20世纪50年代与吴绍骙同期倡导北方春播作物北种南育，使育种进程加快。

吴绍骙与徐天锡均曾在沙塘任广西大学农学院教授、广西农事试验场技正。两人同在美国明尼苏达大学深造，吴绍骙获博士学位，徐天锡获硕士学位。新中国成立后，吴绍骙去了河南，徐天锡到了沈阳。

两人积数十年研究成就，吴绍骙提出异地培育，徐天锡倡导北方春播作物北种南育，究其宗归结为异地培育。

吴绍骙从1956年开始，与广西玉米研究所合作进行异地培育对玉米自交采的影响及在生产上可能性的研究，结果发现：玉米北种南育，在南方条件下可以正常生长发育，选育成稳定的自交系；南育所选自交系回种北方后，生长发育正常，同源材料分别在南、北方进行选育，所育成的种子在北方条件下进行比较，均无明显差别；北方作物种子在南方种植时，因受不同日照、温度的影响，其农艺性状有不同的表现，其中马齿玉米材料变化比硬粒变化小，中间类型的变化程度居中。

玉米育种专家吴绍骙（1905—1998）（中国战时农都博物馆提供）

吴绍骙的该项研究，对中国各作物异地培育的开展起到了推动作用。

徐天锡为了研究北种南育对遗传性的影响，于20世纪60年代初期在沈阳对十多个稳定的玉米品种进行南育和非南育的观察，结果发现在南方育种后移到北方种植后，在株型、叶色、穗部性状上没有改变，而雄株抽穗则延迟一至二天。

加速育种进程一直是育种工作者着重思考的问题。徐天锡回忆自己20世纪30年代在广西考察，在北纬 22.4 度左右的龙州一带，冬季田间仍常见玉米苗生长。于是他着手分析南北方有关地区的气象资料和物候期等。在此基础上，他提出了北种冬季南育的设想。为了取得第一手材料，他指导年轻教师将北方的作物种子带到广州、湛江、南宁和海口四地进行繁育试验，均获成功。试验还证明，玉米对低温有一定的适应能力，在气温 14 至 15℃时尚能开花、授粉、结粒。而在南方所育的北方农作物种子，在性状的遗传变异方面，南育一代没有受到明显影响。这一研究开创了中国北方春玉米、高粱等作物北种南育的先例，对农业生产发展具有重要的现实意义。

（五）傅蕴琦：坚持奋斗在水土保持一线

傅蕴琦，1906 年出生于山东苍山县涌泉村，植物学家，原山东师范学院副教授，山东植物学会理事长，中国民主同盟盟员。

1926 年，傅蕴琦考入国立北京大学农学院生物系，1932 年 7 月毕业。在北京大学学习期间正值日本侵华战争开始，年轻的傅蕴琦被推选为农学院的学生代表去南京请愿，要求蒋介石抗日。

毕业后，傅蕴琦来到山东临沂中学担任教员。1937 年日军侵入山东，他随临沂中学流亡至湖北郧阳，1939 年又随校迁往四川绵阳任中学生物教员。

1944 年 8 月，国民政府农林部在贵州惠水成立西江水土保持实验区。1945 年 11 月，为恢复战后的广西水土，西江水土保持实验区迁到广西柳州沙塘，傅蕴琦任主任，下设南宁罗甸工作站，主要任务是进行西江一带的水土保持和农林科技工作。

植物学家傅蕴琦（1906—1982）（中国战时农都博物馆提供）

1945 年至 1949 年在广西柳州西江水土保持实验区从事植物保土试验研究工作期间，傅蕴琦发表了《造林与水土保持》（1941 年）、《如何发展西江水土保持》（1946 年）、《水土保持浅说》（1946 年）《西江水土保持实验区干什么？怎样干？》等研究成果论文及科普文章。《造林与水土保持》一书是宣传造林好处的科普读物，全书分“序言”“造林与保水”“造林与保土”“造林的方法”“我们应有的认识和努力”五个部分。书中介绍了马尾松、杉小、相思树、栎小、油桐、油茶、苦楝、香椿、柳树、桉树、竹类等 11 种树，同时说明它们的科别、树性、适应之土地、对水土保持效力、经济上的用途等，并建议政府设市机构保护原有森林，恢复荒废林野、划定水源林区、禁止放火烧山、发动人民去植树，使广西森林面积扩大，不仅木材及工业原料得以充分供给，还可达到保持水土、减免水旱灾害的目的等。

傅蕴琦组织人员对广西各地潜在土壤侵蚀危险程度进行了调查，柳州市有560多平方公里的地方存在着土壤侵蚀的情况。但由于内战又起，傅蕴琦与西江水土保持实验区无法保证对这部分水土侵蚀的保持治理。

1950年，傅蕴琦在南宁芦桥林场从事繁殖印度橡胶树的试验工作，获得明显效果。1951年，他参加山东农调会森林调查队，帮助平邑县天保山林场解决了封山造林、橡树播种、植树护土等技术难题。

1950年10月，傅蕴琦调入山东农学院担任农艺系副教授，从事植物学教学、科研工作。同年，傅蕴琦加入山东省植物学会并担任副理事长，1958年被选为理事长。1951年，傅蕴琦加入中苏友好协会。1952年10月，傅蕴琦调入山东师范学院生物系任副教授、教研室主任和系务委员会委员。1956年傅蕴琦加入中国民主同盟并任支部委员。1976年傅蕴琦退休，1982年因病逝世，享年76岁。

（六）黄瑞纶：虫口夺食之牛人

黄瑞纶的头上有很多光环：著名农业化学家，中国农药科学的先驱者之一，植物性杀虫药剂化学研究的奠基人。

农业化学家黄瑞纶（1903—1975）（中国战时农都博物馆提供）

农作物是人的主要食物，但也是虫类的食物，人要虫口夺食，就必须得消灭虫类，特别是害虫，而黄瑞纶就是致力于与虫夺食的牛人。既要虫口夺粮，还要使农作物不被灭虫药影响，黄瑞纶认为最好的出路有两条，一是以虫治虫，二是生态治虫。但在以虫治虫这一思路实践过程中，他逐渐认识到有些害虫的天敌难以发现，发现了也难培养，走生态治虫之路是更优选择。黄瑞纶的生态治虫首选的是植物，即利用对人畜无害却带有一定毒性的植物提取液喷杀农作物害虫。经过长时间的观察试验，植物毒鱼藤成了黄瑞纶灭杀农作物害虫的研究对象。

1930年8月，黄瑞纶进入美国康奈尔大学理学院化学系攻读农业化学和有机分析化学，对杀虫、杀菌药剂的研究最感兴趣。1933 年 8 月，日军已侵占中国东北，年方 30 岁的黄瑞纶，怀着满腔爱国热忱，学成回国，受聘为浙江大学副教授；翌年，兼任该校农学院农业植物学系主任。1936 年，黄瑞纶升任教授，兼农艺学系主任。他先后主讲有机化学、农业化学、农业分析化学和农业化学专题讨论等课程。

1937 年冬，日军侵犯杭州。黄瑞纶应广西农事试验场之聘，举家辗转到柳州沙塘，就任该场技正兼广西大学农学院农业化学系主任。他在极其艰苦困难的条件下，团结同事，因陋就简地创造了必要的工作条件。如兴建了人力担水的自来水塔及管道，人工研磨样品处理室，以及用木炭炉加热的定氮消煮室等。他自己动手吹制了不少玻璃仪器，逐步建成了大小四个规模、设备大致完备的农业化学和土壤微生物实验室。

黄瑞纶在广西农事试验场时，化学杀虫剂已经开始在农作物上使用，他在科研中注意到使用农药对人、对环境的影响，是中国最早注意农药对环境的影响并开创了农药残留问题的研究。黄瑞纶开始致力于国产植物性杀虫药剂的研究。因为当时所用的无机杀虫药剂如砷、氟等化合物，杀虫效力虽强，但有剧毒，对人畜危害较大，加之这些杀虫剂需从国外进口，价格昂贵。对以触杀为主的植物杀虫药剂如除虫菊和烟草等，国内使用较广，研究人员也较多，但对广西一带的杀虫植物却研究较少。黄瑞纶就在以对植物性杀虫剂毒鱼藤和豆薯种子中杀虫有效成分的研究做出了突出的贡献。

毛鱼藤引种于沙塘后，经黄瑞纶选育繁殖，至 1944 年夏已得六千多株，并逐年分析其杀虫有效成分，证实藤根成分稳定，品质高于各国对藤根进出口规定的标准，是一种极有发展前途的杀虫药用植物。该工作在中国实属首创，毛鱼藤迄今仍在两广地区种植使用。

这一时期，黄瑞纶的另一重要贡献是首次发现豆薯种子中所含的杀虫有效成分是鱼藤酮类化合物。豆薯是中国华南和西南一带普遍栽培的食用块根作物，其种子有杀虫作用，但未见有化学研究方面的报道。黄瑞纶悉心研究来自湖南、福建、广西、贵州各地的 12 种豆薯种子，确定其所含杀虫成分为鱼藤酮类化合物。豆薯种子含油脂高达 30% 左右，难以用普通的分离方法提取鱼藤酮结晶，经过多次试验，最终利用脂肪类物质易溶于石油醚而鱼藤酮的溶解度很小这一特点，先用石油醚浸提豆薯种子粉，除去大部分油脂，然后进行复杂的分离，终于成功地获得了纯鱼藤酮的结晶。根据这一原理，他还反复研究改进了测定豆薯种子中杀虫有效成分含量的简便比色法。黄瑞纶在探索豆薯种子成熟过程中杀虫有效成分含量的动态时，发现种子在成熟前一个月时达到最高峰，这时也为其块根脆嫩可食之际。这一发现具有重大的实际经济效益。

1944 年秋冬，黄瑞纶随广西农事试验场历尽艰险，迁到黔南山区的榕江。在行程中遇山洪暴发，农试场损失惨重，已无法继续进行科研工作。同年 12 月，黄瑞纶被聘任为广西大学理工学院教授兼化学系主任。

抗日战争胜利后，黄瑞纶应北京大学农学院俞大绂院长之聘，于 1946 年任该校教授兼农业化学系主任。1949 年 9 月，北京农业大学成立，黄瑞纶受聘为一级教授兼任土壤农业化学系副主任、主任等职。新中国成立后，黄瑞纶倡导把农用药剂学作为一门独立的学科，他在北京农业大学建立起中国第一个农药专业，为国家培养了数百名高级农药科技人才。

由黄瑞纶编写的《杀虫药剂学》于 1956 年出版。在该书序中他写道："我在解放以后就想写一本关于杀虫剂的书，但是始终不敢下笔，两年以来，因为教学上的需要，中国杀虫药剂事业的迅速发展和朋友们对我的鼓励，大大地增加了我的勇气，整理了手边的材料，写成了这本书。"1959 年，黄瑞纶还与赵善欢、方中达合著《植物化学保护》一书，这是中国第一部关于植物化学保护方面具有权威性的教材。

1975 年 1 月 13 日，食道癌夺去了黄瑞纶宝贵的生命，但他未竟的事业今天已经发展壮大，他亲手创建的北京农业大学农药专业，现在已发展成为农业应用化学系和研究所。

（七）柳支英：将广西当作第二故乡

1937 年至 1945 年间，任广西农事试验场技正兼广西大学农学院教授的柳支英在《广西植保和昆虫技术史稿》一书的序中写道："在广西八年，虽然历经坎坷，但在这块土地上耕耘探索，乡情友谊萦怀胸间，不思量、自难忘，广西堪称是我的第二故乡。"

昆虫学家柳支英（1905—1988）（中国战时农都博物馆提供）

把广西当作第二故乡，一是因为这里给了柳支英一个相对安定的科研环境，让他发现了豆薯种子的杀虫作用，这项发现属世界首次；二是在日军入侵广西逃难过程中幸得苗、壮同胞的援救，柳支英全家方得免难。

1929 年毕业于金陵大学的柳支英，先后任江苏省昆虫局任副技师兼标本室主任、浙江省昆虫局技佐兼稻虫研究所主任，又承担浙江大学生物系的科研和教学工作。在马君武和昆虫学前辈张巨伯、吴福祯等教授的指导下，柳支英先后负责过昆虫标本室和水稻害虫的研究工作，积累了昆虫分类和害虫防制等方面的实践经验，在《浙江省昆虫局年刊》《自然界》《岭南科学杂志》等刊物上发表过多篇学术论文，这为他在这一领域的深造打下了良好基础。

1933年柳支英到美国明尼苏达大学研究院昆虫和经济动物学系学习，师从昆虫学家W.A.Riley教授，并以优异的成绩取得硕士学位，之后应邀参加了两个荣誉学会：美国科学荣誉学会以及美国农学荣誉学会，并被授予两枚金钥匙奖章。

在沙塘工作期间，柳支英边教学边做研究工作，尽管生活艰难，不时有敌机空袭，但他仍抓住一切机会，在农林及园艺害虫的生态与防治方面做了大量工作，并发表了不少论文。

在沙塘时期，作为一位昆虫学家，柳支英的研究方向是农作物害虫的防治。在生物防治方面，柳支英研究了豆薯种子的杀虫效果，首次在世界上发现一种新的植物种子杀虫剂。豆薯，即我们平常所说的凉薯、葛薯，中国西南部各省常见栽培，取其地下块根供生食或熟食，种子有剧毒不能吃，但可做防治农作物害虫的杀虫剂。

1939年秋至1940年冬，柳支英、徐玉芬和黄瑞纶分工合作，在沙塘进行豆薯种子的杀虫研究和化学分析。关于豆薯种子之杀虫作用，当时国内外均无报道。经柳支英、徐玉芬室内试验，配制成豆薯种子粉剂、冷浸液剂，对蔬菜、果树、棉花、甘蔗等多种作物的害虫有良好的毒杀作用。1941年至1943年，柳支英、何彦琚又试验将豆薯种子磨成细粉后浸于丙酮液内，使其所含鱼藤酮溶于丙酮中方便使用，稀释1250至2500倍，可用于防治黄守瓜幼虫，效果很好。后来他们又在鱼藤酮丙酮液中加入肥皂水，使杀虫有效浓度大大提高。豆薯种子能杀虫，在国内外实为首次发现，曾引起广泛的关注。当年柳支英就曾说："将来大规模繁殖种子，以达杀虫目的，有极大之可能性。"今天看来，如因地制宜在农村加工成批生产，豆薯种子成为一种重要的植物杀虫剂也未尝不可。

豆薯种子为中国提倡使用的杀虫药剂，是柳支英和徐玉芬等在1941年至1943年分别研究并发现的，当时广西农事试验场以此为主要的园艺杀虫剂并收到很好的效果。其后，美国农业科学家开始接着柳支英的发现继续研究，并挖掘了更广泛的应用价值。1945年，墨西哥曾将大量的豆薯种子输入美国，经加工制成果树及蔬菜杀虫剂，以补充"二战"期间毒鱼藤或梭果根等植物杀毒原料的不足。

当日本侵略者将战火烧到广西，在颠沛流离之中，柳支英全家两度遇险，差一点葬身于榕江激流中，而在日军退出广西前的榕江特大山洪中，柳支英多年积累的全部科研资料包括2000多片珍贵标本丧失殆尽。

广西近现代病虫防治和农药器械的试验研究方向及研究成果，特点是：首先从一开始就十分注重对天敌资源的调查和观察、研究，其次十分注重土产杀虫药剂的调查、研制及取材便宜、结构简单、经济有效的防治器械，同时还注重农业防治。

柳支英在广西的八年里在上述几个方面都做了许多重要的调查和试验研究，且在当时国内同领域有颇多独到之处，不少是开创性的研究，起着承前启后的作用，有的直至今天仍有指导科研和生产的应用价值，在中国植保科技史和广西农业科技史上有重要的地位。

在天敌和生物防治方面，柳支英于广西执教时，在梧州郊区调查竹蚜天敌发现十三斑大瓢虫和十斑大虫是捕食竹蚜的能手，并通过对它们的生活史、形态特征和应用价值的观察研究，为害虫生物防治提供了良好材料。这是广西植保史上对天敌资源和生物防治最早的一项专题调查和试验研究。

1941年春夏之间，柳支英和张之光、徐玉芬等在沙塘豌豆田内发现豌豆芽被一种真菌寄生致死，寄生率在三成左右。该真菌当时经黄亮鉴定为蝇菌属的一个种，柳支英对寄生情形做了详尽细微的观察记载。1929年，日本北海道曾有此类寄生的报道，国内记载则以柳支英为首次，这也是广西以菌治虫的第一个报道。

全面抗战时期，广西和全国一样，社会政治和经济处于激烈的动荡和严重的危机之中，然而柳支英怀着一颗诚挚的爱国心和事业心，在逆境中坚持科学研究，服务于农村，可谓含辛茹苦。当时的广西农村，病虫防治技术极其落后，柳支英为此焦虑忧心，大声疾呼，欲唤起各界对植保科技推广、应用的重视和支持。1943年他在《科学与广西植物生产》一书的第五章中痛切陈词，历数广西各地病虫成灾、歉收的惨烈状况，说“南国乃病虫之乐园”，“种豆者未必得豆，植烟者甚或无烟可收”，病虫是“农民田赋以外之田赋”，“天生斯虻，与民为敌，南国何辜，病虫猖獗？”又说“自人类祖允出生之始，即与病虫搏斗，降至今日，尚在搏斗之中，将来仍不免与之搏斗。苟我人一日不能迫其降服，即一日不能征服自然，亦即日不能称为万物之灵”，表达了他与病虫搏斗没有丝毫犹豫与彷徨的精神。尽管呼吁效果不大，柳支英毫不气馁，仍以严肃的科学态度和严谨的治学作风，持续观测记载，勤于试验研究。他的这一坚持，为现代广西植保和昆虫科学技术留下了一份宝贵的遗产。

1945 年 8 月，日本无条件投降，柳支英重新返回位于贵州湄潭的浙江大学。这时他已贫病交加，患了严重的肺结核病，卧床不起达数月之久。病稍有起色，1945 年至 1952 年，柳支英任浙江大学农学院教授、杭州市昆虫学会理事长。1950 年，肺病尚未痊愈的柳支英毫不犹豫地报名参加抗美援朝。反细菌战一开始，他即随队出发。他总结反细菌战的经验，提出判别敌投昆虫（动物）的“三联系、七反常、一对照”原则，这些原则不仅在朝鲜战场上发挥了作用，在以后国内的多次虫情判断中也取得良好的效果。

1952 年至 1958 年，柳支英先后任军事医学科学院研究员、寄生虫系医学昆虫研究室主任以及上海市昆虫学会理事长。1958 年至 1988 年，他先后任军事医学科学院微生物流行病研究所研究员、副所长，研究所学委会主任，军事医学科学院专家组副组长等职。

1988 年 10 月，83 岁高龄的柳支英突发心肺功能衰竭，逝世于北京。

（八）李永禧：不懈“画虫”60 载

在沙塘中国农都博物馆里陈列有几幅作物害虫的手绘图，其技艺既有中国工笔画的细腻，又有近似摄影的逼真感。这几幅手绘的作者就是当年广西农事试验场病虫害组的技士李永禧。在摄影不普及的年代，昆虫图谱的绘制是一门技术绝活，李永禧就是在沙塘时期成长起来的生物绘图专家。

1914 年 2 月，李永禧出生在广西平南县丹竹梅岭村，自小喜欢昆虫和绘画。1934 年 6 月，李永禧只身来到南宁，进入广西农林局甘蔗害虫研究室，从此开始了他长达 60 年以昆虫为对象的科学研究和绘画。

1936 年，广西农林局甘蔗害虫研究室搬迁到柳州沙塘广西农事试验场，此后不久，广西大学农学院、中央农业实验所广西工作站相继来到农都，这为李永禧

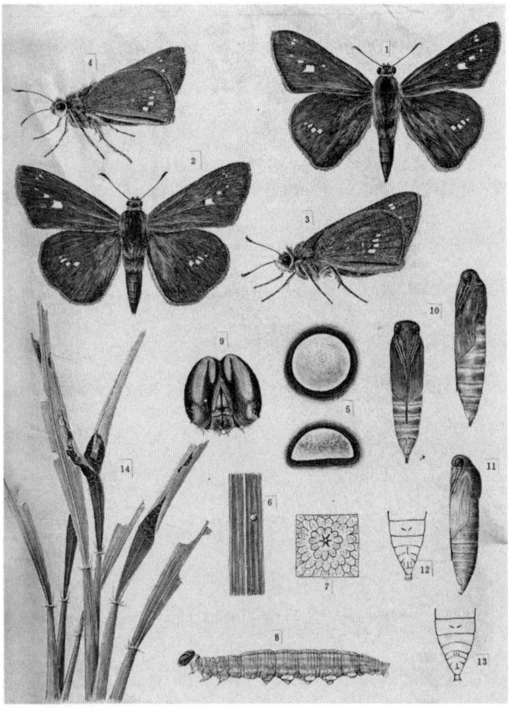

李永禧在沙塘农都时期绘制的稻苞虫图。（中国战时农都博物馆提供）

昆虫学家李永禧在绘制昆虫图。（中国战时农都博物馆提供）

学习研究昆虫提供了方便。

其间，李永禧跟随中国著名昆虫学家柳支英教授从事昆虫学研究，同时对中国画勤习不辍，达到一定造诣，著有《皴擦论》，该书对中国画的皴擦及在绘制昆虫上的应用都有论及。柳支英教授等昆虫学家发现了李永禧的绘画才能，引导他通过学习实践成为中国生物绘图第一人。李永禧在农都时，采集各种昆虫标本，绘制不同形态彩图，积累了大量图稿。农都各科研机构与农民搞联欢会及进行科普宣传时，大部分图是李永禧绘制的。

抗战胜利后，李永禧作为本土农科人员，一直坚守在沙塘，直到柳州解放。他不但绘制虫害图，还以农科人员的身份参与本地农作物病虫害防治。成团示范区是柳江县的主要稻作区，稻田面积 4.69 万亩。由于过去没有做过冬季除虫，加上这里有几条小溪流，溪旁杂草丛生，给稻螟、稻瘿蝇（稻瘿蚊）、稻苞虫等多种害虫提供了有利的越冬条件。尤以稻螟、稻瘿蝇为害最甚，给水稻生产带来严重的损失。李永禧和刘调化得知情况后来到成团示范区指导，在 1955 年冬季全面开展冬季除虫运动，有 80% 的稻田面积进行了“三光”处理，还铲除了田基、沟边杂草。1956 年，早稻白穗率由 1955 年同期的 2% 至 2.5% 降到 0.5% 至 0.4%。晚稻各地稻苞虫大发生，但成团受害轻微，虫苞率仅为 0.02%，稻瘿蝇的发生也得到有效的控制。当年晚稻平均亩产 181.6 公斤，比 1955 年亩产 120 公斤增产 30.8 公斤，增长 51.3%；总产增加 26.24 万公斤，比 1955 年增产 111.9%，取得了显著成效。

1958 年，李永禧随沙塘的广西农业综合试验站到南宁西乡塘广西农科所（后为广西农科院）工作，主要从事农作物害虫及防治研究。1960 年，李永禧参加广西农作物病虫普查。此次普查，全区共查出农作物病害 1115 种，害虫 592 种，捕食性和寄生性益虫 118 种。这项工作结束后，李永禧经过整理正式出版了《广西农作物病虫害名录》一书。

1966 年到 1968 年，李永禧受农业部派遣，到越南指导农作物病虫普查，共查出病虫害 1252 种，深受越南同行敬爱。1975 年，李永禧不负使命前往桂林地区，传授治螟技术，解决了当地螟害问题。1979 年，李永禧主持开展广西全区农作物害虫天敌普查，经过四年努力，查出广西天敌昆虫 1700 种，该项成果荣获广西区科委 1985 年度科学技术改进二等奖；同期编绘出版了《广西经济昆虫图册·捕食性昆虫》一书。1985 年至 1987 年，李永禧作为主要绘图和撰稿人完成了《灯下昆虫图鉴》的编绘工作。1991 年至 1993 年，李永禧作为广西甘蔗病虫草鼠及其天敌调查研究课题的顾问，查获甘蔗有害生物及天敌 628 种。1994 年，李永禧作为副主编，参与编撰的巨著《中国蝶类志》问世。

一个人在一生中能在一个领域中有所造诣已属不易，李永禧却能同时在艺术、自然科学两个领域成绩卓著。60 年来，他的生物绘图有一千多幅，为农业部和中国农业科学院主编的《中国农作物病虫图谱》《中国农作物主要病虫害及其防治》《中国农作物病虫害》等提供了大量彩图，并被聘为主审图稿人。20 世纪 70 年代至 90 年代，李永禧为《广西植保手册》（6 册）、《实用植保彩色图册》（10 册）绘制了几百幅昆虫彩图。1993 年，李永禧所绘彩图夺得广西首届科技书画比赛金奖。他创造的刻痕法，把中国花鸟工笔画与西洋透视技法结合，并运用于生物绘图，使绘图对象形态逼真、生动准确、融科学性与艺术性于一体。在科研上，从 20 世纪 30 年代迄今，李永禧采集、饲养、观察了大量昆虫，对许多昆虫的生物学、生态学、形态学进行研究，对广西主要农作物害虫的防治做了大量试验，获得丰富的经验，为指导生产做出了重要贡献。他前后发表论文 20 多篇，著述约 60 万字。

李永禧的一生，是不断学习不断超越的一生，他从助理员、技佐、技工、技师、副研究员到研究员，最终成为名列史册的中国著名生物绘图专家、广西著名昆虫学家。1995 年 8 月 13 日，81 岁的李永禧永远离开了自己挚爱的生物绘画……

附表

表 5-1 战时农都部分农业专家任职机构及职务概况一览表

专家	专业	来沙塘前任职机构及职务	沙塘任职机构及职务	抗战后任职机构及职务	1949 年后任职机构及职务
马保之	农学	南京中央农业实验所技正	中央农业实验所广西站站长、广西农事试验场场长	农林部农业司司长	台湾大学农学院院长等
邱式邦	昆虫	南京中央农业实验所技正	中央农业实验所广西站、广西农事试验场一级技正	南京中央农业实验所虫害室主任	中国农科院植保研究所所长、中科院院士
陈华癸	土壤	南京中央农业实验所技正	中央农业实验所广西站	北京大学农学院教授	华中农学院院长、中科院院士
周汝沆	农学	南京中央农业实验所技正	广西农事试验场技正、广西大学农学院教授	广西省农业管理处技正	广西高级农业学校代校长
戴　弘	土壤	南京中央农业实验所技正	广西省政府技正	中央农业实验所、北平农业试验场场长	华东农科院研究所研究员
范福仁	育种	全国麦稻改进所技佐	广西农事试验场技正	广西大学农学院教授	江苏南通大学教授
伍子才	农艺	全国麦稻改进所技佐	中央农业实验所广西工作站技士	农林部广西推广繁殖站	/
徐国栋	农艺	全国麦稻改进所助理员	广西农事试验场技佐	/	/
林　刚	林学	南京中央农业实验所	中央农业实验所广西站技正、广西大学农学院教授	广西桐油研究所副所长、研究员	/
于菊生	病虫害	南京中央农业实验所	中央农业实验所广西工作站	农林部广西推广繁殖站	中国粮食公司华东区公司技术员
林维治	林业	南京中央农业实验所技佐	中央农业实验所广西工作站技士	贵州省农业改进所技士	台湾省林业试验所技正
冯敦堂	植保	南京中央农业实验所技佐	中央农业实验所广西工作站技士	南京中央农业实验所技正	/
徐明光	土壤	南京中央农业实验所技佐	中央农业实验所广西工作站技士		华东农林水利部专员
孙　渠	农艺	南京中央农业实验所麦作系技佐	广西省农业管理处技士，广西农事试验场从事肥料施用研究		北京农业大学教授
盛承师	农学	南京中央农业实验所训练班学员	中央农业实验所广西工作站、广西农事试验场技士		湖南农学院副教授

续表

专　家	专　业	来沙塘前任职机构及职务	沙塘任职机构及职务	抗战后任职机构及职务	1949 年后任职机构及职务
钱念曾	昆虫	南开大学生物学助教	中央农业实验所广西工作站技士		中科院植保研究所副研究员
傅蕴琦	植物	农林部西江水土保持实验区主任			山东农学院农艺系副教授
黄瑞纶	农化	浙江大学教授	广西农事试验场技正	北京大学教授	北京农业大学教授
张肇骞	植物	浙江大学副教授	广西大学农学院教授	北京大学教授	中国农科院植保研究所研究员、中科院院士
程世抚	园林	浙江大学教授	广西建设厅技正、广西大学农学院教授		上海市建委规划处处长
萧　辅	育种	浙江大学农学院教授	广西大学农学院教授	浙江大学农学院教授	浙江农业大学副校长
徐天锡	农艺	浙江大学农学院教授	广西农事试验场技正、广西大学农学院教授	广西农事试验场技正	上海复旦大学农学院教授
周明牂	昆虫	浙江大学农学院教授	广西大学农学院院长	福建省农学院教授	北京农业大学教授
陆大京	植物病理	浙江大学农学院教授	广西农事试验场一级技正、广西大学农学院院长	广西农垦管理处处长	广东省岭南大学教授
童润之	教育	江苏省立教育学院	广西大学农学院院长	国立社会教育学院	苏南文化教育学院副院长
蒋书楠	昆虫	南京中央农业实验所技士	广西省政府农业管理处技士 广西大学农学院助教		西南农学院副院长
吴耕民	园艺	浙江大学助教	广西大学农学院副教授	浙江园艺改良场场长	浙江大学农学院教授
张国材	育种	浙江大学助教	广西农事试验场技正	农林部广西推广繁殖站技正	广西农业厅技师
李酉开	农化	浙江大学助教	广西农事试验场技士	广西大学农学院副教授	北京农业大学教授
徐玉芬	病虫害	浙江大学助教	广西农事试验场技士	广西农事试验场技士	/
徐道觉	遗传学	浙江大学助教	广西大学农学院教授	赴美国攻读博士	美国安德森癌症中心教授
李景均	遗传	燕京大学实验农场技士	广西大学农学院副教授	北京大学农学院教授	美国匹兹堡大学公共卫生研究院教授

续表

专　家	专　业	来沙塘前任职机构及职务	沙塘任职机构及职务	抗战后任职机构及职务	1949 年后任职机构及职务
王益滔	农学	西安临时大学农学院教授	广西大学农学院院长	台湾大学农学院教授兼农业经济系主任、农学院院长	
汪厥明	农学	西北联合大学教授	广西大学农学院教授	云南大学农学院教授	台湾大农学院教授
张信诚	农学	清华大学农业研究所副教授	农林部广西推广繁殖站专员	广西大学农学院教授	美国农业研究中心主任
吴绍骙	育种	贵州农业技术改进所专员	广西大学农学院教授	广西省建设厅技正	河南大学农学院副院长
严家显	昆虫	武汉大学教授	广西大学教授、广西农事试验场技正	复旦大学农学院院长	解放军军事医学科学院昆虫系主任
马大浦	林业	中央大学林学院助教	广西大学农学院教授		南京大学农学院教授
段永嘉	植物	江苏教育学院讲师	广西大学农学院教授	湖南农业专科学校教授	云南大学农学系主任
乐嗣炳	语言	复旦大学教授	广西大学农学院教授	桂林师范学院教授	/
汪振儒	林业	广西大学理学院讲师	广西大学农学院院长	北京大学农学院教授	北京林学院教授
孙仲逸	育种	广西大学农学院教授	农林部广西推广繁殖站副主任	广西大学农学院院长	
林汶民	农学	广西大学农学院任教	广西大学农学院代院长	/	
钟济新	植物	广西大学助教	广西大学植物研究所副教授	广西大学植物研究所研究员	中国科学院广西大学植物研究所所长
熊襄龙	农学	广西大学任讲师	广西大学教授、农学系主任	广西建设厅农林处处长	新加坡定居
程侃声	育种	广西农事试验场技正	广西农事试验场技正、广西大学农学院教授	湖北省农学院教授	云南农业科学研究院院长
彭绍光	育种	广西农事试验场技正	广西农事试验场技正	广西农事试验场技正	广西农事试验场副场长、广西农科院副院长
柳支英	昆虫	广西农事试验场技正 广西大学农学院教授		浙江大学农学院教授	军事医学科学院研究员
黄　亮	植保	广西农事试验场技正 广西大学农学院教授、农林部广西推广繁殖站专员			广西大学农学院教授

续表

专　家	专　业	来沙塘前任职机构及职务	沙塘任职机构及职务	抗战后任职机构及职务	1949 年后任职机构及职务
梁逸飞	农艺	广西农事试验场技士		广西第四区农业试验场技正	南宁农业试场场长
相望年	植保	广西农事试验场技士		清华大学农业研究所	中国科学院微生物研究所研究员
刘寿春	土壤	广西农事试验场技士		广西农事试验场技正	
刘调化	病虫害	广西昆虫研究室研究员、广西农事试验场技正、广西大学农学院教授		广西省政府农林处技正	广西省农业科学研究所研究员
陈金壁	病虫害	广西昆虫研究室主任 广西农事试验场技士		广西农林局防除病虫害室技正兼主任	/
黎国涛	病虫害	广西昆虫研究室助理研究员、广西农事试验场技士			广东省农业科学院植保所副研究员
李远衡	农艺	广西农事试验场技士	中央农业试验所麦作系技士派驻广西与广西农事试验场合署办公		广西农事试验场技正
罗达新	植保	广西农事试验场技士			广西省农业科学研究所副所长
李永禧	昆虫	广西农事试验场助理	广西农事试验场技佐	广西农事试验场技士	广西科学院研究员
张之光	昆虫	广西三区农场任技术员	广西农事试验场技士	金陵大学农业专科讲师	山东农业大学教授
唐　川	农学	广西农事试验场技士	广西农事试验场技士	广西农事试验场技士	吉林省农科院院长
李家池	育种	广西省政府建设厅技士	广西农事试验场技士		/
岑　楼	气象	广西农事试验场技佐			广西省农业科学研究所技士
莫兆增	育种	广西农事试验场技佐		农林部广西推广繁殖站技佐	柳州市农业科学研究所技士
顾文斐	农艺	广西农事试验场技士			
何彦琚	植保	广西农事试验场技士			

第六章

农都缘

抗战胜利后沙塘农都走过劫难，在这里度过八年艰苦岁月的农科专家和教师们陆续离开避难之地，流向全国各地的农业科研机构和教学单位，支撑起了新中国成立后的农业科研动脉，成为农业领域的主力军。战时农都的教学单位、科研机构，也如一株母树，不断地分蘖散枝，为广西农业的发展奠定基础。于是乎，这些农科专家和农业科研、教育机构与农都的缘分天空越来越广阔，甚至延续到后人。

农都至今已走过了九十多年的岁月，许多农业科学家及教授们，不仅创造了战时农都的辉煌，而且为新中国农业的发展做出了贡献，也为中国未来农业科学的发展奠定了基础。如今，他们绝大多数已经离开我们，可在有生之年，他们不少人延续着农都的缘分，让抗战时期农都的余晖灿烂至今。

在老一辈农业科学工作者的记忆里，很难抹掉沙塘，特别是曾在沙塘农都工作、学习过的人们，他们有的甚至把广西视为第二故乡。他们的后人，有些是在农都时期出生或成长的，他们的世界里也有着关于沙塘的记忆，他们徜徉在中国农都博物馆时，先辈的足迹和奋斗成果是他们代代相传的骄傲。

一、马保之回大陆几度夕阳红

他本来可以在美国安享晚年，但却以 95 岁高龄，毅然选择回到故乡广西教书回馈社会，他就是国际知名农业专家马保之，也是中国知名革命家及文化名人马君武的长子，更是沙塘战时农都的掌门人。

马保之曾说过：“I have a dream（我有个梦想），我想在广西院校的讲台上教书教到 100 岁，打破吉尼斯世界纪录。吉尼斯啊，那是给中国人争气啊！”看来马保之是想终生服务于他曾经奋斗过的这片热土。

1996 年，夫人蓝乾碧在台湾过世，在国外的小儿子为马保之在美国加州湾区买了房子养老，但他一个人很苦闷，总想做点什么，贡献一点什么。

“我不要在美国等死，我要回到中国去教书。我的宗旨就是服务他人，帮助别人实现梦想。”马保之就这样对自己余生做了安排，从而延续了自己的农都缘。

马保之在 1997 年前回过故乡桂林，曾接触过在桂林的广西师范大学和在南宁的广西大学，很认真地问这些学校要不要“义工教授”。这些学校看他已 91 岁高龄，着实有些顾虑，但依然表示非常欢迎。马保之回美国筹备了两年，1999 年开始定居桂林并教书了。

有学生描绘马保之给广西大学研究生上第一节课时的情形——他在黑板上画了一条曲线和直线，缓慢地说：“你们是中国未来的希望，你们的人生会有高潮和低谷，而不会是一帆风顺的……”

马保之 96 岁的生日是提前和广西大学的研究生一起过的。生日会上，他操着一口流利的英语，唱起了一曲年轻而充满活力的歌曲：“太阳落下，月亮升起，西大光荣，西大光荣，今天西大光荣。”唱完，只见他挪开凳子，长嘘一声，迅速站起来，模仿小孩子的样子，高兴得手舞足蹈，喊道：“西大，Go，Go！西大，Run，Run！”学生们不禁被这一幕深深地感动了，一位耄耋老人生日时想的不是自己，而是学校，他早已把自己的生命融入这片土地里了。

有一次，为了参加外孙女的婚礼，马保之回到美国加州湾区，几天之后他又准备返回广西。在洛斯阿图斯接受记者采访时，他恳切地说：“我要赶快回去。下半年 16 节课，只预备好了 11 节，急死了。”

马保之不但在广西师范大学和广西大学做教授，而且还前后五次回到他曾经工作了八年的沙塘，做起了广西柳州畜牧兽医学校的兼职教授，此后还做了当时为广西大学分校——广西工学院的客座教授。

1945 年离开柳州沙塘，阔别沙塘几十年后，马保之于 1991 年 4 月 10 日第一次返回沙塘，这里依旧春红柳绿。这年，马保之已 84 岁高龄，而他在 1938 年初到沙塘身兼八职时正当三十而立的青壮年。抗战八年来，马保之在沙塘结婚，孩子也在沙塘出生，可谓在这里成家立业。所以，沙塘有着马保之挥之不去的缘分。

1949 年，马保之去了台湾，种种原因让他此后一直没有回过沙塘。当两岸实现“三通”后，他立马想到沙塘看看，那里有他当年亲手构筑的中国战时农都，他想与之一续前缘。

在沙塘，有马保之创建的广西省立高级农业职业学校，即后来的广西柳州畜牧兽医学校。1940 年该校创立时他任校长，只开设了农林、畜牧兽医两科，学校延续发展至今比原来的规模大了很多，战后救助所建的教室仍然屹立在那

1991 年 4 月 10 日，马保之（右五）回国时到沙塘农都寻旧时留影。（中国战时农都博物馆提供）

里，充斥着很多农都人的记忆。

马保之在建校时亲手种植了一株芒果树，经过几十年的风雨，如今这棵树已枝繁叶茂。他仰望蓝天下的芒果树，留影后挥毫题词寄语学校："培育人才乃建国之初基。"

马保之第二次去广西柳州畜牧兽医学校时，学校聘请他担任客座教授，他回赠了一尊唐三彩骏马，期望学校"勇于开拓进取，培养能手脑并用兼具高科技畜牧兽医人才"。

柳州畜牧兽医学校欢庆 60 华诞，93 岁高龄的马保之神采奕奕地与他的第一届学生刘锡光博士，在校园里联手栽种苍松翠柏，营造出一片"博士林"，希望学校能培育出更多的博士生。

作为广西高级农业职业学校首届学生，刘锡光毕业后考入安顺陆军兽医学校大学部正科第 31 期，并以全年级第一名的成绩毕业。1949 年，刘锡光辗转去台湾后，任教于台湾省立云林虎尾农校。1953 年，刘锡光受李崇道博士影响而参加高考，以高分考取畜牧技师，被分派至台湾省政府农林厅农业试验所台东种畜改良场，协助进口种猪质量改良。其间，刘锡光赴美国俄亥俄州立大学兽医学院进修动物检疫，回台湾后，应时任台湾大学农学院院长马保之邀请，受聘于台湾大学畜牧兽医学系担任讲师三年，并任家畜医院检验科主任，主讲兽医心脏血管病理学。1959 年，刘锡光赴美国加州大学戴维斯分校攻读比较病理学博士后，继而进入美国纽约动物医学中心病理系工作，先后担任病理系主任、研究院副院长，兼任康奈尔大学医学院病理及内科教授。刘锡光四十多年来一直定居美国，和马保之保持着亦师亦友的关系。2003 年 4 月 10 日，刘锡光病逝于纽约，享年 78 岁。

马保之回农都时，当得知柳州畜牧兽医学校内有些贫困生，他马上带头捐款助学，发出成立广西柳州畜牧兽医学校贫困学生助学基金会的倡议。2000 年 2 月，他又向学校历届校友及社会各界发出倡议，在学校内设立贫困学生助学基金会，并带头向基金会捐款 2 万元。在他的带动下，基金会共收到历届校友和各界人士捐款 10 万元。2001 年 4 月 10 日，马保之回到学校参加庆祝建校 61 周年大会，并向由他倡导建立的贫困学生助学基金第一批受益者——17 名品学兼优的特困学生颁发 700 元至 1000 元不等的助学金。

马保之最后一次返校是 2003 年 9 月 18 日。这次回校，当看到捐出资金的项目顺利进行，并样样得到落实时，他由衷高兴。马保之 5 次返校，共捐款 50 多万元，设立贫困学生助学基金，帮助学校购置教学设备及装修校史陈列室、修缮 1945 年战后救济署拨款建设的教室等。

也许，晚年为国育人、贡献余力，是为何已定居海外的马保之魂安故里的原因。

在漓江边，至今仍有马保之的一套房子，里面安放着马君武和马保之的铜像。据平时管理这套房产的马桂芬介绍，马保之在生前就立下遗嘱，要将这套房子变卖，将所得款项捐献给广西的教育事业。其实在立这份遗嘱之前，马家父子已为广西的教育事业做出了不小的贡献。在马君武之后，相继成立了马君武校长及夫人马周素芳奖学金、马保之奖学金、马蓝乾碧女士奖学金，广西大学、广西师范大学、桂林君武小学、柳州畜牧兽医学校等校不少学生都获得过奖励。

广西柳州畜牧兽医学校为纪念马保之而修建的爱书亭。（刘丽虹　摄）

据广西大学农学院副教授、广西农事试验场技士李酉开回忆，在沙塘工作的六七年间，是他一生中感到学术气氛最浓、救国之心最切、人际关系最密、物质生活最苦、精神生活最丰富多彩和心情最愉快舒畅的时期。这样环境的营造，当然与掌门人马保之息息相关。

晚年的马保之不但关心广西的教育，也牵挂着广西农事试验场的发展。马保之回到沙塘，到了由广西农事试验场发展而来的柳州农科所，看到当年的教室仍然存在；走进当年的图书馆，翻阅资料看到当年自己的工作记录和图片，烽火岁月里的历历往事依稀浮现在他的眼前。

2003 年 9 月 4 日，马保之在当年的农试场职员、时任广西政协副主席莫虚光的陪同下到三江县良口乡访问 1944 年桂柳大撤退时广西农事试验场的避难处。当年马保之在良口时借住在莫虚光家，莫虚光父亲时任良口乡乡长，给农试场在良口避难提供了很多的帮助。回忆当年的避难岁月，马保之和莫虚光感慨万千。

2004 年 1 月 29 日，马保之在昆明病故。广西柳州畜牧兽医学校全体师生怀着崇敬的心情，遵从他的遗愿，在校园里修造了一座爱书亭。将马保之的铜像安放在亭里，把他的生平、心愿镌刻在铜像基座的碑石上，让其铭记在全校师生的心中，让老校长永远看着他创立的学校。

二、何康情系农都再续前缘

远观现在位于沙塘的柳州市农业科研所，不难看到一座高高的水塔上有着醒目的红字：战时农都。这四个字是原农业部部长何康所题。

何康在农都时期沙塘求学的学子中，成就和职务都是比较高的。他对农都自始至终都有“育我者沙塘”的情结。因为，从沙塘农都走出去的学生，在农业领域大多声名斐然。

2012 年 4 月 1 日下午，在时任广西壮族自治区副主席陈章良和柳州市委书记陈刚、市长郑俊康的陪同下，88 岁的何康一踏进柳州市农科所的大门便激动起来：“这地方我永远忘不了。生我者父母，育我者沙塘！”尽管这已经是何康第五次重访沙塘农都，但他仍然控制不住自己激动的心情。

在沙塘农都旧址，有何康当年曾经学习、生活的地方。

在白鹏飞（原广西大学校长）1939 年题词的广西大学研究室旧址前，何康凝视着“广西大学农学院研究室奠基纪念”的石刻，过去求学岁月的艰难困苦和美好时光，都在他眼前闪过。

何康一辈子结缘农业，他认为，自己做农业的专业知识，底子就是在沙塘求学时打下的。虽然是抗战时期，但是沙塘却聚集着当时全国最优秀的农科师资，其间培养出了大批杰出的农业科技人才，何康便是其中之一。在中国战时农都博物馆，何康久久凝视着这些师友的照片，诉说着师恩难忘。那么多年过去了，何康仍然一一记得导师们的名字，说得出他们的所长和所教的科目。何康回忆到道，张信诚是他的导师，而这位导师对学生格外尽心。有一年何康到美国见到恩师，张信诚竟拿出当年他毕业论文的手稿，这师恩让何康终生难忘。

由此，何康说："当时我们学校是中国农业科教的中心，人才济济，教学水平在全国一流。有如此良好的教学环境，加上我们对知识报国的渴望，人才辈出是必然的。"20世纪80年代末90年代初，何康与校友李崇道、黄成达携手合作，打破了大陆和台湾的坚冰，促进了两岸的农业交流，他们也因此被载入史册。

1989年，何康即将离任农业部部长，那时大陆、台湾、香港的农业交流因为台湾与大陆关系的对立，还是坚冰一块。如何打破坚冰？何康想到了昔日同窗，李崇道和黄成达。何康通过李政道夫妇向李崇道表示会面的邀请，令他没想到的是，得到了李崇道热烈回应。

1991年10月17日至18日，三个在沙塘求学的同窗分别46年后在香港重逢。当年学子豆蔻年华，而今步入花甲，一见面三人就紧紧拥抱到了一起。后来由于他们三人的努力，两岸农业科技交流、科研人员的交往逐渐密切起来。何康后来回忆这件事时说："这里边沙塘同学的情谊起到了很大的推动作用。"

何康后来到沙塘寻旧，每次都偕夫人郁隽民同行。何康与郁隽民当时都在沙塘求学，两人就在此地相识相知。农科所里还保留当年的女生、男生宿舍旧址，两个宿舍中间隔着一片树林。何康回忆说："我们在那里（树林）见过面，不过那时还是友情。"但他们都没有想到，这段共同求学的友情却在大家都已70

左起：何康、李崇道、黄成达（中国战时农都博物馆提供）

何康（右二）与缪希霞（右三）等在儋州。（何康家人提供）

岁时才转为爱情。

当时，何康已有了一个对他一往情深的女子——缪希霞。何康的父亲何遂与缪希霞的父亲缪秋杰是至交好友，缪秋杰是国民政府盐务总局总办，何遂是立法院军事委员会委员长。两人虽是国民党高官，却都同情共产党，支持革命事业，更是在暗地里为民族的革命与解放做了不少事情。自然，两家人的孩子也从小就在一块玩耍，建立了深厚的友情。后来，何遂和缪秋杰名义上合办了瑞明公司，实际上这是共产党的地下机构，它的一项重要任务就是往解放区运送药品等紧缺物资。何康在公司任总经理，财务主任是缪希霞，他们俩均是中共地下党员。可以说，何康与缪希霞既是青梅竹马、两小无猜的儿时玩伴，又是亲密无间、志趣相投的革命伴侣。

1990年，缪希霞在病逝前，特意嘱咐儿子去美国寻找郁隽民，希望自己钟爱一生的人能继续拥有幸福。1993年，何康的长子托人在美国找到了郁隽民。此时的何康与郁隽民已是70岁的老人，短暂接触后毅然决定于当年秋天成婚，成就了一段少年友情、白发相守的传奇故事。

素来低调的郁隽民很少提及这段往事，但在郁氏家族网站我们不难找到关于这段往事的记载。

郁隽民是郁达夫的侄女，称郁达夫三叔。让人唏嘘的是，郁隽民在15岁花季年龄时，就经历了骨肉分离、亲人离散的刻骨铭心的苦痛。

1939年的上海，一个晨曦初露的早晨，郁隽民的父亲郁华（郁达夫的大哥），像往常一样夹着公文包走出家门，突然砰砰两声枪响，郁华痛苦地倒在了自家门口。曾两次留学日本、考察司法的郁华是当时中国法律界的中流砥柱，一位大法官兼法学教授。郁华为人正直，极富民族气节和傲骨，因为三次严词拒绝汪精卫和日本侵略军的威逼利诱，而遭到日伪特务的暗杀。郁华遭暗杀是当时震惊上海滩的事件，他也是抗日战争中我国司法界为国殉难第一人。

这惨烈血腥的一幕永远铭刻在了郁隽民的心底。

国耻和家仇使郁隽民感到应该离开沦陷的上海，去内地念大学。1942 年，郁隽民从上海中西女中毕业，很是天真地想“中国以农立国，就念农救国吧”。就这样，自小有美术和文学天赋的郁隽民考入了岭南大学农学专业，后转学到敌后的沙塘广西大学农学院，与何康成了学友。

当年在沙塘农都的广西大学农学院，何康比郁隽民高一届。何康身材适中，容貌俊朗，虽出身显赫，却不曾沾染半点纨绔子弟之风，而且当时他已经是一名直接受董必武单线领导的中共地下党员。当何康发觉自己已经深深爱上郁隽民，初次品尝到才下眉头却上心头的恋爱感觉时，内心却陷入了一种无法言喻的痛苦之中。他知道缪希霞也深爱着他，他不忍心伤害对方，只好把对郁隽民的爱深埋于心底。

然而命运还是安排何康与郁隽民等几个同学共同度过了一段惊心动魄的逃难之旅——湘桂大撤退。正是从那时起，何康忘我和无私的人品，深深印刻在郁隽民的心底，让她对作为同学相处的何康，更平添几分深情。在重庆，何康还去了几次郁隽民的家。之后，在战乱的时日里，由于各自的种种原因，他们失去了联系。

大学毕业后，郁隽民与一个国民党高官的表弟结了婚。但婚后不久，两人便因志趣和性格原因产生了分歧，郁隽民最终选择了离婚，长期过着独居生活。新中国成立后，郁隽民曾从事校对、翻译等工作。1962 年至 1979 年，她在哈尔滨医科大学教英语；1980 年至 1990 年在《中国日报》英文版任美术部、文教部主任并撰写美术、人物等特写稿。退休后，1991 年至 1993 年，她在美国纽约州立大学（纽帕斯）及密苏里大学任访问教授，介绍中国当代画并讲授中国绘画史。

年轻时的郁隽民（选自郁氏网站）

1993 年，郁隽民还在美国，何康的儿子托人在太平洋彼岸找到了她。不久，郁隽民从美国回来与何康相见。昔

2012 年 4 月，何康偕郁隽民来到当年就读的广西大学农学院旧址故地重游并题词。（董明提供）

日风华正茂的他们，如今都已白发苍颜，然而人老沧桑，真情不渝。在金秋的北京，没有太多的花前月下，这份姗姗来迟、历经半个世纪才缔结的婚姻，饱含着至真的情怀，应验了真正的“缘分”。郁隽民三叔郁达夫有一篇小说《金秋迟桂花》，也许就是他们俩爱情的印证。

郁隽民的晚年生活非常充实且多彩，与何康结婚后，她则需要分出更多精力去夫唱妇随，与何康“协同作战”，为中国农业的进一步发展辛勤耕耘。

郁隽民称自己是跟随何康为农业“赎罪”，因为她就读过岭南大学和广西大学农学院，后又就读于金陵大学观赏园艺系。然而，半个多世纪以来，她服从分配干过许多工作，却一直没有干过农业。这位出身名门的大家闺秀，当年被沙塘的景色、带泥土气息的生活深深吸引，如今以美术家的眼光回忆战时的沙塘农都，认为这真是远离战火的世外桃源。直到 1999 年，在中华人民共和国成立 50 周年前夕，何康与郁隽民重新踏上这片土地时，郁隽民不禁感慨万千：“50 年前，我曾在这里立下人生的目标选择学农，此后命运的安排却让自己从未从事农业工作，心中总存着遗憾。”所以，沙塘农都之行是郁隽民一次特殊的人生之旅。

何康夫妇相濡以沫，相敬如宾。一次回沙塘农都，何康现场题字时兴起挥洒，没有留足落款空间，写不上夫人的名字，他因此当众向夫人鞠躬道歉：“实在对不起，夫人，实在对不起。”憨态可掬的样子让大家忍俊不禁。

2009 年，柳州市柳北区和柳州市农科所的同志到北京拜访何康，告诉他柳州打算将沙塘打造成“历史农都、现代绿谷”。何康立即激动起来：“现在全国要想找到像当时沙塘那样的地方，很难。因此，要重新开发沙塘农都文化，最关键要有东西给人看。除了要尽快修复那些历史遗址，还要利用好南方喀斯特地貌特点和丰富的植物资源，打造有强烈南方特色的园区。”之后他再访沙塘，看到沙塘正在柳州市委、市人民政府的重视下，经济文化建设日新月异，感到很欣慰。他跟陪同的柳州市领导说："沙塘是个绝无仅有地方，是柳州一笔珍贵的无形资产，沙塘精神要继续发扬光大。"

2012 年 4 月 1 日，何康又一次到农都，他意犹未尽，兴起挥毫，再次为沙塘留下墨宝。这一次，题写的内容全部出自他的内心。他先写下了"沙塘——战时农都"，之后，又深情挥毫，写下了"生我父母，育我沙塘"八个大字。

离开时，何康偕夫人再次向沙塘深深鞠躬，似当年离开时与师友惜别。

三、沈善炯回农都叙忆往事

广西柳州畜牧兽医学校大事记里有这样一段记载：2000 年 9 月 20 日，中国科学院上海植物生理研究所沈善炯院士来校考察指导工作。

据当时接待沈善炯到访的时任校长覃国森回忆，沈善炯是在应广西壮族自治区政府邀请访问广西之际，回到沙塘看望他借读的地方和马保之创立的广西省立高级农业职业学校。

偕夫人在沙塘访问的不长时间里，沈善炯回忆了他当年是怎么到这里借读的。

1937 年 8 月，沈善炯报考金陵大学农科，刚考试完，上海、南京就沦为战区。不久沈善炯收到录取通知书，他决定从江苏吴江到南京入学。此时金陵大学已迁往武汉，农业专修科则迁到安徽和县乌江镇。9 月，沈善炯辗转赶到乌江一家祠堂内的金陵大学农业专修科注册上学。在乌江，11 月末学校因战势突然要西迁，武汉金陵大学农业专修科无法确定转移的最后地点。沈善炯在汉口街头看到一张教育部关于战区学生可登记到后方借读的通告，他立马想起同乡马应朋在广西，就登记去了广西大学农学院借读。虽然没抱希望，但有一天他意

2000 年 9 月 20 日，沈善炯应邀访问广西时，到沙塘看望当年借读的广西大学农学院旧址并到当时马保之创建的学校访问。左起：广西柳州畜牧兽医学校校长覃国森、沈善炯夫人、沈善炯、学校调研员林永浓、陪同沈善炯的工作人员。（选自《沈善炯自述》）

1938年，沈善炯（左）借读柳州沙塘广西大学农学院时与同学朱维巧（右）、刘导民合影。（选自《沈善炯自述》）

外看到报纸上的借读名单有自己，于是在1938年3月初的一个早上踏上了到广西柳州的路途。

沈善炯清楚地记得他到沙塘时，广西农事试验场场长马保之是如何帮他安排住宿的。1938年7月初，沈善炯好不容易到广西大学农学院所在地沙塘，停车站旁是广西农事试验场的办公楼，在办公室里他见到了一个戴眼镜的男子，于是拿出金陵大学农学院的学生证，讲明自己是到广西大学农学院借读的，问该怎样办手续入学。没有想到沈善炯问到的刚好是场长马保之。马保之看了学生证，说自己也是金陵大学农学院的毕业生。随即打电话给农学院院长王益滔，说有个战区来的借读生，希望能安排到学生宿舍。王益滔却说现在不能分配宿舍，要到9月开学时才能入住。可当时距9月开学还有两个月，这让沈善炯为难了，人生地不熟让他去哪住呢？马保之二话不说，立马打电话给广西农事试验场苗圃，让相关人员安排住宿。苗圃的负责人是顾文斐，碰巧也是金陵大学农业专修科毕业的，就同意沈善炯和他一起住。在等待开学的两个月时间里，沈善炯和顾文斐在一起劳作中结下了深厚的友谊。

设在沙塘偏僻小镇上的广西大学农学院，在沈善炯的印象里是一个宁静而朴实的求学之地，何况这里云集国内许多优秀的农学家。在沙塘，沈善炯认识了张肇骞教授，因为他的普通植物学令沈善炯对植物学发生了浓厚兴趣。还有一位文学底子很好的于景让教授一直关心着沈善炯的学习。

鉴于沈善炯对植物学有兴趣，张肇骞建议他到昆明西南联大上学，因为那里的植物学是当时中国最好的。在沙塘借读了一年多，1939年7月中旬，沈善炯离开沙塘去昆明赶西南联大秋季的转学考试。此后，沈善炯考入了西南联大，结束了在广西沙塘农都的借读岁月。

四、广西大学师生“重走西大搬迁路”

2008 年暑假，柳州市农科所广西农事试验场旧址来了一批广西大学的师生，他们是参加广西大学师生“重走西大搬迁路”社会实践活动的。

2008 年是广西大学建校 80 周年。广西大学在南宁建校之前，曾先后搬迁到梧州、桂林、柳州、贵州等地。为了深入了解和纪念这段充满艰辛的建校史，这年暑假，学校师生 40 余人重新走上了这段“流亡之路”，为即将到来的 80 周年校庆献礼。

2008 年 7 月 20 日上午 8 时许，在南宁的广西大学师生 10 人团队从学校出发，前往梧州与先行到达的同学会合。在此过程中，团队每到一个地方都与当地校友举行座谈，介绍广西大学现在的发展情况，并邀请他们参加 80 周年校庆。

从 2008 年 6 月初，学校部分师生就开始策划这个活动。韦绍兴是广西大学退休的老教授，当年已经 75 岁。这个队伍中像韦绍兴一样的七旬老人有三位，他们对学校历史比较了解也比较感兴趣，所以随队一同前往。

1928 年 10 月，马君武在广西梧州蝴蝶山建立了广西大学，之后曾搬迁到柳州、桂林等地，1958 年从桂林迁至南宁。2008 年 7 月 20 日至 29 日，广西大学师生 40 余人沿着学校的迁学路线，踏上了寻访广西大学旧址、找寻广西大学成长之路。沿途经过梧州、桂林、柳州、贵州榕江等地，收集整理了一批珍贵的历史资料和图片，师生们受到了很好的知校、爱校、荣校教育。

1928 年，广西大学在梧州蝴蝶山。（选自《广西大学校史》）

柳州是“重走西大搬迁路”活动的第三站。2008 年 7 月 25 日上午，广西大学重走搬迁路的师生实践队，先后参观了位于现今柳州市农业科学研究所、广西生态工程职业技术学院等地的多处广西大学旧址。这些旧址作为不同时代的产物，折射出广西大学在柳州的发展历程。

在柳州市农业科学研究所内，仍保留较完好的有沙塘广西农事试验场旧址，以及 1939 年由时任广西大学校长白鹏飞题字的广西大学农学院研究室。沙塘广西农事试验场旧址的两

1939 年，广西大学在桂林。（选自《广西大学校史》）

栋建筑，如今已被列为柳州市文物保护单位。

贵州榕江是实践团“重走西大搬迁路”活动的最后一站。1944 年夏，日军进犯湖南，桂林告急。为保护学校财产和师生的安全，广西大学决定疏散学生，校本部向西南迁移。当时的总务长张先辰临危担负起学校撤离疏散的重任。历经几个月的辗转跋涉，部分师生和设备转移到了贵州榕江县，并于当年 12 月恢复上课。榕江地处偏僻，物资匮乏，师生们的生活尽管非常艰苦，但依然坚持正常教学。

广西大学农学院在榕江的临时住地之一——两湖会馆。（选自《广西大学校史》）

据资料记载，在榕江，广西大学借用部分会馆及公房作为临时校舍。如教室分设于县救济院、两湖会馆、江西会馆、贵州会馆，榕江中学等处；女生宿舍借榕江中学一栋建筑改成，男生宿舍则借用国立贵州师范学院前学生宿舍；图书馆设于四川会馆左廊楼上；各专业实验室设于四川会馆香祠和两湖会馆香祠；运动场借用贵州师范学院的；教职员全是租赁民房居住。即使如此，教室仍不够用，师生们常常利用教授租住民房的堂屋做临时课堂。晴天，师生们就在榕树脚下或院坝内露天讲课，可见当时办学之苦。

据榕江当地百姓介绍，广西大学迁榕一年，也为榕江当地做出了巨大贡献：一是促进了榕江教育事业的发展。广西大学一来，从幼儿园到大学，榕江县城全有了，提高了这里的办学层次。二是给榕江带来了新观念、新思想和新技术。一个大学的思想和技术对一个县城的影响是显而易见的。特别是农业技术，当时广西大学农学院院长汪振儒教授每周开一次农业科学知识讲座，受到当地群众的热烈欢迎。三是加强了榕江的抗战力量。

广西大学抗战期间的搬迁路，实际上是一部战乱背景下的流亡史，但这一过程却促进了所到之处高等教育的发展。恰如长征是无产阶级革命的播种机一样，广西大学的搬迁路无形中也起到了广西高等教育播种机的作用。

五、农都机构“散八桂树分几桠”

当年农都鼎盛时期，有广西农事试验场、广西大学农学院、广西推广繁殖站、西江水土保持实验区、广西高级农业职业学校等机构。抗战后胜利后，广西大学农学院回归本部到桂林，广西推广繁殖站并入广西农事试验场，广西高级农业职业学校在战后救济署的帮助下新建了部分教室在原址复课，西江水土保持实验区由于缺乏经费一直没有开展工作。

新中国成立后，随着广西国民经济的不断恢复发展，这些机构也在不断调整，以适应发展的需要。

（一）广西农事试验场一分为三

如果在网上查询广西农业科学院、柳州市农业科研所、柳州市农业气象试验站，不难发现这三个单位的沿革过程基本都是：创始于羊角山柳江农林试验场，成长于沙塘广西农事试验场，壮大于中国战时农都……

回望历史，我们不难发现它们都脱胎于 1949 年 11 月前的广西农事试验场。

1949 年 11 月，柳州解放后，军管会派吴启增、侯世昌等接管广西农事试验场及该场所属的桂平、南宁水稻试验分场。吴启增是 1937 年从广西农事试验场参加第二届广西学生军的广西大学农学院学生。1938 年 3 月，为避免受国民党的迫害，广西学生军向鄂豫皖边区的大别山转移，吴启增也随之转战。7 月，吴启增加入中国共产党。1939 年 7 月，国民党皖东专署办的报纸《皖东日报》改组后，吴启增曾在《皖东日报》任总编辑。吴启增所在的广西第二届学生军二中队于 1940 年奉命转移到新四军各师和根据地工作，前后经历了艰苦的革命生涯，参加了抗日战争、解放战争。新中国成立后，奉命回广西工作的同学有郑少东、岳平、钟仑、李真、区济文、王彦、吴启增、林显荆、吴洪宁、甘怀勋、田克、蒋奎、赵洪滔、陈业农、杨炳南、郭柳萍等二十多人。

水稻育种专家吴启增（中国战时农都博物馆提供）

新中国成立初期，吴启增在大力推进水稻良种工作方面功不可没。广西农业试验场下属的广西水稻研究所为广西争取了许多荣誉，该所也成为广西唯一进入全国百强的研究所。

新中国成立后的第一次全国劳动模范大会于1950年召开，广西参加此次会议的人只有柳州市骨粉厂技术员尹绩成、广西农业试验场场长吴启增、柳州铁路局柳州机务段职工张万兴三人。据《中华劳模大典》记载：吴启增在担任试验场场长期间，积极推进全场的试验研究和生产，使繁殖水稻良种和烟草生产都优于原定要求。

广西农事试验场归广西省农林厅领导后，由吴启增任场长，此后在1950年改名为广西农业试验场，下设农艺、园艺、林业、土肥、植保等五个系及气象组。由原各区农场改建的南宁、玉林、桂林、百色农业试验站，业务上也归属广西农业试验场管理。1951年，吴启增还兼任了一年的柳州高级农业职业学校校长的职务。1954年，广西农业试验场改名为广西农业综合试验站。

1957年6月，广西省农业厅在南宁西乡塘建立广西省农业科学研究所，吴启增为所长，下设粮食作物、特种作物、经济作物、园艺作物、土壤肥料、植物保护等六个系，技术骨干力量全部随迁到南宁。广西农业综合试验站改名为广西省农科所柳州工作站，各地区农业试验站改称工作站，行政上仍属地区领

20世纪60年代的广西壮族自治区农业科学院

导，业务上归广西省农科所管理。1958 年广西壮族自治区成立，广西省农业科学研究所改名为广西壮族自治区农业科学研究所。1964 年 5 月 3 日，在广西农科所的基础上，成立了广西壮族自治区农业科学院。

植物保护专家罗达新（1915—1984）（中国战时农都博物馆提供）

罗达新曾在 1942 年至 1943 年与陆大京、黄亮一起在柳州沙塘用自制风向仪在 50 尺高度观测，捕获到 21 属的孢子，稻瘟病菌的孢子是其中之一。柳州军管会接管广西农事试验场后，罗达新作为原来的技术骨干和植保专家仍然留在广西农事试验场工作。广西农科所成立后，罗达新作为植保专家也到了南宁。

1961 年，越南在胡志明的领导下推翻了法国殖民统治，建立了越南民主共和国。越南经过多年战争，百废待兴，农业生产上病虫害猖獗，并且越南的植保基础十分薄弱，于是向中国求援。根据中越两国政府 1959 年 2 月 18 日签订的《中国给予越南政府经济技术援助的协议书》，中国政府决定派出高级植保专家协助治理病虫害。1961 年 5 月，中国选派了昆虫专家、江西农业大学教授杨惟义前往越南开展植保工作，9 月又增派了罗达新协同开展治理病虫害工作。1963 年至 1964 年，两人帮助越南培训了一部分植保员。援越结束回国后，罗达新于 1964 年至 1975 年任广西壮族自治区农业科学院副院长。在 1966 年 7 月，广西农科院还派出了曾在沙塘工作过的李永禧赴越南协助进行农林病虫害普查工作。

此后历年因为行政区域的变化，广西省农科所柳州工作站改为现在的柳州市农业科学研究所。

曾在农都工作学习过的专家和学子有三位任职新中国成立后的广西农业试验场、广西农业综合试验站负责人：

吴启增：1950 年至 1953 年任第一场长；张国材：1950 年至 1951 年任副场长，曾在广西农事试验场任技术人员；彭绍光：1950 年至 1954 年任副场长，1954 年广西农业试验场更名为广西农业综合试验站后，于 1954 年至 1956 年任站长。

当年广西农事试验场的气象观测点是今天柳州市农业气象试验站的前身。

1949 年 11 月，柳州军管会接管广西农事试验场后气象观测点更名为气象组。此后到如今，经历了广西农业综合试验站气象组、柳州沙塘气候站、柳州沙塘农业气象试验站、柳州专署水文气象所柳州农业气象试验站、广西壮族自治区柳州专区沙塘农业气象试验站、广西壮族自治区柳州沙塘农业气象试验站、柳州地区气象局农业气象试验站、柳州市气象局农业气象试验站、柳州市农业气象试验站的沿革变迁。现今柳州市农业气象试验站占地 27 亩，设农业气象观测站，有 3 台农业气象专用计算机和 20 亩农作物试验基地。

说到柳州和广西的气象观测发展，广西农业气象观测元老岑楼可谓功不可没。

1927 年 10 月，在梧州的广西实业研究院迁来柳州与柳江农林试验场合并，更名广西实业院，同时设立气象观测点。1931 年，岑楼到柳江农林试验场进行气象观测工作。柳州建立广西第一个二等气象测候所，岑楼一直是负责人，带领工作人员经风沐雨，披星戴月，克服重重困难，全心全意地做好气象观测和预报，为保证农林渔牧增产增收，支援前线的抗战而尽心尽力。岑楼在农都工作时期，从 1941 年至 1942 年《广西农业》上刊载的广西柳州沙塘气象要素平均表可以知道，他和工作人员最少一个月，最多三个月都有逐日气象要素平均表发布，这是带有科学分析的气象状况，为当地的气候科研保存了珍贵的资料。当年观测的项目有气温、气压、湿度、云量、地温、雨量、天气状况、日照时数、蒸发量、最高气温、最低气温、风向、风速、能见度等，每天进行四至六个时段的观测，昼夜值班，每日四次定时通过拍发电报报告气象情况。岑楼工作勤奋，认真负责，科学严谨，一丝不苟，公务员考核获评：测候甚为准确，管理图书筹施详密（当年他还负责图书管理工作），操行方面守正不阿，学识方面能举其职，因而获得高分并被记功、晋级。岑楼对于气候与农业生产的关系特别关注，研究的项目有柳州之气候、柳州之风向与天气、柳州气候与主要作物栽培等，著有《广西农业之区域》《柳州春耕之气候障碍》等文章，为农业科研和生产决策、预防灾害、减轻农业损失、促进农业生产发展等提供了理论依据。

新中国成立后，广西农事试验场的分出机构——柳州市农业气象站。（中国战时农都博物馆提供）

气象学家岑楼（1904—1980）（中国战时农都博物馆提供）

新中国成立后，岑楼在南宁农气试验研究所工作，1957 年获得广西壮族自治区劳动模范称号。1958 年，岑楼调入广西气象局。1959 年 1 月，岑楼参与了广西气候分区的划分工作，并在《广西的气候》中，把广西分为南、北和西部山区三个气候区。苍梧、桂平、上林、马山一线以北，为温暖常湿气候，以南为温暖冬干气候，西部山区为温凉冬干气候。其中，温暖常湿气候区中分为三个副区，即桂东北副区、桂中副区和桂东副区；温暖冬干气候区中也分为三个副区，即桂南副区、桂西南谷地副区和桂西南山地副区；西部山地温凉冬干气候区分为河谷和山地两个副区。

1962 年，岑楼与同事一起撰写《广西气候》，该书还进行了旱涝气候和农业灾害性气候研究，并于 1964 年出版。《广西气候》直接用于政府决策部门和生产单位，取得了较为明显的社会效益和生态效益。

（二）广西大学农学院独立办学几十春秋

1937 年，广西大学农学院迁至沙塘办学，可以说农学院从此时开始独立办学。

1952 年 7 月，国家高等教育部根据中央院系调整的指示，要求广西大学农学院脱离广西大学，独立建制。同年 10 月 23 日在中共桂林市委工作组的领导下，广西大学农学院由师生、员工选拔出代表，召开了民主建设大会，宣布广

今日广西农学院（选自广西大学网站）

西农学院正式成立。大会讨论和决定了有关农学院的建设事宜，并宣布了主要领导人员名单，孙仲逸教授继任院长，黄亮教授任教务长兼农学系系主任（1953年4月，黄亮辞去农学系主任）。独立建制的广西农学院只设农学系和林学系。

著名植物保护专家黄亮（1906—1975）（中国战时农都博物馆提供）

1958年2月，广西农学院离开桂林，搬迁到南宁新建的校区。经过44年的独立办学，广西农学院的规模扩大了许多，于1992年更名为广西农业大学。

1997年，广西创建国家“211工程”学校，广西农业大学随之与广西大学合并，由原广西农业大学的农学系、植保系、园艺系合并组建成新的广西大学农学院。

从1952年独立办学到1997年回归，45年独立办学的岁月，孙仲逸和黄亮两位教授都没有完全看到广西大学农学院从终点回到起点，然而，他们都在独立办学期间，留下令人难忘的足迹。

孙仲逸在广西农学院工作的时间分别是1952年10月至1966年和1978年至1984年，在他任职期间，学院设有农学系、植物保护系、园艺系、农业资源与环境科学系、植物科学实验教学中心等“四个系一个中心”。他将广西农学院建设成一所包含多学科的综合性农业院校，并在多年的教学和科研实践中，使得某些学科领域形成了自己的特色和优势。在遗传工程和生物技术方面，根瘤菌固氮遗传、植物病原菌致病基因的研究以及动物繁殖方面的牛胚胎工程研究均达到国际先进水平。此外，在杂交水稻优势利用，优质高产优良水稻品种选育，热带、亚热带水果的选育，栽培加工；兽医针麻针灸技术等方面亦有其独到之处。

黄亮作为一名国内知名植保专家，1946年至1947年，在广西农事试验场对主要作物病害逐月逐日进行调查，共发现65种病原，其中广西新记录28种。

新中国成立后，黄亮继续在广西农学院任教，并从一个高级知识分子成长为一名中共党员。1956年，广西农学院传达了周恩来总理“关于知识分子问题的报告”，黄亮申请加入中国共产党，并在工作中发挥了党员的先锋模范作用。

1958年，广西农学院在黄亮的主持下开展红薯瘟病研究，鉴定出两个新病原菌，选育出三个抗病、优质、高产良种，广西壮族自治区农业厅于1960年推广其科研成果。1963年9月，黄亮应广西壮族自治区科协邀请，分别到武鸣宁武、二塘、平福、梁同等公社传授防治水稻病虫害技术。

（三）广西高农花开两处壮大发展

1940 年，马保之创立了广西省立高级农业职业学校，即“广西高农”，到 2000 年他回到沙塘参加柳州畜牧兽医学校建校 60 周年校庆，连他自己也没想到，自己创立的学校已是花开两支——柳州畜牧兽医学校和广西生态工程职业技术学院。

1940 年 4 月在沙塘成立的广西高农，是广西第一所中等农业技术学校。

1949 年 9 月，柳州临近解放，广西省政府为了给从武汉迁来柳州的 30 个兵工厂腾地盘，将广西高农与柳州高级工业职业学校（即“柳州高工”）对调校址，广西高农迁至柳州市南郊羊角山。10 月，广西省政府将广西省立平乐高级农业职业学校并入广西高农。

1949 年 11 月 25 日柳州解放，军管会接管了广西高农，更名为柳州高级农业职业学校，广西农业试验站站长叶湘兼任校长，当年仅有 4 个班共 65 名学生。

1951 年 1 月 27 日，柳州市人民政府下令：柳州高级农业职业学校决定与柳州高级工业学校对调校舍，即日开始搬迁交接具报。学校于 1 月 28 日开始从羊角山迁回沙塘马保之创建学校时的校址，并于 1 月 30 日发文报广西省文教厅核备。搬迁回沙塘后，由广西农业试验站站长吴启增兼任校长，原有专业分农林和畜牧兽医两科，再将农林分为农业和林业两科。1953 年再次更名为广西柳州农业学校。

此后，学校两度下放、四合四分，七易校名，于 1980 年 11 月 13 日经广西壮族自治区政府批准改名为柳州畜牧兽医学校至今，隶属广西壮族自治区农业

抗战胜利后，战后救济署在广西高农废墟上新建了两栋教学用房，马保之于 2003 年捐款对其进行了修缮。（刘丽虹　摄）

厅领导。

1956 年 2 月 15 日，广西柳州农业学校分出林学分部，成立广西省柳州林业学校，隶属广西省林业厅。1958 年 8 月，广西农学院林学系从学院分出迁至沙塘与林校合并成立广西林学院，林校改为该院中专部，称中技部。1962 年末，因国民经济调整，林学院停办。广西林学院所属各系迁往南宁重新并归广西农学院。1963 年，学院中专部恢复为柳州林业学校，改称广西壮族自治区林业学校。1965 年 9 月，改名为广西壮族自治区柳州林业工读学校，实行半工半读。2002 年 8 月，广西林业学校升格为广西生态工程职业技术学院。

如今，两校都在壮大发展，当年的广西高农与之不可同语。这也许是创立者马保之所期待的吧！

六、中国战时农都博物馆成为历史名片

1936 年广西农事试验场从羊角山搬迁到沙塘，至 2020 年已经走过了 92 年的历程。当年沙塘农都鼎盛时期在广西农事试验场的专家、广西大学农学院任教的教师在抗战胜利后大多离开了沙塘。然而，他们工作过的地方旧址仍在，他们当年为抗战努力的故事还在传颂。于是，这成了专家、学者后代们到沙塘寻迹父辈历史身影的吸引力所在，也是从农都分离的相应机构回来寻根的动机之一。

2013 中国国际水上狂欢节及柳州沙塘生态文化旅游节正在紧锣密鼓地进行，乐享生态、游美丽沙塘的游客川流不息。其间柳州市农科所迎来了一批在抗战期间曾在沙塘工作过的农业专家后人，既有年轻的后生，也有白发苍苍的老人，他们一起追寻先辈足迹、回忆曾经的沙塘。

2013 年 10 月 5 日，黄亮教授的大儿子黄秉健偕夫人及兄弟姐妹十人到沙塘寻旧。1934 年黄秉健在沙塘生活了一段时间，他回忆道："1944 年逃难离沙塘时我已有 10 岁，记得公馆是个四合院，木板楼结构，楼前有一口塘。"黄亮的次子黄秉鍊曾任广西工学院（今广西科技大学）党委书记、院长，他依然记得：小时候父母经常提到我抗战期间出生地在柳州沙塘，曾与马保之同住公馆二楼。当他们找到马公馆旧址时，由于年久失修，房屋已经拆除不存在了。后来通过实地考察，确认他们孩提时就住在马公馆里面。

罗达新教授的儿子罗航喜曾是广西农科院水稻所高级农艺师，现已退休。他虽然不在沙塘出生，但他看到农试场的旧址，看到农都历史展览馆里有父亲当年工作的记录，印证了父亲曾讲给他的农都故事。

2013年9月16日，刘调化、罗达新的子女回沙塘战时农都旧址观光时在中国战时农都博物馆内留影。后排左起：刘元鸿、施林英（刘元西夫人）、刘元西；后排右一罗达新之子罗航喜。前排左一李小琼（刘元鸿儿媳妇）、左二苏健（刘元鸿儿子）。（兰生葵提供）

刘调化的儿子刘元西、女儿刘元鸿也带着儿女、媳妇等第三代人来感受祖辈为抗战努力的地方。

黄秉健、罗航喜、刘元西及家人分别来自广东、四川、南宁、桂林、柳州，他们此行一方面是为了寻根，缅怀老一辈艰苦创业的艰辛；另一方面也可以通过柳州狂欢节多了解柳州，加深交流，共同记忆战时农都历史。尤其是他们参观战时农都博物馆时发现先辈们早期的工作照片、发表的论文及获科研成果业绩时，心情非常激动。黄秉健代表兄妹执笔写下了真情感言："今日黄亮的子女六人（黄秉健、黄爱美、黄秉鍊、黄秉铭、黄秉新、黄爱平）和其老伴杨华坤、滕利月、张雪娥、高桂兰共十人到战时农都博物馆（柳州沙塘）参观，追思感慨万千，受益匪浅。祝柳州市农科所发扬光大，越办越好！"

2003年广西农事试验场旧址被确定为市级文物保护单位，2009年被确定为第六批广西壮族自治区文物保护单位。这是一座建设于20世纪30年代的具中西合璧风格的建筑，外观美观大方，结构高低得体，是广西为数不多的苏俄式经典近代建筑。

为了让中国战时农都的历史为更多的后人所知，柳州市政府及柳州市农科所对广西农事试验场和广西大学农学院旧址进行了修缮并建成中国战时农都博物馆主展馆。

2014年12月，经过几年的筹备，中国战时农都博物馆修缮第一期工程开始动工。博物馆建筑占地面积652.78平方米，通阔22.95米，通进深24.95米。

第一期工程完工后，迎来了两位重要的客人——伍廷飏的儿子伍宣炎和孙子伍贵明。伍廷飏作为农都创始人，把自己毕生的事业都系在农都，成就了沙塘今天的辉煌，如今还长眠在沙塘垦村。

广西大学易班工作站暑期实践活动开展寻根之旅——寻访广西大学旧址。图为实践活动成员参观中国战时农都博物馆后在门前合影。（广西大学易班工作站提供）

博物馆主馆于2015年9月1日竣工，馆内面积为652平方米，集中反映了民国初期和抗日战争时期国内农业专家学者在沙塘忍辱负重、不畏战火、筚路蓝缕，开展农业科研的艰辛拼搏历程及其取得的辉煌成就。展陈的文字、图片、文物、文献内容分为四大部分，即“农都发祥地”“广西新农业温床”“沙塘中国战时农都”“铭记历史·薪火相传·再创辉煌”。现存的实物186件、图片456幅，均为广西近现代农业弥足珍贵的文化遗产，在中国近现代农业科学史上有着重要的影响和历史价值。

2017年6月8日，柳州市战时农都博物馆迎来了一批特别的观众，他们都是农都创建者的后代子孙，因为满怀对于农都故土的深厚情谊，自发组织了32名农都后人作为代表寻访农都足迹，缅怀前辈伟业。

此次重访农都旧址活动，代表团第一站参观了大龙潭农都发祥地，即位于羊角山的广西农林试验场研究室旧址。这里曾开启了柳州乃至广西农业发展的多个第一：建立柳州第一个自来水水塔，广西第一个二等气象测候所，开启广西农业使用机械的先河……1940年蒋介石曾在这里主持桂南会战检讨会，现在作为该会旧址陈列馆对外开放。

代表团接着来到位于沙塘的中国战时农都博物馆。他们迫不及待地走进博物馆，一个个兴奋地边比画边介绍道：“以前我们家就住在博物馆的这间房”；“我们家住隔壁这间”；“这个房子还是以前的构造，总体修缮后焕然一新啦！”……年过半百的农都后人们纷纷陷入几十年前的回忆中，脸上浮现出孩童般的喜悦之情。他们专心聆听讲解，认真观看每一幅图片，有的拿纸笔记录展陈的文字资料，有的拿手机拍摄展示的图片资料。当看到先辈相关的资料介绍，他们会兴奋地谈及相关往事，引发一时热烈讨论。

参观结束后，代表团赠送了一幅字给农科所，祝愿沙塘农都的明天更加美好。柳州市农科所也给代表团成员及未能到场的后人赠送由市农科所与来宾市档案馆联合编撰的《中国战时农都纪实》，并表示要继续办好中国战时农都博物馆，利用博物馆联合理事会和科普教育基地的平台，更好地传承农都历史文化，发扬农都精神。

中国战时农都博物馆的修缮开馆，不但吸引了农都后人前来寻旧，也让那些曾在农都的机构前来沙塘寻根。

2017 年 7 月 17 日，中国战时农都博物馆迎来了一批特殊的访客，他们是广西大学易班工作站的九名团队成员代表。此次前来参观，旨在开展暑假实践活动，重访广西大学旧址，增进对母校历史的了解。

通过参观中国战时农都博物馆，同学们对母校辉煌的历史油然而生出一种自豪感，对校友们的先进事迹的崇敬之情溢于言表。同学们还参观了广西大学农学院研究室旧址，在原广西大学校长白鹏飞亲笔题写的奠基题词碑前合影留念。

2017 年 11 月 24 日，广西农科院玉米研究所组织二十多名党员来到沙塘开展学习考察暨“不忘初心，牢记使命”主题教育活动。他们此次前来博物馆参观，旨在寻访农都足迹，缅怀前辈伟业。党员们认真听取了有关中国战时农都和广西农事试验场历史的介绍。他们了解到，在沙塘成长出的玉米育种家范福仁，用一生所学致力于玉米引种和杂交育种，使广西农事试验场成为全国玉米

2007 年 11 月，广西农科院玉米所寻根之行来到中国战时农都博物馆。（广西农科院玉米所提供）

育种规模最大的单位之一。

此外，党员们还了解到：在全面抗战八年期间，从全国各地云集沙塘的农业专家在敌机干扰、粮油缺乏、设备简陋的恶劣环境下，坚持教学和农业科学研究，开展田间试验，大力推广技术成果，保障军粮，支援抗战，攀登科学高峰。在战争阴霾笼罩下的沙塘学子，勤奋学习，义不容辞地投身抗日救亡，担当起战后复兴民族的重任。在抗战胜利后，这一批批专家、学子奔赴全国各地工作，成为建设新中国的优秀科技人才，沙塘也因此被誉为“农业专家的摇篮”。而今，抗战的硝烟虽然离我们远去，但是沙塘战时农都的辉煌历史和农都故人的精神品质还是深深震撼着每一个聆听的观众。

七、马保之学生欲将农都现银幕

2019 年 1 月 28 日，沙塘农都博物馆来了几位客人，他们就是以马保之学生何树悠博士为首的《马保之》电影摄制组。

何树悠于 1996 年考取广西大学农学院农学专业（本科），至 2000 年毕业后被保送广西大学硕士研究生，攻读植物营养学专业。恰逢马保之 1999 年至 2003 年春季到广西大学教授国际粮农组织及其机构功能课程，秋季到广西师范大学教授科技英语写作课程。2003 年春季，国际粮农组织及其机构功能课，招收 20 名学生，何树悠被录取到该班学习，并当选班长。每周课前，他都会先向马保之先生请教课程内容，提前准备以便在上课时可进一步掌握所授内容。

经过一个学期的学习，马保之先生的治学为人对何树悠产生了深远的影响。2003 年 9 月，何树悠考取中山大学环境科学专业博士，于 2006 年毕业。

近几年，何树悠萌生了将马保之先生的农业思想和精神放大传承的想法，让其“农业立国、富民强桂”的精神代代有相传。于是，他联合广西电影集团决定拍摄电影《马保之》。摄制组走访了马保之当年创立的广西省立广西高级农业职业学校（今柳州畜牧兽医学校）、广西农事试验场、广西大学农学院旧址，参观了中国战时农都博物馆。2019 年 1 月 29 日，摄制组一行还到桂林马保之故居走访，了解当年他在国内的情况。目前，摄制组正在进一步深入挖掘素材，希望让马保之先生更多的事迹艺术地再现银幕。

/ 沙塘农都寻访纪事 /

1988年3月10日　原农业部部长何康探访广西柳州畜牧兽医学校及沙塘农都旧址；拨款30万元用于兴建农技推广综合楼和维护广西农事试验场旧址。

1991年4月10日　广西省立高级农业职业学校——广西柳州畜牧兽医学校首任校长马保之博士（台湾大学农学院院长、台湾食品工业发展研究所所长、董事长）首次从台湾回校看望师生员工，并题词"培育人才乃建国之初基"。

1991年11月　柳州地区农科所成立65周年之际，原农业部部长何康到农都参加庆典活动。

1994年4月8日　原农业部部长何康偕夫人郁隽民到沙塘探访农都，视察原地区农科所。视察过程中，何康详细地看了所里的成就展览室，高兴地浏览了他当年写的论文等珍贵资料，并观看57年前在此读大学时的旧址。他为培育他成才的母校写下"桃李芬芳五十载，今朝弦歌更胜前"的题词。

1997年12月16日　90岁高龄的马保之第二次回到沙塘探访广西柳州畜牧兽医学校。全校教职工及2114名学生在大操场举行隆重热烈的欢迎大会。会上，学校师生向马保之献鲜花、赠字联和相册、送聘书。马保之向学校馈送寓意深远的雕塑品"千里马"一具。会后，马保之挥毫题词："培养能手脑并用兼具高科技畜牧兽医人才，确是大家的期望"。

1999年9月　原农业部部长何康与夫人郁隽民到沙塘农都访问。

2000年4月9日至10日　第三次回沙塘的马保之和刘锡光博士（1944年广西高农毕业生）及夫人阙新萍女士应邀抵校参加广西高农——广西柳州畜牧兽医学校成立60周年校庆。

2000年9月20日　中科院院士沈善炯应广西壮族自治区政府之邀来访之际到广西柳州畜牧兽医学校和农都寻旧。

2001年4月10日　广西柳州畜牧兽医学校建校61周年并召开建校61周年暨颁发助学基金大会。首任校长马保之第四次回沙塘。会上，马保之为第一批获得助学基金资助的17名学生颁发助学金15800元。

2003年1月3日　马保之第五次到广西柳州畜牧兽医学校访问。

2003年12月16日　原农业部部长何康到沙塘农都访问。

2004年5月18日　马保之长女马葆龄女士到广西柳州畜牧兽医学校访问，并查看爱书亭建设情况。

2005年4月4日　马保之女儿马左龄、侄女马桂芬等一行三人到广西柳州畜牧兽医学校，参观了为纪念马保之而兴建的爱书亭及铜像。

2005年10月18日　马保之长女马葆龄等来广西柳州畜牧兽医学校颁发2004年至2005学年马保之奖学金。

2007年11月6日　马保之长女马葆龄、长子马健常、次女马左龄、三女马右龄到沙塘参加广西柳州畜牧兽医学校颁发2006年至2007学年马保之奖学金。

2008年7月25日　参加广西大学重走学校搬迁路社会实践活动的25位师生到沙塘农都广西农学院旧址寻访。

2009年6月8日　马保之长女马葆龄及家属到广西柳州畜牧兽医学校参观，带回马保之遗物赠予学校，并向学校捐助一万元。

2012年4月1日　原农业部部长何康在广西壮族自治区副主席陈章良、中共柳州市委书记陈刚、柳州市市长郑俊康陪同下，第五次到沙塘广西农事试验场旧址访问，并题词“生我父母，育我沙塘”。

2013年起　原广西农事试验场任技正兼广西大学农学院教授黄亮的儿子黄秉健偕夫人及兄弟姐妹十人到沙塘寻旧，随同而来的还有原农试场病虫组主任后任广西农科院副院长的罗达新之子罗航喜、同组技正刘调化的儿女刘元西、刘元鸿等。他们分别来自广东、四川、南宁、桂林、柳州等地。

2017年6月8日　32位农都后人作为代表回沙塘寻访农都足迹。

2019年1月28日　以马保之学生何树悠博士为首的《马保之》电影摄制组，来访问沙塘的中国农都博物馆、广西柳州畜牧兽医学校等。

2019年2月15日至18日　《马保之》电影摄制组制片、导演、编剧、美术指导等一行七人来柳州，到广西柳州畜牧兽医学校、中国战时农都博物馆、沙塘小学、马公馆、垦村、露塘渡口及三江侗族自治县丹洲镇、良口乡等当年马保之工作和生活过的地方进行采风和场景拍摄及实地调查。

附表

表 6-1　沙塘农都机构变迁一览表

机构名称	变迁时间	变迁后名称	所在地
中央农业实验所广西工作站	1942 年	合并至广西推广繁殖站	柳州沙塘
广西推广繁殖站	1946 年	合并至广西农事试验场	
西江水土保持实验区	1949 年		
广西大学农学院	1945 年	从柳州鹧鸪江搬迁到桂林	桂林市
	1952 年	广西大学撤销广西农学院独立办学	
	1958 年	广西农学院从桂林搬迁至南宁	南宁市
	1992 年	更名为广西农业大学	
	1997 年	回归广西大学更名为广西大学农学院	
广西农事试验场	1950 年	更名广西农业试验场	柳州沙塘
	1954 年	更名为广西农业综合试验站	
	1954 年	森林组分出成立柳州沙塘林业试验站	
	1954 年	气象站分出成立柳州沙塘气候站	
广西农业综合试验站	1956 年	成立广西省农业科学研究所	迁南宁西乡塘
	1956 年	广西农业科学研究所柳州工作站	柳州沙塘
	1957 年	分离出柳州农业气象站	
	1958 年	广西农业综合试验站农具组分出成立广西省农业厅柳州拖拉机站。	
	1964 年	成立广西壮族自治区农业科学院	南宁西乡塘
广西农业科学研究所柳州工作站	1958 年	更名为柳州专区农业试验站	柳州沙塘
	1963 年	更名为广西柳州农业试验站	
	1963 年	园艺组分出成立广西柑桔研究所	
	1971 年	更名柳州地区农业科学研究所	
	2002 年	更名为来宾市农业科学研究所	
	2005 年	更名为柳州市农业科学研究所	
广西高级农业职业学校	1949 年	广西高级农业职业学校	柳州沙塘
	1953 年	易名为广西省柳州农业学校	
	1956 年	林业分部分出成立广西林业学校	
	1958 年	广西柳州农学院	
	1960 年	广西柳州农业专科学校	
	1962 年	广西柳州农业学校	
	1970 年	柳州地区共产主义劳动大学	鹿寨县
	1972 年	柳州地区五七农业技术学校	柳州沙塘
	1980 年	易名为广西柳州畜牧兽医学校	

续表

机构名称	变迁时间	变迁后名称	所在地
广西省柳州林业学校	1956年	从广西省柳州农业学校林学系分出成立	柳州沙塘
	1958年	广西大学农学院林学系分出迁至沙塘与林校合并成立广西林学院，林校改为该院中专部	
	1963年	学院林学系回归广西农学院，中专部恢复为柳州林业学校，改称广西壮族自治区林业学校	
	1965年	改名为广西壮族自治区柳州林业工读学校，实行半工半读	
	2002年	广西林业学校升格为广西生态工程职业技术学院	
柳州沙塘气候站	1954年	广西农业综合试验站气象组划归广西省气象局管理，改称柳州沙塘气候站	柳州沙塘
	1957年	更名为柳州沙塘农业气象试验站	
	1958年	更名为柳州专署水文气象所柳州农业气象试验站	
	1960年	更名为广西壮族自治区柳州专区沙塘农业气象试验站	
	1962年	更名为广西壮族自治区柳州沙塘农业气象试验站	
	1990年	更名为柳州地区气象局农业气象试验站	
	2003年	更名为柳州市气象局农业气象试验站	
	2005年	更名为柳州市农业气象试验站	

历史图片

西江水土保持實驗區職雇員餘數評定表

00039

姓名	職別	任職期限	原底薪	1949年1.5.10 三月平均所得餘數	按九月牌價合人民幣(元)	合分	初評分數	决定分數	全家人口(本人在内)	備註
傅蘊琦	主任	四年五月	380	812	373520	213	260	215	(7) 4	註六(2)
陳公望	技正	五月	380	812	373520	213	250	215	(5) 4	註六(1)
席海琇	技士	一年四月	140	530	243800	139	160	~~185~~ 160	(3) 2	
李年蘇	技士	三月	140	530	243800	139	160	150	1	
戈清波	技士	四月	160	554	254840	145	170	150	1	
陳[illegible]	[illegible]佐	三年十[illegible]	100	464	213448	122	120	130	11	
[illegible]光緒	[illegible]佐	三年[illegible]	[illegible]	446	205160	117	110	120	5	
梁寧侯	會計員	一年二月	160	[illegible]54	254840	145	120	125	2	
崔瑞葵	會計助理員	三年九月	70	412	189520	108	80	90	3	
杜沛凌	人事管理員	二年一月	130	510	234600	132	130	120	3	
潘西池	事務員	十个月	200	602	276920	158	140	130	7	
韋玲瑄	事務員	一年九月	90	446	205160	117	80	90	2	
陳啓成	雇員	二年	65	409	188140	107	78	90	2	
李更新	雇員	十一月	65	409	188140	107	78	90	1	
[illegible]文鴻	雇員	四月	80	418	192280	109	86	~~100~~ 100	3	
朱敏	技正	三年二月	320	739	339940	194		197	7	在南寧工作站工作站
李永與	技正	一年三月	220	626	287960	164			7	〃
張肇澄	技佐	三[illegible]一月	110	[illegible]75	218500	124				〃
[illegible]慶鶴	事務員	[illegible]	35	433	199180	113				〃

1949年西江水土保持实验区职员评定表（来宾市档案馆 098-007-0032-006-022）

马保之 1938 年至 1946 年在沙塘广西农事试验场的居住地。（中国战时农都博物馆提供）

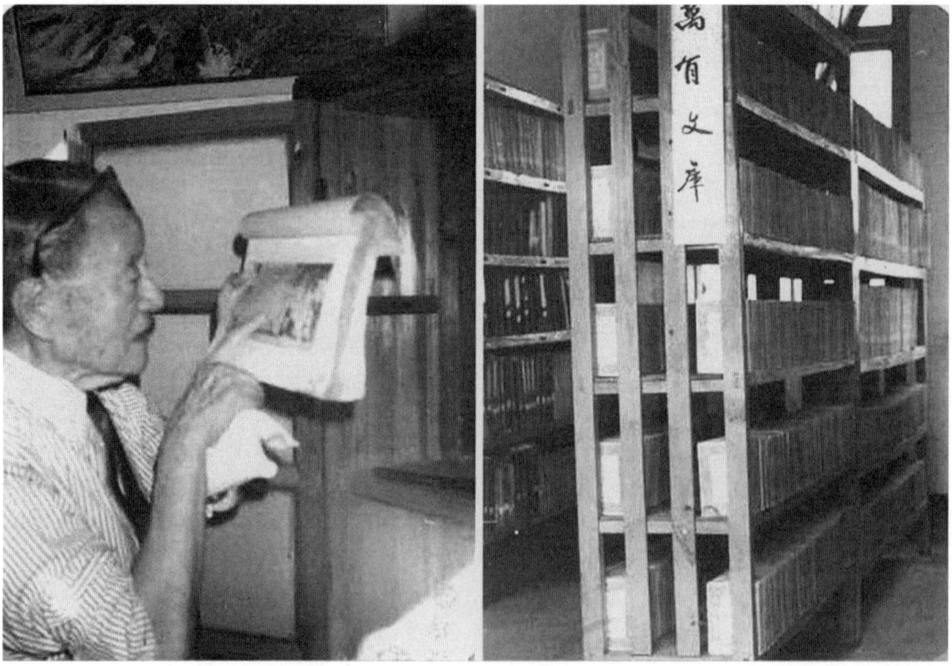

回大陆后，马保之在沙塘柳州市农科所资料室发现他当年的科研论文和战时与专家们共患难的照片。（中国战时农都博物馆提供）

徐及1942年7月27日在沙塘农都出生，图为徐及一百天时与父亲徐明光（时为中央农业实验所广西站技士）、母亲熊莲六合影。（中国战时农都博物馆提供）

2010年5月19日，作为世界粮食大奖获得者和世界著名农业专家，原农业部部长何康（左）出席全球粮食安全论坛时，与出生在沙塘农都的中国农业大学教授徐及合影。（中国战时农都博物馆提供）

郁隽民一家合影。前排为郁隽民父母郁华和陈碧岑，后排左起：郁晓民、郁隽民、陈碧岑、郁风等。

2014 年 12 月，柳州市文物部门对农都旧址进行修缮的情形。（中国战时农都博物馆提供）

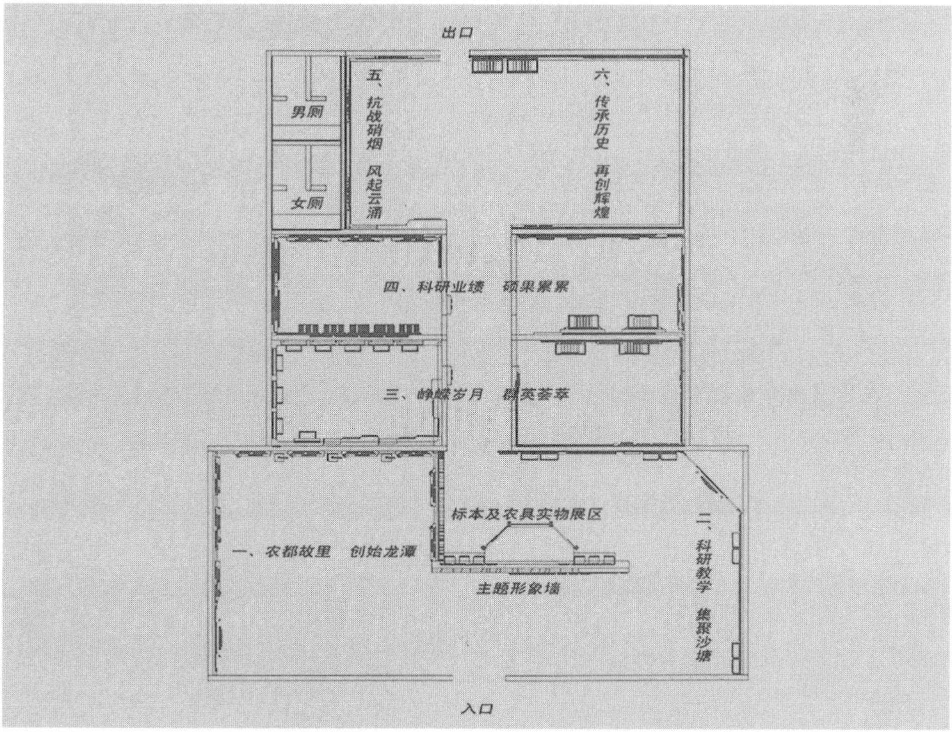

2014 年 12 月，柳州市文物部门修缮农都时制作的博物馆馆内布展平面设计图。（中国战时农都博物馆提供）

2012年，何康（前右二）回到沙塘寻旧时在广西大学农学院旧址前讲述当年往事。（董明　摄）

1950年建成的广西高农大礼堂（刘丽虹　摄）

尾声　农都精神的传承与发扬

沙塘作为抗日战争时期的中国农都，在中国现代农业科学史上有着重要的影响，是中华民族一笔珍贵的历史文化遗产。作为爱国主义教育基地，中国战时农都博物馆建立后，展示了柳州在广西乃至中国现代农业科学发展进程的重要历史地位，丰富提升了柳州市的历史文化底蕴；对公众进行农业科普教育，提升了人们特别是青少年的综合素质，为柳州实现工业名城、历史名城、文化名城、旅游名城添加了亮丽的名片。

中国战时农都博物馆自 2015 年 9 月正式开馆以来，已先后免费接待区内外参观者 6000 多人次，为我国公民特别是青少年进行农业科普教育和爱国主义教育发挥了作用。

2016 年 11 月 18 日，柳州市第三十五中学组织 500 多名师生来到中国战时农都博物馆参观。师生们有的说："我的家就在沙塘，这次来博物馆参观了解到沙塘作为战时农都的历史，我感到非常骄傲。"还有的说："这次参观博物馆让我学到了不少农业知识，还有农业专家们刻苦学习、深入科研的精神值得我们学习。"

2017 年 3 月 1 日，柳州市委副书记、市长吴炜在市领导黄涛、杨义和有关部门领导陪同下到沙塘镇调研柳州北部生态新区建设情况，并对中国战时农都博物馆进行了专题调研。

吴炜认真听取了中国战时农都和广西农事历史介绍，在对农科所的科研实地调研之后，他提出：市委、市政府非常关心农业科技人员，高度重视、支持农业科技创新，借柳州北部生态新区建设的契机，继承和发扬农都精神，克服困难，精益求精，勇攀农业科技高峰，在为柳州在广西率先全面建成小康社会、打造西江经济带龙头城市做出新的贡献的同时，努力续写战时农都新篇章。

2017 年 7 月 7 日，正值卢沟桥事变 80 周年，柳州市卫生计生委机关党支部、二层单位党支部组织党员干部 30 余人来到爱国主义教育基地——中国战时农都博物馆开展主题党日活动。全体党员佩戴党徽，进行了庄重的重温入党誓词仪式，畅谈感想感悟。大家表示，通过参观以及聆听工作人员的讲解，对沙塘作为战时农都的历史有了更多的了解，且深受抗战精神鼓舞。战时农都是中华民族一笔珍贵的历史文化遗产，进一步丰富和提升了柳州的历史文化底蕴。大家为农都的历史感到无比的光荣和自豪，对农都的未来发展充满了信心和期待。

“不忘初心，知史奋进！”2019 年 6 月 24 日，为庆祝中国共产党成立 98 周年，在“七一”来临之际，作为《中国战时农都史话》一书的编撰单位，柳北区政协机关党支部组织全体党员、入党积极分子与来宾市档案馆、柳州市农科所的党员们一起参观了中国战时农都博物馆，开展爱国主义、理想信念教育主题党日活动。

活动中，大家仔细聆听了讲解员介绍中国战时农都的抗战历史，观看了农都故里大龙潭展示区、科研事迹及科研成果展示区、农具实物展示区等。柳北区政协机关党支部全体党员、入党积极分子在中国战时农都博物馆面对鲜红的党旗进行庄严宣誓，在柳北区政协党组书记李朝的领誓下，重温了入党誓词。

本次主题党日活动之行，让大家接受了一次缅怀历史、励志复兴的爱国主义教育洗礼，感受革命先辈们甘于奉献、潜心农业的科研精神。如今虽然硝烟散尽，但每个党员更应时刻不忘历史，继承和弘扬农都精神，不忘初心，牢记为人民服务的使命。

2019 年 7 月 2 日上午，柳州市政协主席陈鸿宁率队到柳北区开展新时代加强和改进人民政协工作专题调研。陈鸿宁与柳北区委书记周思泉，区政协主席李朝、副主席韦芃等一行先来到中国战时农都博物馆，听取博物馆工作人员讲解农都的创办及发展历程，回顾那一段战火纷飞中坚持搞农业生产、农业技术研究以促进经济发展的历史。

……

今天，中国战时农都的大门正向全世界敞开，它向人们不断诉说着那段峥嵘岁月，赓续着那段血脉……

参考资料

［1］柳州市地方志编纂委员会办公室编:《柳州历史地图集》，广西人民出版社2006年版。

［2］陈新谦、张天禄:《中国近代药学史》，人民卫生出版社1992年版。

［3］饭岛典子:《近代客家社会的形成在“他称”与“自称”之间》，暨南大学出版社2015年版。

［4］李秀文口述，谭明整理:《我与李宗仁》，漓江出版社1986年版。

［5］柳州市地方志编纂委员会编:《柳州市文化志》，广西人民出版社1993年版。

［6］李忠杰:《广西抗日战争时期人口伤亡和财产损失》，中共党史出版社2014年版。

［7］中华人民共和国国家旅游局编:《中国旅游景区景点大辞典》，中国旅游出版社2007年版。

［8］政协柳州市鱼峰区委员会编:《鱼峰文史》第6—7辑，1990年（内部资料）。

［9］杨国安口述，侯中源整理:《广西农事试验见闻》,《鱼峰文史》第11辑，1992年（内部资料）。

［10］政协柳州市鱼峰区委员会编:《鱼峰文史》第12辑，1994年（内部资料）。

［11］胡宗刚:《华南植物研究所早期史》，上海交通大学出版社2014年版。

［12］王桧林、郭大钧、鲁振祥主编:《中国通史》第12卷，辽海出版社2016年版。

［13］王桧林、郭大均、鲁振祥主编:《中国通史：近代后编（1919—1949）》下册，上海人民出版社2013年版。

［14］侯坤宏:《抗日战争时期粮食供求问题研究》，团结出版社2015年版。

［15］张公权:《中国通货膨胀史》（原作名：*The Inflationary Spiral: The Experience in China*），杨志信译，文史资料出版社1985年版。

［16］南京农业大学发展史编委会编:《南京农业大学发展史·人物卷》，中国农

业出版社 2012 年版。

［17］全国政协文史资料委员会编：《文史资料存稿选编·军事机构》下册，中国文史出版社 2002 年版。

［18］张宪文等：《中国抗日战争史》第 4 卷，化学工业出版社 2016 年版。

［19］《柳州文献丛书》编辑部编：《柳州 20 世纪图录》，广西人民出版社 2001 年版。

［20］曹聚仁、舒宗侨编著：《中国抗战画史》（下），中国文史出版社 2013 年版。

［21］中国人民政治协商会议全国委员会文史和学习委员会编：《文史资料选辑（合订本）》第 39 卷，中国文史出版社 2011 年版。

［22］《张发奎将军抗日战争回忆记》，（台湾）蔡国桢发展有限公司 1981 年版。

［23］广西历史文化简明读本编写组编：《广西历史文化简明读本》，广西人民出版社 2013 年版。

［24］中国第二历史档案馆编：《中华民国史档案资料汇编》第 5 辑，江苏古籍出版社 1994 年版。

［25］刘建平、苏雅澄、王玉斌主编：《不曾忘却——中国农业大学先贤风范》，中国农业大学出版社 2015 年版。

［26］邱式邦院士纪念册编委会编：《邱式邦院士从业七十周年纪念册》，中国农业出版社 2007 年版。

［27］万仁元、方庆秋、王奇生主编：《中国抗日战争大辞典》，湖北教育出版社 1995 年版。

［28］章绍嗣、田子渝、陈金安主编：《中国抗日战争大辞典》，武汉出版社 1995 年版。

［29］王卫星、董为民：《南京百年城市史（1912—2012）·科技卷》，南京出版社 2014 年版。

［30］吴锡华、高兆宁编著：《吴福祯》，中国农业科学技术出版社 2015 年版。

［31］中国人民政治协商会议全国委员会文史和学习委员会编：《文史资料选辑（合订本）》第 10 卷，中国文史出版社 2011 年版。

［32］中国科学技术协会编：《中国科学技术专家传略》，中国科学技术出版社 1992 年版。

［33］谈家桢、赵功民主编：《中国遗传学史》，上海科技教育出版社 2002 年版。

［34］胡宗刚：《华南植物研究所早期史》，上海交通大学出版社 2014 年版。

［35］金善宝：《中国现代农学家传》第 1 卷，湖南科学技术出版社 1985 年版。

[36] 陶鼎来口述，宋毅撰：《一生献给中国农业工程事业——中国农业工程事业奠基人陶鼎来口述回忆》，中国农业出版社 2013 年版。

[37] 中国科学技术协会编：《中国科学技术专家传略》，中国农业科技出版社 1996 年版。

[38] 俞雄：《骄鸥远影——温州百年在外学人》，中国文史出版社 2006 年版。

[39] 政协浙江省金华县委员会文史资料工作委员会编：《金华县文史资料》第 3 辑，1990 年（内部资料）。

[40] 张仲葛：《张仲葛集》，2013 年（内部资料）。

[41] 中国科学院鼎湖山森林生态系统定位研究站编：《热带亚热带森林生态系统研究》第 1 集，海南人民出版社 1982 年版。

[42] 张寿橙：《中国香菇栽培史》，西泠印社出版社 2013 年版。

[43] 中国科学技术协会编：《中国科学技术专家传略·农学编·植物保护卷（一）》，中国农业出版社 1992 年版。

[44]朱光亚、周光召主编:《中国科学技术文库·普通卷（生物学、医药卫生）》，中国农业出版社 1998 年版。

[45] 刘世光：《农学家马保之》，1999 年（内部资料）。

[46] 政协柳州市鱼峰区委员会编：《鱼峰文史》第 13 辑，1995 年（内部资料）。

[47] 潘济华：《利用沙塘镇历史优势和农业经济组建现代高等农业院校研究》，《柳州师专学报》2012 年 12 月期。

[48] 小丁：《金陵儿女满天下》，《金陵大学校刊》第 345 期，1945 年。

[49] 广西农事试验场、农林部广西省推广繁殖站、农林部中央农业实验所广西各系联合办公室编：《科学与广西植物生产》1943 年第 1 期。

[50] 向尚等：《西南旅行杂写》，中华书局 1937 年版。

[51] 柳州市地方志办公室编：《柳州民国文献集成》第 3 集，京华出版社 2006 年版。

[52] 靳祖训：《粮食储藏科学技术进展》，四川科学技术出版社 2007 年版。

[53] 柳州市农业科学研究所、来宾市档案馆编：《中国战时农都纪实》，2016 年（内部资料）。

[54] 广西农事试验场编：《广西农事试验场、农林部广西省推广繁殖站、农林部中央农业试验所广西各系联合室概况》，《沙塘农讯》1943 年第 5 期。

[55] 广西农事试验场编：《广西农事试验场概况》，《沙塘农讯》1940 年第 1 期。

[56] 广西省经济委员会编：《广西农村建设试办区近况》，《广西建设汇刊》1937 年第 2 期。

［57］广西农事试验场编:《第三次沙塘农民联欢大会特辑》,《沙塘农讯》1943年第1期。

［58］中国民盟山东省委员会编:《山东民盟贤达》, 2016年。

［59］马保之:《广西省推广繁殖站概况》,《农业推广通讯》1943年第1期。

［60］傅硕龄主编:《广西农业大学校史》, 广西科学技术出版社1998年版。

［61］广西农事试验场编:《广西大学柳州林场积极造林》,《沙塘农讯》1941年第3期。

［62］广西农事试验场编:《广西省政府筹设高级农业职业学校》,《广西农业》1940年第4期。

［63］廖锋:《广西第一所中等农技校在柳州创办的回忆》,《柳州文史资料》1992年第9辑（内部资料）。

［64］广西农事试验场编:《劫后沙塘——不堪回首》,《沙塘农讯》1946年第7期。

［65］魏任重、姜玉笙主编:《三江县志》, 台北成文出版社1975年版。

［66］广西农事试验场编:《广西农事试验场三十三年、三十四年度工作报告》,《沙塘农讯》1947年第6期。

［67］中华农学会编:《广西大学农学院及广西农事试验场迁返柳州及其近况》,《中华农学会通讯》1945年第8期。

［68］黄永福:《漫天烟雨话沙塘》,《农业推广通讯》1946年第4期。

［69］马国川:《共和国部长访谈录》, 生活·读书·读书三联书店2009年版。

［70］覃卫国、刘文俊主编:《桂系战史》, 广西师范大学出版社2013年版。

［71］政协广西委员会文史资料委员会编:《难忘的历程》, 广西人民出版社2002年版。

［72］北京林业大学校史编辑部:《北京林业大学校史》, 中国林业出版社1992年版。

［73］沙塘镇地方志编纂委员会编:《沙塘镇志》, 广西人民出版社2008年版。

［74］柳州市地方志编纂委员会编, 沈培光、黄粲兮编著:《伍廷飏传》, 大众文艺出版社2007年版。

后　记

如今，抗战的硝烟已经离我们远去，柳州沙塘中国战时农都这段历史，犹如一颗被掩埋的明珠，期盼着世人不断地挖掘、开发和利用，让其发出璀璨的光芒，彰显历史文化的无穷魅力。

为此，政协柳北区委员会以编撰柳北文史第十九辑为契机，与柳州市农科所、来宾市档案馆，共同邀请柳州市文史专家刘丽虹为执行主编，对这段历史进行挖掘、整理、编撰，并公开出版，让农都人爱国爱科学的精神得以发扬光大。

刘丽虹作为资深媒体人和柳州市政协文史顾问，在从事新闻采访过程中积累了不少关于农都的史料，并参与了柳州市农科所和来宾市档案馆编印的内部资料《中国战时农都纪实》的编写工作，掌握了丰富的史料。

自 2018 年 8 月 28 日《中国战时农都史话》编撰工作启动以来，得到了社会各界的支持。政协柳北区委员会十分关心此书的编撰，政协领导亲自带队组织编委会人员外出交流学习；柳州市农科所的农都档案资料及实物为采集和拍摄提供了便利；来宾市档案馆对已经解密的与农都相关的民国档案，多方提供利用。广西大学档案馆、广西农业科学院、柳州畜牧兽医学校、柳州市图书馆等单位（个人），在提供农都资料方面，都给予大力支持。特别是广西大学农学院沙塘办学时期学生、原农业部部长何康先生以一个中国战时农都经历者、见证者为本书作序，则是对编撰工作的最大认可。

2019 年 6 月，《中国战时农都史话》一书经过九个多月的编写，已基本完稿。全书以纪实散文的形式，对农都的起源、构筑农都的灵魂人物、擎起战时农都大旗的农学家们以及日军入侵广西、农都遭到毁灭的过程都作了记录，同时也对战后农学家们为恢复千疮百孔的中国和建立新中国的努力作了描述，更把农都前辈和后人与农都几十年的缘分作了续写，昭示农都精神代代相传。编撰者在忠于史实的基础上追求可读性，力求用故事情节将读者带回这段历史，同时还兼顾史料保存的价值性。总之，这是一本令人期待的文史书籍。

2019 年 6 月 24 日，三家单位联合组成的编委会成员会聚沙塘，在参观了沙塘中国战时农都博物馆之后，集中到市农科所会议室，共同对已完稿的《中国战时农都史话》还存在哪些不足，该如何修改、完善进行交流、探讨。与会人员踊跃发言，纷纷就此书还需要补充和完善的地方，提出了许多意见和建议，对进一步提高书稿的质量起到了很好的促进作用。

本书除了纪实叙写，还有图片、档案等史料作为附件，对于依附在农都事件、人物身上发生的历史事件也作了拓展记叙，以期让读者从不同侧面全方位地了解与农都相关的人和事。

书中历史图片多取材于史料，有些是当事人提供，保证了图片与历史的相符性、还原性、见证性。为避免枯燥性、提高可读性，本书对一些史实用附表形式表现，让人一目了然，从而清楚事件、人物的发展脉络。

关于农都的档案，来宾市档案馆逾千卷，我们只能撷取部分与农都起源、发展、光大等有关的部分编写入书。同时，本书也参考和借鉴了很多资料和档案，如有出处未详尽说明或者引用不当之处，请见谅。

本书在编撰过程中得到原农业部部长何康之子何迪一家的大力支持，在此一并表示感谢。

本书编委会

2021 年 7 月